尚学

国家赔偿法
原理与案例（第三版）

沈岿 著

北京大学出版社
PEKING UNIVERSITY PRESS

图书在版编目(CIP)数据

国家赔偿法:原理与案例/沈岿著.—3版.—北京:北京大学出版社,2022.5
ISBN 978-7-301-32797-5

Ⅰ.①国… Ⅱ.①沈… Ⅲ.①国家赔偿法—中国—高等学校—教材 Ⅳ.①D921.64

中国版本图书馆 CIP 数据核字(2021)第 267187 号

书　　名	国家赔偿法:原理与案例(第三版)
	GUOJIA PEICHANGFA:YUANLI YU ANLI(DI-SAN BAN)
著作责任者	沈　岿　著
责 任 编 辑	王　晶
标 准 书 号	ISBN 978-7-301-32797-5
出 版 发 行	北京大学出版社
地　　址	北京市海淀区成府路 205 号　100871
网　　址	http://www.pup.cn
电 子 邮 箱	编辑部 law@pup.cn　总编室 zpup@pup.cn
新 浪 微 博	@北京大学出版社　@北大出版社法律图书
电　　话	邮购部 010-62752015　发行部 010-62750672　编辑部 010-62752027
印 刷 者	天津中印联印务有限公司
经 销 者	新华书店
	730 毫米×980 毫米　16 开本　24.75 印张　471 千字
	2011 年 1 月第 1 版　2017 年 1 月第 2 版
	2022 年 5 月第 3 版　2025 年 2 月第 7 次印刷
定　　价	63.00 元

未经许可,不得以任何方式复制或抄袭本书之部分或全部内容。
版权所有,侵权必究
举报电话:010-62752024　电子邮箱:fd@pup.cn
图书如有印装质量问题,请与出版部联系,电话:010-62756370

第三版序言

又是五年有余,本书迎来第三版。

此次修改主要涉及两大变化:一是法律;二是案例。

2020年,是许多年以后人们都不会忘却的一年,这一年新冠疫情全球肆虐,但也正是在这一年,共和国法律史上发生了具有划时代意义的事件——《民法典》问世!它对中国的法治进程究竟会带来什么巨大变革?遽然之间预判,为时尚早。只是,本书必须第一时间应其落地之声而变。为使读者理解关于国家赔偿责任是公法性质还是私法性质之争,为使读者比较、了解作为特殊侵权法的国家赔偿法与普通侵权法之异同,本书曾多处引用《民法通则》《侵权责任法》等法律条文并提供讨论线索。这些法律条文自然随着《民法典》之颁布、实施而废止。若不予修改,读者必定茫然。

最高人民法院的司法解释是另一种意义上的法律,在《立法法》上有其地位(参见第104条)。与本书相关的重大司法解释变化有五:(1)《最高人民法院关于适用〈中华人民共和国行政诉讼法〉的解释》(2018年2月6日发布);(2)《最高人民法院关于审理国家赔偿案件确定精神损害赔偿责任适用法律若干问题的解释》(2021年3月24日发布);(3)《最高人民法院关于确定民事侵权精神损害赔偿责任若干问题的解释》(2020年12月29日发布);(4)《最高人民法院关于审理涉执行司法赔偿案件适用法律若干问题的解释》(2022年2月8日发布);(5)《最高人民法院关于审理行政赔偿案件若干问题的规定》(2022年3月20日发布)。前两个与后两个司法解释的关联性自不待言,第三个司法解释则是如上所述,出于比较普通侵权法之考虑而关联。

本书第二版以来,国家赔偿的经典案例又出现不少。尤其是最高人民法院、最高人民检察院在指导案例、公报案例、典型案例的挑选和发布上,发挥着比以往更加积极能动之作用。案例的增加，或填补法律之空隙，或厘清法律之模糊意义，或提供引导性的法律适用，其益处不言而喻。对于本书的修改而言，却提出了令人挠头的挑战。

迄今为止，本书第一版、第二版收录的案例，多数仍具经典意义，其涉及的问题而非具体情境是"常青的"。不过，我国并非一个判例法国家，案例再经典也不会构成一个先例——在没有新判例明确推翻的情况下持续有效如法律规则一般。若不及时更新，读者或有陈旧过时之感。更何况，亦有不少新的案例指向新的问题、新的意义。

与前两版相较，此次的案例呈现方式有了变化。之前为让读者关注案例细节、关注"法官说法"而提供的裁判文书，不再于书中以文本形式出现。取而代之的是，每章之后附上一个相关案例二维码，扫此码即可获得案例裁判文书全文（电子版），每章"案例讨论"板块仅保留了案例名称和引导问题。此外，不在"案例讨论"板块出现的、在注释中提及的案例，也都可以通过扫码获取。

感谢本书编辑、第一版付梓以来一直默默支持的北京大学出版社王晶女士，新版书对案例呈现如此处理，不仅延展了书的阅读外延，而且减少了书的厚度。对我而言，编辑案例集本身也是一个需要付出心思的劳作，采用此方式，毕竟不再有前两版对裁判文书内容进行一定删减的工作，实为幸事！

第三版其他微小的变化，不再一一细数。只是，唯有一处，必须提及。本书前勒口"作者简介"处，配上了一幅画：未名晨曦，这是稚子沈子越于13岁时的画作。作品中的北京大学未名湖是我终生痴醉之地，也是他从小玩耍流连之处。感谢其慷慨授权，允许我使用此画，也感谢夫人余伟利，提醒画作署名这一重要关节，避免有"侵权"之嫌。感谢八十岁母亲史涪春，体谅儿子不能常伺左右。家庭虽小，却是无限依靠之所！

第三版之错漏，请方家和读者继续评判、矫正。

沈 岿

2022年4月15日

合肥·庐江

第二版序言

　　重新整理一本兼顾原理和实务、并身负实用性预期的法律教材，注定是一个颇费脑筋的过程。教学使用的需要，学说与理论的变化，规则、案例与制度的更新，教材内容的稳定性与应时性等，都是在重新整理过程中应予充分重视和权衡考量的。

　　本书第一版设计的特色，究竟对教学有何作用，在本人教学体验和学生反馈认可的范围以外，一直没有十分的把握。由此，在斟酌第二版修改时，时不时踌躇是否有必要调整原书的设计板块。本书责任编辑，北京大学出版社的王晶女士，为此同我数次交换意见，最后劝以"保持本书的特色"。而本人好友，中国政法大学高家伟教授告诉我，他在课堂上推荐学生使用本书为教材，并分享了其使用本书的心得。于是，保留原书风格的决心方才得以坚定。

　　本书问世五年有余，其间，国家赔偿的基本原理、学说变化无多。修订时，顺应行政法学理论的发展，将"抽象行政行为"一词改为"制定规则的行为"。除此以外，基本原理、学说方面，无论是开放性地介绍不同观点的，还是确定地陈述本书倾向的，皆未作显著修改。比较而言，国家赔偿的规则、案例与制度却有重大更新。尽管在本书第一版付梓之际，《国家赔偿法》（2010）业已出台，基本框架已经确定，然而，与国家赔偿法配套的法律、司法解释、行政法规（对国家赔偿费用管理的规定）、地方性法规或规章以及国家赔偿案例，大致都是旧法体系下的。五年多来，这些都有了令人瞩目的变化。

　　尤其值得一提的是，同国家赔偿法密切关联的三大诉讼法——刑事诉讼法、民事诉讼法、行政诉讼法，先后修改。最高人民法院、最高人民检察院又陆续出台一系列司法解释、司法政策，如《最高人民法院关于适用〈中华人民共和国国家赔偿法〉若干问题的解释（一）》《最高人民法院关于人民法院赔偿委员会审理国家赔偿案件程序的规定》《最高人民法院关于国家赔偿案件立案、案由有关问题的通知》《最高人民法院关于国家赔偿案件立案工作的规定》《最高人民法院办公厅关于国家赔偿法实施中若干问题的座谈会纪要》《最高人民法院关于人民法院赔偿委员会适用质证程序审理国家赔偿案件的规定》《最高人民法院关于人民法院赔偿委员会审理国家赔偿案件适用精神损害赔偿若干问题的意见》《人民检察院国家赔偿工作规定》《最高人民检察院关于适用修改后〈中华人民共和国国家赔偿法〉若干问题的意见》等。加之,在这期间,最高人民法院发布国家赔偿十大典型案例,最高人民法院和最高人民检察院发布八起刑事赔偿典型案例,皆备受关注。这些变化必须在修订中予以反映。只是,本书原先设计的每章讨论案例,是以案例反映问题的可研讨性,而不是以案例的权威性作为选择标准的。为维系教材的相对稳定性,最高人民法院、最高人民检察院的典型案例更多是在行文和注释中提及,而未以之替换第一版的讨论案例。

与时俱进、反映变化,是教材修订的第一要务。纠正谬误、纰漏,删减冗言,同样不容忽视。本书第一版出现的文字错误,较为冗长的赘述,以及讨论案例没有必要的摘录内容、主题不相关的设问,都尽力修正和精简。同时,本书第一版为突出《国家赔偿法》(2010)的修改亮点,关于新旧法的比较,颇费笔墨。五年多之后,此类比较已经略显多余,故也予以较多删减,尽管仍然保留了一些对比内容。最后,为确保本书对参考文献的援引不至于过时,还将部分已经有新版本面世的参考文献与旧版本进行比对,以保留未变的,更新已变的。

本书出版以后,在北京大学法学院研究生选修的"国家赔偿法"课程上,被用作参考教材。学生或者提出阅读过程中存在的疑问,或者提出与教材不同的观点,或者提出教材有待进一步修改和完善的地方。学生的主动学习,是本书预想的目标之一。感谢学生们认真、积极的求学治学精神,本书的修订离不开他们的贡献。特别感谢宪法与行政法方向2011级硕士生刘唱同学,她为本书的部分章节提供了非常细致的勘误表。另外,2016级博士生何于彬同学,也在新版本参考文献的准备方面,提供了帮助,在此一并致谢!

盛夏炎炎,此书修订,在妻儿相伴中得以完成。感谢他们一直以来的支持,感谢余伟利、沈子越。

虽付出努力,第二版亦难免错漏,继续请方家和读者评判、矫正。

沈　岿
2016年8月20日
于北京·清扬斋

第一版序

坊间流传的国家赔偿法教材和专著已有不少,著者各展智慧,对国家赔偿法的基本理论、规则以及我国国家赔偿法的未来发展方向,提供了许多真知灼见。我在给北京大学法学院法学硕士研究生开设国家赔偿法课程时,受益于这些教材和专著良多。然而,在授课过程中,也慢慢体味到当前众多国家赔偿法教材的风格较为一致,而这个风格适用于研究生群体时存在一些捉襟见肘之处。

第一,多数教材以基本原理或理论的阐述和相关规则的解释为主,整体上倾向于知识的传授,而较少问题和方法的引导。的确,现在的法学本科生较少全面接触与学习国家赔偿法的基本原理、理论和规则。少量攻读硕士学位的学生,即便在入学考试复习阶段,因报考宪法与行政法学专业,会充实国家赔偿法相关知识,但这种"自学"状态下的收获,也是不可高估的。所以,无论是教材,还是课堂讲授,必先着力于基本原理、理论和规则的阐述与解读。

不过,研究生毕竟是从更多地知道"是什么"的学习阶段,进入到应该更多地知道"为什么"的学习阶段。了解知识背后的问题意识,领会知识形成的路径和方法,培养独立发现问题、分析问题和解决问题的能力,是研究生治学的主要目标。因此,如何在这一目标引导下,将基本知识、问题意识、研究方法以及思考能力融汇于教材之中,是创新教材需要不断探索的。

第二,法学是一门应用性很强的学科。"任何法律问题都不是作为供人死记硬背的技术规范,而是被展现为在社会中运作的法律过程的一部分。"[1]在现代法学教育中,英美法系、大陆法系虽有不同的法律传统,可都重视案例教学,只是案例教学的目的、内容和方式有所差异而已。反映在教材之中,英美法系偏于使用

---

[1] 博西格诺等:《法律之门》,邓子滨译,华夏出版社2004年版,"导言",第1页。

既有的判决书,希冀学生通过阅读、理解、掌握法官是如何解释和演绎法律、发展法律原理的;大陆法系则偏于运用经过大幅删节、改编的"简明案例",来说明占据教材主要篇幅的基本原理、理论和规则的意义。

当前的国家赔偿法教材,要么基本上不使用案例,无论是实际发生的讼案还是经过改编的,要么在篇幅的限制下,沿袭大陆法系教材的特色,零星地使用改编后的案例,或者只是在注释中简单地指出实际案例的名称和来源。这种教材的编写方法,在很大程度上仍然是"著者在说话"。其实,如果要在教材中体现出对法律运作现实而不仅仅是对基本原理、技术规范的关怀的话,那么,使用一些判决书,根据需要删节其中部分内容,应予保留的则原样保留,就会在著者之外让"法官在说话"。尽管采用哪些判决书、删节哪些、保留哪些,著者的意志仍然十分强烈,但是,法官的判案思路、逻辑、结论以及语言,毕竟被展示出来,从而可以让读者(主要是在校的学生群体)更加真切地贴近"行动中的法律",哪怕只是部分地贴近。

第三,国家赔偿是国家为公务组织/人员执行职务过程中侵犯人民合法权益造成的损害负责赔偿,是一种特殊的侵权赔偿责任。国家赔偿法也是特别的侵权法。因此,国家赔偿法与普通侵权法——也就是民法或私法的侵权法——有着千丝万缕的联系。历史上,国家赔偿法就是脱胎于普通侵权法,后者可谓前者的"母法"。在许多基本原理、理论和规则方面,二者具有共同性和相通性。不过,现有的多数国家赔偿法教材,在国家赔偿法与普通侵权赔偿法的比较、借鉴方面,甚少着力。我在授课与讨论时,经常会向自己和学生提问:民法上、普通侵权法上,是怎么看待这个问题的? 由此,既希望国家赔偿法的未来发展能更多地汲取普通侵权法的营养,同时希望能够在某些问题上,了解国家赔偿法的特殊之处。"当缺少对比又不了解差异的时候,一只公鸡能够冒充一只孔雀或者一只夜莺。"[①]

鉴于以上三点粗浅的认识,我有意尝试撰写一本新的国家赔偿法教材。该教材面向法学研究生以及高年级法学本科生。撰写的主要目的是,以问题探究为出发点,通过理论梳理、法律文本解读和案例分析相结合的方法,对国家赔偿法领域的若干重要理论与实务问题进行探讨,以期能够超越理论混乱和制度局限,对当前国家赔偿法的现状以及未来可能的改革,有比较清晰的认识和思路。

为实现此目的,本教材在撰写过程之中,努力突出以下特色:

(1) 每一章都会有"重点问题""基本原理""思考""即时思考"和"案例讨论"

---

① 特里温:《政府》(1971年),转引自博西格诺等:《法律之门》,邓子滨译,华夏出版社2004年版,第26页。

等板块,通过它们,让提示与发问贯穿于正文中,引导读者保持"学思结合"的状态,以使启发式教学的特色融于教材之中。

(2)"案例讨论"的板块主要使用既有的判决书或者法官撰写的案件评析报告原文。这个板块以它们为分析对象,提出若干与国家赔偿法原理、规则等有关的问题。一方面,希望借此促进读者关注案件细节,培养其熟悉、理解和运用国家赔偿法原理、规则的能力;另一方面,也希望读者能够站在"案例"之上,反观国家赔偿法原理、规则的不足。当然,对案例的关注与分析,并不完全限于"案例讨论"板块,也不完全限于诉讼案例。教材其他板块会偶尔使用非诉讼的事件作为分析对象,或者会改编案例、事件或介绍域外案例。然而,旨在反映"法官如何说话"的判决书或者案件报告,是案例讨论的主要文本基础。

(3)本教材在许多基本原理和重要问题上注意引介普通侵权法学说,借此希望读者在观察、思考国家赔偿法问题和规则的时候,具备一种比较、借鉴普通侵权法的意识和方法。这一努力对我自身而言,也是一种智识上的挑战,也会有门外汉"胡言乱语"、贻笑大方的风险。但是,本教材仍然着意进行必要的探索,这并非出于"无知者无畏"的心态,而是出于认真对待方法论的考虑。

此外,本教材的撰写,还试图较多地体现我自己的授课重点和研究思路,从而在一定程度上偏向于研究型或专著型教材的特点。这种尝试有利有弊:利者,可在内容、形式上适当地有别于其他教材,从而不至于因为太多的雷同而很快地被淹没于芸芸之中;弊者,的确会在知识点上有所取舍,会在阐述过程中挂一漏万,以至于不能做到周全的覆盖。其中,最值得一提的是,在几乎所有国家赔偿法教材中都会论及的"国家赔偿费用管理"这部分内容,在本教材中虽有零星的、分散的述及,却未成独立章节。依个人浅见,如何在政府系统内确立合理的赔偿费用管理体制,尽管是整个国家赔偿制度之中非常重要、具有关键性影响的部分,但是,这更多地是"政治的"或"管理的"问题,而不是"法律的"问题。站在赔偿请求人或赔偿决定者的视角,如何解释和运用法律规则解决国家赔偿请求,才是关注的重点。因此,我放弃了最初将其作为独立一章或一节的设想。不过,我相信,本教材之不足,读者可通过阅读其他教材予以克服;本教材之特色,读者或许会从中受益一二。

以上诸般努力,究竟成效如何,惶恐之至,有待方家和读者评判、矫正。

2010年9月5日
于北京·清扬斋

致　谢

首先,要感谢北京大学出版社编辑王晶女士。许多年前曾经的学生,就职于北京大学出版社以后,始终给予曾经的老师以鞭策。没有她的督促,本教材不会在炎炎夏日下、一种几乎完全"闭关"的状态之中写成。"就当是避暑了,思考可以让人冷静。"她如此笑谈。我深以为,有这样的学生,是老师的幸运。也要感谢北京大学出版社,有这样的优秀编辑,其在业界的卓越声誉自然不足为奇了。

其次,本教材酝酿已有三年之久。要感谢在2008—2010年的春季学期选修我的"国家赔偿法"课程的北大法学院法学硕士研究生。他们是:(2006级)姬玉洁、李爽、李子瑾、田飞龙、王成、王守利、王元朋、周辉;(2007级)房海强、付宇程、黄珊珊、裴铭光、苏宇、王铁章、王亚霖、吴群峰、阎天、姚富国、赵晓一、周佳;(2008级)黄小林、黄晓霞、蒋英林、金怀宇、王玲、谢珂珺、张微林、朱毅峰;(2009级)戴秋、高俊杰、靳如悦、李朝丽、李小威、卢永琦、潘智欣、万祎伊、于明君、张砚、刘远萍。其中,绝大部分学生主修宪法与行政法学专业,偶有主修民法学专业的。没有他们在课堂上的认真报告与热烈讨论,就不会促成本教材之中较为成熟的观点,更不易发现自己认识中的致命伤。

再者,一如既往地感谢北京大学法学院。这是一个令人感到荣耀的地方,先贤给予的荣耀,不能在我辈手中毁灭。故有荣耀处必有责任,无责任则无荣耀之资。身处其中,始终有无形之鞭,催人于学术上不敢懈怠。尤其感谢北京大学法学院图书馆,在撰写本教材过程中,给予了图书借阅的不受限制的便利。

最后,要感谢我的家人:母亲史涪春、贤妻余伟利、稚儿沈子越、大姐崔凤。即将"出关"之人感谢他们的容忍和宽宥,也希望下次"闭关"能够继续得到他们如此厚待。

沈 岿

2010 年 9 月 5 日

于北京·清扬斋

案例清单

（具体内容请扫描各章二维码查看）

第一章　国家赔偿基本理论 /1
　　案例讨论
　　　　案例 1-1　陈太湖与乐东黎族自治县公安局其他人身损害赔偿纠纷
　　　　　　　　上诉案 /16
　　　　案例 1-2　东营市东营区城市管理局与姬文清等人身损害赔偿纠纷
　　　　　　　　再审案 /17
　　　　案例 1-3　苏德琼申请铜梁县公安局行政赔偿案 /45

第二章　国家赔偿的归责原则 /46
　　案例讨论
　　　　案例 2-1　海南新世界彩色冲印有限公司申请海南省海口市中级人民
　　　　　　　　法院违法保全赔偿案 /62
　　　　案例 2-2　李尚英等与广饶县交通局不履行法定职责行政赔偿上诉案 /70

第三章　国家赔偿责任构成要件 /88
　　一、案例讨论
　　　　案例 3-1　广东省东莞市塘厦镇人民政府与刘结明其他强制复议纠纷
　　　　　　　　再审案 /112
　　　　案例 3-2　许水云诉金华市婺城区人民政府房屋行政强制及行政
　　　　　　　　赔偿案 /112
　　　　案例 3-3　刘振兴因其合法财产被错误执行造成损失要求叶城县人民
　　　　　　　　法院赔偿案 /112

案例 3-4　周双娣、潘根生诉江苏省南京市江宁区横溪镇政府侵犯人身权并要求行政赔偿案 /123

案例 3-5　张某诉某区街道办事处案 /124

案例 3-6　齐玉苓诉陈晓琪等以侵犯姓名权的手段侵犯宪法保护的公民受教育的基本权利纠纷案 /133

案例 3-7　马萍申请国家赔偿案 /133

案例 3-8　祁县华誉纤维厂诉祁县人民政府行政赔偿案 /134

案例 3-9　钟玉生诉海口市人民政府、海口市龙华区人民政府拆除房屋及行政赔偿案 /134

案例 3-10　王国清等请求泸州市纳溪区水产渔政管理站行政赔偿案 /143

案例 3-11　沙明保等诉马鞍山市花山区人民政府房屋强制拆除行政赔偿案 /144

二、注释案例

叶寿美申请江苏省南通监狱虐待致伤国家赔偿案 /144

第四章　国家赔偿的范围(一) /145

一、案例讨论

案例 4-1　上海汇兴实业公司诉上海浦江海关行政赔偿案 /158

案例 4-2　王爱调再审改判无罪国家赔偿案 /158

案例 4-3　郝长玲诉惠阳市公安局行政赔偿案 /172

案例 4-4　安溪正浩印刷有限公司诉安溪县人民政府等不履行开闸泄洪管理职责并请求行政赔偿案 /173

案例 4-5　王华英请求晋江市人民检察院错误逮捕国家赔偿案 /211

案例 4-6　北京比特时代科技有限公司申请湖南省长沙市望城区公安局刑事违法扣押国家赔偿案 /211

案例 4-7　王远琴因被错捕申请叙永县人民法院赔偿案 /212

案例 4-8　李道德请求漳州市中级人民法院、漳州市人民检察院刑事赔偿案 /212

案例 4-9　艾尔肯肖吾东因财产被错误执行请求司法赔偿案 /212

二、注释案例

1. 苏其与上海市劳动教养管理委员会行政赔偿纠纷上诉案 /213

2. 张和平与宜昌市公安局夷陵分局非法拘禁致人伤害并请求行政赔偿纠纷上诉案 /213

3. 王某诉靖远县人民政府补发工资福利待遇及赔偿损失上诉案 /213

4. 王丽萍诉中牟县交通局行政赔偿纠纷案 /213
5. 陈宁诉庄河市公安局行政赔偿纠纷案 /213
6. 陈伟国、刘钱德申请桐庐县公安局违法刑事拘留国家赔偿案 /213
7. 黄兴申请福建省高级人民法院再审无罪国家赔偿案 /213
8. 刘学娟申请北京市公安局朝阳分局刑事违法扣押赔偿案 /213
9. 徐万斗申请沈阳市公安局和平分局违法查封、冻结国家赔偿案 /213
10. 重庆英广房地产经纪有限公司申请重庆市九龙坡区公安分局违法查封国家赔偿案 /213
11. 泸州天新电子科技公司、魏振国申请泸州市人民检察院刑事违法追缴国家赔偿案 /213
12. 卜新光申请安徽省公安厅刑事违法追缴国家赔偿案 /213
13. 杨忠松请求昆明市嵩明县人民检察院等国家赔偿案 /213
14. 马云平申请陕西省蒲城县人民检察院无罪逮捕国家赔偿案 /213
15. 蒙庆争申请青秀区人民检察院无罪逮捕国家赔偿案 /213
16. 常文龙因被错捕申请伊犁哈萨克自治州人民检察院阿勒泰地区分院刑事赔偿案 /213
17. 吉贵不服海勃湾区公安分局传唤、留置行政处罚案 /213
18. 杨永和不服武汉市公安局汉阳分局强制传唤、扣押财产案 /213
19. 胡定国等不服宁波市公安局北仑区分局强制传唤并扣押存款案 /213
20. 李锦莲申请江西省高级人民法院国家赔偿纠纷案 /213
21. 张达发以无罪为由向安徽省高级人民法院申请国家赔偿案 /213
22. 辽宁省海城市甘泉镇光华制兜厂申请国家赔偿确认案 /213

第五章 国家赔偿的范围(二) /214

一、案例讨论

案例 5-1 黄勇与海南省儋州工商行政管理局不履行法定职责行政争议纠纷上诉案 /234

案例 5-2 山西省晋城市畜牧局驻长治办事处与山西省长治市城乡建设局行政纠纷案 /234

案例 5-3 赵仕英等诉秭归县公安局行政赔偿案 /234

案例 5-4 朱红蔚申请无罪逮捕赔偿案 /246

案例 5-5 日本《麻风预防法》违宪国家赔偿诉讼案 /268

案例 5-6 田珍等诉泰山风景名胜区管理委员会案 /268

案例 5-7　田开秀、田宇诉五峰土家族自治县建设与环境保护局人身损害
　　　　　赔偿案 /269

案例 5-8　江宁县东山镇副业公司与江苏省南京机场高速公路管理处
　　　　　损害赔偿纠纷上诉案 /269

二、注释案例

1. 尹琛琰诉卢氏县公安局 110 报警不作为行政赔偿案 /270
2. 无锡市第六建筑工程公司海南分公司与海口市人民政府等行政不作为
　　及行政赔偿上诉案 /270
3. 江苏大江国际经济实业公司与海口市人民政府不履行征用土地手续
　　法定职责及行政赔偿纠纷上诉案 /270
4. 滕德刚申请吉林省四平监狱违法不作为国家赔偿案 /270

第六章　国家赔偿的程序 /271

一、案例讨论

案例 6-1　东风武汉汽车贸易公司申请确认(2000)汉经初字第 031 号
　　　　　民事裁定、(2001)汉经执字第 002 号通知、(2001)汉经执字
　　　　　第 02-2 号民事裁定违法查封、执行案外人财产纠纷案 /289

案例 6-2　开封市隆发房地产有限公司与开封市人民政府行政诉讼案 /289

案例 6-3　汪崇余、杭州华娱文化艺术有限公司申请无罪赔偿申诉审查
　　　　　决定书案 /290

案例 6-4　丹东益阳投资有限公司申请丹东市中级人民法院错误执行
　　　　　赔偿案 /322

案例 6-5　周烨申请娄底市中级人民法院错误执行国家赔偿案 /322

二、注释案例

1. 苗景顺、陈玉萍等人申请黑龙江省牡丹江监狱怠于履行职责赔偿案 /342
2. 朱升机申请徐闻县人民检察院无罪逮捕国家赔偿案 /342
3. 胡电杰申请濮阳市中级人民法院重审无罪国家赔偿案 /342
4. 熊仲祥申请四川省乐山市中级人民法院重审无罪国家赔偿案 /342
5. 程显民、程宇、曹世艳、杨桂兰申请辽宁省丹东市公安局刑讯逼供致死
　　国家赔偿案 /342

第七章　国家赔偿的方式和标准 /343

一、案例讨论

案例 7-1　阿不都克尤木·阿不都热依木诉吐尔尕特海关扣押行政强制
　　　　　措施案 /354

案例 7-2 "孙夕庆申请山东省潍坊高新技术产业开发区人民法院重审无罪国家赔偿案"/371

案例 7-3 简阳市金平石化机械配件有限责任公司诉简阳市安乐乡人民政府变卖财产行政强制措施附带行政赔偿案 /372

案例 7-4 先廷刚申请泸县公安局错误拘留赔偿案 /372

二、注释案例
1. 莫树坤诉湖州市城乡建设委员会房屋拆迁行政赔偿案 /372
2. 张牧申请国家赔偿案 /372
3. 杨素琴、王有申申请辽中县人民检察院刑事违法扣押国家赔偿案 /372
4. 林庆章等诉泉州市公安局交通警察支队直属高速公路大队违法扣押财产行政赔偿案 /372
5. 陈山河与洛阳市人民政府、洛阳中房地产有限责任公司行政赔偿案 /372

目录

1 | 第一章　国家赔偿基本理论

　　2　　第一节　国家赔偿的概念
　　17　　第二节　国家赔偿责任的性质
　　30　　第三节　国家赔偿责任的正当化
　　41　　第四节　国家赔偿与公务人员赔偿

46 | 第二章　国家赔偿的归责原则

　　47　　第一节　归责原则概述
　　50　　第二节　过错归责原则
　　62　　第三节　无过错归责原则
　　70　　第四节　违法归责原则
　　79　　第五节　重构国家赔偿归责原则

88 | 第三章　国家赔偿责任构成要件

　　89　　第一节　基本原理和学说
　　99　　第二节　国家侵权主体
　　113　　第三节　国家侵权行为
　　124　　第四节　侵权损害事实
　　134　　第五节　因果关系

145 | 第四章　国家赔偿的范围（一）

　　146　　第一节　国家赔偿范围的基本框架

- 158 　第二节　行政赔偿的范围
- 173 　第三节　司法赔偿的范围

214 | **第五章　国家赔偿的范围(二)**
- 215 　第一节　怠于履行职责致害赔偿
- 234 　第二节　精神损害赔偿
- 247 　第三节　立法赔偿与公共设施赔偿问题

271 | **第六章　国家赔偿的程序**
- 272 　第一节　国家赔偿的当事人
- 290 　第二节　行政赔偿的程序
- 309 　第三节　司法赔偿的程序
- 322 　第四节　时效、执行和追偿

343 | **第七章　国家赔偿的方式和标准**
- 344 　第一节　国家赔偿的方式
- 354 　第二节　国家赔偿的标准

373 | **主要参考文献**

第一章 国家赔偿基本理论

第一节 国家赔偿的概念
第二节 国家赔偿责任的性质
第三节 国家赔偿责任的正当化
第四节 国家赔偿与公务人员赔偿

◆ [重点问题]

1. 国家赔偿制度的目标和宗旨是什么？
2. 国家赔偿责任的性质是什么？如何理解代位责任说和自己责任说？
3. 从国家不负赔偿责任到国家赔偿责任确立，在这一历史过程中，有哪些重要理论和学说具有观念型塑和改造的作用？
4. 国家赔偿和公务人员赔偿是一种什么关系？

◆ [基本原理]

1. 什么是国家赔偿？如何理解对国家赔偿的定义？
2. 什么是公法上国家赔偿？什么是私法上国家赔偿？
3. 国家赔偿与国家补偿的异同是什么？
4. 国家代位责任说和国家自己责任说的区别何在？
5. 国家无责任论、法律拟制论、特别牺牲理论、风险理论、危险责任论、社会保险理论、公共负担平等理论等学说的核心观点是什么？

第一节　国家赔偿的概念

✚ 思考

如何认识国家赔偿？最广义的国家赔偿是否有公法上国家赔偿与私法上国家赔偿之分？我们在此关注的是哪种意义上的国家赔偿？国家赔偿与国家补偿的区别是什么？国家赔偿与国家补偿是否能够截然两分？

一、什么是赔偿

欲对国家赔偿的内涵与外延有一全面的了解，或许有必要从更为基本的语词——"赔偿"——之意入手。

赔偿，简单地说，就是弥补损害。然而，这是否意味着损害得到弥补，就是得到了赔偿呢？并非如此。

按《现代汉语词典》对"赔偿"的释义，赔偿是指因自己的行为使他人或集体受到损失而给予补偿。① 而与汉语"赔偿"一词对应的英文，通常认为是compensation。《元照英美法词典》对 compensation 的释义是：对他人的损失给予价值相当的货币，或其他等价物，以使受损一方当事人回复其原有状况。② 可以肯定地说，对赔偿概念的界定还会有更多，但《现代汉语词典》《元照英美法词典》的例释已经表明，赔偿至少有三层含义。

1. 赔偿是一种有意识的行为，而非自然力的作用

可以使损害获得弥补的方法有许多，自然力的作用是其中一种方法。例如，甲在饭店大堂的湿滑地板上摔倒了，膝盖处擦破了皮。对于甲而言，这已经构成一种损害。但甲未予理会，轻伤处很快愈合。换言之，损害得以恢复，只是恢复的直接原因来自自然力。损害借助自然力得到恢复，绝对不属于赔偿的范畴。

假设在该事例中，饭店大堂地板湿滑，是饭店工作人员拖洗地板所致，而且，饭店工作人员并未设置诸如"小心地滑"的警示牌；甲到医院治疗后，饭店为其支付了治疗费；那么，甲的受伤愈合，就不是自然力使然，而是得益于医院治疗和饭店支付治疗费；在此，饭店支付治疗费的行为就是赔偿，是有意识的行为。

2. 赔偿是由致害人或与致害人之间有某种关系的人所作的行为

致害人是其行动给他人造成损害的人。赔偿是致害人或与致害人之间有某种关系的人代替致害人弥补受害人的损害，而非受害人本人作出的行为，也非其他任何个人或组织的慈善行为或救助行为。

例如，甲遭到乙的殴打致残，乙在被国家机关追捕的过程中死亡，国家、社会组织或个人出于抚慰的考虑，给予甲一定的金钱救助，这也不能说甲得到了赔偿。

3. 赔偿是具有金钱或财物给付性质的行为

（1）不具金钱或财物给付性质的，不属于赔偿。

在现实生活中，损害大致有财产损害和非财产损害两类。③ 对于不同类别的损害，弥补的方法有所不同。尤其是，非财产损害（如对于人格权的侵害）的弥补方法，有可能是恢复名誉、消除影响、赔礼道歉。如果仅仅是通过这些方法对损

---

① 中国社会科学院语言研究所词典编辑室编：《现代汉语词典》（第六版），商务印书馆 2012 年版，第956 页。
② 薛波主编：《元照英美法词典》，法律出版社 2003 年版，第 268 页。
③ 参见曾世雄：《损害赔偿法原理》，中国政法大学出版社 2001 年版，第 132 页。

害加以弥补,没有任何金钱或财物给付与之相随,就不应理解为赔偿。我国《民法典》①第 179 条、《国家赔偿法》②第 32 条、第 35 条,将这些弥补损害的方法与赔偿损害的方法在逻辑上并列,可证之。

《民法典》

第 179 条 承担民事责任的方式主要有:(一)停止侵害;(二)排除妨碍;(三)消除危险;(四)返还财产;(五)恢复原状;(六)修理、重作、更换;(七)继续履行;(八)赔偿损失;(九)支付违约金;(十)消除影响、恢复名誉;(十一)赔礼道歉。

《国家赔偿法》

第 32 条 国家赔偿以支付赔偿金为主要方式。能够返还财产或者恢复原状的,予以返还财产或者恢复原状。

第 35 条 有本法第三条或者第十七条规定情形之一,致人精神损害的,应当在侵权行为影响的范围内,为受害人消除影响,恢复名誉,赔礼道歉;造成严重后果的,应当支付相应的精神损害抚慰金。

(2) 具有金钱或财物给付性质的,是否都属于赔偿,有歧见。

在普通的生活话语体系中,并非一切以金钱或财物给付的方法来弥补损害的,都会被称作"赔偿"。例如,如果甲的手表被乙偷了,后乙又把手表还给了甲。我们通常会称之为"物归原主",却不会将其叫作"乙赔偿了甲"。如果甲的手表被乙弄坏了,乙拿着手表去修理,并将修理后的手表给了甲。我们一般会说"乙把表修好了并还给了甲",也不会将其称为"乙赔偿了甲"。在这两种情形中,甲的损害皆得到了弥补,而且是通过金钱或财物给付的方法来完成的,只是,常人未必认其为赔偿。

相应地,在专门的法律话语体系中,也分别用"返还财产"和"恢复原状"的概念而不是"赔偿"的概念来指称上述两种情形。我国《民法典》第 179 条将返还财产、恢复原状与赔偿损失并列作为承担民事责任的方式的做法,可证之。因此,在普通侵权法③理论上,有学者将恢复原状和赔偿损失作为两种主要的侵权民事

---

① 《民法典》于 2020 年 5 月 28 日通过,自 2021 年 1 月 1 日起施行。

② 我国《国家赔偿法》于 1994 年 5 月 12 日通过,1995 年 1 月 1 日起施行;该法又于 2010 年 4 月 29 日修正,修正后的《国家赔偿法》自 2010 年 12 月 1 日起施行。2012 年 10 月 26 日,该法再次修正,并于 2013 年 1 月 1 日起施行。本书以"《国家赔偿法》"指向现行的法律,以"《国家赔偿法》(1994)""《国家赔偿法》(2010)"分别指向修正前和第一次修正的法律。

③ 本书是在两个意义上使用"普通侵权法"这一概念的。第一,就法的适用领域而言,普通侵权法通常是适用于民事侵权损害领域的规范体系,国家赔偿法则是适用于国家侵权损害领域的规范体系。第二,就法的属性而言,普通侵权法是侵权损害赔偿的一般法,国家赔偿法是侵权损害赔偿的特别法。

责任方式。① 按其概念体系,狭义的恢复原状、返还财产皆不属于赔偿范畴,它们和赔偿损失一样,都在侵权民事责任方式这一更大范畴之下。由此,法学理论、法律规则以及日常用法,基本上是一致的。②

不过,与普通侵权法不同,在我国的国家赔偿法理论上,一直以来将狭义的恢复原状、返还财产以及支付赔偿金,都作为国家赔偿的方式。这应该是与我国《国家赔偿法》第四章标题是"赔偿方式和计算标准",而恢复原状、返还财产以及金钱赔偿都在该章之中得以规定有关。就此而言,尽管支付赔偿金、返还财产、恢复原状在国家赔偿法中也是三种不同的概念,但它们都属于国家赔偿的范畴。可见,国家赔偿法及其理论中的赔偿是广义的,与日常生活用法、与普通侵权法中的赔偿含义略有不同。参见表1.1。

表1.1 普通侵权法、国家赔偿法中"赔偿"的不同含义

普通侵权法③		国家赔偿法		
民事责任	赔偿	国家责任	赔偿	支付赔偿金
	恢复原状			恢复原状
	返还财产			返还财产
	其他:停止侵害、排除妨碍、消除危险、消除影响、恢复名誉、赔礼道歉		其他	消除影响、恢复名誉、赔礼道歉……

综上,赔偿可以认为是致害人或者与致害人有某种关系的人,通过金钱或财物给付的方法,以填补受害人的损失。至于金钱或财物给付是否与受害人的损失等价,是否旨在使受害人回复其原有状况,则要视针对什么样的损害采取什么样的赔偿标准而定。④ 不宜将等价弥补、恢复原有状况等,当作赔偿概念的应有之义。

---

① 参见张新宝:《侵权责任法原理》,中国人民大学出版社2005年版,第466页。此处作为两种主要侵权责任方式之一的"恢复原状"是广义的,包括狭义的恢复原状、返还财产、消除影响、恢复名誉、赔礼道歉等。

② 但也有我国台湾地区的普通侵权法学者将恢复原状(广义)和金钱赔偿视为损害赔偿的两种主要方法。"损害赔偿之方法,除回复原状外,有金钱赔偿。"参见曾世雄:《损害赔偿法原理》,中国政法大学出版社2001年版,第146—147页。换言之,按其概念体系,狭义的恢复原状、返还财产都属于赔偿范畴。我国台湾地区普通侵权法学者对赔偿概念的如此理解,在行政法学者处也有对应。恢复原状和金钱赔偿同样被认为是国家赔偿的两种主要方法。参见叶百修:《国家赔偿法》,载翁岳生主编:《行政法》(下册),中国法制出版社2002年版,第1659—1660页。

③ 《民法典》第179条中的"修理、重作、更换""继续履行"和"支付违约金",专属违约责任方式,不属于侵权责任方式。另外参见张新宝:《侵权责任法原理》,中国人民大学出版社2005年版,第467页。

④ 参见本书第七章第二节。

二、国家赔偿的定义

1. 两种基本的定义方法

关于什么是国家赔偿的问题,存在众多的答案。在此选择若干学者关于国家赔偿概念的定义,列表并略作分析,目的是发现对国家赔偿内涵不同理解的原因,而不是追求一个统一的、为所有人接受的定义。

表 1.2 国家赔偿概念不同定义之例举

序号	定义	作者、文献来源
1	国家赔偿是由国家对于行使公权力的侵权行为造成的损害后果承担赔偿责任的活动。	肖峋:《中华人民共和国国家赔偿法的理论与实用指南》,中国民主法制出版社1994年版,第24页。
2	国家赔偿是国家行政机关、审判机关、检察机关、监狱管理机关及其工作人员在行使职权时,违法侵犯公民、法人或者其他组织的合法权益造成损害,国家负责向受害人赔偿的制度。	应松年主编:《行政法学新论》,中国方正出版社1998年版,第670页。
3	国家赔偿是指国家和其他公权力主体为了补救其公权力措施给公民造成的特别损害而承担的公平财产性给付责任。	高家伟:《国家赔偿法》,商务印书馆2004年版,第2页。

从表1.2中的例举可以看出,关于国家赔偿的定义大致可归为两种基本的方法:一种方法是明显地或者隐然地以特定国家或地区的国家赔偿法规定为依据,在此称之为"特定化方法";另一种方法是力图超越特定国家或地区的国家赔偿法规定之局限,对国家赔偿概念给出一个具有广泛或普遍适用性的描述,在此称之为"普适化方法"。

(1) 特定化方法。

表1.2中的定义2就是特定化方法的产物,与我国《国家赔偿法》(1994)的相关规定有密切关联。

我国《国家赔偿法》(1994)第2条规定:"国家机关和国家机关工作人员违法行使职权侵犯公民、法人和其他组织的合法权益造成损害的,受害人有依照本法取得国家赔偿的权利。"而且,该法第3条、第4条规定的侵权主体是"行政机关及其工作人员",第15条、第16条规定的侵权主体是"行使侦查、检察、审判、监狱管理职权的机关及其工作人员"。这些条款结合起来,明显构成了定义2的依据。

(2) 普适化方法。

表 1.2 中的定义 1、定义 3 则属于普适化方法。这两个定义都比较抽象地指出,国家赔偿是对公权力造成的损害承担赔偿责任即财产性给付责任。如此描述形成的概念,不问究竟是哪些机关或组织及其工作人员行使公权力,也不问这些主体的侵权损害行为是否出于主观过错或是否违法,更不问侵害的权益种类是什么。所以,较之定义 2,它们因概括性而具有更为广泛的适用性,可以包容许多国家或地区在不同制度之下的国家赔偿。

定义 1、定义 3 之间的区别就是,定义 1 强调国家承担赔偿责任,定义 3 则指出在国家之外还有其他承担国家赔偿责任的公权力主体,包括地方自治团体(特别行政区、民族自治地方、基层群众自治团体等)、学术自治团体(如大学)、行业自治团体(律师协会等)、公益社团自治(学生会)等。高家伟教授如此定义,显然受到现代行政主体理论的影响,在其看来,国家赔偿法无非是"国家和其他公权力主体赔偿法"的简称。[1]

特定化方法、普适化方法,各有其利弊。特定化方法所产生的定义有"一时一地"之功效,即可适用于处在特定时期的特定国家或地区,但一到其他国家或地区,或者在同一国家或地区的不同历史时期,就会在内涵和外延上出现错位。例如,定义 2 可适用于我国,但显然不能适用于存在立法机关侵权赔偿制度的国家或地区。或者,我国《国家赔偿法》已于 2010 年经过较大修改,定义 2 也丧失准确性。普适化方法所产生的定义,或许可以突破特定国家或地区特定国家赔偿制度的局限,具有更为普遍的适用性。然而,在将其指向特定国家或地区时,就需结合该国或该地区在当时的国家赔偿制度,对定义中具体语词之含义,加以进一步的阐释甚至限缩。例如,定义 1 是非常抽象、概括的,将其用于当下我国时,显然要对"公权力""侵权行为"之含义进行限缩:公权力限于行政机关、侦查机关、审判机关、检察机关、看守所、监狱管理机关、法律法规授权组织所行使的公权力,而不包括立法机关、政党机关的公权力行为;侵权行为限于违法侵权行为或法定应当予以赔偿的无过错侵权行为。

2. 国家赔偿定义的基本构成

尽管存在两种不同的定义方法,以及各式各样的定义描述,但"万变不离其宗",国家赔偿的定义还是存在一些基本的、不变的构成要素(参见图 1.1)。

(1) 责任主体。

公权力侵权赔偿经历了从"国家无责任"(主要由公务人员个人承担责任)向

---

[1] 参见高家伟:《国家赔偿法》,商务印书馆 2004 年版,第 3—4 页。

"国家责任"演进的历史,自从确立原则上由国家承担赔偿责任的制度之后,国家赔偿概念也就应运而生,相应地,国家赔偿的定义中不可或缺地含有"国家承担赔偿责任"的意思。

(2) 权力行为。

公权力机关或者组织并不是每时每刻都在行使公权力,其所从事的某些活动,如购买办公设备、建设办公大楼等,通常被认为与私人的类似活动没有重大差别。若在这些活动中侵害其他个人或组织的权益,国家也需承担侵权赔偿责任,但这一般会被界定为国家在私法上的或者普通侵权法上的责任,而不是专有名词"国家赔偿"所涵盖的责任。因此,国家赔偿定义中的另一个构成要素是权力行为,当然,至于国家要为哪些权力行为的侵害后果负责,在不同国家或地区存有差异。

(3) 损害后果。

公权力行使导致损害后果,国家才负相应的赔偿责任。具体行使公权力的人是国家工作人员(或称公务人员[①]),与普通人一样,他们难免犯错,但公权力的错误行使并不一定会带来损害后果。例如,行政机关决定给予企业罚款 50 万元的处罚,但企业尚未上缴,行政机关也尚未启动法定的执行程序,后经上级行政机关或者法院认定该罚款处罚是错误的,将其撤销。在此情形下,企业并未遭受损害,国家亦无须赔偿。因此,国家赔偿定义的第三个构成要素就是损害后果。

(4) 赔偿责任。

类似于"国家赔偿是国家为公权力行为的侵害结果承担赔偿责任"的说法,严格一点来讲,有着一定的循环定义成分。但这是国家赔偿定义中比较常见的一种方法,只要了解了什么是赔偿,此类定义方法也未尝不可。当然,在定义国家赔偿概念的时候,以另外一种方式,如表 1.2 中定义 3 的做法,表达"赔偿责任"的含义,也是可以的。总之,赔偿责任是国家赔偿定义的又一构成要素。其之所以是必要的,是因为国家为公权力致害还可能承担其他责任。例如,对于受害人因公权力错误行使而遭受的名誉权损害,公权力机关或组织需赔礼道歉、恢复名誉、消除影响。然而,这些责任形式并非国家赔偿。

综上,在国家赔偿的定义中,责任主体、权力行为、损害后果、赔偿责任,是四个必需的构成要素,至于用什么样的语词对这四要素进行怎样的表述,则完全可

[①] 我国《宪法》第 41 条第 3 款使用"国家工作人员"概念,《国家赔偿法》第 2 条使用"国家机关工作人员"概念。但是,引起国家赔偿责任的侵权行为的作出者,还可能有法律法规授权组织的工作人员、受委托组织的工作人员以及受委托的个人。因此,本书在一般情况下,以"公务人员"这一概念指称这些履行公务的自然人。当然,在引用文献时,将尊重原文的用词习惯。

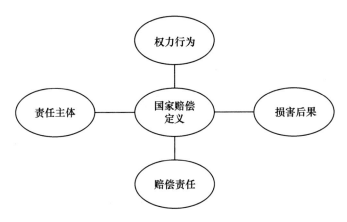

图 1.1　国家赔偿定义要素

以多样化。需要说明的是,有些定义者会将"损害后果的造成是出于公务人员的主观过错(故意或过失)或者是因为权力行为的违法"作为国家赔偿定义的要素之一。然而,即便是在强调国家赔偿以过错或违法为归责原则的国家或地区,也不排除无过错赔偿或者不违法也赔偿的情形。① 故是否存在主观过错或客观违法,并非定义国家赔偿概念时必须指出的。

三、国家赔偿:公法与私法

1. 最广义的国家赔偿

前面已述,公权力机关或组织在从事类似私人活动时造成侵害,国家也应负损害赔偿责任;只是,这一责任与私人侵权责任没有差别,一般认为该责任适用普通侵权法,而不像国家为公权力行为的致害负担责任,必须适用专门的、特别的国家赔偿法。这种区分的根源在于一种将国家作用分为权力作用与非权力作用的传统观点。②

依据该观点,权力作用是指国家对领土内公共事务进行统治、管理的作用;非权力作用是指国家从事与普通私人无异的活动的作用。国家行使非权力作用时,与普通公民、法人或其他组织处于同等的地位,拥有同样的权利、承担同样的义务。因此,如果抛开法律适用的不同以及具体责任制度的不同,将以国库收入或国家财产来赔付和填补损害的行为都称作"国家赔偿",那么,我们就可以获得一个最广义的"国家赔偿"概念。我国台湾地区学者董保城教授

---

① 参见本书第二章第二节。
② 参见皮纯协、冯军主编:《国家赔偿法释论》(第三版),中国法制出版社 2010 年版,第 7 页。

就曾指出:"国家责任最广义概念为国家就其行使公权力或非公权力行为(私法行为),致人民生命、身体与财产等法益遭受损害之结果,所负起损害赔偿或补偿之责任。"①

2. 公法上国家赔偿与私法上国家赔偿

最广义的"国家赔偿"不是一种纯粹的学术象牙塔下的产物,其在我国的实定法以及法律实务层面亦有体现。

我国《宪法》第41条第3款规定:"由于国家机关和国家工作人员侵犯公民权利而受到损失的人,有依照法律规定取得赔偿的权利。"此条款未明确说明,国家机关和国家工作人员侵犯公民权利的行为是公权力行为还是非公权力行为。如果依文义解释,其应当涵盖现实生活中国家机关和国家工作人员公权力致害赔偿和非公权力致害赔偿两种情形。在法理上,这就意味着涵盖公法上的赔偿和私法上的赔偿。

在我国,《行政诉讼法》(1989)②、《国家赔偿法》(1994)颁布之前,《民法通则》第121条规定:"国家机关或者国家机关工作人员在执行职务中,侵犯公民、法人的合法权益造成损害的,应当承担民事责任。"同样,该条款并未明确这里的"职务"是公权力职务还是非公权力职务。因此,在《行政诉讼法》(1989)实施之前,该条款对行政机关及其工作人员的公权力职务行为和非公权力职务行为的损害赔偿皆可适用;在《国家赔偿法》(1994)实施之前,该条款对其他国家机关及其工作人员的公权力职务行为和非公权力职务行为的损害赔偿,亦皆可适用。

我国《行政诉讼法》(1989)、《国家赔偿法》(1994)先后颁布实施之后,公权力职务行为的损害赔偿,一般认为不再适用《民法通则》第121条的规定。③ 该条款的适用范围,仅限于国家机关或其工作人员所从事的非公权力职务行为的致害

---

① 董保城、湛中乐:《国家责任法——兼论大陆地区行政补偿与行政赔偿》,元照出版公司2005年版,第1页。

② 我国《行政诉讼法》于1989年颁布,2014年和2017年两次修正。本书分别以《行政诉讼法》(1989)和《行政诉讼法》(2017),指称修正前的和现行的行政诉讼法。《行政诉讼法》(1989)专设第九章规定"侵权赔偿责任"。

③ 这种认识与严格的公法、私法二元论有关。但是,也有学者认为,我国《行政诉讼法》《国家赔偿法》的存在,并不能绝对排斥民法的拾遗补阙作用,国家赔偿的公法路径和私法路径应该并存,民法在行政诉讼法、国家赔偿法不尽完善的地方发挥其功能。这样,司法实务不至于以国家赔偿法未予规定为由,拒绝受害人正当的赔偿请求。参见王伟奇:《国家侵权赔偿制度的"公法化"模式质疑》,载《中南民族大学学报(人文社会科学版)》2007年第6期。甚至,有学者主张,民法完全有能力解决国家侵权赔偿问题,《国家赔偿法》应予废止。参见姬亚平:《论国家赔偿法的废止》,载《南华大学学报(社会科学版)》2004年第3期。

赔偿。① 参见本章案例 1-1"陈太湖与乐东黎族自治县公安局其他人身损害赔偿纠纷上诉案"、案例 1-2"东营市东营区城市管理局与姬文清等人身损害赔偿纠纷再审案"。*

3. 私法上国家赔偿的适用范围

国家在私法上的赔偿责任,主要适用于国家作为财产权主体、类似私法人一般从事的、受私法支配的各种行为侵害他人权益的情形。当然,国家的私法性质行为和私法上的赔偿责任,通常是通过国家机关、国有企业、国家财政给予拨款的事业单位、社会团体等组织进行与承担的。至于国家通过这些组织形式完成的哪些行为,应受私法规约,则要视特定国家或地区的具体制度安排而定。

例如,有学者将国家行政行为作"公权力行政"和"私经济行政"之分。后者包括"行政辅助行为""参与经济交易活动行为",以及"行政私法行为"。行政辅助行为是国家为完成公务、依据私法而取得所需物力与人力的行为,如购买办公用品、雇佣和解聘临时工作人员、财物的订制和承租等。参与经济交易活动行为是国家通过设立特定机构或成立国有公司等方式从事市场经济的活动,此类活动虽有营利性质,但兼具调节市场、平稳物价、开拓特定重大事业、提升人民生活、追求公益的目的。行政私法是国家以私法的方法或手段,直接完成给付行政的行为,如提供水、电、交通、医疗等公益事业。给付行政可以由国家通过制定行政法规、规章、其他行政规范性文件以及行政行为等来完成,这就属于公法行为;但给付行政也可以由国家以私法方法或手段(如设立自来水公司与私人签订自来水供应合同)来完成。国家为上述行为,在法律上与私人或私法人地位相同,其导致的损害赔偿责任属于私法上的国家赔偿。② 然而,在有的法域,公有公共设施的设置和管理出现瑕疵构成侵权的,国家应承担公法上的赔偿责任,适用专门的国家赔偿法。

我国大陆地区学理上向无区分"公权力行政"和"私经济行政"的学说,法学界(尤其是民法学界)一直以来都把上述"私经济行政"概念所涵盖的绝大多数情形,视为机关、企事业单位、社会团体以及其他组织的民事行为,受到民法规范的

---

① 《民法典》未再出现该条款,在法解释和适用上取而代之的是第 1165 条、第 1166 条。第 1165 条规定:"行为人因过错侵害他人民事权益造成损害的,应当承担侵权责任。依照法律规定推定行为人有过错,其不能证明自己没有过错的,应当承担侵权责任。"第 1166 条规定:"行为人造成他人民事权益损害,不论行为人有无过错,法律规定应当承担侵权责任的,依照其规定。"

* 书中提及相关案例可参见每章最后二维码的内容,后同。——编者注

② 参见董保城、湛中乐:《国家责任法——兼论大陆地区行政补偿与行政赔偿》,元照出版公司 2005 年版,第 1—4 页。类似划分,所用术语略有不同的,参见〔德〕毛雷尔:《行政法学总论》,高家伟译,法律出版社 2000 年版,第 35—39 页。

调整。

4. 私法上的国家工作人员赔偿

私法上国家赔偿须同私法上的国家工作人员之赔偿有所区分。例如，国家工作人员假日外出旅游，驾车撞伤路人，是国家工作人员个人的侵权行为，理应由其个人负担私法上的赔偿责任。而国家工作人员奉命驾车前往商厦购买办公设备，途中撞伤路人，应理解为私法上的职务行为，亦即在实施上文所述的"行政辅助行为"过程中发生的事实行为，应适用私法规范，由其所属国家机关代表国家承担民事赔偿责任。①

5. 国家赔偿概念的常规指向：公法意义

在我国的学理和实务中，对国家的私法上赔偿责任，向来不用"国家赔偿"一词指称之，甚至，一般都不会采用类似于"国家应当在私法上为其私法性质的侵权行为承担赔偿责任"这样的表述。②

之所以如此，主要原因在于法学界（无论是民法学界还是行政法学界）对国家的法律地位认识不一、研究不深之故。首先，民法主流学说虽然结合有些法律对国家作为财产权主体的明确规定，承认国家在一定范围内也是民事主体，但是，并不像德国、法国、日本等大陆法系国家，将国家作为具有法律上权利能力的法人来对待。③ 因此，主流民法学并未给"私法上国家赔偿"概念提供坚实的逻辑基础。

其次，行政法主流学说在形式上吸纳了大陆法系的"行政主体"概念，但也未像大陆法系国家或地区那样，承认国家作为公法人是一类独立的行政主体，而是径直认定在宪法、组织法上享有独立地位的行政机关为行政主体，再辅以"法律法规授权的组织"这一概念来描述另一类非行政机关的行政主体。然而，主流的行政主体学说，面临着内在的逻辑矛盾以及制度和学术上的功能局限，广受质疑

---

① 参见董保城、湛中乐：《国家责任法——兼论大陆地区行政补偿与行政赔偿》，元照出版公司2005年版，第1—4页。类似划分、所用术语略有不同的，参见〔德〕毛雷尔：《行政法学总论》，高家伟译，法律出版社2000年版，第35—39页。

② 有少数学者和文献论及"私法上国家赔偿"。参见皮纯协、何寿生编著：《比较国家赔偿法》，中国法制出版社1998年版，第5页；皮纯协、冯军主编：《国家赔偿法释论》（第三版），中国法制出版社2010年版，第7页。

③ 关于民法学对国家的法律地位的研究状况，参见葛云松：《法人与行政主体理论再探讨——以公法人概念为重点》，载《中国法学》2007年第3期。不过，亦有民法学者主张，国家应当是全方位的、而不是一定范围内的民事主体，"在民事领域参与各类民事法律关系"。参见马俊驹、宋刚：《民事主体功能论——兼论国家作为民事主体》，载《法学家》2003年第6期。

和挑战。① 其中,一个与这里的讨论有关的逻辑矛盾就是,主流的行政主体学说认为行政主体是以自己名义独立行使职权、并独立承担相应法律后果的行政机关和法律法规授权组织,可又在同时认为行政赔偿责任的主体是国家。这个逻辑矛盾的存在,恰是因为我国行政法主流学说把大陆法系行政主体概念降格定位在行政机关和授权组织身上,而对国家的独立法律人格和地位未予明确。

由于民法学和行政法学都未使"国家"在法律上实现全面的、真正的人格化,所以,类似"国家在私法上的赔偿责任""私法上国家赔偿"的提法,十分罕见,主流的提法无非是"国家机关在私法上的侵权赔偿责任"。② 吊诡的是,国家法律人格的缺位,倒没有影响公法意义上国家赔偿概念的存在,也没有影响类似"国家在公法上的赔偿责任"的表述。这或许是理论上的方便实用主义和鸵鸟主义使然。一方面,国家赔偿法的移植势必带来将国家视为责任主体的国家赔偿理论,引进时方便、实用即可,甚少考虑其在法学上的基石;另一方面,即便国家是赔偿责任主体的观点与行政主体主流学说存在矛盾,也更多采取了理论上的鸵鸟政策。

总之,尽管在法学理论上应当承认国家的统一人格,承认国家在私法上和公法上的独立主体地位,承认国家在私法上和公法上都有可能担负侵权赔偿责任,但是,在我国当下的制度和理论框架内,"国家赔偿"概念的常规指向还是公法意义上的国家赔偿,是作为公法的国家赔偿法所规范的事项。因是之故,前文提及的国家赔偿定义,以及本书此后运用的国家赔偿概念,除特别予以说明的以外,都是公法意义上的。也因为本书的旨趣是探讨公法意义上的国家赔偿,故除非特别说明,诸如"执行职务""职务侵权行为"等用语中的职务,皆指向公务人员公法上的职务行为,而非私法上的职务行为。

即时思考

这里的讨论是在国家作用二元论(分为公权力作用和非公权力作用)基础上,把最广义的国家赔偿分为公法上国家赔偿和私法上赔偿。

然而,学理上还存在一种观点分歧,是关于国家赔偿责任究系公法责任(国

---

① 参见吕友臣:《〈行政主体理论〉评析》,载《研究生法学》1998年第2期;薛刚凌:《我国行政主体理论之检讨——兼论全面研究行政组织法的必要性》,载《政府论坛》1998年第6期;李昕:《中外行政主体理论之比较分析》,载《行政法学研究》1999年第1期;杨解君:《行政主体及其类型的理论界定与探索》,载《法学评论》1999年第5期;李洪雷:《德国行政法学中行政主体概念的探讨》,载《行政法学研究》2000年第1期;沈岿:《重构行政主体范式的尝试》,载《法律科学》2000年第6期;薛刚凌:《行政主体之再思考》,载《中国法学》2001年第2期。

② 有学者区分"国家赔偿"与"雇主责任",以"雇主责任"的提法表明国家作为私法主体要承担的侵权赔偿责任。参见周友军、麻锦亮:《国家赔偿法教程》,中国人民大学出版社2008年版,第12页。

家责任)还是私法责任(民法责任)的。持公法责任说的学者认为,因公权力作用侵害造成的国家赔偿责任当然是公法责任。而持私法责任说的学者认为,在侵权赔偿责任的承担上,国家与私人无异,不必视国家作用性质的不同而定,只要是国家造成侵害,就应与私人一样承担私法上的赔偿责任。故国家赔偿责任就是私法责任。①

这一观点分歧也与国家赔偿法究系公法还是私法的争论有关。②

提问:国家赔偿法是公法还是私法、国家赔偿责任是公法责任还是私法责任的争议,应该如何解读?这些问题的答案是普适性的、不分国家或地区的制度差别的,还是应当结合特定国家或地区的特定制度安排而给出?

四、国家赔偿与国家补偿

1. 主流学说:核心区别是违法与合法

前文已经提及,侵权行为是否存在主观过错或客观违法,不宜作为国家赔偿定义的必备要素。然而,法学主流学说始终认为,国家赔偿应当以侵权行为违法为前提性的必要条件③,从而有异于国家补偿。后者是指国家对国家机关和国家机关工作人员依法行使公权力所造成的个人或组织之正当权益损害予以弥补和补救。国家补偿的关键性特点就是,导致正当权益损害的公权力行为是合法的。而这正是国家赔偿与国家补偿的最重要区别。④

主流学说的这一观点,有大量的实定法作为依据和支撑。在这些法律规范之中,对正当权益造成损害的公权力行为,是得到立法者允许的,是合法的。然

---

① 参见薛刚凌主编:《国家赔偿法教程》,中国政法大学出版社1997年版,第8页。
② 参见皮纯协、何寿生编著:《比较国家赔偿法》,中国法制出版社1998年版,第55—60页;周友军、麻锦亮:《国家赔偿法教程》,中国人民大学出版社2008年版,前言。
③ 为论述简明起见,此处仅表述"违法"为前提条件,而不触及"过错"。至于"违法"与"过错"之间的复杂关系,参见本书第二章。
④ 国家补偿概念在逻辑上内含任何公权力主体合法侵害补偿之意,但即便在世界范围内,立法补偿、司法补偿等十分鲜见,故我国学界讨论主要围绕"行政补偿"展开。而绝大多数论及行政补偿的教科书、专著等学术文献,都认同国家赔偿与补偿的这一区别。专门讨论行政补偿和国家补偿的文献,参见王太高:《行政补偿制度研究》,北京大学出版社2004年版;高景芳、赵宗君:《行政补偿制度研究》,天津大学出版社2005年版;窦衍瑞:《行政补偿制度的理念与制度》,山东大学出版社2007年版;夏军:《论行政补偿制度》,中国地质大学出版社2007年版;司坡森:《论国家补偿》,中国法制出版社2005年版。
在法国、日本等大陆法系国家和地区,学界通说也认同赔偿与补偿的这一区别。参见王名扬:《法国行政法》,中国政法大学出版社1997年版,第六章"公用征收和公用征调"、第十一章"行政主体和公务员的赔偿责任";〔日〕盐野宏:《行政救济法》,杨建顺译,北京大学出版社2008年版,第243页;叶百修:《国家赔偿法》,载翁岳生编:《行政法》(下册),中国法制出版社2002年版,第1669页。

而,这些合法的侵害行为,应由国家来承担适当的损害补偿责任,而不是损害赔偿责任。实定法规范甚多,此处仅举几例示明。

《宪法修正案》(2004)

第20条 国家为了公共利益的需要,可以依照法律规定对土地实行征收或者征用并给予补偿。

第22条 国家为了公共利益的需要,可以依照法律规定对公民的私有财产实行征收或者征用并给予补偿。

《台湾同胞投资保护法》(2019)

第4条 国家对台湾同胞投资者的投资不实行国有化和征收;在特殊情况下,根据社会公共利益的需要,对台湾同胞投资者的投资可以依照法律程序实行征收,并给予相应的补偿。

《草原法》(2021)

第39条 因建设征收、征用集体所有的草原的,应当依照《中华人民共和国土地管理法》的规定给予补偿;因建设使用国家所有的草原的,应当依照国务院有关规定对草原承包经营者给予补偿。

《传染病防治法》(2013)

第45条 传染病暴发、流行时,根据传染病疫情控制的需要,国务院有权在全国范围或者跨省、自治区、直辖市范围内,县级以上地方人民政府有权在本行政区域内紧急调集人员或者调用储备物资,临时征用房屋、交通工具以及相关设施、设备。

紧急调集人员的,应当按照规定给予合理报酬。临时征用房屋、交通工具以及相关设施、设备的,应当依法给予补偿;能返还的,应当及时返还。

《突发事件应对法》(2007)

第12条 有关人民政府及其部门为应对突发事件,可以征用单位和个人的财产。被征用的财产在使用完毕或者突发事件应急处置工作结束后,应当及时返还。财产被征用或者征用后毁损、灭失的,应当给予补偿。

2. 并非泾渭分明

然而,国家赔偿与国家补偿的上述区别并非绝对。例如,根据我国《国家赔偿法》第17条第(三)项,依照审判监督程序再审改判无罪,原判刑罚已经执行的,国家应予赔偿。而这种情形其实并不一定以违法为前提。因为,国家机关工作人员亦是凡人,在审判时,即便已经是勤勉尽责、已经是尽了合理的谨慎注意义务,也有可能会发生错判的情形。此时,国家赔偿目的是保证受害人尽可能恢复到损害发生前的状态,而不是要谴责国家机关和国家机关工作人员。换言之,公权力的合法行使,仍然有可能导致国家赔偿责任,而不是国家补偿责任。①

因此,必须认识到,国家赔偿与国家补偿的区别,其实是我们为了认识事物的方便而确立了不同的词语,以对应不同的事物。但是,"我们语言的丰富和微妙程度还不足以反映自然现象在种类上的无限性、自然力的结合与变化、以及一个事物向另一个事物的逐渐演变"。② 违法还是合法可以作为区分国家赔偿和国家补偿的标准,但不能误认为是绝对的标准,更不能以此否定在国家赔偿法中对无过错赔偿情形予以规定的立法实践。

3. 其他相异之处

除了核心区别以外,国家赔偿与国家补偿还有其他不同,主要是:

第一,国家承担赔偿责任通常是在损害发生之后;而国家补偿的进行,可以是在损害发生之后,也可以是在损害发生之前。

第二,国家赔偿因主要由公权力违法或过错行使所致,故对公权力主体有着非难、谴责的意味;而国家补偿的前提是公权力的合法行使,公权力主体一般没有可非难性和可谴责性。当然,在某些情形下,基于无过错归责原则的国家赔偿,也同样不带有非难和谴责,否则,对具体的公务人员而言是不公平的。

第三,国家赔偿主要起因于公权力的违法或过错,为督促公务人员合法行使权力、避免国家为有着重大过错的公务人员过分买单,在国家赔偿领域,或者有国家赔偿与国家工作人员赔偿并存的制度,或者有国家在向受害人赔偿后追偿有故意或重大过失的国家工作人员的制度;而在国家补偿领域,国家工作人员无任何违法或过错情形,故不可能有国家工作人员补偿与国家补偿并存的情形,也不存在国家工作人员受追偿的情形。③

五、案例讨论

案例 1-1   陈太湖与乐东黎族自治县公安局其他人身损害赔偿纠纷上诉案【(2007)海南民二终字第 243 号】

二审法院是如何理解《民法通则》(尤其是第 121 条)与《国家赔偿法》的关系的?你是否认同这一观点?

---

① 参见本书第二章、第四章。
② 〔美〕博登海默:《法理学——法哲学及其方法》,邓正来、姬敬武译,华夏出版社 1987 年版,第 464 页。
③ 也有学者提出国家赔偿与国家补偿在目的、范围、对象、方式、是否可以通过诉讼途径解决等方面有所不同。文献甚多,不胜枚举。然而,这些是不是二者之间原则性的差异,仍有商榷之余地。

案例 1-2　东营市东营区城市管理局与姬文清等人身损害赔偿纠纷再审案【(2007)东民再终字第 14 号】

1. 本案二审判决认为:"行政诉讼当事人之间更强调的是管理的相对性,本案涉诉行政机关承担的是因其不作为而导致的他人合法权益受到侵害的民事侵权责任,故本案应为民事侵权纠纷。"你是否同意法院的这一论理?

2. 行政机关或者具有公共行政职能的其他组织,对城市道路的管理养护及保洁职责,是公权力作用还是非公权力作用?

3. 请结合本书第五章第三节关于公共设施致害赔偿的内容,探讨以上问题。

第二节　国家赔偿责任的性质

思考

国家赔偿责任是国家自己责任还是国家代位责任? 自己责任说和代位责任说的各自观点是什么? 它们存在什么区别? 它们本身是什么性质的理论? 如何从国家赔偿制度的目标和宗旨来看待这两种理论?

一、各家学说简介

关于国家赔偿责任的性质,自学界研究伊始,借鉴域外国家赔偿理论,向来认为有以下各种观点①:

1. 代位责任说

代位责任说的主要观点是,公务人员在执行职务过程中的侵权行为,本质上仍是公务人员的个人侵权行为,由此形成的赔偿责任也应该是公务人员个人赔偿责任。但是,公务人员的个人财力有限,让其承担赔偿责任,不足以保护受害人。同时,若公务人员总要为其职务行为的侵权负责赔偿,难免会使其产生对执行

---

① 参见曹竞辉:《国家赔偿立法与案例研究》,三民书局 1988 年版,第 27—28 页;应松年主编:《国家赔偿法研究》,法律出版社 1995 年版,第 9—13 页;房绍坤、丁乐超、苗生明:《国家赔偿法原理与实务》,北京大学出版社 1998 年版,第 49—52 页;叶百修:《国家赔偿法》,载翁岳生编:《行政法》(下册),中国法制出版社 2002 年版,第 1558—1560 页。

职务的畏惧心理,从而影响公务的开展和效率。因此,对于公务人员职务行为的侵害后果,由国家代替公务人员向受害人赔偿,国家同时保留对公务人员的追偿权。

2. 自己责任说

自己责任说的主要观点是,公务人员执行职务的侵权行为,是公务人员代表国家时所作的不法行为,由此产生的责任应该直接归属于国家,由国家对受害人负责。国家既然授权公务人员执行职务,而公务人员在行使职权过程中难免会产生侵害个人或组织正当权益的情形。公务人员的这种侵害危险,应由国家担负责任,无论造成侵害的行为是违法的还是合法的。

3. 合并责任说

我国台湾地区学者一般称之为"并合责任说"。该观点认为,国家赔偿责任的性质不能一概而论,应该视公务人员是否具有公务机关的身份而定。若公务人员有公务机关的身份,那么,公务人员行使职权中的侵害行为,可视为国家自身的侵权行为,国家为此向受害人承担的赔偿责任,就是国家的自己责任。若公务人员不具备公务机关的身份,而仅仅是受雇人员的地位,其在行使职权过程中的侵权行为,就不是国家自身的侵权行为,国家向受害人的赔偿,应该视为国家的代位责任。[1]

---

[1] 理解该学说的关键是知晓公务人员具备公务机关身份这一提法的含义。在我国,这一提法是陌生的。在《宪法》中,第三章以"国家机构"为标题。该章之下共有八节,标题分别是"全国人民代表大会""中华人民共和国主席""国务院""中央军事委员会""地方各级人民代表大会和地方各级人民政府""民族自治地方的自治机关""监察委员会""人民法院和人民检察院"。其中,唯有"中华人民共和国主席"是一个公民具备国家机构身份,其他国家机构都是以组织的形式存在的。这就意味着,国家机关都是组织的形式而非个人的形式。因此,在我国,无论是学界还是普通人,一般都不会把某个公务人员视为国家机关,都很难理解公务人员具备公务机关身份的观念。
然而,法国、德国、日本等大陆法系国家的学理,普遍确立和认可这个观念。在法国,行政机关是"构成行政主体整体结构中的某些单位,它们在一定的范围以内,以行政主体的名义进行活动,而效力归属于行政主体"。例如,代表国家这一行政主体的行政机关有中央行政机关和地方国家行政机关之分,前者包括总统、总理、部长和一些咨询机关,后者有省长、大区行政长官。地方团体是以地域为基础的行政主体,与"国家"相对,有市镇、省和大区三类。市议会、市长、省议会、省议会主席、大区议会、大区经济和社会委员会、大区议会主席等都是相应的行政机关。参见王名扬:《法国行政法》,中国政法大学出版社1997年版,第48—121页。
在德国,"机关是国家和其他行政主体的机构……组织意义上的机关是指国家行政等级体制之中的机构,以及非国家行政主体的执行机构,例如,大区政府主席、财政局、市政府、大学的系主任。功能意义上的机关是指所有的、有权在外部关系中采取具体行政主权措施的机构……如联邦总统、联邦议会主席或者法院,在采取行政行为或者其他对外的、单方面的主权措施时,也是机关"。〔德〕毛雷尔:《行政法学总论》,高家伟译,法律出版社2000年版,第509页。
在日本,作为国家行政机关的行政官厅,"是指关于行政'被赋予决定国家意思,并能够将其向人民表示之权能的国家机关'。……例如,《国税通则法》第24条规定:'税务署长……基于其调查,更正与该申报书有关的课税标准或者税额'。在这种情况下,税务署长确实是将国家所拥有的租税债权……予以确定,属于行政官厅法理中的行政官厅。……根据《电波法》……总务大臣在决定发给营业执照这一国家意思并向外部表示这种意义上,属于行政官厅。"参见〔日〕盐野宏:《行政组织法》,杨建顺译,北京大学出版社2008年版,第15—16页。可见,在这些国家,有的公务人员(通常是行政首长)具备公务机关身份,而大部分公务人员仅仅是受雇人的身份。这是合并责任说的基本出发点。

4. 中间责任说

中间责任说比合并责任说更进一步,认为即便是具备公务机关身份的公务人员,也不能一概认定其侵权行为就是国家自身的侵权行为。依照这一学说,公务人员的侵权行为可以认定是公务机关的侵权行为时,国家就该公务人员侵权行为造成的损害,所应负担的赔偿责任的性质是国家自己责任。然而,若该公务人员在实施侵权行为过程中具有故意或重大过失时,其行为就不再有公务机关行为的性质,而只会产生该公务人员的个人责任。国家对该侵权行为所致损害,本来不必承担赔偿责任,但出于保护受害人权益的考虑,国家赔偿法特别例外地规定国家代替公务人员负责赔偿。在此情形下的国家赔偿责任,就是代位责任。

5. 折中说

折中说的观点是,国家赔偿责任的性质,取决于国家赔偿法是否规定国家赔偿责任的构成以公务人员的"故意或过失"为要件。在一般情形下,公务人员执行职务时的侵权行为,国家为其造成损害负担的赔偿责任是国家自己责任。但是,如果国家赔偿构成要件须公务人员有"故意或过失"方能成立的,那么,国家赔偿责任就是代位责任。

在国家赔偿责任的性质问题上,虽有诸多观点,但主要的争论还是在代位责任说和自己责任说之间。

二、代位责任说和自己责任说的区别

1. 真正的差异

(1) 公务人员是否应当直接对受害人负责。

自己责任说强调公务人员行使公权力的行为在本质上是国家行为,国家赔偿就是国家自己的责任。因而,该理论在逻辑上不可能推演出,受害人可以向公务人员直接请求赔偿。相反,代位责任说则认为,公务人员的职务侵害行为自当由公务人员个人负责,国家只是代替公务人员承担赔偿责任。所以,按照代位责任说的逻辑,受害人赔偿请求可以直接向国家提出,也可以向公务人员(本质上的侵权责任者)提出。

也有学者对此持不同看法,"国家赔偿责任既然是在替代公务员个人之赔偿责任,因此,被害人不能直接向公务员个人请求赔偿,仅能向国家请求";相反,根据自己责任说,国家赔偿责任和公务人员个人赔偿责任是相互独立的,各负其责,受害人可以选择同时或先后行使赔偿请求权。①

的确,当国家赔偿责任依实定法的规定、原则上取代公务人员个人赔偿责任之后,受害人直接面对的,一般都是国家而不是公务人员。否则,国家赔偿制度的确立就失去了意义。但是,正是因为代位责任说仍然把侵权责任的本质定性为公务人员的责任,所以,即使它主张国家代替公务人员承担责任,在逻辑上也留下了公务人员可以直接就其公务侵权行为②向受害人赔付的可能性。这种逻辑可能性在部分国家转化为了制度现实,只是把公务人员直接承担责任限定在少数情形之中。③ 而主张国家为所有公务侵权行为承担自己责任的理论,是无法将这一点容纳于它的逻辑中的。"就和自己责任说的关系而言,从那里不能当然地推导出公务员的个人责任。应该说,公务员此时是国家这一装置的一部分,所以,公务员的责任也被国家的责任所吸收,适合于得出作为个人不承担责任的结论。"④否则,就形成了这样一个悖论:公务人员的职务侵权行为是国家行为,国家当负责;但特定情形下,公务人员要为国家行为直接向受害人承担责任。

(2) 国家赔偿责任的成立是否以公务人员个人赔偿责任的构成为必要。

代位责任说以国家代替公务人员赔偿为基本主张,国家赔偿责任的成立当然是建立在公务人员个人赔偿责任已经构成的前提下。假如公务人员在某种情形下是法律予以免责的,国家也就无须承担责任。而在自己责任说之下,国家是自负其责,与公务人员个人赔偿责任是否构成无关。

进一步,由这一区别,还可衍生出两个细节上的差异。第一,公务人员在个人赔偿责任的构成上通常须以故意或过失(统称"过错")为要件。因此,依代位责任说,国家赔偿责任应以公务人员的过错为要件。自己责任说则与之不同,国家自负其责,公务人员有无过错一概不论;如果损害发生是执行公务的结果,即便公务人员无过错,国家也应负赔偿责任。第二,为使公务人员热忱奉公,不影响他们的公务积极性,法律一般会对公务人员的个人赔偿责任加以限制或免除。按照代位责任说,这些限制或免除自然可延用于国家,使国家赔偿责任也受到限

---

① 参见廖义男:《国家赔偿法》,三民书局1996年版,第10、113页。
② 公务人员在执行职务过程中的纯粹个人侵权行为导致损害的,自然应该由公务人员自己向受害人承担责任。这里涉及的问题就是,如何判定行为是"职务行为"和"个人行为"。参见本书第三章第三节。
③ 例如,在法国,国家需对出于公务过错的侵权行为负责,而公务员则需对出于公务员本人过错的侵权行为负责;当公务员本人过错和公务过错同时存在的时候,公务员与国家对受害人承担连带责任,不论公务员或国家,在赔偿全部损失后,都可请求共同责任人偿还其应当承担的部分。参见王名扬:《法国行政法》,中国政法大学出版社1997年版,第712、722—726、744—757页。在美国,从20世纪60年代以后的若干单行法律直至1988年的《联邦雇员赔偿责任改革和侵权赔偿法》,确立了国家代替雇员负担侵权赔偿责任的制度,但同时,一方面,国会可以制定法律规定国家在赔偿以后对职员进行求偿,另一方面,保留职员对严重的侵权行为的个人赔偿责任。参见王名扬:《美国行政法》,中国法制出版社1995年版,第826页。
④ 〔日〕盐野宏:《行政救济法》,杨建顺译,北京大学出版社2008年版,第223—224页。

制或免除。在自己责任说之下,则不存在这样的沿用。①

2. 误解和澄清

关于代位责任说和自己责任说的区别,学界还有一些其他观点,本书以为是误解:

(1) 国家对公务人员是否有追偿权。

有一种观点认为,依照国家代位责任说,公务人员侵权行为本应该由公务人员自己承担赔偿责任,国家代替公务人员向受害人赔偿后,仍然享有对公务人员的追偿权。这是国家代位责任说的特色,也是代位责任说和自己责任说的区别之一。②

然而,有学者明确指出,追偿权在代位责任说和自己责任说之下都可获得合理解释。在代位责任说的框架内,追偿权可以理解为国家对公务人员的"不当得利返还请求权"或"第三人代位求偿权"。所谓不当得利返还请求权,是指国家代公务人员负担损害赔偿责任,公务人员因而免于赔付,构成不当得利,受损的国家可对获利的公务人员请求返还。所谓第三人代位求偿权,是指国家作为有利害关系的第三人代公务人员履行损害赔偿义务后,可代位行使受害人对公务人员的求偿权利。在自己责任说的框架内,追偿权可以理解为"债务不履行损害赔偿请求权",即国家为公务人员的职务侵害行为负赔偿责任,实际上就是在为其自己的行为承担后果,但是,公务人员对国家有恪尽职守、依法履行职务的义务,违反此义务而作出侵害行为,属于债务不履行,国家可行使债务不履行损害赔偿请求权。③ 也有学者把自己责任说之下的追偿权理解为国家内部的纪律惩戒权力。④ 可见,国家追偿权的有无,并非两种学说的真正差异所在。

(2) 构成要件是主观过错还是客观过错或违法。

部分学者曾经以为,在国家赔偿责任的构成方面,代位责任说把主观过错作为要件之一,而自己责任说则定位于客观过错或违法要件。⑤ 其实,两种学说的区别在于国家赔偿责任的成立是否要以公务人员个人赔偿责任的构成为前提,而不在于要以什么样的过错为前提。

---

① 参见廖义男:《国家赔偿法》,三民书局1996年版,第9—11页;董保城、湛中乐:《国家责任法——兼论大陆地区行政补偿与行政赔偿》,元照出版公司2005年版,第42—44页。
② 参见应松年主编:《国家赔偿法研究》,法律出版社1995年版,第10、18页;高家伟:《国家赔偿法》,商务印书馆2004年版,第26—27页。
③ 参见刘春堂:《国家赔偿法》,三民书局1994年版,第155—156页。
④ 参见马怀德:《国家赔偿责任的性质》,载《法学研究》1994年第2期。
⑤ 参见应松年:《我国民主与法制的新进展——祝国家赔偿法颁布实施》,载《行政法学研究》1994年第2期;马怀德:《国家赔偿责任的性质》,载《法学研究》1994年第2期。

由于代位责任说强调国家赔偿责任与公务人员个人责任的同构性,而公务人员的赔偿责任通常是以"故意或过失"为要件的,所以,代位责任说下的国家赔偿责任也主要是以过错为要件。当然,假如法律规定在特定情形下公务人员需承担无过错赔偿责任,那么,依代位责任说,国家赔偿责任也同时应当是以无过错为要件。为保护公务人员,法律往往对公务人员的无过错责任是比较慎重的。相比之下,自己责任说并不十分在意侵权行为中公务人员是否有过错。由于其强调公务人员的职务侵权行为等于是国家自己的侵权行为,由国家自己承担责任,因此,其无须担心,在法律上规定较多的无过错赔偿的情形,是否会影响公务人员的公务热忱。有过错侵权也好,无过错侵权也罢,国家都需承担责任。

更何况,所谓的过错有"主观过错"和"客观过错"之分,这是一个假命题。的确,法律上的"过错"概念,指称的是当事人行为时所处的故意或过失的主观状态。但是,无论是在普通侵权法还是在国家赔偿法领域,对过错的实际认定,不可能执着于主观维度,而是以行为人是否尽了普通人的善良、合理注意义务作为判断标准的。这就是"过错客观化"的方法论。至于我国大陆学界以往严格划定的"过错"和"违法"之分,也是受主观和客观二元对立论的影响,以为过错就是要追究行为人的主观状态,违法则是提供了一个客观标准。其实,违法与过错并非截然两分,违法即过错已经是过错判断的一种基本方法。[①] 因此,以主观过错/客观过错、过错/违法的二分法,来界别代位责任说和自己责任说,是以往认识不足情形下产生的误解。

(3) 在实务中是否需要指认公务人员。

还有一个误解认为,代位责任说主张国家代公务人员负责,并主要以公务人员的过错为责任成立要件,就需在实务中指出具体的实施加害行为的公务人员;相反,若依自己责任说,"受害人不必指认行使公权力的公务员",便于其获得国家赔偿。[②] 但是,国家代替公务人员承担赔偿责任,并不意味着受害人求偿时必须指认加害的公务人员是谁;国家赔偿责任的成立以过错为要件,也不意味着受害人必须证明具体加害人的过错。依代位责任说,国家赔偿取代公务人员个人赔偿,公务人员已不再直接面对受害人,受害人更多的是向国家提出赔偿请求。而过错客观化的认定方法,使得受害人对过错的证明,也只需证明侵害行为未尽普通的职务注意义务即可。受害人无须指出公务人员的姓名。[③]

---

① 参见本书第二章第二节、第四节。
② 参见马怀德:《国家赔偿责任的性质》,载《法学研究》1994年第2期。
③ 例如,德国现行有效的国家赔偿制度,被公认为采纳代位责任说。而在现行的制度之下,"直接责任公务人员的姓名无须指明,因为这通常是不可能的"。〔德〕毛雷尔:《行政法学总论》,高家伟译,法律出版社2000年版,第631页。

三、国家赔偿制度设计的基本考虑

在世界范围内，并不存在一种普遍的自己责任说逐渐替代代位责任说的单线进化规律。在德国、日本等国家，主流观点还是认为国家赔偿责任是代位责任[①]；而在我国大陆地区，自己责任说却是主流的学理，主要理由还是认为自己责任说比代位责任说更便于受害人取得国家赔偿，是国家赔偿责任的发展主线和趋势。[②] 其实，代位责任说和自己责任说之间，并不存在巨大的差异。它们对国家赔偿责任性质给出了不同的解释，但是，它们都必须要应对国家赔偿制度共同的核心现实问题。这个问题就是，如何通过制度设计，在国家、公务人员与受害人之间寻求或达成一个合理的权责关系，以同时兼顾以下四个方面的考虑：

1. 受害人得到充分或公平的救济

在国家赔偿制度构建之前的国家责任豁免时期，公务人员的职务侵权行为所致损害，主要由公务人员个人来负责赔偿。这种个人负责制在一般意义上显然无法保证受害人从公务人员有限的经济能力中得到应有补救。更何况，为了使公务人员不致因为赔偿责任的威胁而过分挫伤其执行公务的积极性，这种个人赔偿制度还为公务人员设计了较多的责任豁免规则。例如，美国通过立法和司法，对议员、法官、检察官、总统和行政人员等的个人侵权赔偿，都确立了不同的绝对特免和有限制或有条件特免的制度。[③] 法国在实行公务员赔偿责任的时候，也限制这种责任的实行，以至于"在行政保护制度之下，公务员很少受到追诉。公务员的责任徒有虚名"。[④] 在日本，国家赔偿制度实行之前，甚至不承认官员个人对公法上的侵权行为负责，只是例外地以官员滥用职权是个人行为为由适用民法上的侵权责任。[⑤] 受害人希冀从公务人员那里获得充分或公平救济的可能性，也就因此被进一步限缩。国家负责赔偿制度取代公务人员职务侵权行为的个人负责制，就是要让受害人遭遇公权力侵害的损失得到充分的或公平的弥补或救济。

---

① 参见〔德〕毛雷尔：《行政法学总论》，高家伟译，法律出版社 2000 年版，第 620—621 页；〔日〕盐野宏：《行政救济法》，杨建顺译，北京大学出版社 2008 年版，第 202—204 页；叶百修：《国家赔偿法》，载翁岳生编：《行政法》（下册），中国法制出版社 2002 年版，第 1561 页。
② 参见应松年主编：《国家赔偿法研究》，法律出版社 1995 年版，第 13—18 页。不过，在一些民法学者眼中，国家赔偿责任被认为是代位责任（用语不同，常称作"替代责任"）。参见杨立新主编：《侵权行为法》，复旦大学出版社 2007 年版，第 176—177、300—302 页。
③ 参见王名扬：《美国行政法》，中国法制出版社 1995 年版，第 790—824 页。
④ 参见王名扬：《法国行政法》，中国政法大学出版社 1997 年版，第 712、745 页。
⑤ 参见〔日〕盐野宏：《行政救济法》，杨建顺译，北京大学出版社 2008 年版，第 199 页。

2. 维护公务人员执行公务的积极性

国家赔偿制度的另外一个考虑就是维护公务人员的公务热情。公务人员在行使职权过程中,难免会出现错误,导致侵害后果的发生。这种错误有可能并非公务人员故意所为,而是疏忽大意没有预见到侵害后果或者轻信可以避免侵害后果,这种疏忽大意或轻信又是常人不可避免的。甚至,有的时候,即便公务人员谨慎行事、恪尽职守,也会出现错误,以致侵害正当权益。因此,为了保护公务人员积极从事公务,使这份工作不至于成为高风险的职业,任何国家在任何时期都会给公务人员以特定的权利或责任减免。在公务人员职务侵权行为的个人负责制时期,诸多责任豁免规则就是对公务积极性的考虑。即便如此,个人负责制毕竟让公务人员个人始终面临被诉、被请求赔偿的风险,所以,国家赔偿制取代个人负责制,就是由国家"挺身而出",在保证受害人获赔的实效性同时,更进一步使公务人员在执行公务时不至于过分地畏首畏尾。

3. 在必要的范围内保持公务人员对职务侵权行为的应责性

国家赔偿制对公务积极性的保护也不能过度。假如由国家全面取代公务人员承担起公权力损害赔偿责任,又会从一个极端走向另一个极端,会弱化和放松公务人员的行为约束机制,甚至会让公务人员对其侵权行为的后果无所顾忌而恶意行使权力或任意疏忽职责要求。在公务人员职务侵权行为之中,有些是不可避免的,有些是很难保证不会发生的,而有些则可能完全出于公务人员的故意滥用职权或者严重的失职。对于这些行为,不能一概由国家赔偿,否则,国家就会对公务人员失去有效的控制。所以,应当在必要的范围内,保持公务人员对其职务侵权行为的应责性。

4. 确保国家财政对公务侵权的适当负担

在国家赔偿制度的确立、发展过程中,国家财政的承受能力,始终是制度设计者或改革者必须正视的问题。在美国,早期的国家责任豁免就是源于对财政的考虑。"美国没有君主,怎能继承英国的国王不能为非原则呢? 美国法院在继承这个原则时,主要出于政策上的考虑,避免新成立的联邦政府负担繁重的财政开支。"[①] 我国在制定《国家赔偿法》的过程中,讨论国家赔偿范围大小、国家赔偿标准高低等问题时,也都充分考虑了国家财力,并期待未来综合国力提高后国家赔偿保护力度的加强。[②] 因此,确保国家财政对公务侵权的适当负担,也是《国家赔偿法》需要考虑的另一因素。从这个因素出发,国家财政对受害人的保护有一

---

① 王名扬:《美国行政法》,中国法制出版社1995年版,第732页。
② 参见应松年主编:《国家赔偿法研究》,法律出版社1995年版,第228—229页。

定的时代局限性,但也会与时俱进地发展,同时,国家财政不能为公务人员个人过错而过度"买单"。国家财政毕竟是靠全体纳税人支撑的,它不能不分青红皂白地为所有恣意妄为的公务人员支付赔偿金。否则,国家财政有可能负担过重,对全体纳税人而言也是不公平的。

以上四个考虑的实现注定是平衡的,偏重任何一个因素,而忽略或轻视其他因素,都有可能导致制度的整体或局部失败。代位责任说和自己责任说之间的竞争,应视二者是否能够对在特定历史和现时境域中产生的国家赔偿制度,作出合乎理性的、逻辑自洽的解释和引导,从而使该制度可以较好地兼顾上述考虑。

四、对代位责任说和自己责任说的检视

了解国家赔偿制度设计的基本考虑之后,我们可以此为基点,对代位责任说和自己责任说的竞争力进行检视,比较一下各自的优劣。通常,这样的检视,可以在两个密不可分的关联维度上进行。一是理性的维度,即检验理论在其自我架构的各种观点之间是否有基本的融贯性和自洽性,以及理论对其指向的现实世界——在此就是特定境域中的国家赔偿制度——是否有合理的解释力;二是功能的维度,即检验理论的观点和主张是否有助于现实世界达到预设的目标——在此就是国家赔偿制度应予平衡兼顾的四个基本考虑。

1. 理性的维度

(1) 代位责任说的逻辑及其缺陷。

代位责任说在理论上可以获得一定的合理阐释。近代意义上的国家,被看成是在固定领土上、集体性地结合在一个主权政府之下的人民共同体。经过民主话语塑造之后,这个共同体的法律以及要求其公务人员应予履行的职务注意义务,皆可被视为人民合意的产物。既然如此,若公务人员有违法或不履行注意义务的行为,那也并不是国家(人民共同体)授意的,故而在本质上是公务人员自身侵权。

这种公务人员的职务侵权实是个人自己侵权,应由个人负责的本质论,并不意味着代位责任说反对国家赔偿。相反,它是支持国家赔偿制度的确立的(否则,也不会有所谓的"代位"之说),并且也为国家在替代性地承担责任后向故意或重大过失的公务人员进行追偿,提供了它的解释。独特之处在于,它要求国家赔偿责任的成立主要以公务人员的过错为要件,无过错的国家赔偿责任即便有也是很少的,因为公务人员的无过错责任通常也是例外。而且,在整体制度构架上,它也为公务人员特定情形下直接就其职务侵权行为向受害人负责留下了空间。代位责任说的这些观点和主张,在德国、法国、美国等,都有相应的制度现实与其合拍。

不过,代位责任说的个人侵权负责本质论,存在着与现实脱节的一个重大缺陷。它饱受诟病的是,主要以过错为国家赔偿责任成立之要件,无法解释在许多国家或地区的国家赔偿制度中越来越多地出现无过错情形下的国家赔偿责任。

（2）自己责任说的逻辑及其缺陷。

自己责任说的基本主张是:公务人员的职务行为本质上是国家自己的行为,而不是公务人员的个人行为;职务侵权的结果由国家承担,实际上就是国家自己责任。这种表达方式,同私法上的代理人与被代理人关系理论如出一辙,能够在相当程度上达到自圆其说。而且,它并未因此完全放纵公务人员,而是从不同于代位责任说的角度,解释了国家对故意或重大过失公务人员的追偿权。更何况,它还更容易吸纳无过错情形下的国家赔偿责任。

但是,自己责任说也有其无法自我化解的矛盾。自己责任说将一切职务侵权行为都视作国家行为,等于漠视了在职务侵权行为中公务人员个人因素——如私利私欲等——所起的作用,等于把确实夹杂公务人员私人动机在内的职务侵权情形也包揽在身上。当然,它可以将国家追偿权解释进其体系中,从而使国家包揽一切的情形仅仅是在理论上而不是在现实中。只是,在逻辑上,它就不能容纳公务人员就其职务侵权行为的个人直接负责制,所以,在有着这种制度情形的国家或地区中,为避免出现悖论,它不可能成为最具说服力的流行理论。

至此,理性维度的检视说明了,代位责任说和自己责任说并无明显的高下优劣之判。二者都能在自己体系内达到相当程度的融贯自洽,也都能在合理范围内与特定境域中的国家赔偿制度形成解释上的契合一致性,但也都存在不具普适性的缺陷。

2. 功能的维度

在功能维度上的检验,就是要看哪一种理论更有助于特定境域中国家赔偿制度的设计综合兼顾前述考虑。

代位责任说为保护公务人员,对无过错责任是有抵触倾向的,它不可能积极推动由该理论主导的国家赔偿制度吸纳无过错责任。这看起来不利于充分或公平救济受害人的目标的实现。尤其是在现代国家,政府对市场、社会担负更多监管职能,公民个人或组织正当权益受公权力侵害的威胁或可能性日益增强。消极抵触无过错责任的发展,对个别受害人而言是不公平的。

相较之下,自己责任说不拘泥于国家赔偿责任构成是否以公务人员的构成为前提,也就不强调主要以过错为要件,对过错责任和无过错责任皆有包容性。在现代社会公权力即便无过错也会侵权的情形有极大增加的条件下,自己责任说无疑更有利于受害人得到全面的保障。而且,通过国家追偿制度,自己责任说也可以使公务人员保持必要的应责性,保证国家财政不会被那些有故意滥用职权或重大失职的公务人员过分消耗。这样看来,自己责任说似乎就拥有了功能上的优越性。

但是,在我国,自己责任说的功能,并非完全如以上理论预期的那样。与自己责任说联系在一起的是国家追偿和公务人员不直接向受害人负责。但从实务运作看,也许是作为内部机制的追偿涉及赔偿义务机关与其公务人员之间的微妙关系,"赔偿义务机关真正进行追偿的案例很少,一般情况下都不会追偿"。[①] 追偿制度的无效或低效率,加上公务人员不能直接向受害人负责赔偿,就无法维系必要的公务人员应责性和保障国家财政平衡。所以,才会有两种基本的改革思路:一是完善追偿制度[②];二是建立在特定情形下公务人员直接对外负责的制度。[③] 第一种思路并不会影响在代位责任说和自己责任说之间的选择,因为二者都可容纳追偿制度;但第二种思路是与自己责任说不相容的。从造成追偿制度形同虚设的原因看,既有追偿制度本身尚未健全的问题,也有追偿制度在根本上寄托于"自我追究"机制、而这种机制于我国政治/法律环境中又收效甚微的问题,因此,两种思路都是可以尝试的改革方案。只是,自己责任说在此反倒成了第二种思路的阻碍。

3. 解释论而非规范论

(1) 为什么是解释论?

代位责任说和自己责任说都是各有千秋又各有缺憾的理论。不过,究竟应该如何理解这两个学说呢?换言之,代位责任说、自己责任说以及其他关于国家赔偿责任性质的学说本身是什么性质的呢?

其实,它们都是对特定境域中国家赔偿制度进行解释而不是规范的学说。在特定境域中,应当充分考虑的问题是,如何在该境域特别的经济、政治、法律、文化、资源甚至智识等条件中,设计、建构并逐步完善能够兼顾前述四项基本因素的国家赔偿制度;而不是考虑国家赔偿制度的设计、建构究竟应该按代位责任

[①] 杨小君:《国家赔偿法律问题研究》,北京大学出版社 2005 年版,第 348 页。
[②] 参见马怀德主编:《国家赔偿问题研究》,法律出版社 2006 年版,第 220—225 页;杨小君:《国家赔偿法律问题研究》,北京大学出版社 2005 年版,第 348—351 页;闫越:《国家追偿权及其立法完善》,载《法制与社会发展》1998 年第 6 期;刘嗣元:《论国家赔偿法中的国家追偿制度》,载《华中理工大学学报》(社会科学版)1999 年第 2 期;罗杰:《国家赔偿中的追偿制度立法及完善》,载《行政法制》2000 年第 6 期。
[③] 参见张卫英、王梅霞:《确立我国公务员损害赔偿责任制度》,载《河北法学》2006 年第 5 期;关蕾、双华军:《公务员行政侵权赔偿责任分析——由佘祥林案所想到的》,载《经济导刊》2005 年第 9 期;张明军:《对确立国家和个人为共同赔偿责任主体的探讨》,载《行政与法》2004 年第 1 期;杜万松:《公务员重大过错行政侵权赔偿责任探析》,载《行政与法》2003 年第 12 期。

说还是按自己责任说。只有在形成与该境域较为契合的国家赔偿制度之后,再行斟酌如何选择理论,以合理地解释这样的制度。并且,由于特定境域所拥有的各种条件是变动的,在一个时期形成的理论选择,不应成为阻碍适应新条件的制度变革的力量。

当然,任何一种解释性理论,都隐含有规范性的力量。当一种理论被公认为是对现实世界最好的解释之后,它就已经具备了一种规范、模范或范本的映象。凡与该理论不一致的其他理论,都会被认为欠缺合理性——至少是部分地欠缺。甚至,当现实世界出现了一种与该理论相冲突的变化萌芽时,人们会习惯性地用该理论去质疑新的变化动向。① 在此意义上,解释论的确很容易滑入规范论。但是,只要清醒地将代位责任说和自己责任说定位于解释论,只要不将其中任何一个学说当成是必须在制度打造之前予以选择的规范论,那么,国家赔偿制度的设计、建构或完善,就会是结合具体境域的、功能取向的且不拒变革的,就不会是从先验的、普适主义的、理性主义的立场出发,就不会出现以下倾向:自己责任说必然比代位责任说更具先进性,必然取而代之,必然是具体制度的准绳和标尺。

(2) 解释论的有效范围和选择。

当然,代位责任说和自己责任说毕竟各有自己独到的逻辑和主张,它们在对应不同的国家赔偿制度时,有各自的有效适用范围。参见表1.3。

表 1.3 代位责任说和自己责任说的有效范围

	代位责任说	自己责任说
公务人员职务侵权行为造成的损害	1. 原则上,国家承担赔偿责任	1. 国家承担赔偿责任
	2. 国家赔偿责任的成立以公务人员责任的成立为前提,主要以过错为要件,无过错责任为例外	2. 国家赔偿责任的成立不以公务人员责任的成立为前提,也不拘泥于过错要件
	3. 国家承担赔偿责任后对有法定情形的公务人员可实施追偿	3. 国家承担赔偿责任后对有法定情形的公务人员可实施追偿
	4. 少数情形下,公务人员本人直接对受害人承担赔偿责任	4. 公务人员本人不直接对受害人承担赔偿责任

从表1.3中可知,若在特定境域中,只需通过国家承担赔偿责任,就足以充分或公平救济受害人,国家对公务人员的追偿制度又有较好的实效,可较好地使公务人员的必要应责性和国家财政的平衡得到保证,而无须再行建立公务人员

---

① 解释论的这种规范性力量,实际上并非来自理论本身,而是来自现实世界。现实世界总是历史性地发展的;它不可避免地要发展,但它总是在延续过去地往前。如果现实世界往前走了新的一步,它延续传统的惯性力量——包括曾经对传统作出最合理解释的理论,也包括对传统较为适应的人们——就会将它往后拽几下。因此,解释论的规范性力量,并非其自身的主张,而是现实世界赋予它的。

本人直接对外负责的制度,那么,以自己责任说解释该境域中的制度,无疑是最简洁、最明了和最佳的。它通过合理的制度架构及其功能实现,化解了把一切职务侵权皆视为国家侵权的理论所可能导致的现实问题。

但是,若在特定境域中,国家追偿制无法有如此绩效,尚需有公务人员对外负责制予以补充,就不适宜用自己责任说"一统天下"地解释该境域中的整体制度了。只是,考虑到代位责任说对无过错责任的抵触倾向,若按非此即彼的思路,试图在国家赔偿领域完全采纳代位责任说,也是不恰当的。最佳的选择可能就是:对于以过错为要件的国家赔偿责任,用代位责任说解释之;对于无过错情形下的国家赔偿责任,用自己责任说解释之。相对复杂的原理阐释可以是:原则上,公务人员未尽合理的职务注意义务造成侵权,是公务人员自己的过错所致,本应由自己负责,国家只是代替其承担责任,同时保留追偿权;然而,公务人员严重的职务侵权行为,则由公务人员自己向受害人负责,国家不予代位赔偿;至于公务人员无过错情形下造成的侵权,自然是国家自己承担后果。

五、思考与讨论

1. 以下是摘自江苏省张家港市人民法院副院长缪坚法官撰写的《公权力行使的有关赔偿责任探析》(载《法学杂志》2006年第5期)中的一段话,请问:
(1) 你是否可以从中得出司法实务主要受自己责任说的影响的结论?
(2) 你如何理解和评析这段话中"原封不动地承认公务员个人免责,存在着疑问的余地"?

> 公务员对受害者不直接承担责任,这是各级法院审判此类案件时的一贯原则。判决虽然没有列举特别的理由,但是笔者认为其结论是应该予以支持的。
>
> 首先,就和自己责任说的关系而言,从那里不能当然地导出公务员的个人责任。应该说,公务员此时是国家这一装置的一部分。所以,公务员的责任也被国家的责任所吸收,适合于得出作为个人不承担责任的结论。进而,按照制定法的制度来看,鉴于国家方面对公务员具有求偿权,这样,以令国家承担责任,能够实现受害者救济这一目的。笔者认为,可以说公务员对受害者不承担直接责任。
>
> 当然,以上的情况是《国家赔偿法》通常的适用场合。与此相对,即使公务员为了私利而实施了不法行为的情况下,也承认国家赔偿,《国家赔偿法》扩大了其适用。所以,是否可以原封不动地承认公务员个人免责,存在着疑问的余地。

2. 以下是《最高人民法院关于行政机关工作人员执行职务致人伤亡构成犯罪的赔偿诉讼程序问题的批复》(2002年8月5日最高人民法院审判委员会第1236次会议通过,法释〔2002〕28号)的正文全文,请问:

(1) 你是否认为,此批复意味着司法实务不再承认行政机关工作人员职务侵权行为(注意:并非个人行为)的个人责任制?

(2) 结合本章第四节,你对此批复作何评价?

山东省高级人民法院:

你院鲁高法函〔1998〕132号《关于对行政机关工作人员执行职务时致人伤、亡,法院以刑事附带民事判决赔偿损失后,受害人或其亲属能否再提起行政赔偿诉讼的请示》收悉。经研究,答复如下:

一、行政机关工作人员在执行职务中致人伤、亡已构成犯罪,受害人或其亲属提起刑事附带民事赔偿诉讼的,人民法院对民事赔偿诉讼请求不予受理。但应当告知其可以依据《中华人民共和国国家赔偿法》的有关规定向人民法院提起行政赔偿诉讼。

二、本批复公布以前发生的此类案件,人民法院已作刑事附带民事赔偿处理,受害人或其亲属再提起行政赔偿诉讼的,人民法院不予受理。

此复。

第三节　国家赔偿责任的正当化

思考

国家赔偿制度确立之前的国家无责任论,有哪些代表性的言说?国家无责任论为什么会产生并盛行一时?在国家无责任论之下,受害人是否可以得到救济?什么是法律拟制论?什么是国库责任论?它建立的是私法上的国家赔偿责任还是公法上的国家赔偿责任?什么是法律拟制论的一元论,其与国库责任论之间是一种什么关系?特别牺牲理论、风险理论、危险责任论、社会保险理论、公共负担平等理论等,都在什么意义上促进了国家赔偿责任的正当化及发展?

当今,国家赔偿法律制度在许多国家建立起来,国家应当对因公权力行使而遭遇损失的受害人负责赔偿,似乎是天经地义、不容置疑的。然而,从世界范围来看,国家赔偿从无到有,经历了一个漫长的过程,夹杂着现实世界和理论世界错综复杂的变迁、挑战与革命。这是国家赔偿责任逐步为世人普遍接受的过程,也就是其逐渐实现正当化的过程。这一历程中曾经出现的反对国家赔偿和支持国家赔偿的若干理论,对于国家赔偿法学科而言,都是至关重要的知识。

一、国家无责任论

1. 国家无责任论的含义及各种表达

国家应对公务侵权行为所致损害负责赔偿的理念,在 19 世纪下半叶、20 世纪初甚至 20 世纪中叶之前[①],在欧美许多国家都是无法想象的。因为,各国都普遍接受相同或类似的观点:国家或国王的权力至高无上,国家或国王享有绝对主权,并不服从外部所施加的使其负担的义务;公务人员执行职务,违法侵害人民权利的,由公务人员依私法或民法自己负责,国家或国王不负损害赔偿之责[②],除非国家或国王同意放弃责任豁免。[③]

这个观点在不同国家有不同的表述。在英国,传统的法律上没有国家概念,只有英王是国家权力的象征。而与英王有关的广为人知的谚语是"国王不能为非"(The King can do no wrong),其义为英王不可能做错事、不可能有侵权行为。既然英王不可能做错事,也就不可能授权其公仆侵害公民。公务人员侵权行为所致损害后果,自然由行为人自己负担相应的赔偿责任。这就是英王即国家侵权责任豁免的理由。[④] 支持"国王不能为非"原理的主要理论有:(1) 主权无拘束论。主权者有创制及废止法律的绝对权力,必要时可以废止使自己受羁绊的法律,所以,国王根本不受任何拘束。(2) 人民利益论。国王的权力是为人民利益而存在的,其当然没有实施侵害行为、毁损人民权益的可能。(3) 绝对权力论。国王作为主权者是至高无上的,因此,不可能有法官在国王之上审判国王行为的正确与否,假定最高者之上尚有更高者,是不可能的。(4) 主权命令论。法

[①] 在不同国家,现代国家赔偿责任的发端时间是不同的。例如,在英国,现代意义上的政府赔偿责任,通常认为是起始于 1947 年的《王权诉讼法》(The Crown Proceedings Act 1947);而在法国,明确承认国家赔偿责任的判决比英国早了七十余年,那是著名的 1873 年布朗戈案件(The *Blanco* case of 1873)。参见王名扬:《英国行政法》,中国政法大学出版社 1987 年版,第 234 页;王名扬:《法国行政法》,中国政法大学出版社 1997 年版,第 711 页。

[②] 参见董保城、湛中乐:《国家责任法——兼论大陆地区行政补偿与行政赔偿》,元照出版公司 2005 年版,第 37 页。

[③] 参见王名扬:《英国行政法》,中国政法大学出版社 1987 年版,第 234 页。

[④] 同上书,第 233—235 页。

律是主权者意志表现之形态,主权者当然不受实定法的限制。①

不过,也有观点认为,英王侵权责任豁免源于这个谚语的说法,并不十分确切:在法律原则上,英王还是被认为应当服从法律的统治,被认为应当与正义原则保持一致。只是,在实践中,特殊的程序严重妨碍了获得救济的机会。一方面,在传统上,英王的特权之一是其不受中央法院(central courts)的审判,就像一个封建领主不受其领地内自己的法院审判一样。另一方面,受害人虽然可以通过权利请愿(petition of right)向英王申诉,但是,这个程序也是复杂的、拖沓的。当然,历史遗留下来的文件显示,受害人可以从君主那里获得一定的赔偿。例如,从英王那里成功收回被错误没收的财产。②

在法国,1789 年大革命之前,"国王不能为非"的原则同样盛行。③ 大革命之后,国王已经不存在了,但直到 19 世纪末,行政豁免仍然是普遍的规则。因为,大革命之后,主权被认为就是人民的意志,人民的意志经过转换,一方面,授权给立法机关,让立法机关代表人民表达公意,另一方面,授权给行政,让行政负责执行公意。在当时,主权和国家赔偿责任被认为是相互排斥的观念。将立法机关和行政等同于人民的意志,就是一种反对确立国家赔偿责任的强大力量。此外,由于革命者以激进的方式解释和运用了分权原则,普通法院被禁止审理行政行为,所以,1799 年成立的国家参事院(Conseil d'Etat,最高行政法院)也仅仅是国家元首的咨询机关,其可以向国家元首提出解决行政争议的建议,但裁决以国家元首的名义作出。1872 年,国家参事院才在法律上成为最高行政法院,有独立的审判地位和权力。那时,最高行政法院才开始逐步地销蚀国家不负赔偿责任的观念。1873 年的布朗戈案件终于确立了独立的国家赔偿责任原则,权限争议法庭大胆地、明确地拒绝在该案中适用《法国民法典》(Code Civil),行政责任规则被认为具有独特的性质。④

在政治主权意义上脱离于英国殖民统治的美国,却深受英国普通法传统的影响。只是,独立后的美国没有君主,在理论上不能继承"国王不能为非"的原则。取国王而代之的,就是主权者了。美国著名的霍姆斯大法官在 1907 年代表联邦最高法院撰写的一份判决书中宣称:"主权者免于诉讼,并不是因为什么正

---

① 参见曹兢辉:《国家赔偿立法与案例研究》,三民书局 1988 年版,第 4 页。
② See Duncan Fairgrieve, *State Liability in Tort*: *A Comparative Law Study*, Oxford University Press, 2003, p. 8.
③ 参见[英]L. 赖维乐·布朗、约翰·S. 贝尔:《法国行政法》,高秦伟、王锴译,中国人民大学出版社 2006 年版,第 176 页。
④ See Duncan Fairgrieve, *State Liability in Tort*: *A Comparative Law Study*, Oxford University Press, 2003, pp. 9-10, 12-13;王名扬:《法国行政法》,中国政法大学出版社 1997 年版,第 553—555、710—711 页。

式的观念或过时的理论,而是因为逻辑和实践的理由:不可能存在依靠某个权威制定的法律而成立的,却又反对该权威的法律权利。"①这就是美国的主权豁免原则。该原则是由美国法院创造的,在实定法上没有明确的依据。因为,美国宪法规定的联邦法院司法权包括审理以美国为一方当事人的争端,这并未排除美国作为被告的可能性。根据美国法院的判例,作为一项司法原则,主权豁免只有国会通过立法才能放弃,放弃的范围和条件按照国会的规定,对国会放弃主权豁免的法律采取严格解释,避免包括法律规定范围以外的诉由。在 1946 年以前,美国国会只就个别事件、特定事项或特定领域放弃主权豁免;直到 1946 年的《联邦侵权赔偿法》(Federal Tort Claims Act)的出台,标志着美国在普遍意义上放弃了主权豁免原则。②

18 世纪的德国,主流观点是所谓的委托理论(也译为授权理论,Mandatstheorie)。该理论认为,公务员与国家之间的关系是处理事务的委托或授权合同关系,与一般私法上的雇主与受雇者的关系没有什么差别。国家对公务员的委托绝不包括违法行为在内。公务员执行职务行为如果是合法的,效果就归属于国家;公务员违反委任时,即公务员的职务行为违法时,则公务员自己像其他私人一样,对其违反公务义务的行为负责,亦即依照民法规定而负责。直到进入 20 世纪以后,德国各邦(州)纷纷制定了公务员的赔偿责任由国家承担的法律,例如 1909 年的《普鲁士邦公务员责任法》。之后,德意志帝国联邦又制定了 1910 年《帝国公务员责任法》。国家为其公务员的职务行为承担责任的观念由此得到了贯彻。③

▶▶▶ 即时思考

为什么自 18、19 世纪即宣扬民主、人权理念的西方资本主义国家,大都要到 20 世纪初期甚至中叶才全面肯定国家的赔偿责任?形成这一历史事实的原因有哪些?国家无责任论究竟是在怎样的背景下产生的?

2. 国家无责任论的背景

以当今的眼光去看待国家无责任论,可能会有一种印象:西方资本主义国家对民主、人权的宣扬是虚假的、伪善的;国家不对其公务人员职务侵权行为进行

---

① "A sovereign is exempt from suit, not because of any formal conception or obsolete theory, but on the logical and practical ground that there can be no legal right as against the authority that makes the law on which the right depends." See *David Kawananakoa v. Ellen Albertina Polyblank*, 205 US 349 (1907).
② 参见王名扬:《美国行政法》,中国法制出版社 1995 年版,第 732—743 页。
③ 参见董保城、湛中乐:《国家责任法——兼论大陆地区行政补偿与行政赔偿》,元照出版公司 2005 年版,第 37、41 页;〔德〕毛雷尔:《行政法学总论》,高家伟译,法律出版社 2000 年版,第 620—621 页。

赔偿,受害人的人权显然难以得到保障。这个因为时空移置而形成的误解是可以理解的,但误解毕竟是误解。国家无责任论看似对公民权益冷漠,但还是有其历史合理性的。

首先,国家无责任论受传统的国家主权理论影响甚深。近代史上第一位把国家与主权概念联系起来的,是16世纪的法国思想家博丹。他曾指出:"主权是在公众与臣民之上的最高权力,不受法律限制。"博丹强调主权的最高性、绝对性、永恒性和不可分割性。在他的观念中,法律则是主权者行使主权权力时产生的命令,所以,主权是不受世俗法律限制的。尽管博丹也承认主权者需遵守自然法和上帝法,但在世俗领地,主权者不受任何人定之法的约束、也不受任何机构的裁判。[①] 从前述国家无责任论的各种言说之中,可以发现传统主权理论的深刻痕迹。

其次,在许多时候,理论是为现实服务的,国家无责任论既有传统主权理论的烙印,更有现实主义的考虑,或者能够在很大程度上与当时的现实世界保持合理的均衡。这体现为以下三点:

第一,国家无责任论隐含着对国家财政的担忧。国家要为公务人员的侵权行为"买单",无疑会增加国家财政的开支。对于任何一个国家而言,要在普遍的范围内确立甚至发展国家赔偿责任制,不考虑国家财政现实,可以说是不可能的。

第二,国家无责任论与守夜人式的消极国家现实相合。西方资本主义国家在自由放任的市场经济思想主导时期,国家职能有限,主要于国防、外交、税收和治安等领域发挥作用,其他领域大多交给市场与社会。担负如此消极角色的国家经常被称作守夜人、看门人。国家职能越少,公务人员职务侵权的可能性也就越少。因此,国家无责任论在当时并不会引起普遍的、强烈的反对。有学者指出:"第一次世界大战以后,国家职能扩大,行政事务日繁,伴随而来的是人民权利频频受到国家的干涉与侵害,如果仍然无法取得救济,国家不负赔偿责任,有失事理之平。"[②] 从中可反窥国家无责任论在消极国家时期的命运。

第三,国家无责任论也与政府公务人员负责赔偿、国家放弃主权豁免的特别赔偿现实相合。虽然消极国家因职能少、侵权概率相对就小,但公务人员职务侵权行为仍然是存在的。如果这类侵权行为的受害者得不到公平赔偿,制度也无任何正义性可言,社会民众恐怕也难以接受。事实上,国家无责任论并未导致非

[①] 参见郑红:《布丹的主权理论与近现代西方绝对主义国家观》,载《浙江学刊》2005年第4期。
[②] 董保城、湛中乐:《国家责任法——兼论大陆地区行政补偿与行政赔偿》,元照出版公司2005年版,第39页。

常严重的不公现象。一方面,受到政府公务人员职务行为侵犯的个人不是完全不能得到赔偿救济,因为政府公务人员仍然要为其侵权行为承担个人责任。另一方面,国家无责任论也并不是绝对的无任何缝隙的铁板一块。尽管不存在普遍意义上的国家侵权赔偿责任,可国家放弃主权豁免,给予特别赔偿的现象还是存在的。例如,在英国,1947年《王权诉讼法》以前,公务员名义上承担个人责任,但由政府代替个人承担赔偿责任的实际做法已经存在。① 在美国,私人可以请求国会通过私人法律草案(private bill)②,由政府赔偿私人遭受的公职人员侵权损害。此外,在1946年《联邦侵权赔偿法》之前,国会也制定了一些特殊的侵权赔偿法。如1922年制定的《小额赔偿法》,授权行政机关长官由于职员执行职务的过错对私人造成的损害,有权在1000美元以内给予赔偿;1930年的一个法律授权农业部长由于国有森林的管理、保护、改进对私人财产造成的损害,可以在500美元以内给予赔偿。③ 这些无疑会使国家无责任论下的现实对受害人不那么过分残酷。

二、法律拟制论

法律拟制论又称国家拟人化理论④,其核心主张是,国家在法律上也是法人,也要承担法律上的权利义务。在侵权问题上,国家和私人没有任何区别,作为法人,其和私人一样,对自己的侵权行为承担法律责任。法律拟制论并非近代的产物,其根源较早可以追溯到罗马法时代,因为在那时,虽然没有法人概念,但作为财产权主体的国家具有法律人格的观点就已存在。国库就是被法律承认具有人格的组织。这个观念到了18世纪、19世纪,被德国的国库理论所继承。

1. 国库责任论及近似理论

德国的国库理论将国家人格二元化,分为私法人格和公法人格。在公法上,国家以统治权主体的身份成为法人,深受主权理论的影响,国家不为任何法律所支配,也不接受任何法院的审判。在私法上,国家是一个财产集合体,其财产储于国库之内,国库是一个权利义务主体,是可以拥有财产并从事经济活动的私法人。私人与国家发生财产上的争执,可以向国库请求,并向普通法院提起诉讼,涉讼时国库具有当事人资格。德国法学家耶林内克(G. Jellinek)形容国库为"不

---

① 张越编著:《英国行政法》,中国政法大学出版社2004年版,第758页。
② 私人法律草案是指仅仅适用于特定个人、群体或企业法人的法律议案。若该议案获得通过,就会成为议会制定的私法案(private act)。它不同于公共法律草案(public bill),后者具有普遍性,适用于领土内或辖区内所有人。
③ 参见王名扬:《美国行政法》,中国法制出版社1995年版,第734—737页。
④ 参见应松年主编:《国家赔偿法研究》,法律出版社1995年版,第57—58页。

穿制服而以平民身份出现的国家"。① "若公务员代表国家行使统治权之作用,如征兵、课税、征收土地、维持治安等,公务员为此等行为时,纵使人民权利遭受损害,国家亦不负赔偿责任,亦不依民法负责。反之,公务员代表国家执行非属统治权作用之行为时,如国家举办邮政事业、航空事业,因而损害他人,国家应依民法来负责。"②

在美国,虽然无国库责任理论一说,但实际上存在十分相似的制度。例如,为减轻国会讨论和制定私法律案的负担、加强对私人请求的正式调查、为私人提供某种司法方式的救济,1855年,美国成立了索赔法院(Court of Claims)。不过,索赔法院管辖权限主要限于私法上的索赔事项:"法院只能受理法律和法规规定的金钱要求,私人和政府之间的明白的或默示的合同产生的金钱要求,以及国会移送的其他金钱要求案件,法院无权受理行政机关侵权行为的赔偿要求。"此外,联邦政府为了执行政府计划而创设的政府公司,历来被认为与私人公司地位相似,不在主权豁免的范围之内。其理论基础就是:"政府由于通过公司进行活动而下降到公司的地位,具有私人性质。……政府进入商业世界时,必须接受任何私人公司同样的负担。"③

法国也曾经有"国家行为二分说"。国家行为被分为权力行为与管理行为两种。权力行为是国家基于统治权而作出的行为(如征兵、课税等),公务人员在从事此类行为时造成侵害的,国家不负赔偿责任。但是,如果公务人员实施的是权力行为以外的其他管理行为时,国家就应当依据民法关于雇用人与受雇人或者法人与其代表机关的规定,负损害赔偿责任。类似地,在20世纪初期的日本,法院将行政行为分为权力性与非权力性两种。权力性行为造成损害的,国家不负损害赔偿责任,除非法律有特别的规定。而国家或公共团体执行其经营的业务而从事非权力性行政行为时,如对私人造成侵害,国家应当依民法负担赔偿责任。④

国家国库责任论或者相似的承认国家在私法上赔偿责任的理论学说,通常被视为国家赔偿观念从全面否定阶段向相对肯定阶段演进的标志⑤,是最终突破国家主权者神话、确立国家在公法上赔偿责任的生长点之一。

---

① 参见李洪雷:《德国行政法学中行政主体概念的探讨》,载《行政法学研究》2000年第1期。
② 董保城、湛中乐:《国家责任法——兼论大陆地区行政补偿与行政赔偿》,元照出版公司2005年版,第39—40页。
③ 参见王名扬:《美国行政法》,中国法制出版社1995年版,第735、737—738页。
④ 参见叶百修:《国家赔偿法》,载翁岳生编:《行政法》(下册),中国法制出版社2002年版,第1551—1552页。
⑤ 董保城、湛中乐:《国家责任法——兼论大陆地区行政补偿与行政赔偿》,元照出版公司2005年版,第39—40页。

2. 法律拟制论的一元论

然而,国库理论将国家区分成公法的国家法人及私法的国库法人,在理论上存在困境。毕竟,把国家拟制为法人是一种理论建构,但将其分为两个独立的法律人格来对待的做法,比起将其作为一个独立法律人格而区分其人格两个方面的做法,似乎后者更容易被认为是一种比较完美的理论建构。另外,国库理论让国家法人(国家的公法人格)不受法律约束的做法,也越来越无法适应时代的发展。

于是,主张国家人格二元化的传统国库理论被推翻了,国家被统一视为一个法人,即承担所有法律上权利义务的国家法人,不论是公法上的权利义务还是私法上的权利义务。正是因为如此,国家应服从法的支配,代表其从事公务的职员侵害了私人的合法权益,国家法人就应像私人那样,承担赔偿责任。①

可见,法律拟制论有国家法律人格二元论和一元论之分。二元论曾经承认国家在私法上的侵权责任,但让国家在公法上免责;而一元论强调国家作为一个独立法律人格,无论在公法上还是在私法上,皆有相应的权利义务(包括承担侵权赔偿责任),尽管公法责任和私法责任各有其特点。

三、国家无过错责任论

法律拟制论对摆脱国家无责任论的羁绊,起到了关键的解放作用。不过,把国家拟人化,认为国家与私人一样应当在法律上承担相应的侵权赔偿责任,还不能清晰地区分国家和私人在责任构成上的不同。尤其是,私人的侵权责任主要以过错为归责原则,只有在例外、特殊的情形下,才由法律规定无过错责任。尽管随着工业化、技术化生活方式日益加强,普通侵权法上的无过错归责情形也有增多,但是,过错归责仍然是主导的原则。相比之下,积极国家形态中的公务人员,不仅执行的职务繁杂,且较多复杂、困难事宜,即便公务人员竭尽公职注意义务,恐怕也难以避免造成个人或组织正当权益的受损。从保障受害人权益的立场出发,而不是执拗于公务侵权行为的可谴责性,就需要国家承担相应的无过错赔偿责任。于是,一些理论应运而生,以支撑国家的无过错责任。在此,以"国家无过错责任论"的名称将它们集束在一起,并罗列如下:

1. 特别牺牲理论

特别牺牲理论由德国学者奥托·迈耶首创。他认为,私法上损害赔偿义务是以责难为中心观念,以过失为前提,但国家公法上损害赔偿责任的基础,全然

---

① 参见李洪雷:《德国行政法学中行政主体概念的探讨》,载《行政法学研究》2000年第1期。

不同。由于国家不可能中止其频繁的活动,而人民受到损害也是必然的现象,所以,这就要求人民忍受各种可能的牺牲。当然,这些牺牲必须公平,才合乎正义的要求。如果有不公平情形,片面令人民承担特定且异常严重的损害(有特别牺牲时),那就非要由国库予以补偿不可。在奥托·迈耶看来,公法领域中,"赋予"和"剥夺",全系于单一之国家,所以,国家予特定人以利益时,应征收费用;而对特定人的财产有不法侵害时,应予公法上的损害赔偿。特别牺牲理论看上去支持的是一种有限的国家赔偿责任,因为它主张人民忍受一般的牺牲,只有在受到特别牺牲时才由国家予以赔偿。不过,它不以行为人的故意或过失为归责要件,已经隐含了无过错责任论的要素在内。①

2. 风险理论、危险责任论、社会保险理论

从20世纪中叶开始,法国最高行政法院就已在风险理论基础上建立起国家赔偿无过错责任的普遍原则。风险理论的基本要义是,国家的行为,甚至当无过错时,可能会在一定情形下产生风险。如果危险变为现实并且个人因此遭受伤害或损失,国家应该向其补偿。该理论也称危险责任论,"指国家或公共团体,其公务员因行使公权力执行公务,所形成之特别危险状态,致人民之权利发生损害,法律上不评价其原因行为之内容,而由国家负损害赔偿责任"②。这一理论源于传统民法,认为任何人由于某种行为而得到利益时,必须对由该行为而产生的危险承担责任,不能只得到利益而不承担责任。行政机关作出的某些行为或保管的某些物体具有危险,所以,行政主体需负担无过错责任。③

与风险理论密切相关的,则是国家赔偿的社会保险理论。在法国著名法学家狄骥那里,国家就被喻为"社会风险的保险者":"国家行为应该以整个社会的利益为前提;不应该是某些人承担的义务多,而某些人承担的义务少。当国家行为引起了对特定公民的个人损害时,不管政府官员是否有过错,此时国家应对其采取救济措施。在某种程度上,国家就是通常被称为社会风险的保险者。"④依此社会保险理论的逻辑,国家被视为全社会的保险人,社会成员向国家纳税,等于向保险公司投保。国家赔偿社会成员的损失就等于社会集资填补个人的意外损害。而且,国家赔偿无须以公务人员的过错为基础。⑤ 社会保险理论的产生,也与当时经济发展、私人工商业活动加强、社会中出现保险企业以保证私人企业中

---

① 参见曹兢辉:《国家赔偿立法与案例研究》,三民书局1988年版,第9页。
② 同上书,第18页。
③ 参见王名扬:《法国行政法》,中国政法大学出版社1997年版,第727页。
④ 〔英〕L.赖维乐·布朗、约翰·S.贝尔:《法国行政法》,高秦伟、王锴译,中国人民大学出版社2006年版,第184—185页。
⑤ 参见皮纯协、冯军主编:《国家赔偿法释论》(第三版),中国法制出版社2010年版,第24页。

的赔偿责任有关。①

在法国，风险理论被运用于公共服务领域和危险作业领域。在公共服务领域，法国最高行政法院于 1895 年的 *Cames* 案中承认国家对公共服务领域的雇佣风险负有赔偿的义务。该案的简单案情是：国家兵工厂的一个工人，在工作的一次意外事故中，手部遭到粉碎性骨折，而在这个事件中，不存在可归咎于任何人的过错。最高行政法院允许其向国家提出赔偿请求。在 1970 年的 *Commune De Batz-Sur-Mer C. Tesson* 案中，一个孩子在海中溺死，虽然这一段海岸上没有救生员，但当地市镇负有防止意外事故发生的公共义务。因此，这个孩子的母亲获得了国家赔偿。

在危险作业领域，1919 年的 *Regnault-Desroziers* 案情是：第一次世界大战期间，军事当局在巴黎郊外居民区旁边设置了一个军火临时供应站，1915 年这个地方发生爆炸，造成了相当惨重的生命和财产损失。最高行政法院认为，该临时供应站使周围居民区中的居民陷入异常风险，无须证明有过错即应承担赔偿责任。另外，在 1949 年的 *Lecomte* 和 *Daramy* 案中，警察使用手枪时意外伤害到旁边的人。最高行政法院确认，警察手枪的使用产生了一种异常风险，故无需证明警察有过错，行政机关都要为造成的损害负责。甚至，被警察追击的当事人对旁边的人造成的伤害，这一风险承担原则同样适用。②

3. 公共负担平等理论

公共负担平等理论也是源于法国，其核心主张在于，政府活动的目的是保障和实现公共利益，因此，社会全体成员应该为政府活动平等地分担费用。政府侵权活动对受害人造成的损害，应该是受害人在一般纳税负担以外的额外负担，这种额外负担应当平等地分配于社会全体成员。国家应该以全体纳税人交纳的税收收入来赔偿受害人蒙受的损失。"而公共负担平等原则，是法国大革命以来公共生活中的重要信条。国家负担赔偿责任是公共负担平等原则在当代生活中的应用。"③

公共负担平等理论，在法国行政法院那里得到较多的应用。不过，作为要求国家承担无过错责任的理论基础，它也往往适用于特定的、异常的、严重的负担或牺牲。例如，在 1923 年 *Couitéas* 案中，Couitéas 是突尼斯南部一片土地的所有者，而突尼斯当时被游牧民族占领。在他自己驱逐当地人的努力失败后，寻求

---

① 参见王名扬：《法国行政法》，中国政法大学出版社 1997 年版，第 711 页。
② 参见〔英〕L. 赖维乐·布朗、约翰·S. 贝尔：《法国行政法》，高秦伟、王锴译，中国人民大学出版社 2006 年版，第 185—187 页。
③ 参见王名扬：《法国行政法》，中国政法大学出版社 1997 年版，第 711、727 页。

当地警察机关帮忙,警察机关称这是军队的事。而军队害怕由此引起地方叛乱,于是把问题提交给总督,总督又把问题提交到巴黎中央政府。政府决定不对 Couitéas 提供军事帮助,原因是如果提供军事帮助可能引起严重骚乱。Couitéas 为此向最高行政法院起诉要求损害赔偿。最高行政法院采用了公共负担平等原则,宣称:任何一个获得判决的公民(突尼斯民事法院已经判决 Couitéas 是土地所有者,享有相应的权利)都有权利要求公权力机构帮助其执行判决;如果公共机构基于正当理由,拒绝提供帮助,公民被要求为了公共利益而承担异常负担;为了保护平等原则,必须为他特别的牺牲提供损害赔偿。

再有,在 1938 年的 *La Fleurette* 案中,法律禁止制造商和任何商品的销售使用"奶油"的名称,除非该商品含有真正的奶油。该法律没有规定任何赔偿措施。一家牛奶公司为此受到的损失是,其不得不停止使用人造奶油的商标。该公司提出国家赔偿请求,最高行政法院裁决,强加给原告如此不平等的牺牲不是立法机关的意图,所以承认了该公司的赔偿请求。不过,在类似案件中,受害人若要获得法院的赔偿判决,必须表明他们的损失特别严重。以 *La Fleurette* 案为例,因为法律的施行,公司不得不停业,"是受到法律影响如此严重的唯一的公司"。[①]

特别牺牲理论、风险理论、危险责任论、社会保险理论、公共负担平等理论等,都倾向于从过错主义责任观中解脱出来,为国家在无过错情形下承担责任提供正当理由。相比之下,由于法律拟制说将国家比拟为与私人地位相似的法人,因而,其受传统私法或普通侵权法的影响甚深,即便也可以像普通侵权法那样发展出无过错责任情形,但发展的拘束还是较多。当然,国家负担无过错责任的情形是需要受到一定限制的,不宜也不可能不顾及国家财政而无限扩展。

四、思考与讨论

1. 在人权保障理念和事业日渐盛行的当代,国家无责任论已经成为历史陈迹。然而,国家无责任论似乎并没有完全销声匿迹。迄今为止,没有一个国家承认,任何国家行为所致的任何损害,国家都应予以赔偿。请问:

(1) 国家无责任论是否还存在遗产?如果是,制度上的具体表现有哪些?

(2) 在不同国家,这种表现是否也有不同?换言之,遗产的继承程度是不是有所差异?

(3) 请结合本书第四章、第五章的内容,探讨以上问题。

2. 国库理论区分国家的统治权主体和财产权主体、公权力作用和非公权力

[①] 参见〔英〕L. 赖维乐·布朗、约翰·S. 贝尔:《法国行政法》,高秦伟、王锴译,中国人民大学出版社 2006 年版,第 189—191 页。

作用,并承认国家的国库责任,而豁免国家的统治责任。法律拟制论的一元论,摈弃了国家统治责任的豁免。请问:这是否意味着没有必要再区分国家的统治权和财产权、公权力作用和非公权力作用?

3. 有一种观点认为,国家赔偿责任因循的发展轨迹是从国家无责任到国家过错责任再到国家无过错责任,现在是向国家无过错责任方向发展。你对此作何评价?

第四节 国家赔偿与公务人员赔偿

思考

在国家赔偿制度确立之后,无论是采取代位责任说还是自己责任说,公务人员在执行公务过程中的侵权行为,由国家对受害人负责赔偿。这是否意味着公务人员不必再向受害人负责赔偿了? 国家赔偿与公务人员自己负担职务侵权赔偿责任之间,应该是一种什么关系?

从世界范围看,许多国家都经历了由公务人员自己负担职务侵权责任向国家负责赔偿的发展轨迹。然而,在确立国家赔偿之后,公务人员是否仍然要为其过错,对外直接向受害人负责呢? 对此,我国现行制度与域外有些国家或地区的制度,给出了不同的答案。

一、我国:国家赔偿排斥公务人员直接赔偿

1. 主流的观点

如前所述,《国家赔偿法》(1994)的颁布实施意味着,国家机关或其工作人员的职务侵权行为,仅适用国家赔偿法的规定,由国家负责赔偿。[①] 确有必要追究公务人员金钱赔付责任的,是由国家向有故意或重大过失情形的公务人员实施追偿,但这是国家与公务人员之间的法律关系,而不是公务人员直接对受害人赔偿。

与之相关的,还有《刑法》(2020)第 36 条和《刑事诉讼法》(2018)第 101 条。

---

① 参见本章第一节。

前一条款规定:"由于犯罪行为而使被害人遭受经济损失的,对犯罪分子除依法给予刑事处罚外,并应根据情况判处赔偿经济损失。"后一条款规定:"被害人由于被告人的犯罪行为而遭受物质损失的,在刑事诉讼过程中,有权提起附带民事诉讼。"由于公务人员的职务侵权行为也有可能同时构成犯罪,因此,若出现公务人员在行使职权时从事了犯罪行为、并使受害人遭受经济损失的情形,那么,公务人员是否仍然要承担赔偿经济损失的责任?对于受害人而言,其是否可以对公务人员提起刑事附带民事诉讼,而不是选择提起国家赔偿请求?或者,受害人是否可以既提起国家赔偿请求,同时也在刑事诉讼中附带提起民事赔偿请求?最高人民法院于2002年颁布的《关于行政机关工作人员执行职务致人伤亡构成犯罪的赔偿诉讼程序问题的批复》,显然是采取了否定的立场,即公务人员职务上的犯罪行为同时构成侵害的,国家负责对损害赔偿,公务人员不直接赔付。①

2. 另外可能的解释

然而,关于国家赔偿与公务人员赔偿的关系问题,在学理和逻辑上,还存在以下三种可能的解释:

(1) 国家赔偿与公务人员赔偿并存、受害人可选择。

依据这一观点,公务人员的职务侵权行为,既可以由国家依《国家赔偿法》承担赔偿责任,也可以由公务人员按民法规范对受害人承担民事责任,即国家赔偿责任与公务人员民事赔偿责任并存,受害人可选择。只是,这种选择似乎是二选一的。"杨立新:……我们现在很多人认为,《国家赔偿法》把《民法通则》的第121条取代了,凡是国家赔偿统一适用《国家赔偿法》。但是我的看法和这些看法是不一样的,《民法通则》第121条立法机关说它失效了吗?没有任何人说它失效啊!……两个法律都是生效的法律,这就是法律对国家赔偿规定了两个请求权。如果我是一个行政侵权行为或者冤狱行为的受害人,那么,我要选择,是用《国家赔偿法》还是用《民法通则》第121条?"②《民法典》施行后,《民法通则》失效,但《民法典》第1165条、第1166条以及第1191条的存在,仍然为这种法解释和适用路径提供了规范基础。

(2) 国家赔偿先于公务人员赔偿、公务人员补充赔付。

这一解释认为公务人员的职务侵权行为,原则上由国家先按国家赔偿法承担赔偿责任,但若出现因国家赔偿法规定的欠缺而导致损失明显未得公平救济的情形时,可以民法规范为据,责令公务人员承担补充性的赔偿责任。此解释的理由是:一则,国家赔偿法是特别侵权法,故应当先行适用;二则,由于国家赔偿

---

① 参见本章第二节。
② 杨立新、张新宝、姚辉:《侵权法三人谈》,法律出版社2007年版,第33页。

法目前的局限性,受害人有可能无法依据该法获得公平的损害弥补,因此,如果出现这一情形,就应允许受害人依据民法规范,直接向公务人员请求赔偿其余的损害(如财产的间接损失、精神损害等)。这就意味着,受害人首先必须走国家赔偿的程序,国家赔偿不足时,才可行使民事请求权。

(3) 国家赔偿与公务人员赔偿先后顺序不论,以达到弥补损失为目标。

此解释结合了解释(1)和解释(2)的部分观点,认为受害人可以选择先用《国家赔偿法》或者先用民法规范,不存在谁先谁后的顺序问题。然而,这种选择不是解释(1)所主张的二选一,无论是国家赔偿在先还是公务人员赔偿在先,如果在先受到的赔偿不足以弥补其损失的,受害人还是可以再提请补充赔偿。"就刑事附带民事赔偿责任而言,可以考虑让受害人通过国家赔偿和刑事附带民事赔偿来获得足够的损失弥补。这样,既可以填补受害人损失的不足,也可以让实施侵权行为的工作人员承担一定的赔偿责任后果,起到积极的惩戒性作用,适当减轻国家财政的赔付负担。……在能够适用民事赔偿责任和国家赔偿责任的条件下,适用顺序问题应当是由受害人来决定的。"①

以上三种解释在现行法律框架内都是可能的。之所以会在主流观点之外形成这些解释,主要的考虑在于三点:首先,国家赔偿法当前的局限,使得单独适用该法在许多情形下会造成受害人损失不能得到公平填补;其次,依照主流观点,公务人员不用直接面对受害人的请求,可是,国家对公务人员的追偿又受到现实的限制,所以,缺乏足够的制约机制促使公务人员恪尽职守;最后,国家为所有公务侵权行为"买单",无疑增加了财政负担。尽管这些考虑是合理的,但司法实务迄今并未大胆地进行新的解释,依然维持着传统的主流观点,即国家赔偿排斥公务人员因公务侵权直接向受害人赔偿的可能性。

二、其他国家和地区:不同的制度安排

在国家赔偿制度确立之后,受害人除了可以向国家为其公务人员职务侵权行为请求赔偿以外,是否还可以向公务人员直接求偿,关于这个问题,其他一些国家或地区,有着不同的制度安排。

在日本,就这个问题,学理上曾经有否定说、肯定说和折中说。否定说认为,受害人只能向国家或公共团体请求损害赔偿,不得直接向加害公务人员求偿;肯定说认为,受害人既可向国家或公共团体也可向公务人员请求赔偿;折中说认为,公务人员仅对其故意或重大过失的不法行为负直接损害赔偿责任,否则,就不负个人责任。司法实务上的见解,也不完全一致。直到 1955 年,最高法院采

---

① 杨小君:《国家赔偿法律问题研究》,北京大学出版社 2005 年版,第 341—342 页。

取否定说,判决国家损害赔偿请求是国家或公共团体的责任,公务人员个人不负责任。① 可见,日本以往的学理争论与上述我国学者的不同观点有相似之处,而日本司法实务的最后选择,也与我国最高人民法院采取的立场一致,即国家赔偿排斥公务人员个人直接赔偿。

德国《基本法》第34条确立的是一元责任,即国家或公共团体为其公务人员的职务侵权行为向受害人负责。所以,依照德国学者通说,公务人员因履行公法上职务而有侵害情形发生时,不直接对受害人承担损害赔偿责任。②

德国《基本法》

第34条 任何人行使属于其担任之公职职务,如违反其对于第三人所负之职务上义务时,由其所属之国家或公共团体担负其责任,但有故意或重大过失时,国家或公共团体保留其对该公务员之求偿权。

德国《民法典》

第839条 公务员因故意或过失,违背其对第三人所应尽之职务者,对于该第三人因此所生之损害,负赔偿义务。公务员仅有过失责任者,只于被害人不能依他项方法而受赔偿时,始得对之为赔偿之请求。③

在法国,公务员因其"本人过错"而承担的个人赔偿责任,和行政主体因公务员或行政机关的"公务过错"而承担的行政主体赔偿责任,是不一样的,而且有可能是并存的。公务过错指公务活动欠缺正常的标准,在公务过错中,公务员不对受害人负赔偿责任。公务员需要承担个人赔偿责任的,是在发生公务员本人过错情形的时候。公务员本人过错是指可以和行政职务分离的过错,主要包括:(1)公务员在执行职务以外和执行职务无关的过错;(2)公务员的故意行为(例如为私人利益打击报复或假公济私);以及(3)重过错(少数情况下的极端粗暴和疏忽)。其中,第(1)项属于公务员个人责任是无须赘言的。第(2)项、第(3)项实际上就是指向故意和重大过失。

法国公务员赔偿责任和行政主体赔偿责任可能并存的情形有:第一,损害的发生是由于公务过错和公务员本人过错共同促成。如邮局在正常下班以前关门,寄信人从专供邮局内部人员使用的侧门出去,受到两位邮局职员的怀疑和殴打。邮局的过错和邮局职员的过错共同促成损害的发生。第二,公务执行中的过错同时构成公务过错和公务员本人过错。如市、镇节日集会有射击游戏,但安全措施不够周到,有人向市长提出注意,市长未做重大改进,造成一人死亡。这

---

① 参见刘春堂:《国家赔偿法》,三民书局1994年版,第148页;[日]盐野宏:《行政救济法》,杨建顺译,北京大学出版社2008年版,第223—224页。
② 参见刘春堂:《国家赔偿法》,三民书局1994年版,第149页。
③ 这两个条文的中文译文,参见刘春堂:《国家赔偿法》,三民书局1994年版,第149页。

种情形是同时构成市长本人的过错和市、镇公务的过错。第三,公务执行外的某些过错同时构成公务员本人过错和公务过错。公务执行外的过错,一般是公务员本人过错而不构成公务过错,但如果过错和公务活动有相当密切关系时,也会被视为公务执行中的过错。如治安警察在宿舍中摆弄手枪,不幸打死同室同伴。由于产生过错的工具和机会与公务有联系,行政机关给予有过错者犯过错的条件,行政主体因此也负有公务过错。

在上述情形中,公务员赔偿责任和行政主体赔偿责任并存,受害人可以选择,或者向普通法院起诉要求公务员赔偿全部损失,或者向行政法院起诉,要求行政主体赔偿全部损失。前者适用民法上的赔偿规则,后者适用行政法规则。但受害人不能得到双倍赔偿。①

由上可见,在国家赔偿与公务人员赔偿的关系上,并无定规。怎样的制度安排,可以使受害人损失之公平救济、公务人员应责性和公务积极性之平衡、国家财政之适当负担等考虑得以综合兼顾,端视各国和地区相应制度实效而定。

三、案例讨论

案例1-3 苏德琼申请铜梁县公安局行政赔偿案②

当前,有学者主张:公务人员的职务侵权行为若是出于一般过错,或者是没有任何过错,那就应该依照《国家赔偿法》由国家对受害人进行赔偿;但是,公务人员若是在行使职权过程中,因故意或重大过失而造成侵害的,那么,应该由公务人员直接向受害人负责赔偿,国家不予赔付。③ 此主张显然不仅仅是一种法律解释,而是要对现行国家赔偿制度进行改革。你是否同意这一主张?该主张有哪些合理之处、又隐藏着什么问题?

相关案例(第一章)

---

① 参见王名扬:《法国行政法》,中国政法大学出版社1997年版,第722、744—755页。
② 参见柳福华主编:《国家赔偿名案点评》,人民法院出版社1997年版,第114—115页。
③ 参见张卫英、王梅霞:《确立我国公务员损害赔偿责任制度》,载《河北法学》2006年第5期;关蕾、双华军:《公务员行政侵权赔偿责任分析——由佘祥林案所想到的》,载《经济导刊》2005年第9期;张明军:《对确立国家和个人为共同赔偿责任主体的探讨》,载《行政与法》2004年第1期;杜万松:《公务员重大过错行政侵权赔偿责任探析》,载《行政与法》2003年第12期。

第二章 国家赔偿的归责原则

第一节 归责原则概述
第二节 过错归责原则
第三节 无过错归责原则
第四节 违法归责原则
第五节 重构国家赔偿归责原则

◆ [重点问题]

1. 各种归责原则及相关概念的真正含义是什么？既往学说之中有哪些误解需要澄清？

2. 国家赔偿法违法归责原则的可取之处和局限何在？造成局限的真正原因是什么？

3. 《国家赔偿法》(2010)颁布之后，其归责原则体系应如何阐释？

◆ [基本原理]

1. 什么是归责原则？

2. 什么是过错归责原则？何谓过错推定？何谓过错客观化？

3. 什么是无过错归责原则？什么是结果责任、危险责任、严格责任？它们之间是什么关系？

4. 什么是违法归责原则？违法与过错是什么关系？

第一节 归责原则概述

✚ | 思考

什么是归责？归责的意义何在？归责和责任有什么不同？什么是归责原则？普通侵权法和国家赔偿法上的归责原则体系是怎样的？

一、什么是归责

1. 归责的含义

归责，顾名思义，就是责任的归属和担负。所谓侵权的归责，或者赔偿的归责，就是关乎由谁来担负侵权责任、由谁来担负赔偿损失义务的问题。

归责涉及的是损失承担的问题。在我们的日常生活中，损失随时随地都有可能发生。从摇篮到坟墓的生命之路,就是历经各种损失风险和实际损失的过程。然而,损失产生以后,什么情况下才会引出赔偿问题呢?赔偿,是损害的弥补,是致害人或者与致害人有某种关系的人,通过金钱或财物给付的方法,以填补受害人的损失。自己遭受损失,由自己来填补,不会被称为赔偿。① 因此,在什么情况下,损失不是由受损失之人自己承担,而是让他人承担,这是法学理论上"归责"范畴所关心的议题。"一旦我们摒弃这种将损失只视为个人命运的法律状态,并试图以具有法律约束力的方式使他人对损失进行补偿,则我们所要面对的问题即为:在什么条件下应由他人承担责任?这就是将损失归责于他人的原因和标准的中心问题。因此,归责是侵权行为法的中心论题。"②

2. 归责与责任的不同

在日常的话语体系中,"责任"有两种含义:一是指分内应做的事;二是指由于没有做好分内应做的事,根据有关社会规范,应当承担的某种不利后果,包括有形的不利后果(如金钱赔付)和无形的不利后果(如社会的否定性评价)。侵权责任或赔偿责任中的责任,通常属于第二种含义,指向行为人因为没有做好法律要求其应做的事而需要承担的不利法律后果。

可见,归责与责任明显不同。"责任"是法律领域的普遍议题,主要解决的就是对于什么样的违规行为应当给予什么样的不利后果的问题。作为侵权法的核心,"归责"的目的则是要确定当损失发生后,损失在何时、在什么条件下转由他人承担,而不是自己忍受。由于归责决定了损失的分配,所以,它往往取决于在特定社会中占主导地位的思维方式和传统习惯,是特定文化阶段中的伦理道德观念以及社会、经济关系的产物和反映。③

二、 归责原则及其体系

1. 归责原则的内涵

现实生活中,有许多损失都是受损失之人自己承受的。如果没有特别的理由,损失通常是由自己"自认倒霉"地接受。要把损失转嫁给他人承担,让他人赔偿以填补损失,就必须有让他人赔偿的理由。

美国著名法学家霍姆斯就曾说过:"良好的政策应让损失停留于其所发生之

---

① 参见本书第一章第一节。
② 〔德〕马克西米利安·福克斯:《侵权行为法》,齐晓琨译,法律出版社2006年版,第1页。
③ 参见同上书,第2页。

处,除非有特别干预的理由存在。"特别干预的理由就是应将损失归由致害人承担、使其负赔偿责任的事由,在法律学说上通常称之为损害归责事由或归责原则。①

归责原则被认为是普通侵权法的核心。国家赔偿法,实为侵权法的特殊型态,众多规范源于普通侵权法,归责原则自然也是国家赔偿法的核心。在什么情形或条件下,受害人的损失移嫁给国家、由国家承担并予以赔偿,这就是国家赔偿法归责原则所关心的问题。

2. 归责原则的体系

在普通侵权法上,关于归责原则,我国学理向来有一元论、二元论和多元论的观点争执。一元论主张侵权行为法的归责原则只有一个,即过错责任原则。二元论主张侵权法归责原则体系由过错责任原则和无过错责任原则构成。多元论则认为,侵权赔偿归责原则体系是由三个或三个以上的归责原则组成。多元论的提倡者对归责原则体系构成的意见也不尽一致,或者是(1)过错责任原则、无过错责任原则、公平责任原则,或者是(2)过错责任原则、过错推定原则和公平责任原则,或者是(3)过错责任原则、过错推定原则和无过错责任原则,或者是(4)过错责任原则、严格责任原则、公平责任原则和无过错责任原则。②

我国的《国家赔偿法》(1994)起草制定之时,关于国家赔偿的归责原则,也有广泛讨论和不同意见。单一的过错原则或者违法原则甚至无过错原则,双重的过错加违法归责原则,以及更加多元化的归责原则体系,都有人主张。最终,违法归责原则受到了立法者的青睐,《国家赔偿法》(1994)采用的主要是该原则。③法律颁布实施之后,违法归责原则就受到了部分学者的批评。经十几年的实践,该原则暴露出来的弊端日益明显,不利于对受害人损失的救济。因此,越来越多的人支持摈弃违法归责原则,代之以多元的归责原则体系。④

---

① 参见王泽鉴:《侵权行为法》(第一册),中国政法大学出版社2001年版,第11—12页。
② 参见杨立新:《侵权行为法专论》,高等教育出版社2005年版,第71—72页;张新宝:《侵权责任法原理》,中国人民大学出版社2005年版,第25—26页。
③ 参见江必新:《国家赔偿法原理》,中国人民公安大学出版社1994年版,第115—116页;薛刚凌主编:《国家赔偿法教程》,中国政法大学出版社1997年版,第48页。
④ 详见本章第四节。

第二节　过错归责原则

➕ **思考**

什么是过错归责原则？侵权法上采用过错原则的理由是什么？如何理解过错客观化和过错推定？在域外，国家赔偿法采用过错原则的国家和地区是如何理解和适用过错原则的？我国的《国家赔偿法》制定之初，对过错归责原则的认知是否存在误区？如果存在，它对国家赔偿法归责原则的确立产生了怎样的影响？在反思国家赔偿法归责原则的时候，对过错归责原则的澄清是否有意义？

一、过错归责原则概要

1. 过错原则的内涵

过错归责原则，可简称"过错原则"，又可称"过错责任"。在我国台湾地区的学说上也有称"过失责任"的。然而，在这个概念中的"过失"系广义的"过失"，包含了"故意"和狭义的"过失"在内。①

过错原则的基本要义是，行为人因故意或过失不法侵害他人权益时，应就所产生的损害，负赔偿责任。所谓"过错"，指的就是行为人在实施侵害行为时所处的"故意"或"过失"的主观状态。从19世纪以来，各国的普通侵权法普遍采用过错归责原则。

2. 采用过错原则的理由

普通侵权法为什么要采用过错主义呢？经常被用来说明之所以采用该原则的原因的，是德国法学家耶林的名言："使人负损害赔偿的，不是因为有损害，而是因为有过失，其道理就如同化学上的原则，使蜡烛燃烧的，不是光，而是氧气一

---

① 参见王泽鉴：《侵权行为法》（第一册），中国政法大学出版社2001年版，第12页。本书中，一般情形下，"过失"一词采狭义；同时，为避免"过失"概念的混乱，采"过错归责原则""过错原则""过错责任"或"过错主义"等用语。但在引证他人文献时，亦难免尊重原文，保留广义之"过失"概念的用法。

般的浅显明白。"①不过,这毕竟只是形象的比喻,虽然给人深刻印象,但尚不足以清晰地道明采过错主义的理由何在。

概而言之,过错原则被普遍认可的主要理由在于:

第一,符合道德伦理观念。社会在某个时期内所认同的过错,往往具有道德上的可谴责性或可非难性,个人只有在行为过程中出现了过错,才需要根据正义的要求,对其行为所导致的他人损害进行赔偿;如果行为人没有任何过错,已经尽到合理注意的义务,在道德上不具可谴责性或可非难性,自然也就不应负赔偿责任。

第二,可以协调"个人自由"和"社会安全"这两个基本价值。个人如果无须为其没有过错的行为负责,个人的行动自由就不至于受到过分的束缚;而只要人人都能够尽可能地履行注意义务而不发生过错的话,损害在一般情况下也就得以避免,社会安全就可以得到维护。

第三,可以彰显人的尊严。过错主义所信奉的假定是,个人是自由的,且有辨别是非的能力。个人凭其自由意志决定在什么情况下采取什么行为是正当的,行为是自由意志的外在化。若行为人有过错,也就是选择了在道德上具有可谴责性或可非难性的行为,其自当为这样的选择承担责任。承认个人的自由选择,仅对其有过错的选择进行法律制裁,是过错主义尊重人的尊严的体现。②

二、过错的两种状态:故意和过失

一般认为,过错含"故意"和"过失"两种。那么,何为故意、何为过失呢?通常,法学其他学科会借鉴刑法对"故意"和"过失"的界定,来诠释这两个概念。③

1. 故意

故意,系指行为人明知自己的行为会发生损害的结果,而希望或者放任这种结果的发生。

"希望"发生,也就是在意识中明确地要让这种损害结果发生,并通过自己的行为来达到这样的目的。"放任"发生,则是指损害结果的发生虽然并非行为人最初采取某个行为的目标,但它属于行为人行为时可以预见的范围之内,而行为人对此结果的发生是听之任之。

因"希望"和"放任"的不同,法学术语上分别称之为"直接故意"和"间接故意"。

---

① 参见王泽鉴:《侵权行为法》(第一册),中国政法大学出版社2001年版,第13页。
② 参见同上书,第13—14页。
③ 参见曾世雄:《损害赔偿法原理》,中国政法大学出版社2001年版,第72—73页;董保城、湛中乐:《国家责任法——兼论大陆地区行政补偿与行政赔偿》,元照出版公司2005年版,第141页。

2. 过失

过失,系指行为人应当预见自己的行为可能发生损害的结果,因为疏忽大意而没有预见,或者已经预见而轻信能够避免,以致发生这种结果的。因此,过失可分为"疏忽大意的过失"和"过于自信的过失"两种。

疏忽大意的过失,有三个重要的特征:一是"应当预见"损害结果而"没有预见";二是"没有预见"损害结果的原因在于没有尽到应有的注意义务;三是损害结果是行为人在意志上反对的,即行为人并不希望或者放任这种结果的发生。

过于自信的过失,也有三个重要的特征:一是"已经预见"损害结果;二是"轻信"可以避免这种损害结果的发生;三是行为人在意志上同样反对损害结果的发生,当损害结果即将发生时,行为人往往会采取一定的措施阻止其发生。

三、过错的判断媒介

从法律及法学对"故意"和"过失"的定义看,这两个概念所指的对象都是人的主观认知和意志状态。"希望""放任""疏忽大意""轻信"等字眼,非常明白地指向了不同类型的主观认知和意志状态。"直接故意""间接故意""疏忽大意的过失""过于自信的过失",则是与这些类型分别对应的过错型态。

表 2.1 过错的型态

过错型态	主观认知和意志状态
直接故意	明知,并希望损害的发生
间接故意	明知,并放任损害的发生
疏忽大意的过失	疏忽大意,没有预见损害的发生
过于自信的过失	已经预见,轻信避免损害的发生

然而,人的主观认知和意志毕竟是人内在的心理活动。人的心理是非常复杂的,也是极其隐秘的。对于人的心理的判断,往往需要借助别的手段或媒介。在日常生活中,这样的手段或媒介主要是两类。

1. 语言

一类媒介是语言,即根据人的所说,来判断其所思所想。语言是一种心理现象,它是人表达其心理活动的符号,是心理活动外在化的载体之一,其有口头和书面两种形式。语言还是一种交往工具,通常情况下,除非自言自语,语言也是人相互之间沟通心理活动的方式。正是因为如此,语言才有可能成为判断个人心理的有效手段。

通过语言来认定行为人的主观认知和意志状态,在法律实务领域是极其常见的。犯罪嫌疑人在实施犯罪之前、之中和之后所说的话,经常被用来作为判断犯罪嫌疑人是否有从事犯罪的故意或过失的证据;买卖货物时出售人和购买人之间的对话,也常被用来作为判断双方主观上真实意思的依据。

但是,以语言作为判断人的主观认知和意志的手段,也有其局限性。局限性的体现主要在于:第一,语言有可能并非人主观状态的真实和全部表达。例如,"我想杀了他",并不见得表明说话人有意要杀人,或许只是一种情绪的表达。第二,行为人可能在行为前后和过程中都没有任何语言的表达。第三,行为人在行为前后和过程中即便有语言的表达,也可能无任何证据可以证明。

2. 行动

语言的局限性或许可以借助另外一种判断主观状况的媒介来弥补,这个媒介就是人的行动。在本质上,语言的表达也是一种行为,但是,语言和行动同人的主观状况的关联点是不同的。语言是可以直接表达人的主观态度的,尽管并不见得都是真实和全部的反映;而行动无法直接透露人的主观状况,只是因为正常人的行动往往是在其主观认知和意志驱动下完成的,对行动的观察,在许多情况下可以让我们推断行为人在行为时的主观认知和意志。

在法律领域,根据行为人的行动来判断其主观状态,甚至比根据语言来判断,更具普遍适用性。例如,行为人手拿匕首在被害人身上连扎数刀,可以从中判断其至少有伤害的直接故意;行为人手拿菜刀,与他人发生争执并相互推搡,结果在对方身上划了一下,可以从中判断其至少有伤害的过失。

不过,行为人的行动毕竟只是推断其主观状况的一种媒介,它并不一定能够明确地传达人的主观认知和意志。有的时候,很难将某个具体的行动与某种主观状态,没有争议地挂起钩来。

▶▶▶▶ 即时思考

有个人产生了自杀念头,他先买了农药,而后来到其平时常去的酒吧要了一杯酒,把农药与酒混在一起。接着,他坐在那里。此时,他的密友恰好从酒吧门口经过,准备跟他开个玩笑,就从他身后一把夺过酒杯,一饮而尽,结果因抢救无效而死亡。这个人显然对损害后果的发生不存在希望或放任,但他是因为疏忽大意没有预见呢,还是根本不可能预见?

观点 A:这是意外事件。此人不可能预见到自己行为的危害后果。

观点 B:此人把农药与酒放在一起,又将有毒的酒放在公共场所而不是放在自己一个人独处的地方,就应该预见到该酒会对其他人构成危害结果。因此,在这件事上,他有疏忽大意的过失。

请问：你支持哪种观点？

无论语言或行动作为判断行为人主观状态的主要媒介存在怎样的局限性，至少可以肯定的一点是：法律上的主观状态，必然是借助可以外观的媒介而获得的一种推断和认定。"过失与否，理论上，应主观认定之。惟行为人之主观状态除其本人外，事实上难以切实掌握。因致，方法上只有借助外界存在之事实或证据推敲之。"①此处所言的"外界存在之事实或证据"，主要就是表现行为人在实施某个行为前后或过程中的语言和行动的证据。

四、过错的判断标准：个别化还是一般化

通过证据展现出来的语言和行动，只是判断人的主观认知和意志状态的媒介，它们并非判断的标准。接下来的问题是：判断过错是否构成的标准，应该是一种个别化的标准，还是一种一般化的标准？是一种定位于主观的标准，还是一种定位于客观的标准？

1. 故意：明确的预见

故意从事损害行为的前提是，行为人"明知"自己行为会导致什么样的损害后果。换言之，只有明确知道行为必然或极有可能发生某种损害后果，并希望或放任该结果的发生，才会构成故意。因此，故意的构成要件之一是行为人对行为后果有明确的预见。不过，用什么样的标准来断定行为人对行为后果有"明确的预见"呢？

在刑法学上，对此判断标准问题，有所谓客观说、主观说和折中说三种理论。② 客观说，即以普通人的认识能力来确定行为人的认识能力，而不顾行为人的实际认识能力；主观说，即以行为人的具体情况来确定其实际认识能力；折中说，即综合客观和主观标准来认定行为人的认识能力。折中说又至少有两个分支观点。一是主张以主观标准为根据、以客观标准作参考。"据此，一般理智正常的人能够预见到的危害结果，理智正常的行为人在正常条件下也应当能够预见到。但是，判定行为人能否预见的具有决定性意义的标准，只能是行为人的实际认识能力和行为时的具体条件。就是说，要根据行为人本身的年龄状况、智力发育、文化知识水平、业务技术水平和工作、生活经验等因素决定其实际认识能力，以及行为当时的客观环境和条件，来具体分析他在当时的具体情况下，对行

---

① 曾世雄，《损害赔偿法原理》，中国政法大学出版社 2001 年版，第 73 页。
② 值得一提的是，刑法学通常是在讨论"过失"构成的时候，提及这三种学说。但是，依本书之见，"故意"和"过失"都涉及对行为人认识能力的判断，故这三种学说的适用性应该不限于"过失"。

为发生这种危害结果能否预见。按照这个标准,一般人在普通条件下能够预见的,行为人可以因为自身认识能力较低或者行为时的特殊条件而不能预见;反之,一般人在普通条件下不能预见的,行为人也可以是因为自身认识能力较高(如有专业知识和这方面的经验等),或者行为时的特殊条件而能够预见。"[1]二是主张把具有相应情况的某些人的注意能力加以抽象化,作为一种类型标准,相同类型的人应该采用一个平均标准。不过,这种主张也被认为实质上就是主观说。[2] 刑法学界通说还是支持以主观标准为主,即对行为人行为当时的具体情况进行分析,判断其是否能够明确预见到损害后果。陈兴良教授指出,主观说、客观说都有其缺陷,但是,"刑法主要是追究刑事责任的问题,从利益上来说,还是要作有利于被告人的解释,在这种情况下,采取主观说可能比较合适一些"。[3] 这或许就是刑法学追求判断标准个别化的价值倾向所在。只是,即使如此,它也需要考虑普通人标准,否则,社会又如何形成一般性的秩序?

▶▶▶ 即时思考

假设有个从未见过枪支的人在荒郊野外捡到了一支枪,他拿到其所在的山村里把玩,扣中扳机把围观的人打伤。

观点 A:这是意外事件。此人不构成故意,也没有过失,因为他不可能对行为的危害后果有预见能力。

观点 B:此人构成间接故意,因为他应当知道枪支的危害性,随意扣扳机可能发生走火乃至伤人,是一般人都了解的。

请问,你支持何种观点?

2. 过失:合理的注意义务

在过失的两种类型中,一个是应当预见损害后果而没有预见(疏忽大意),一个是已经预见损害后果而轻信能够避免(过于自信)。其实,同"故意"的构成要件一样,它们也都涉及行为人的预见能力问题。疏忽大意的过失中所谓"应当预见"本身,意味着行为人有预见的义务;而过于自信的过失中所谓"已经预见",实际上与"明知"同义不同词。

进一步地讲,疏忽大意的过失,可以说是行为人没有尽到注意损害结果发生

---

[1] 参见高铭暄、马克昌主编:《刑法学》(第四版),北京大学出版社、高等教育出版社 2010 年版,第 124 页。
[2] 参见陈兴良:《口授刑法学》,中国人民大学出版社 2007 年版,第 197—198 页。
[3] 同上书,第 198 页。

可能性的义务,以至于应当预见而没有预见。过于自信的过失,则是行为人虽然预见到损害结果发生的可能性,但没有尽到避免损害结果发生的合理注意义务,以至于已经预见而轻信可以避免。可见,是否尽了其应尽的预见或避免损害结果发生的合理注意义务,是判断行为人是否犯有"过失"的核心问题。

那么,什么是行为人应尽的合理注意义务呢？合理注意义务的确定,是应该以特定行为人的具体情况为标准,还是应该以普通人的一般情形为标准？这同样涉及究竟求诸个别化标准（行为人标准）还是一般化标准（普通人标准）的问题。

五、过错客观化与过错推定

在过错的判断标准上,应该如何选择？是采用个别化标准还是一般化标准,这是一个具有普遍意义的法律问题。

1. 标准个别化和一般化的意义

个别化标准是要考虑行为人个别的生理状态、身体状况、生活经验、专业知识、智力水准、生活习惯乃至情绪感受等诸多个性因素,其的确符合正义的观念。因为,正义的最还原、最朴素和最简洁的表达就是:"给予每个人应得的"和"各得其所"。在对待每个人的时候,根据其独具特点的个性因素来考虑其"应得",正是正义的最理想状态。但是,这样的状态只能是理想的,在宗教信仰者眼中只能是在天国里才会有。而且,如果每个人都能按其个性特点、随心所欲地自由生活,不必遵循任何一般的行为准则,而同时又能保证所有人都满意地生活在一起,这样的一种秩序也不会在现实世界中找到。

美国大法官霍姆斯曾经有言:"法律的标准是一般适用的标准。构成某特定行为内在性质的情绪、智能、教育等情状,层出不穷,因人而异,法律实难顾及。个人生活于社会,须为一定平均的行为,而在某种程度牺牲自己的特色,此对公益而言,诚属必要。某人生性急躁、笨手笨脚,常肇致意外而伤害邻人,在此情形,其天生的缺陷于天国审判中固然会被容忍,但此种出于过失的行为对邻人而言,确会造成困扰,其邻人自得要求他人就自己的行为践行一定的标准,由社会众人所设立的法院应拒绝考虑加害者个人的误差。"①

可见,在现实社会中,法律只会让一般化的标准占据主导地位,否则,就不会有和平共存的秩序。这是一切社会规范共通的性能。每个个体从幼儿开始的社会化,就是学习其所处的文化,学习社会规范中一般人的行为标准,并逐渐适应

---

① 参见王泽鉴:《侵权行为法》（第一册）,中国政法大学出版社2001年版,第13—14页。

其中的过程。

不过,尽管个别化的判断标准可能导致法律运作的低效率甚至不可行,但是,如果完全以抽象的普通人、正常人或理性人标准去衡量一个具体的个体,无异于削足适履,就会用普遍性扼杀、淹没个体性,用抽象性扼杀、湮灭具体性。在特殊情况下,可能会形成明显的不公平。因此,一般化标准不可能绝对化,其总是相对的。

▶▶▶ 即时思考

个别化标准与一般化标准之间的选择,在刑事领域和民事侵权、国家侵权领域是否会因为价值倾向的不同而有不同的侧重?尤其是,刑事领域以较为严苛的刑罚惩罚犯罪人,更加强调犯罪人的主观恶性,而民事侵权、国家侵权领域更加着重对行为的非难,而不是对行为人的谴责?

2. 过错客观化的含义及其作用

"过错"含"故意"和"过失",其所指本为纯粹主观的认知和意志状态。但除了行为人明确、真实、自愿地承认其行为时的主观状态以外,我们没有别的方法去知晓一个人的主观状态如何。因此,我们只能依据行为与意志存在相当关联、行为受意志支配并体现意志的普通原理,通过对语言和行动这两种行为形式的考察,去推断行为人的主观状态。这本身就意味着,过错的认定从来不可能真的是从主观入手的,必须也必然是从客观的外在事实或证据维度去认定的。这或许也可以理解为过错的"客观化",但这绝不是法学理论上通常理解的过错客观化。

法学术语中的"过错客观化",指的是判断过错成立与否的标准的一般化。在德国民法上,"过失之认定通说以一般人(非行为人)就具体事件,如尽必要之注意义务,是否可预见、是否可避免,作为判断之标准,亦即采客观之标准"。在英国法上,注意义务也是采客观标准,以一般人、正常人、理性人之注意义务为认定标准。"准此,行为人是否预见其行为可能损害他人因而必须注意以期避免,原则上与行为人具体之认知无关,应从一般人之标准认定之。"[①] 美国与英国相同,尤以一段供陪审团阅读的指南为代表:"过失就是指在类似于由该证据所证明的情形下,某人做了一个有理智的谨慎的人所不会做的事情或者未能去做一个有理智的谨慎的人所应做的事情。这是指未尽到普通、合理的注意。普通、合

---

① 参见曾世雄:《损害赔偿法原理》,中国政法大学出版社 2001 年版,第 76、78 页。

理的注意是指在类似于由该证据所证明的情形下,一个普通的、谨慎的人所采取的注意,目的是为了避免对他们自己或者对他人造成损害。"①

可见,无论普通法系国家还是大陆法系国家,过错的认定,基本上都采取客观化的标准。与其说侵权法曾经有过从主观过错到过错客观化的发展的话②,不如更准确地说,过错认定从个别化的、主观化的标准向一般化的、客观化的标准发展。之所以如此,是因为过错客观化具有以下作用:

第一,不再强调对行为人本身的谴责,而是着重于对行为的非难。由于过错客观化,被追究责任的行为是没有达到普通人遵守的或社会公认的准则的行为。于是,受到谴责或非难的主要是行为本身,而不是行为人。因为行为人特殊的心智、情绪、能力、知识、生理、动机等都不在考虑范围之内。在有些情形下,如果从主观主义或个体主义的立场出发,具备特殊情状的行为人可能在道德上是可原谅的、值得同情的,但其行为本身却是要被责难的。

第二,促成并维系社会活动应有的客观的、普遍的准则,保证稳定秩序的延续。由于行为人被要求遵循社会上普通人的标准,否则,就要承担损害赔偿的责任,所以,社会活动客观、普遍的准则就比较容易得到巩固和持续。凡是行为习惯与这些准则、秩序相违的人,绝大部分会很快地学会融入该秩序中。

第三,方便了法律的运作和执行,减少了制度成本。过错认定的个别化标准,过分追求对个人特殊情状的考虑,势必会使决定的作出极为慎重,而慎重是需要时间、精力和金钱成本的。此外,它有可能会导致决定的不一致和不连贯,缺乏必要的普遍约束力。

▶▶▶ **即时思考**

1. 用一个被告并不适合的标准来审理被告公平吗?为什么每一个被告都必须符合社会上的普通人标准?进一步而言,过错客观化是否会导致个体性被扼杀,是否会对具体的个体造成明显的不公?

2. 为什么符合了普通人的标准,侵害人就可以免去责任?如果侵害人尽了合理注意的义务仍然没有避免损害的发生,难道就应该由受害人来承担损害的结果吗?

---

① 参见〔美〕马丁·斯通:《侵害与受害的意义》,载〔美〕格瑞尔德·J.波斯特马主编:《哲学与侵权行为法》,陈敏、云建芳译,北京大学出版社 2005 年版,第 164 页。

② 关于现代侵权行为法经历了"从主观过失到过失客观化"的演变的论述,参见程啸、张发靖:《现代侵权行为法中过错责任原则的发展》,载《当代法学》2006 年第 1 期。

3. 过错推定的含义

所谓过错推定,是指在损害事实发生后,根据客观事实本身推定行为人具有过错,从而免除受害人对过错的证明责任,并由行为人承担证明自己没有过错的责任。若行为人能够证明自己没有过错,行为人就不负担侵权赔偿责任。

可见,"过错推定"实际上是证据法则,它是举证责任倒置的规则。① 通过倒置,行为人明显承担更多的负担,而受害人明显更容易获得赔偿。因此,过错推定本身不是一种独立的归责原则,只是过错归责原则下一种特殊的、程序法意义上的证明规则。②

之所以会有过错推定规则的出现,是考虑到一些特殊情形下受害人举证的困难。依证据法普遍原理,行为人过错的有无,一般应由受害人负举证责任。但是,由于社会的发展,侵权损害事故发生日渐频繁,侵权损害事故的形式也是多种多样。在一些事故中,受害人很难证明行为人存在过错,而行为人过错的概率是很高的。于是,为了避免受害人因举证不能而得不到应有的赔偿,根据普通理性人的生活经验,法律就推定行为人有过错,从而将证明自己没有过错的举证责任转移到行为人身上,增加受害人受偿的机会。

一般认为,过错推定规则早在1863年就由英国大法官波洛克(Pollock)确立了。在其审理的 *Byrne v. Boadle* 案中,原告在经过被告开设的面粉店门口的时候,被从二楼掉下来的面粉桶砸伤。波洛克法官判决道:"一桶面粉从商店窗户里面飞出来,里面的人不可能没有过失。如果非要让一个莫名其妙被砸伤的人找到仓库里的证人来证明这一点的话,那就太荒谬了。……很显然,面粉桶是在被告的控制之中,面粉桶飞出窗外,就是过失的表面证据。仅凭这一事实,就足以证明被告具有过失,原告无须证明被告或其受雇人具有过失。"③

六、国家赔偿的过错原则:比较法视野

1. 关于过错原则的误解

我国《国家赔偿法》(1994)制定过程中,有一种观点认为,过错归责原则是从主观状态入手,而国家机关及其工作人员主观上是否有故意或过失,实难举证证

---

① 参见〔德〕马克西米利安·福克斯:《侵权行为法》,齐晓琨译,法律出版社2006年版,第171页;王泽鉴:《侵权行为法》(第一册),中国政法大学出版社2001年版,第15页;张新宝:《侵权责任法原理》,中国人民大学出版社2005年版,第33页。

② 参见张新宝:《侵权责任法原理》,中国人民大学出版社2005年版,第26—27页。不过,也有学者认为过错推定是独立的归责原则。参见杨立新主编:《侵权行为法》,复旦大学出版社2007年版,第75—76、81—83页。

③ 参见程啸、张发靖:《现代侵权行为法中过错责任原则的发展》,载《当代法学》2006年第1期。

明。故采取违法归责原则,不仅符合法治要求,且便于操作。①

其实,从以上普通侵权法原理可知,过错归责原则虽以行为人的主观过错为构成要件,但行为人的主观故意或过失,是根据其言行、以一般人的标准推断的。同样,国家机关及其工作人员的侵权,也可以依此原理,判断其主观上是否存在过错。换言之,过错归责原则并不存在原先想象的举证艰难。而且,比较法的视野可以告诉我们,有一些国家或地区的国家赔偿法,采行的正是过错归责原则。

2. 国家赔偿过错原则示例

采过错归责原则的立法例

德国《民法典》第839条 公务员因故意或过失,违背其对第三人所应尽之职务者,对于该第三人因此所生之损害,负赔偿义务。公务员仅有过失责任者,只于被害人不能依他项方法而受赔偿时,始得对之为赔偿之请求。②

日本《国家赔偿法》第1条 行使国家或公共团体权力之公务员,就其执行职务,因故意或过失不法加害于他人者,国家或公共团体对此应负赔偿责任。③

韩国《国家赔偿法》第2条 公务员执行职务,因故意或过失违反法令致使他人受损害;或者,依汽车损害赔偿保障法之规定,公务员有损害赔偿责任时,国家或地方自治团体应当依本法赔偿其损害。④

以上数例,是在《国家赔偿法》文本之中明确规定过错归责原则的。同时,这些国家或地区的国家赔偿法学理,也基本上都认同了普通侵权法上过错客观化的法理,抛弃了把过错定位在公务员主观心理状态的个别化方法。过错客观化的核心概念,就是"忠于职守的一般公务员之注意义务"。这个概念可以分解为:该注意义务是普通公务员都应遵循的;而且,这是忠于职守的公务员应达到的水准。

我国台湾地区学者叶百修教授对此的论述是:"所谓过失之客观化,系指以善良管理人社会生活上之注意义务,作为过失判断之依据。如行为人之行为违反善良管理人之注意义务,除有法定无责任能力情事外,即认定成立过失,而不

---

① 参见肖峋:《中华人民共和国国家赔偿法的理论与实用指南》,中国民主法制出版社1994年版,第106页;马怀德:《国家赔偿法的理论与实务》,中国法制出版社1994年版,第104页。
② 转引自刘春堂:《国家赔偿法》,三民书局1994年版,第149页。
③ 转引自皮纯协、何寿生:《比较国家赔偿法》,中国法制出版社1998年版,第307页。
④ 转引自吴东镐:《中韩国家赔偿制度比较研究》,法律出版社2008年版,第243页。

再论究行为人之注意能力是否能预见该损害,亦即不考虑行为人之主观个别特性,专以善良管理人之注意义务为判断标准。……在认定有无故意过失时,不以公务员个人之知识能力,而以公务员是否有违反职务上标准注意义务,亦即以忠于职务之一般公务人员在该具体情况下,所应注意且可期待其注意程度来加以判断,公务员是否预见损害之发生,则非所问。"[1]

德国学者毛雷尔教授则指出:"职务责任是过错责任,以公务人员的故意或者过失为必要条件。认定过失的依据是《民法典》第 276 条第 1 款第 2 项,它为过错认定确立的客观标准不仅适用于实施具体活动的公务人员,而且适用于'忠于职守的一般公务员'。执行职务通常需要的知识和能力是关键所在。在具体案件中只要有证据证明行政机关实施违法行为时的客观注意没有达到必要的认真水平就足够了。直接责任公务人员的姓名无须指明,因为这通常是不可能的。"[2]

日本学者盐野宏教授也论及过失的客观性:"过失并不是加害者的主观性心理状态,而是作为客观性要件来理解的,即,违反了以普通人的能力为标准而应该规避的具有预见可能性的危害的结果的规避义务或者注意义务。……对实施了该行为(或者存在不作为)的个别公务员追究是否存在注意义务的违反,是符合《国家赔偿法》上的前后文逻辑性的。"[3]

在韩国,国家赔偿法明确规定,国家赔偿责任的成立,必须存在加害公务员的故意或过失,也是采取过错归责原则。而无论是判例还是学理,都承认过错的客观化。"关于过失的认定标准,判例将焦点放在抽象的过失,并指出:当公务员在执行其职务中懈怠承担该职务的一般人通常应具备的注意义务时可认定其过失。近来,学说的倾向是:通过把《国家赔偿法》第 2 条第 1 款的过失概念加以客观化,从而谋求拓宽对被害人的救济。"[4]

我国学理上还存在一种观点,认为上引国家或地区的立法例表明,其采取的是过错加违法双重归责原则。[5] 主要理由是,实定法上既有"故意或过失"又有"违法"或"不法"的修辞。如何理解过错与违法之间的关系,遂成为学说和实务界争相议论的问题。本章第四节将讨论之。

---

[1] 叶百修:《国家赔偿法》,载翁岳生编:《行政法》(下册),中国法制出版社 2002 年版,第 1613 页。
[2] 〔德〕毛雷尔:《行政法学总论》,高家伟译,法律出版社 2000 年版,第 631 页。
[3] 〔日〕盐野宏:《行政救济法》,杨建顺译,北京大学出版社 2008 年版,第 212—213、220 页。
[4] 吴东镐:《中韩国家赔偿制度比较研究》,法律出版社 2008 年版,第 37 页。
[5] 参见马怀德主编:《完善国家赔偿立法基本问题研究》,北京大学出版社 2008 年版,第 93 页。

七、案例讨论

案例 2-1 海南新世界彩色冲印有限公司申请海南省海口市中级人民法院违法保全赔偿案①

1. 本案赔偿决定以及关于本案"典型意义"的评述,皆提及赔偿义务机关的"违法行使职权"和"过错",你认为过错分析与违法归责原则存在矛盾吗?
2. 请结合本章第四节,探讨违法归责原则与过错归责原则之间的关系。

第三节 无过错归责原则

✚│思考

什么是无过错归责原则?侵权法以过错原则为主,为什么还需要无过错原则?什么是危险责任、严格责任、结果责任?它们与无过错责任有什么异同?在域外,国家赔偿法上适用无过错原则的情形有哪些?

一、无过错归责原则概要

1. 无过错原则的内涵

无过错归责原则,简称"无过错原则",也称"无过错责任";在广义的"过失"概念之下,还可以称作"无过失原则""无过失责任"等。其基本要义就是无过错也应负责。更为准确地说,行为人的行为造成损害,法律规定应当承担责任的,无论行为人有无过错,行为人都应当对其行为所造成的损害承担责任。

可见,无过错原则有以下基本含义:

第一,无过错原则是与过错原则相对而言的。后者因其更加适应强调个人自由、自治、自尊的现代社会之发展,所以代替历史上的结果责任,成为侵权法上普遍适用的归责原则。而无过错原则并不具有普遍意义,它是一种特殊的归责

---

① 参见《最高人民法院办公厅关于印发非刑事司法赔偿典型案例的通知》(2013年12月18日,法办〔2013〕158号)。

原则,取决于法律的明确规定。

第二,无过错原则并不是适用于行为人"没有过错"的情形。其本意是,只要法律规定行为人必须为其所造成的损害负责,那么,无论行为人是否有过错,行为人都应当承担赔偿责任。

第三,适用无过错原则意味着受害人无须举证证明致害人有过错,致害人也不得以其没有过错为由主张责任的减免。同样,无过错原则的适用排斥过错推定。因为,在过错推定的情形中,致害人只要证明自己没有过错,就会成为其减免责任的抗辩理由。

第四,适用无过错原则意味着侵权责任的构成要件基本上是侵害行为、损害后果以及行为和损害之间的因果关系。

第五,当然,无过错原则并非绝对。法律通常对适用无过错原则的行为,也会规定一定的责任减免事由,例如不可抗力、受害人故意、第三人过错等。①

2. 无过错原则的理由和背景

无过错原则主要是用于应对特定物品、设施或活动所具危险一旦实现而造成的损害之分担问题。我国台湾地区学者王泽鉴教授对无过错责任理由阐述如下:"危险责任的基本思想在于'不幸损害'的合理分配,乃基于分配正义的理念,至其理由,归纳四点言之:(1) 特定企业、物品或设施的所有人、持有人制造了危险来源。(2) 在某种程度上仅该所有人或持有人能够控制这些危险。(3) 获得利益者,应负担责任,系正义的要求。(4) 因危险责任而生的损害赔偿,得经由商品服务的价格机能及保险制度予以分散。"②

显然,无过错原则的出现,与现代社会越来越多的物品、设施或者活动具有可能侵害生命、身体、健康和财产的危险有关。这些危险隐藏在物品、设施或者活动之中,即便所有人、持有人、行为人尽了善良的、合理的注意义务,它们也仍然有可能实现。换言之,无论这些危险实现的概率有多小,它们还是会发生、会造成损害后果。诸如工厂事故、交通事故、飞机空难、工业灾难、环境公害以及产品安全事故等,都是有可能在无过错情形下发生的。

当损害发生之后,若沿用传统的过错原则,不仅受害人很难证明行为人存在过错,即便适用过错推定规则,行为人也会证明自己已尽合理注意义务而减免其责任,受害人只能无辜承受。对于受害人而言,这明显是不公平的。唯此,无过

---

① 参见张新宝:《侵权责任法原理》,中国人民大学出版社2005年版,第34—37页;杨立新主编:《侵权行为法》,复旦大学出版社2007年版,第84—86页。

② 王泽鉴:《侵权行为法》(第一册),中国政法大学出版社2001年版,第16页。在王泽鉴教授的术语表中,"危险责任"和"无过失责任"是交互运用的。

错原则应运而生。其理由有两个：一是这些危险行为受到法律许可，就需要对由此产生的风险进行合理的平衡；二是行为人因为这些物品、设施或者活动而获益，就应该同时承担由此而产生的风险。① 此外，由于致害人即便没有过错，也要承担赔偿责任，因此，为避免无过错原则对自己的极度不利，致害人可以通过保险制度等方法和途径，将自己承担的责任分散。②

总之，过错原则体现了古典自由主义哲学对个人自由、自治、自尊的尊重，而无过错原则则是社会连带主义哲学的表现。后者强调个体是生活在各种社会关系之中的，社会成员之间必须也必然有相互依赖与分工合作。而当社会分工越来越专门化、独立化的情况下，成员间的依赖、合作也日益强化而不是减弱。行为人没有过错也要承担对受害人的损害赔偿责任，但又可以通过现代社会发明的保险等机制将损害分摊给其他社会成员，这恰是社会连带主义的鲜活反映。

二、危险责任、严格责任、结果责任

法学理论上，经常伴随无过错责任概念的，还有危险责任、严格责任、结果责任等概念。例如，在普通侵权法上，有一种观点认为，面对工业化生产发展对过错原则的挑战，大陆法系和英美法系分别确立无过错责任原则和严格责任原则来应对。③ 在国家赔偿法上，有学者将无过错责任与危险责任、结果责任等同。④ 尽管学者们的术语表可以各有特色，对同一概念的理解也可以存在分歧，但是，为本书术语运用的清晰起见，在此对相关概念略作厘清。

1. 危险责任

在普通侵权法上，危险责任（Gefährdungshaftung）确是无过错责任的另一种称谓，主要是德国法上的术语。所谓危险责任，是指具有危险的物品、设施或活动的所有人、经营人或行为人，在该物品、设施或活动所具的危险实现并导致他人权益受损时，应当就所生损害负赔偿责任，而不论赔偿义务人对事故的发生是否具有故意或过失。依王泽鉴教授的观点，无过错责任是消极地指明"无过失亦应负责"的原则，而危险责任的概念比较能够积极地凸显无过错责任的归责原

---

① 参见〔德〕马克西米利安·福克斯：《侵权行为法》，齐晓琨译，法律出版社 2006 年版，第 256—257 页。

② 关于保险机制分散损害赔偿责任，参见张新宝：《侵权责任法原理》，中国人民大学出版社 2005 年版，第 144—145 页。

③ 参见张新宝：《侵权责任法原理》，中国人民大学出版社 2005 年版，第 30 页。

④ 参见马怀德主编：《完善国家赔偿立法基本问题研究》，北京大学出版社 2008 年版，第 100 页。

因。所以,二者实际上是相通的。①

2. 严格责任

严格责任(strict liability),主要是英美侵权责任法上的概念,是比没有尽到合理的注意而应负责的一般责任标准(过错责任)更加严格的责任标准。它与绝对责任(absolute liability)、无过错责任被认为是广义上的同义词,意为"责任承担与实际过错或损害意图无关"。"严格责任"一词在目前是最常用的术语,后两个术语曾被常用,现今则偶尔用之。严格责任的标准常由制定法规定,无论当事人尽到怎样的注意或采取怎样的预防措施,只要损害发生,则其必须承担责任。②最早,该责任标准适用于动物所有人对其动物侵害他人的案件,后来逐步适用于高度危险作业致人损害、产品责任、工伤事故等案件中。严格责任与无过错责任,在不要求原告对致害人的过错举证、被告也不得以无过错为抗辩理由方面,是基本上一致的。二者之间的区别在于,英美法上在过错责任之外有严格责任、绝对责任,这些概念之间不追求划分的逻辑周延性;而大陆法系的无过错责任包括了过错责任之外的一切责任,是一种周延的逻辑方法。③

3. 结果责任

结果责任,就其本义而言,是只要存在损害后果,且损害后果乃行为人的行为所致(因果关系),那么,无论行为人是否存在过错,其都应当承担损害赔偿责任。乍看上去,结果责任的适用效果,与无过错责任的适用效果是一致的。因此,如前所述,有观点将无过错责任与结果责任等同。

但是,从历史的角度观察,结果责任是早于过错责任而存在的一种责任形式。这种归责原则只注重损害结果而不考虑行为人的主观意志,强调"有加害事实即有责任"。这一原则的不合理性,就是对造成损害的原因不加区分,使正当从事活动造成他人损害的行为人也要承担赔偿责任。④ "在结果责任主义之下,若有损害即应赔偿,行为人动辄得咎,行为之际,瞻前顾后,畏缩不进,创造活动,甚受限制"⑤,从而束缚了人的主动性、积极性和创造性,对社会发展极为不利。因此,随着强调人的主体性、推崇人的自由意志以及资本主义社会生产方式要求

---

① 参见王泽鉴:《侵权行为法》(第一册),中国政法大学出版社2001年版,第16页。关于危险责任的详细论述,参见〔德〕马克西米利安·福克斯:《侵权行为法》,齐晓琨译,法律出版社2006年版,第十章"危险责任"。
② 参见薛波主编:《元照英美法词典》,法律出版社2003年版,第1297—1298页。
③ 参见张新宝:《侵权责任法原理》,中国人民大学出版社2005年版,第39—40页。
④ 参见杨立新主编:《侵权行为法》,复旦大学出版社2007年版,第77页。
⑤ 参见王泽鉴:《侵权行为法》(第一册),中国政法大学出版社2001年版,第14页。

创造性的时代的到来,结果责任才退出历史舞台,为过错责任所取代。①

相较之下,无过错责任是为弥补过错责任的缺憾而在公平正义观念推动之下产生的。无过错责任只适用于特定类型的不幸损害场合,同时还承认不可抗力、受害人故意或第三人过错等为免责条件。因此,它并不会颠覆以主流的自由主义思想为基础的过错责任,仅仅是对过错责任原则的补充。

三、国家赔偿的无过错原则:比较法视野

无过错归责原则不仅仅在普通侵权法上起到了补充过错归责原则、分散现代社会危险物品、设施或活动所致损害的重要作用,同样也是国家赔偿法上一项不可或缺的补充性特殊原则。在国家赔偿法主要采取过错原则或违法原则的国家或地区,有一些特定的适用无过错原则的国家赔偿情形,在此,选择部分情形说明之。

1. 关于公有公共设施致害赔偿

关于"公有公共设施"概念的内涵和外延,我国台湾地区学者向来存有不同见解。大致而言,公有公共设施是指行政主体为公共行政的目的,提供给公众或公务使用的,归行政主体所有或管理的一切有体物或物的设备。② 对于公共设施是否纳入国家赔偿,哪些公共设施应该纳入国家赔偿,以及公共设施致害赔偿应当符合什么样的构成要件等问题,各个国家或地区的制度选择存在较大差异。关于公共设施致害赔偿的具体问题,本书第五章第三节将予详述。此处仅简单说明该种损害赔偿的归责原则。

对于公共设施致害赔偿构成条件之一的"因设置或管理有欠缺",学理上有不同的解释,存在主观说、客观说、折中说和义务违反说等观点,不过,主观说、折中说和义务违反说都难脱过错归责原则的痕迹,只有客观说符合立法者的无过错主义原意。③ 我国台湾地区学者廖义男教授指出:"国家赔偿责任,只要公有之公共设施因设置或管理有欠缺,致人民受到损害,即可成立,而不问国家对该设置或管理之欠缺有无过失,或于防止损害之发生,已否善尽其注意。故相关规

---

① 不过,无过错责任在某种意义上就是结果责任的复活,将无过错责任同时称作结果责任的,并不构成知识上的错误。史尚宽就认为无过错责任亦称结果责任。参见史尚宽:《债法总论》,中国政法大学出版社 2000 年版,第 109 页。本书有意强调结果责任和无过错责任的不同历史意义,故区别之。
② 参见施茂林:《公共设施与国家赔偿责任》,大伟书局 1982 年版,第 34—54 页;叶百修:《国家赔偿法》,载翁岳生编:《行政法》(下册),中国法制出版社 2002 年版,第 1619—1628 页。
③ 关于主观说、客观说、折中说和义务违反说等观点,详见叶百修:《国家赔偿法》,载翁岳生编:《行政法》(下册),中国法制出版社 2002 年版,第 1631—1632 页。对主观说、客观说、折中说的更详细介绍,参见本书第五章第三节。

定,应认为系采国家自己责任论之无过失责任主义。"①

不过,公共设施致害赔偿的无过错责任,不能等同于绝对的结果责任,也不能等同于单纯考虑公共设施客观的安全性。也就是说,不能简单地认为,只要公共设施导致损害,或者,只要公共设施不符合安全性要求,国家就应该负责赔偿。例如,在日本,法律上与"公有公共设施"概念较为接近的是"公共营造物",公共营造物的赔偿也是以"设置或管理有瑕疵"为要件,也同样被解释为适用无过错责任,但与结果责任还是有差异。"关于道路,最高法院的主要判例是有关道路落石事故的案件,在这里,提出了有关道路的设置、管理通常所应具有的安全性、无过失责任、预算抗辩的排斥的三原则。必须注意的是,此时,最高法院并没有判定结果责任,即没有判定只要道路上发生了危害,任何状况下都应该承担责任,并且,也并没有认为只要欠缺单纯的物的安全性就足够了。"②

在法国,与公共设施、公共营造物致害赔偿相近的,是公共工程的损害赔偿责任。公共工程的损害是非常广义的,其指向一切和公共工程以及公共建筑物有联系的损害。例如,跌入壕沟、触电,河道或海港缺乏必要的标志,河流不加疏浚,修建桥梁导致洪水位置提升,运河修建导致周围不动产的地下水位下降,市政府房顶雪块降落对汽车造成的损害,铁路运行震动对周围房屋地基产生的损害等。

法国公共工程损害赔偿的归责原则是无过错责任和过错责任并存,但很早的传统就是无过错责任占主导地位。无过错归责原则的理由在于:(1)行政主体在进行公共建设中享有很多特权,而公共工程的活动又会产生不少危险。由于公共利益的需要,公民必须接受这样的特权以及危险。为了公平合理起见,公民由于公共工程受到的损害,即使致害人没有过错,也应当得到赔偿。(2)在公共负担面前应当平等,全体公民由于公共工程的实施得到利益,不能要求少数受害人作出牺牲。不过,由于无过错责任的广泛无限制运用,会导致财政上的困难以及某些特殊公务的困难,所以,第一次世界大战以后,过错责任也引入到公共工程损害赔偿领域。原则上,受害人为第三者时,适用无过错责任,受害人为公共建筑物利用者或公共工程的参加者时,适用过错责任。③

我国《国家赔偿法》(1994)制定之时,就把"国有公共设施"的致害赔偿排除在该法适用的范围之外。尽管近来有学者主张应当考虑将其归入《国家赔偿法》的调整范围,但是,2010年,立法者在修订该法时显然并未采纳。所以,就实定法

---

① 廖义男:《国家赔偿法》(增订版),三民书局1996年版,第13—14页。
② 参见〔日〕盐野宏:《行政救济法》,杨建顺译,北京大学出版社2008年版,第227—228页。
③ 参见王名扬:《法国行政法》,中国政法大学出版社1997年版,第441—443页。

而言,并不存在讨论是何种归责原则的意义。①

2. 关于司法赔偿和刑事赔偿

我国的《国家赔偿法》将行政赔偿和司法赔偿(包括但不限于刑事赔偿)予以统一调整。而在其他国家和地区,对司法赔偿、刑事赔偿以及较为突出的冤狱赔偿进行规范的法律模式,各有不同。

例如,在德国,有关司法赔偿的法律主要有《基本法》第 34 条、《民法典》第 839 条以及《刑事追诉措施赔偿法》(1971 年)。在日本,《刑事补偿法》(1950 年)主要调整刑事诉讼过程中受害人已经羁押、拘押、拘禁或执行刑罚但又被判决无罪的补偿问题。在法国,《刑事诉讼法》《民事诉讼法》以及《关于执行法官和关于民事诉讼程序改革法》(1972 年)等,分别对司法赔偿的不同方面和情形予以了规定。在美国,联邦层面有关刑事赔偿的法律,主要体现在《美国法典》第 28 编第 1495 条和第 2513 条,美国的部分州也制定了对错误定罪与错误监禁给予赔偿的法律。②

尽管司法赔偿法律模式各有特殊性,但至少有三点是相通的:其一,司法赔偿没有适用于各种情形的单一归责原则。由于司法权行使过程中出现的侵权损害事件形式和内容各异,以单一的归责原则覆盖之,势必会出现归责不当的问题。其二,由于司法在国家权力结构中的特殊地位和功能,一般地,司法赔偿的归责原则强调司法公务人员的过错,甚至是只有在司法公务人员出现重大过错的情况下,才会给予国家赔偿。其三,在不论什么原因对无辜之人实施错误监禁的问题上,许多国家或地区的通例是采取无过错归责原则。

例如,在德国,《刑事追诉措施赔偿法》第 1 条规定:"对于因一项刑事法庭判决遭受损失者,如其判决在再审程序的刑事诉讼中被取消或被减轻、或者在能使该判决有效的其他刑事诉讼中被取消或被减轻,由国库予以赔偿。"第 2 条规定:"如果当事人已被释放,或者针对他的刑事诉讼已经终止,或者法院拒绝对他开庭,当事人由于受羁押或其他刑事追诉措施而遭受的损失,由国库予以赔偿。"③这两个条款都没有指出此处的国家赔偿是否应以司法公务人员或司法机关有过错为要件,它们明确的是客观条件的满足:第一,判决被取消或减轻、当事人被释放、刑事诉讼终止或法院拒绝开庭;第二,判决或刑事追诉措施使当事人受损。这显然是无过错原则的体现。

法国于 1895 年的《刑事诉讼法》中即有冤狱赔偿的规定,已经确定的刑事判

---

① 详见本书第五章第三节。
② 参见张红:《司法赔偿研究》,北京大学出版社 2007 年版,第 51—54 页。
③ 参见陈春龙:《中国司法赔偿——实务操作与理论探讨》,法律出版社 2002 年版,第 563 页。

决,在再审中被推翻,被告得到无罪的宣告时,国家应负赔偿责任。1970年《刑事诉讼法》规定,在刑事诉讼程序中被临时拘禁的被告、预审的结果决定不起诉,或起诉以后法院判决无罪释放时,被告因此受到损害的,可以请求赔偿。这种赔偿也属于无过错责任。而日本的《刑事补偿法》同样明确了,无论依据何种法律和理由对当事人进行关押、拘禁、拘押或执行刑罚的,只要当事人被依法判决无罪,其就可以向国家请求补偿。①

我国的《国家赔偿法》(1994)虽被主流观点解释为采纳了违法归责原则,但在该法出台实施未久,即有学者认为,在违法原则的框架之下,仍然有例外的关于无过错原则的规定。② 而无过错原则所适用的,就是《国家赔偿法》(1994)第15条第(一)(二)(三)项规定的情形:对没有犯罪事实或者没有事实证明有犯罪重大嫌疑的人错误拘留的;对没有犯罪事实的人错误逮捕的;依照审判监督程序再审改判无罪,原判刑罚已经执行的。2010年,《国家赔偿法》的修订者在第2条中明确取消了"违法"二字,实际上是对归责原则多元化的承认,也就是承认了无过错原则在国家赔偿领域的适用性。

结合以上例举的无过错原则适用领域或情形,可以发现,在国家赔偿法领域,无论是从公平正义观来看,还是从国家财政的实际负担来看,过错归责原则仍然占据主导地位,无过错归责原则处于不断渗入却又不可能无限扩张的状态。并且,即便不同国家和地区适用无过错原则的具体领域或事项有所差异,但在大致上,就行政赔偿而言,基于危险责任论和公共负担平等理论,在公共设施或公共工程领域多采无过错原则;就司法赔偿而言,刑事冤狱赔偿多采无过错原则。

此外,值得一提的是,由于无过错原则并不具有普遍适用的地位,也不可能像有些学者所预测的那样,会取代过错原则而成为国家赔偿领域的主导性原则,所以,一般地,无过错原则是由立法者用法律予以特别规定的。如上所述,我国普通侵权法理论也是强调无过错原则的法定性。然而,该原则是否唯一取决于法律的明确规定,也要视不同国家法院的地位和功能而定。在一些国家,法院在对实定法进行拾遗补阙、积极能动地通过审判推动法律发展方面有着优良传统,它们有时在法律未明确规定的情况下,以判例建立无过错责任。例如,在法国1956年的吉里案中,吉里医生被警察当局征调去检查因煤气中毒而死亡的人。在检查过程中煤气爆炸,吉里受伤,请求警察当局负责赔偿。一审法院、上诉法

---

① 陈春龙:《中国司法赔偿——实务操作与理论探讨》,法律出版社2002年版,第33、35页;张红:《司法赔偿研究》,北京大学出版社2007年版,第52—53页。
② 参见薛刚凌主编:《国家赔偿法教程》,中国政法大学出版社1997年版,第216—219页。

院和最高法院都在法律没有规定的情况下,承认国家负赔偿责任。①

四、案例讨论

案例 2-2　李尚英等与广饶县交通局不履行法定职责行政赔偿上诉案【(2004)东行终字第 53 号】

1. 广饶县交通局在上诉及答辩意见中称:"行政机关资源有限,只能合理保证而不是绝对保证所管辖的事项不存在违法行为",以此为由为自己作免责辩护。你认为这一辩护是否合理?

2. 一审法院、二审法院都认为广饶县交通局构成行政不作为,二审法院更是在判决书中提及"涉案公路上堆放的猪粪,持续时间长达十余天"。由于猪粪已经构成一种公路安全隐患,堆放时间长短不会改变该隐患的存在,所以,

(1) 假设事故发生时,该猪粪是刚刚堆放未久,那么,广饶县交通局是否还构成行政不作为?

(2) 假设你对第(1)项问题的答案是否定的,那么,依照现行的《国家赔偿法》,受害人家属是否还能得到国家赔偿?

(3) 你是否认为第(1)项假定的事实说明现实生活中存在不可避免的风险,当这些风险转化为危害时,是应该让受害人自己承受损害,还是应该让国家(理论上又可转化为全体纳税人)至少承担部分救济之责?又或者可以通过保险机制来化解受害人自己承受之苦?你还能想到多少类似的"不可避免的风险"以及其他的应对之道?

3. 请结合本书第五章第三节,探讨以上问题。

第四节　违法归责原则

✚ | 思考

什么是违法归责原则?在立法规定"过错"与"违法"同时作为侵权责任构成要件的国家和地区,学理上是否承认一种独立的"过错加违法归责原则"?"过

---

① 参见王名扬:《法国行政法》,中国政法大学出版社 1997 年版,第 741 页。

错"与"违法"是一种什么关系？我国《国家赔偿法》(1994)为什么选择了违法归责原则？违法原则中的"违法"又应作何理解？

一、普通侵权法上的"违法"

1. 立法例

一般而言，普通侵权法上的归责原则并无独立的"违法归责原则"。但是，有些国家或地区的民法对侵权责任的规定，明确以"违法"或"不法"作为构成要件之一。

例如，德国《民法典》第823条第1款、第2款规定："故意或过失而不法侵害他人的生命、身体、健康、自由、财产所有权或者其他权利的人，有义务向他人赔偿由此而造成的损害。""违反以保护他人为目的的法律的人，负有同样的义务。根据法律的内容，没有过错也可能违反法律的，只有在有过错的情况下，才发生赔偿义务。"[①]

▶▶▶▶ **即时思考**

德国的规定对归责原则的意义是什么？既然已有关于"过错"的规定，又为何再增加"违法"或"不法"的规定？这指向的是过错归责原则，还是意味着存在一种独立的违法归责原则，还是像有些学者所认为的那样，意味着"过错加违法"的归责原则？

2. 关于"违法性"的学说

尽管德国的规定似乎在显示一种特殊的、被称为"过错加违法"的归责原则，然而，德国的普通侵权法主流学说，并未发展出这样一种观点。一般地，主流学说把立法中区别对待的"过错"与"违法"，视作过错归责原则之下过错责任的两个构成要件。换言之，并不存在"过错加违法"的归责原则，在德国，"过错"与"违法"只是过错侵权责任不可或缺的两个构成要件。[②]

学理上争议的，只是如何理解"违法性"要件。在这个问题上，有"结果不法说"和"行为不法说"的分歧。结果不法说认为，加害行为肇致权利被侵害的结果，即构成违法性；只有在例外情形下，因法定事由的存在，可以认为没有违法。

---

① 参见〔德〕马克西米利安·福克斯：《侵权行为法》，齐晓琨译，法律出版社2006年版，第11页。
② 同上书，第二章"过错责任的基本构成要件"，尤其是 A-II-3"违法性"、A-II-4"过错"，第85—95页。

这些法定事由通常称为"违法阻却事由",包括正当防卫、紧急避难、自助行为、无因管理、正当的权利行使以及被害者的允诺。行为不法说则认为,故意侵害他人权利的情形,当然构成违法,因为法律禁止故意侵害他人权利的行为;但是,在过失侵害他人权利的情形中,其违法性的成立,则须以行为人未尽避免侵害他人权利的注意义务为必要。换言之,若行为人已经尽其合理注意义务,就不具违法性。

虽然两种学说争论激烈,但在实务上,由于依结果不法说所认定的违法性尚且需要和过错要件相结合,才构成侵权责任,同依行为不法说所得出的侵权行为是否构成,并无二致。所以,德国的实务仍然采结果不法说。[①]

至于德国《民法典》第 823 条第 2 款关于"违反保护他人的法律"的规定,是为了弥补"侵害权利之违法性"的漏洞而制定出来的。侵害权利即构成违法的前提是权利内容在法律中得到明确的表述,那么,侵害权利以外利益的,难道就不是侵权行为了吗?为防止出现明显不公平的弊害,在是否侵害权利并不十分确定的情况下,只要行为人违反了旨在保护他人利益的法律的,那也同样构成侵权。当然,在很多情况下,侵害一项法律明确的权利,也就是违反了保护性法律,二者没有独立的实践意义。[②]

3."过错包括行为的违法性"

德国的"过错"与"违法"二分法的做法,并未得到我国《民法通则》《民法典》的借鉴。《民法通则》关于民事责任的"一般规定"中,第 106 条第 2 款、第 3 款指出,"公民、法人由于过错侵害国家的、集体的财产,侵害他人财产、人身的,应当承担民事责任。没有过错,但法律规定应当承担民事责任的,应当承担民事责任"。《民法典》第 1165 条规定:"行为人因过错侵害他人民事权益造成损害的,应当承担侵权责任。依照法律规定推定行为人有过错,其不能证明自己没有过错的,应当承担侵权责任"。可见,实定法没有采取将"过错"与"违法"并立规定的做法。

我国民法学者王利明教授,对区分过错与违法的立场、观点,表示了明确的质疑。在他看来:"过错意味着行为人的行为违反了法律和道德规范、侵害了法律所保护的法益,因而才应受到法律的谴责。……只有当行为人的行为违反了法律和道德,并造成对他人的损害,行为人才具有过错。由此可见,过错的概念

---

① 参见王泽鉴:《侵权行为法》(第一册),中国政法大学出版社 2001 年版,第 229—231 页。
② 参见〔德〕马克西米利安·福克斯:《侵权行为法》,齐晓琨译,法律出版社 2006 年版,第 141—155 页。

本身包括了法律对行为人的行为的否定评价,也就是说,包括了行为的违法性。"①

其实,过错与违法是否需要两分,向无一致的认识。德国的法律意在强调,过错要件是追查行为人从事行为时在主观上的故意或过失,违法要件则是判断行为人的行为在客观上的违法性。结果不法说是努力维系二者的独立性,而行为不法说实际上就是把违法与过错等同。王泽鉴教授论述道:"例如在甲驾车撞伤乙的情形,依结果不法说,原则上先应肯定甲之侵害行为的违法性,再继而认定甲有无故意或过失。反之,依行为不法说,甲之侵害行为有无违法性,应径就具体案件检视其是否违反应负的注意义务而认定之。"②

如前所述,过错已呈客观化的趋势,行为人的过错与否取决于其是否违背了一般人(而不是其个人)应尽的合理注意义务。那么,将违反法律解释为违反法定注意义务,从而使违法性为过错所涵盖,也是站得住脚的。

二、国家赔偿法上的"违法"

1. 立法例

在国家赔偿法上,将"违法"规定为国家赔偿构成要件之一的法律,并非少数。德国《民法典》第 839 条、日本《国家赔偿法》第 1 条、韩国《国家赔偿法》第 2 条等,都明确规定国家赔偿以违法或不法造成损害为前提。③ 不过,这些国家或地区的国家赔偿立法,与普通侵权法的立法,存在相通之处:都把"违法"与"过错"同时作为国家赔偿的构成要件。

相较之下,奥地利、瑞士的国家赔偿法,明确采用"违法"要件,而摈弃或者否认"过错"要件。例如,瑞士于 1958 年 3 月 14 日公布的《关于联邦及其机构成员和公务员的责任的瑞士联邦法》第 3 条规定:"对于公务员在执行其公职的活动中对第三人因违法所造成的损害,不论该公务员是否有过错,均由联邦承担责任。"④

2. 违法的判断基准

在国家赔偿法学理上,对究竟是以行为本身还是以行为结果作为违法性判断基准的问题,也有行为违法说和结果违法说的区别。

行为违法说认为,只要公权力行为本身违法,就具有违法性;若公权力行为

---

① 参见王利明:《侵权行为法归责原则研究》,中国政法大学出版社 2003 年版,第 420 页。
② 王泽鉴:《侵权行为法》(第一册),中国政法大学出版社 2001 年版,第 230 页。
③ 参见本章第二节。
④ 转引自皮纯协、何寿生编著:《比较国家赔偿法》,中国法制出版社 1998 年版,第 299 页。

本身合法,即便发生的结果是法律所不容许的,也不具备违法性。例如,警察追捕逃犯,举枪射击,结果流弹伤及无辜路人。

结果违法说则主张,以公权力行为所产生的结果是否为法律所容许为判断基准。只要公权力行为侵害了法律所不容许侵害的权益,不问该行为本身是否有法律依据,都是违法的。按结果违法说,在上举警察误伤路人的例子中,警察的行为构成违法。

据我国台湾地区学者叶百修教授的观点,结果违法说强调对人民权利的保护,行为违法说则强调国家行政。基于依法行政原理观察,以结果是否为法律所容许来判断行为是否合法的结果违法说有"倒果为因"之嫌。而行政救济制度是以纠正违法行政行为为宗旨的。从这两点出发,行为违法说更可取。不过,我国台湾地区司法实务似乎偏向于结果违法说。①

>>> **即时思考**

对比王泽鉴教授归纳的普通侵权法上结果不法说和行为不法说,以及叶百修教授归纳的国家赔偿法上行为违法说和结果违法说,观察它们存在怎样的异同。

3. 违法与过错的关系

无论对"违法性"的理解采何种学说,对于那些在国家赔偿法文本上明确"违法"与"过错"要件并存的国家或地区而言,两个要件之间的关系问题是必须应对的,也是争议丛生的。

叶百修教授基于过错客观化的趋势,支持违法与过错应等同看待的一元化观点:"部分学者力主过失之客观化,逐渐采用过失推定之结果,导致违法与过失在理论发展上有一元化之趋势,'违法视为过失'即其理论之表征。此说在责任原理上虽仍为此过失责任主义,但在判断原理上,则将其标准与违法性之判断,实质上加以混用,亦即因有违法之存在,即认为过失亦告成立,换言之,系将违法与过失同视。准此以解,就现代归责原理发展之趋势以观,可谓已逐渐由过失之客观化,迈向违法视为过失。"②

而据盐野宏教授介绍,在日本,无论是民法还是国家赔偿法,损害赔偿请求权的成立要件都要求有违法和过错两个要件。在民法上,关于违法性与故意、过

---

① 参见叶百修:《国家赔偿法》,载翁岳生编:《行政法》(下册),中国法制出版社2002年版,第1598—1599页。

② 同上书,第1614页。

失,究竟应该分别判断,还是应该归结其中任何一个,观点分歧甚多。而在国家赔偿法上,可以说是更加复杂,这与公权力行使的多样性有关。例如,有的法院,在适用日本《国家赔偿法》第 1 条时,并不进行违法性和过错的二阶段审查,而是仅判断公务员违反注意义务。而在不作为的国家赔偿案件中,违法性一旦得以承认,就推定过错存在,或者根本不必重新判断是否有过错。在因权力性具体行政行为引起的国家赔偿案件中,违法性和过错的二阶段审查是通例,具体行政行为即便被认为违法而撤销,也会因行政官员没有故意、过失,而不构成国家赔偿。在因法院裁判或立法行为引起的国家赔偿请求之中,法官必须是明显以违法或者不当的目的作出裁判,国会议员必须是在极其特殊的情况下,才构成国家赔偿法意义上的违法;换言之,这种国家赔偿责任往往限于有故意的情形,并且,一旦违法被确认,就产生国家赔偿责任,违法性与过错是一元化判断。在刑事案件中,无罪判决确定以后,国家赔偿请求可能会以检察官行为违法为由提出。日本最高法院采纳了职务行为基准说,即不以结果无罪为基准来评价,而是以提起公诉时检察官行为规范为基准进行评价。然而,在实践中,检察官提起公诉的合理性证明不成立时,也会被推定检察官有过错,而反证没有过错又是非常困难的,所以,实质上也是进行一元化判断。至于权力性的事实行为,通常是违法性和故意、过失的二元性评价的对象。①

可见,无论普通侵权法还是国家赔偿法,只要立法上仍然同时保留"违法"或"不法"和"故意或过失"要件的,那么,在"违法"与"过错"的关系问题上,学理和实务在短期内不可能形成完全一致的定论性认识。

只是,在这些明文规定违法与过错两个要件的国家或地区,学者很少提到国家赔偿法的归责原则是双重的"过错加违法归责原则"。一般地,学理上都是在讨论国家赔偿构成要件时,对法律上这两个要件的含义及其相互关系进行阐述。② 由于国家赔偿法与普通侵权法在立法和学理上相通甚多,即便过错与违法两个要件并存,学理上也认为国家赔偿法的归责原则是过错原则。我国台湾地区学者曹兢辉教授曾经明确提到,公务员执行职务行使公权力,造成损害之赔偿责任,台湾地区系采过失责任主义。③ 刘春堂教授也论及,关于因公权力行使所

---

① 参见〔日〕盐野宏:《行政救济法》,杨建顺译,北京大学出版社 2008 年版,第 212—221 页。
② 参见〔德〕毛雷尔:《行政法学总论》,高家伟译,法律出版社 2000 年版,第 623—633 页;〔日〕盐野宏:《行政救济法》,杨建顺译,北京大学出版社 2008 年版,第 204—222 页;叶百修:《国家赔偿法》,载翁岳生编:《行政法》(下册),中国法制出版社 2002 年版,第 1570—1619 页;廖义男:《国家赔偿法》(增订版),三民书局 1996 年版,第 24—70 页;刘春堂:《国家赔偿法》,三民书局 1994 年版,第 18—36 页;曹兢辉:《国家赔偿立法与案例研究》,三民书局 1988 年版,第 53—135 页。
③ 曹兢辉:《国家赔偿立法与案例研究》,三民书局 1988 年版,第 112 页。

致损害之赔偿责任,台湾地区系采过失责任主义。① 因此,本书并不认为归责原则的类型上有"过错加违法原则"。不过,鉴于在我国《国家赔偿法》的最初酝酿过程中,相当一部分学者已形成固定的认识和概念,而且,这一概念至少可以凸显这些国家或地区的国家赔偿构成需过错与违法兼备,所以,在以后的论述中,援引既有观点时,仍将使用此概念。

三、《国家赔偿法》(1994)的违法归责原则

1.《国家赔偿法》(1994)的选择

我国《国家赔偿法》(1994)在起草之时,也曾面临选择何种归责原则的问题。在对单一的过错原则、违法原则、无过错原则、双重的过错加违法原则以及多元化归责原则体系进行权衡之后,立法者最终选择了违法原则。《国家赔偿法》(1994)第2条明确规定:"国家机关和国家机关工作人员违法行使职权侵犯公民、法人和其他组织的合法权益造成损害的,受害人有依照本法取得国家赔偿的权利。"

违法原则的获胜,取决于在当时学理中违法原则相对其他归责原则的比较优势:

(1) 过错原则的局限。

过错原则虽是普通侵权法上的主导原则,但若用于国家赔偿领域,被认为有以下缺陷:其一,过错只是自然人的主观心理状态,国家机关并不存在这种主观心理状态。更何况,在集体决策的情况下,既难以确定某个国家机关工作人员是否有过错,也难以确定整个国家机关是否有过错。其二,过错原则在审判实践中很难把握,容易导致法官的"自由心证"。其三,过错原则与《行政诉讼法》确立的行政赔偿原则不一致,后者就是具体行政行为违法与显失公正的责任原则。

(2) 无过错原则的局限。

在当时,无过错原则的主张者认为,无过错原则与我国《宪法》《民法通则》和《行政诉讼法》(1989)关于侵权损害赔偿的规定一致(这些法律文本在涉及国家机关和国家工作人员侵权赔偿时都没有明确规定"违法"或"过错"要件),又符合世界各国国家赔偿法发展的趋势,有利于扩大和加强对人民合法权益的保护。

《宪法》

第41条第3款 由于国家机关和国家工作人员侵犯公民权利而受到

---

① 参见刘春堂:《国家赔偿法》,三民书局1994年版,第32页。

损失的人,有依照法律规定取得赔偿的权利。

《民法通则》

第121条　国家机关或者国家机关工作人员在执行职务中,侵犯公民、法人的合法权益造成损害的,应当承担民事责任。

《行政诉讼法》(1989)

第67条第1款　公民、法人或者其他组织的合法权益受到行政机关或者行政机关工作人员作出的具体行政行为侵犯造成损害的,有权请求赔偿。

第68条第1款　行政机关或者行政机关工作人员作出的具体行政行为侵犯公民、法人或者其他组织的合法权益造成损害的,由该行政机关或者该行政机关工作人员所在的行政机关负责赔偿。

但是,反对的声音则强调:第一,无过错原则在《宪法》《民法通则》和《行政诉讼法》中的规定并不一致。因为,无论是从汉语词义上看,还是从立法本意上看,"侵犯"都是指国家机关及其工作人员的一种违法、不当或过错行为,而不是一种无过错行为。"权利(益)"本身就是由法律所确认和保护的客体,对它的"侵犯"只能是非法的。第二,无过错原则混淆了国家赔偿与国家补偿的区别,前者带有惩罚性,后者更多强调公平性,把二者等同反而不利于保护受到非法侵害的合法权益。第三,无过错原则脱离我国国情。国家赔偿立法起步阶段各方阻力本就很大,无过错也要赔偿,会给国家机关工作人员增加思想负担,而且,由此过分扩大赔偿范围,会使国家无力承担。

(3) 过错加违法原则的局限。

在我国学者眼中,德国、日本、韩国等国的国家赔偿法确立的是双重的过错加违法原则。该原则是既没有必要(违法即赔偿,不必追问主观是否有过错),也没有克服过错原则的不足。而且,它还会缩小国家赔偿的范围。在实践中,有的时候,国家机关工作人员可能有过错、导致侵权,但因为实定法不健全,不构成违法;有的时候,国家机关工作人员依照与上位法相抵触的下位法规定作出的侵权决定,因违法而被撤销,但工作人员在主观上并没有过错。在这两种情形下,依照过错加违法原则,国家侵权责任并不构成,就不利于受害人获得公正赔偿。①

(4) 违法原则的优点。

相比较以上讨论的诸原则,违法原则被认为具有较为突出的优势。第一,它避免将国家机关这样一个非有意识的自然人不可能存在的主观过错作为责任标准,也避免没有必要的过错与违法双重标准。第二,违法原则易于法院在审理国

---

① 以上关于过错原则、无过错原则、过错加违法原则的局限的认识,参见罗豪才、袁曙宏:《论我国国家赔偿的原则》,载《中国法学》1991年第2期。

家赔偿案件中把握,也易于国家机关及其工作人员在工作中把握,督促其依法办事。第三,违法原则与行政诉讼法确立的司法审查原则一致,有利于国家赔偿法和行政诉讼法的统一。第四,违法原则有利于分清是非,区别国家赔偿与国家补偿。第五,违法原则有利于人民行使赔偿请求权。①

2. "违法"的含义

违法归责原则既定,无论是在学理上,还是在实务中,都面临如何解释《国家赔偿法》(1994)第2条所规定的"违法"之含义的问题。这个问题又可分解为许多次一层级的问题。例如,违反的是什么意义上的"法",是否包括法律原则甚至法律精神?违法是指行为违法还是结果违法?是否既有作为违法、又有不作为违法?是否法律行为违法和事实行为违法都包括在内?是否也涵盖裁量行为违法?等等。在此,重点讨论违法原则中关键的、核心的问题:"法"的内涵与外延。

在这个核心问题上,向来有不同的观点。概括而言,存在狭义论、相对广义论和最广义论的区别。狭义论认为违法是指违反严格意义上的法律,如宪法、法律、行政法规和规章以及其他法规性文件和我国承认或参加的国际公约、条约等。违法的种类包括:适用法律、法规错误、违反法定程序、超越职权、滥用职权或者不履行或拖延履行法定职责。②

与狭义论相反,最广义论认为,违法原则中的"法"不应仅限于违反严格意义上的法律规范,还包括法律原则和法律精神。例如,有的观点提出,"违法包含以下几点内容:(1)违反明确的法律规范干涉他人权益;(2)违反诚信原则、尊重人权原则及公序良俗原则干涉他人权益;(3)滥用或超越行使自由裁量权,提供错误信息、指导及许可批准,造成他人权益损害;(4)没有履行对特定人的法律义务或尽到合理注意"。③

将没有履行合理注意义务也纳入违法范畴,可谓最广义解释论的典型例证。虽然在最广义论之下,学者还有不同的解说,然而,可以肯定的是,最广义论逐渐成为学理通说。其理由如下:(1) 国家职权应受多层次、多角度法律规范的约束;(2) 我国法制尚未健全,有的领域无法可依,对违法理解过窄,容易使一部分受害人失去救济机会;(3) 国家机关管理活动中,事实行为很多,法律对事实行为不可能全面穷尽地规定,采严格违法概念,将把大量的事实行为致害排除在国

---

① 参见罗豪才、袁曙宏:《论我国国家赔偿的原则》,载《中国法学》1991年第2期;肖峋:《论国家赔偿立法的几个基本观点》,载《中国法学》1994年第4期;姜明安主编:《行政法与行政诉讼法》(第六版),北京大学出版社、高等教育出版社2015年版,第555—556页。

② 参见皮纯协、何寿生:《比较国家赔偿法》,中国法制出版社1998年版,第89页。

③ 应松年主编:《国家赔偿法研究》,法律出版社1995年版,第84页。

家赔偿之外;(4)域外采用违法原则的国家,多对违法作扩张解释。①

相对广义论是狭义论和最广义论之间的一种观点,它既反对狭义论对违法作过于严格的解释,也反对把违反法律精神归入违法的最广义论。它主张,违法原则中的"法"还是应该限于法律、法规、规章等制定法,可以包括立法者通过制定法予以确立的法律原则和制度,但不包括法的精神。主要理由就是法的精神是一个内涵和外延极为不确定的概念,实际操作有相当大的难度。②

四、案例讨论

1. 重新阅读本章案例 2-1、案例 2-2,请问:
(1) 司法实务是如何理解违法原则和过错原则的?
(2) 在实践中适用违法原则,存在什么问题?

2. 甲因违法被处以限制人身自由的制裁。管理机构后经过核实,确认甲为精神病人,故决定予以释放。管理机构释放甲时,未通知甲的家人前来认领。数月后,甲的家人前往管理机构查问甲的情况,才发现甲已失踪。甲的家人提起行政诉讼,并附带提出行政赔偿请求。法院以管理机构不存在违法情形为由,驳回了当事人的赔偿请求。经查,相关的管理规则都未明确规定在此情形下管理机构应当履行的程序。
(1) 假如你是法官,在违法归责原则的框架之下,有没有可能确认管理机构对甲的释放存在违法情形?
(2) 请尝试撰写一份有利于受害人家属的判决书。

第五节 重构国家赔偿归责原则

✚ | 思考

违法归责原则有什么样的弊害?为什么会出现这些弊害?国家赔偿法的归责原则体系应该是怎样的?如何理解和诠释《国家赔偿法》(2010)第 2 条关于归责原则体系的隐含之义?

---

① 参见马怀德主编:《完善国家赔偿立法基本问题研究》,北京大学出版社 2008 年版,第 85 页。
② 同上书,第 84—87 页。

2010年的《国家赔偿法》，将第一章"总则"部分的第2条进行了修改，删除了原文中的"违法"，取而代之的是"有本法规定的侵犯公民、法人和其他组织合法权益的情形"。这标志着立法者已经意识到在"总则"之中规定唯一的"违法"归责原则的弊害，希望用新条款承认，国家赔偿法律领域事实上存在、也应该存在多种归责原则。

一、检视违法归责原则

1. 对违法原则的诟病

《国家赔偿法》(1994)尚在酝酿之际，即有学者指出违法原则的主要不足是"在我国目前法制还很不健全的情况下，不能将国家机关及其工作人员的某些虽不违法、但却明显不当，并损害公民、法人等合法权益的行为包括进来"。于是，他们建议应当采取"违法与明显不当原则"。①

关于违法原则不能涵盖更多的公权力侵害情形的批评，在《国家赔偿法》(1994)颁布实施之初，得到了进一步的阐述。甚至，对违法原则的"出身"问题，也提出了质疑。周汉华教授就认为：首先，在国家赔偿归责原则问题上，只有过错原则，没有违法原则或违法加过错原则，我国学者所谓的违法原则可以说是误解的产物。其次，违法原则有三个重要的弊端。第一，违法原则缺少过错原则特有的不确定性，致使法院无法像在过错原则框架之下有一个广阔的空间，可以灵活调整国家利益与个人利益之间的关系。第二，违法原则必然带来国家赔偿范围的狭窄。第三，违法原则具有不可操作性，因为(1)它或许可以适用于有着规范依据的法律行为，但对大量没有法律规定的事实行为却很难适用；(2)有的时候，国家机关合法作出的、但最终被证明有误的决定，并不构成违法，但确实采取了本不应该采取的措施，存在过错且导致损害，按违法原则，就无法得到国家赔偿；(3)在国外，国家机关违反一般性的保护社会整体利益的职务义务，构成了违法，但并不导致损害赔偿责任，只有国家机关违反对当事人的特定职务义务，才发生国家赔偿责任。依违法原则，就不能区分这两种情形。②

这些诟病还是在《国家赔偿法》(1994)起草过程之中或刚刚实施未久提出的，在相当程度上是一种预测。然而，经过实践的检验，违法原则更多地被严格解释为违反明确规定的法律规范，从而导致实际赔偿范围受到限缩。这一点已经是众所周知的事实。

---

① 参见罗豪才、袁曙宏：《论我国国家赔偿的原则》，载《中国法学》1991年第2期。
② 参见周汉华：《论国家赔偿的过错责任原则》，载《法学研究》1996年第3期。

2. 违法原则的真正弊病

在理论上,如果对违法原则采取最广义论的解释,甚至把违反应尽的注意义务(过错),理解为违法的一种表现,那么,以上所说的弊害,基本上都不存在。或许,最广义的违法原则于适用时会造成较多的不一致。在短时间内,可能会因违法原则有着如此广阔的解释空间,适用者拥有较大的裁量权,形成解释、判决的不统一。然而,这种状况即使是在判例法国家,也是难以避免的情形。在我国,尽管没有判例法制度和传统,却也可以通过个案的探索和积累,并以最高人民法院司法解释或指导性案例的形式来完成司法的统一。因此,违法原则本身并不像有的观点所指出的那样有着致命的缺陷。

那么,我国的国家赔偿违法归责原则的真正弊病何在?概而言之,有两点:

(1) 错误批评过错原则。我国《国家赔偿法》(1994)对违法原则的确立,是在驳斥诸多侵权法归责原则特别是过错原则的基础上完成的。这种驳斥有很大程度的误解。其附带的后果,就是人为地割裂国家赔偿法与普通侵权法的沟通,使得违法原则很难吸收侵权法过错原则发展的成果,也就很难将"违反注意义务"解释进违法范畴之中。

(2) 脱离我国制度环境现实。学界多数学者是从我国立法不健全的现实出发,对违法归责原则持最广义论的立场,以求尽可能覆盖国家应当赔偿的情形。但是,学者毕竟不是在执法或司法的前沿。国家机关对国家赔偿的抵触、严格法条主义的思维惯例、法院一贯的相对弱势等诸多因素,还是造就了学界与实务的严重分离。后者明显倾向于狭义论的立场。即使有的法院在有些情形下会偶然地表现一种最广义论的态度,也只是凤毛麟角或昙花一现。实务界的狭义论倾向,使得赔偿范围事实上趋向狭窄,违法原则本身也就成了众矢之的。

二、 国家赔偿归责原则的重构

1. 众说纷纭的重构思路

鉴于违法原则存在如上问题,在国家赔偿法于 2010 年修订之前,学界一直以来就有关于重构国家赔偿归责原则的各种主张。本书不能穷尽,在此择要例举。

(1) 不法归责原则。

不法归责原则是姜明安教授极力主张的。在他看来,未来的国家赔偿法应该在归责原则上改"违法责任制"为"不法责任制"。任何国家机关,只要在执行公务过程中没有任何法律依据地侵害公民权利,都有义务对受害人的损害进行赔偿。唯有如此,才能将以前违法原则无法涵盖的许多侵害赔偿情形都囊括其中,从而给公民以更全面的司法保护。①

(2) 过错责任为主、无过错责任为辅。

朱新力教授、余军教授提出,法律对行为结果的调整产生了一种客观法律秩序,其表现为对"权利"的保护,违反客观法律秩序就是对权利的侵犯;法律对行为过程的调整则形成另一种辅助性的主观法律秩序,其表现为各种注意义务的设置,对主观法律秩序的违反,表明行为人未尽注意义务。过错责任意味着必须同时满足违反客观法律秩序和违反主观法律秩序两个条件,它是许多国家侵权法和国家赔偿法主导性归责原则;无过错责任仅仅是对客观法律秩序的违反,是从不幸损害的合理分配、社会利益均衡的立场出发确立的,它是必需的但不能不受限制。我国的国家赔偿法应该与侵权法原理、国际通行的国家赔偿制度保持一致,重新建构以过错责任为主、无过错责任为辅的归责原则体系。②

(3) 违法原则为主、过错推定原则和无过错原则为辅。

周友军博士对违法原则持最广义论的立场,并且以法律的稳定性、延续性、易接受性、合乎现实性为由,仍然坚持违法归责为原则。但是,其也注意到单一违法原则无法适应国家赔偿原因多元化的现实,也无法满足所有案型的需要,与国际上国家赔偿归责原则多元化趋势不协调,故提出以过错推定原则、无过错原则作为国家赔偿的辅助性原则。具体而言,在公有公共设施致害赔偿领域,采用过错推定原则;在冤狱赔偿情形中,采用无过错原则。③

(4) 违法原则、过错原则、结果原则、瑕疵原则分别适用。

杨小君教授主张,国家赔偿归责原则不宜单一化,应当根据不同类别的赔偿事项,分别设计不同的能适应各类事项特征的若干归责原则。首先,违法原则应当适用于国家机关职权行为以及相关的事实行为、抽象行政行为,包括作为与怠于履行职责行为等。违法是指没有合法根据和法律授权,凡是在没有合法根据和法律授权情形下实施的给他人造成损害或损失的行为,都是违法的侵权行为。其次,过错原则与违法原则适用范围基本一致,但不宜适用于抽象行政行为。过错原则可以弥补违法原则的不足。违法的应当赔偿,有过错的也应当赔偿。再者,结果原则(亦即无过错原则)适用于法院的判决行为和刑事强制措施。最后,瑕疵原则适用于公有公共设施致害领域。④ 从表面上看,其并未提出哪个为主、

---

① 参见陈善哲:《国家赔偿法修改前瞻:赔偿标准提高范围扩大》,载《21世纪经济报道》2008年10月14日第8版。

② 参见朱新力、余军:《国家赔偿归责原则的实证分析》,载《浙江大学学报(人文社会科学版)》2005年第2期。

③ 参见周友军、麻锦亮:《国家赔偿法教程》,中国人民大学出版社2008年版,第59—60页。

④ 参见杨小君:《国家赔偿法律问题研究》,北京大学出版社2005年版,第126—131页。

哪个为辅。然而,就以上诸原则适用的范围大小而言,仍然可以说是违法或过错原则为主,结果原则、瑕疵原则为辅的观点。

(5) 违法原则、过错原则、过错推定原则、无过错原则分别适用。

王万华教授与杨小君教授的观点类似,也强调不同归责原则适用于不同领域,只是在概念运用和具体适用范围上存有不同见解。首先,违法原则适用于具体行政行为和不作为,但不适用于刑事赔偿;其次,过错原则适用于行政管理过程和刑事诉讼过程中的事实行为;再者,过错推定原则适用于受害人失去人身自由状态下权利遭受损害的情形,以及受害人在被羁押期间人身权利遭受损害的情形;最后,无过错原则适用于刑事领域中导致权利损害的法律决定,以及公有公共设施的致害赔偿。①

综上,在《国家赔偿法》修订之前,单一归责原则当放弃、多元归责原则体系当建立,已经成为多数学者的共同观点。

2. 构建归责原则体系的基本考虑

借鉴域外国家赔偿的学理与实务,我国国家赔偿归责原则体系的合理化,或许需要作以下考虑:

(1) 如何既保持国家赔偿归责原则的特殊性,又能体现普通侵权法与国家赔偿法的共通性。《国家赔偿法》(1994)酝酿、制定之时,国家赔偿法的特殊性得到更多的强调。然而,国家赔偿法实为侵权法的一个特殊分支,它在细节方面有许多与普通侵权法的相异处,可在基本原理方面有更多的共通处。若相异处和共通处能够分别得到明确和凸显,也就有利于法官融通相关的知识和经验,促进司法的操作。

(2) 如何实现归责原则体系的明晰化。既然要应对国家赔偿原因、事项、领域等的多样性,归责原则体系不复杂是不可能的。不过,复杂并不意味着模糊与混乱,复杂体系完全可以建立在明晰的概念、原理的基础上。当然,学者间运用术语、概念的不统一,有可能是无法彻底消除的。

(3) 如何区分归责原则类型与责任构成或认定的具体规则。归责原则类型通常是由较为简明的术语来表达的,如过错原则、无过错原则。然而,责任构成的具体规则,却是相对繁复的。例如,过错推定实际上是过错原则之下一种特殊的责任构成规则或举证责任规则。归责原则体系的明晰化,需要对归责原则类型与责任构成或认定的具体规则加以区别。其难度在于,不同学者对归责原则类型的认知是不一致的。

---

① 参见马怀德主编:《完善国家赔偿立法基本问题研究》,北京大学出版社 2008 年版,第 95—103 页。

3. 合理化的具体方案

基于以上考虑以及本章前面几节的内容，本书尝试提出国家赔偿归责原则体系合理化的一种方案（参见图2.1），以供讨论：

（1）基本的归责原则类型。

国家赔偿归责原则体系应该由基本的归责原则类型组成，它们是过错原则和无过错原则。其中，以过错原则为主，以无过错原则为辅。

（2）过错原则。

过错原则意味着，国家机关和国家机关工作人员行使职权故意或过失侵犯个人或组织合法权益的，受害人有获得赔偿的权利。故意或过失的认定，与普通侵权法上相通，因循"过错客观化"的趋势。略有差异的是，国家赔偿法上的注意义务应该是忠于职守的一般公务人员应尽之注意义务，而不是普通侵权法上所说的一般人应尽之注意义务。

由于法治国家的要求，国家机关和国家机关工作人员的职权行使，受法律规范的拘束较多。因此，对国家机关和国家机关工作人员侵权责任的认定，可首先从是否存在违法的认定开始。国家机关及其工作人员的职务行为是否违法，可站在上述相对广义论的立场上，以实定法规范（包括具体规则和原则）为依据，运用必要且适当的法律解释方法，进行判断。若国家机关及其工作人员的职务行为被认定为违法，则按"违法视为过错"的观点，不再细究行为是否存在过错。若实定法规范没有提供是否违法的判断标准时，可进一步考察公务人员是否存在过错即违反应尽之职务注意义务的情形。当然，此处的实定法规范或忠于职守的公务人员应尽之注意义务，都是旨在确立或保护当事人特定权益的，而不是一般性地确立或保护法律秩序的实定法规范或注意义务。

涵盖违法性判断和过错判断的过错原则，可普遍适用于绝大多数公权力职务行为的侵害情形。过错推定作为过错原则之下一种特殊的责任构成规则，其初衷是为处于举证不利地位的受害人提供保障。因此，一般而言，若在具体情形中，要求受害人举证证明公权力职务行为的违法性或过错是明显不可能或不公平的，就应当适用过错推定。诸如受害人在失去人身自由、处于行政机关监管过程中发生损害的、受害人在刑事诉讼过程中被羁押期间受到损害的，都属于此类情形。

▶▶▶ **即时思考**

《国家赔偿法》第15条第2款规定："赔偿义务机关采取行政拘留或者限制人身自由的强制措施期间，被限制人身自由的人死亡或者丧失行为能力的，赔偿义务机关的行为与被限制人身自由的人的死亡或者丧失行为能力是否存在因果关系,赔偿义务机关应当提供证据。"第26条第2款规定:"被羁押人在羁押期间死亡或者丧失行为能力的,赔偿义务机关的行为与被羁押人的死亡或者丧失行为能力是否存在因果关系,赔偿义务机关应当提供证据。"

请问: 这些证据规则能否认为是过错推定原则的体现?

(3) 无过错原则。

无过错原则在国家赔偿法中的适用,意味着国家机关和国家机关工作人员即便没有违法或过错,也应该由国家为其行为所致损害承担赔偿责任。无论是从国家财政负担还是从保证公务积极性着眼,无过错原则显然不宜无限扩张,更不宜成为主导性原则,它只能作为过错原则的例外、由法律明确规定其适用情形。

从域外的国家赔偿制度经验看,无过错原则适用的情形主要有公共设施致害赔偿、冤狱赔偿等。我国国家赔偿法还没有将公共设施致害赔偿纳入国家赔偿范畴,仍然视其为民事责任范畴,从而更多地受到普通侵权法上过错归责原则的影响。①

无过错原则不像过错原则,它的目的不是在于谴责,而是在于救济,在于分配公权力合法行使都可能无法避免的损害。因此,适用无过错原则的国家赔偿,应当与错案追究制等责任制度分离。

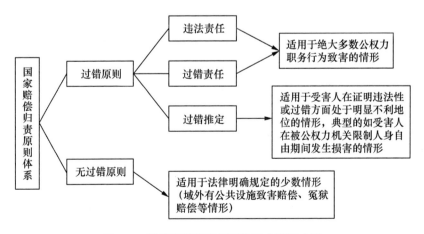

图 2.1　国家赔偿归责原则体系合理化方案

---

① 详见本书第五章第三节。

4. 《国家赔偿法》确立的归责原则体系

《国家赔偿法》(2010)的修正,为归责原则体系的重构,提供了文本基础。然而,在严格意义上,本书有关国家赔偿归责原则体系合理化的观点,只是在修正后的国家赔偿法之中得到了部分的体现。

首先,单一的违法归责原则已经被明确否认和摒弃。鉴于《国家赔偿法》(1994)第 2 条中的"违法行使职权",一直以来被认为是国家赔偿违法归责原则的依据,因此,《国家赔偿法》(2010)对第 2 条的修改,也就具有推翻单一的违法归责原则的意义。新法以"有本法规定的(情形)"取代"违法",更是意味着国家赔偿归责原则需视具体情形、具体法律规范而定。

其次,现行法律规范反映违法原则为主、无过错原则为辅的归责原则体系。《国家赔偿法》第 3 条、第 4 条、第 17 条第(一)(四)(五)项、第 18 条第(一)项规定的国家赔偿情形,都以违法为前提。换言之,国家赔偿归责原则体系之中,违法原则仍然是占据主导地位。而第 17 条第(二)(三)项、第 18 条第(二)项规定的国家赔偿情形,都未明确以违法为前提。从国家赔偿法修正前的实务看,这些情形适用的是无过错归责原则,而修法者也无意改变这样的实务状况。①

《国家赔偿法》

第 17 条 行使侦查、检察、审判职权的机关以及看守所、监狱管理机关及其工作人员在行使职权时有下列侵犯人身权情形之一的,受害人有取得赔偿的权利:

……

(二)对公民采取逮捕措施后,决定撤销案件、不起诉或者判决宣告无罪终止追究刑事责任的;

(三)依照审判监督程序再审改判无罪,原判刑罚已经执行的;……

第 18 条 行使侦查、检察、审判职权的机关以及看守所、监狱管理机关及其工作人员在行使职权时有下列侵犯财产权情形之一的,受害人有取得赔偿的权利:

……

(二)依照审判监督程序再审改判无罪,原判罚金、没收财产已经执行的。

最后,《国家赔偿法》没有出现"故意或过失""过错"等措辞。这表明,尽管如前所述,无论是普通侵权法还是国家赔偿法的学理,都愈来愈趋向于认可过错的

---

① 详见本书第四章第四节。

客观化以及过错对违法的吸纳,更何况,在学说上,"过错原则为主、无过错原则为辅"的表述,较之"违法原则为主、无过错原则为辅"或"违法原则为主、结果原则为辅",更显适宜,然而,国家赔偿法的立法者似乎更愿意沿用"违法"概念,而不是新设"过错"概念。由此,可以得出结论:一则,新法确立了"违法原则为主、无过错原则为辅"或"违法原则为主、结果原则为辅"①的归责原则体系;二则,无过错原则适用于刑事赔偿领域的特殊情形,并无扩大或无限适用的意义。②

三、思考与讨论

1. 过错原则是否可以通过"违法视为过错"原理,将违法责任纳入其框架之内?换言之,"违法"能否作为"过错"的下位概念?法理上应该如何阐释?

2. 请结合普通侵权法的归责原则体系学说与《国家赔偿法》的规定,对国家赔偿的归责原则体系,提出你的阐释性理论。

相关案例(第二章)

---

① 本书认为"结果原则"是一个具有特殊历史意义的概念。参见本章第三节。但是,学界和实务界确实有不少论者将结果原则与无过错原则等同。

② 当然,我国《国家赔偿法》只是国家赔偿领域的基本法律,其并不排除立法者以法律的形式规定无过错原则的适用情形。例如,我国《海关法》(2017)第 94 条规定:"海关在查验进出境货物、物品时,损坏被查验的货物、物品的,应当赔偿实际损失。"《海关行政赔偿办法》(2003)第 8 条规定:"根据《海关法》第 94 条的规定,海关在依法查验进出境货物、物品时,损坏被查验的货物、物品的,应当赔偿当事人的实际损失。"据此,查验赔偿就属于无过错责任。

第三章　国家赔偿责任构成要件

第一节　基本原理和学说
第二节　国家侵权主体
第三节　国家侵权行为
第四节　侵权损害事实
第五节　因果关系

◇ [重点问题]

1. 关于国家赔偿责任构成要件的学说有哪些？如何正确地理解和认识这些学说？
2. 国家赔偿责任构成要件如何通过法律规则予以体现？

◇ [基本原理]

1. 什么是侵权责任构成要件？什么是国家赔偿责任构成要件？
2. 如何理解国家侵权主体要件？该要件的主要功能是什么？
3. 职务行为如何与个人行为相区别？职务行为的判断标准有哪些？
4. 什么是损害？损害有哪些类型？国家赔偿责任的损害要件应该如何理解？
5. 什么是因果关系？在普通侵权法上，因果关系的学说有哪些？

第一节 基本原理和学说

思考

什么是侵权责任构成要件？侵权责任构成要件与归责原则是什么关系？普通侵权法上的构成要件学说有哪些？国家赔偿构成要件与普通侵权责任构成要件相比，有何相通性和特殊性？域外和我国在国家赔偿构成要件方面的学说存在什么共性和差异？

一、侵权责任构成要件概述

1. 侵权责任构成要件的含义

在普通侵权法上，侵权责任构成要件是指承担侵权责任的各种作为必要条件的因素。①

当一个损害事件发生以后,对此损害事件应当承担侵权责任的个人或组织,必须具备法律规定的不可或缺的条件因素。这些条件因素,在学理上被称为"侵权责任构成要件"或"侵权责任成立要件"。这一概念的延伸之义就是,若缺乏任何一个构成要件,行为人的侵权责任就不会成立。

侵权责任构成要件的理论,是研究行为人是否要为其行为所致的损害后果承担侵权责任的一般性分析框架。它既是对内容和形式纷繁复杂的立法规则、司法实务的抽象提炼,也为司法确定侵权责任是否成立提供了标准。一般情形下,受害人提出行为人承担侵权责任的请求,需要对行为人的行为是否符合各个构成要件进行证明;而被请求人则会尽力主张其中一个或数个构成要件不存在,以使自己得以免责。

2. 构成要件与归责原则

侵权责任的构成要件与归责原则有密切的联系。侵权责任的归责原则是让致害人承担侵害责任的特别事由,是要解决凭什么把损害转让他人负担的问题。侵权法发展至今,终究定位在主要以过错作为转嫁损害的正当事由,特殊情形下,才让无过错的行为人负担受害人的损害。

然而,归责原则只是重点解决损害转移。要让行为人承担侵权责任,还应符合行为人确实实施了某种行为、受害人存在损害事实、行为人的行为是导致损害事实的原因等条件。这些条件就是侵权责任的构成要件。侵权责任构成要件的核心问题意识不是为什么让损害转移,而是侵权责任需要符合哪些条件才能得以成立。

当然,归责原则不同,侵权责任的构成要件就会有差异。当适用过错归责原则时,过错事由就成为侵权责任构成要件之一。而在无过错归责原则适用的场合,侵权责任构成要件之中就没有"过错"这一项。

3. 一般构成要件和特别构成要件

侵权责任构成要件需要区分一般构成要件和特别构成要件。所谓一般构成要件,是指对于每一个侵权行为而言都具有一般性和普遍性的责任成立之要素;特别构成要件则是指,就某一特定侵权行为而言,在一般构成要件基础上,结合相关法律特别规定和损害事件的特殊情况所确定的责任成立之要素。现实生活中,行为人的行为是多种多样的,与他人权益的关联性也是形形色色的。立法者当然需要考虑,某个特定的行为在什么特定的条件下才构成侵权。千篇一律地

---

① 参见张新宝:《侵权责任法原理》,中国人民大学出版社2005年版,第47页。

适用同样的构成要件,肯定会出现权利义务关系的不合理。

普通侵权法上侵权责任构成要件理论,通常讨论的是具有普遍性的侵权责任一般构成要件。而且,由于归责原则体系以过错原则为主、无过错原则为辅,所以,学理讨论的侵权责任一般构成要件,往往也是在过错归责原则的框架之下。

二、侵权责任构成要件各学说

侵权责任的构成要件究竟有哪些?学理上的观点纷呈。我国大陆地区民法学界较为流行的是三要件说和四要件说,我国台湾地区也有各种学说。

1. 三要件说

三要件说认为,侵权责任构成要件为:(1) 损害事实;(2) 因果关系;以及(3) 过错。该说的依据是我国《民法通则》第 106 条第 2 款的规定:"公民、法人由于过错侵害国家的、集体的财产,侵害他人财产、人身的,应当承担民事责任。"理由是:其一,该条并未使用"不法"的字眼,从这一条款和其他条款也不能推导出暗含不法要件。其二,法条将因果关系规定为过错与损害之间的因果关系,而不是违法行为与损害之间的因果关系。其三,不法行为与侵权行为实际上是同义语,将不法作为构成侵权行为的下位要素,不唯同义反复,且易造成逻辑混乱。其四,民法上采取主观过错概念极不科学合理,应当改采客观过错概念。按客观过错概念,过错就是未尽一般的注意义务而违背了一般社会准则。违法性也就包含在过错概念之中了,没有必要将不法作为侵权责任的独立要件。其五,区分不法与过错不能改变实际适用效果,而且,客观过错与不法的界限很难划清,不法与过错的区分徒具形式、徒惹争议。① 《民法典》施行后,鉴于第 1165 条第 1 款的措辞("行为人因过错侵害他人民事权益造成损害的,应当承担侵权责任")及其结构与《民法通则》类似,该说的理由依然成立。

2. 四要件说

四要件说就是在三要件说基础上引入"加害行为""违法行为"或"加害行为的违法性"作为独立的构成要件之一,认为侵权责任构成要件包括:(1) 加害行为或违法行为;(2) 损害事实;(3) 因果关系;以及(4) 过错。

四要件说与三要件说的分歧在于对过错性质的认识。三要件说倾向于客观过错的概念,主张过错就是违反法定义务的行为、侵犯受害人权利的行为或者未

---

① 参见孔祥俊、杨丽:《侵权责任要件研究》(上、下),载《政法论坛》1993 年第 1 期、第 2 期。关于三要件说,还可参见王利明:《侵权行为法研究》(上卷),中国人民大学出版社 2004 年版,第 347—348 页。

达到合理的行为标准的行为。相较之下,四要件说持主观过错说,认为过错是一种主观心理状态,与行为无关。

有学者认为,客观过错是将行为人的主观心理状态与客观行为合并起来考察,强调从客观方面判断行为的可归责性,弱化对加害人心理状况的要求。而主观过错解释了过错来源于行为人应受非难的主观心理状态,从而奠定了责任自负的基础,突出了侵权责任法的预防和教育功能。客观过错割裂了意志与行为的关系,否定了人的意志对行为的决定作用。①

还有学者指出,违法行为应当成为侵权责任构成要件之一的理由包括:(1)违法行为是行为要素和违法要素的结合。侵权责任若没有行为要件,就无法说明侵权行为的客观表现形式;若没有违法要件,则无法确认侵权行为与法律之间的关系,使侵权责任无从认定。(2)过错是侵权责任构成的主观要件,不能代替违法行为这一客观要件。在现代侵权法上,客观过错概念有其优势,但并非完全以客观标准衡量过错的有无,主观标准仍有适用的必要。(3)否认违法行为为侵权责任构成要件无法处理因果关系这一客观要件。因果关系只能是行为与损害之间的,而不是主观思想或意志与损害之间的。假如按照三要件说,在适用无过错原则的场合,就只剩下损害和因果关系两个要件了,损害的原因又何处去寻找?②

3. 简单模式、通常模式与复合模式

我国台湾地区学者曾世雄教授则梳理不同学说,称侵权责任构成要件有简单、通常与复合三种模式。

简单模式有三要件:(1)行为;(2)损害;以及(3)因果关系。该模式以法国民法为典型。在法国民法中,法条明确规定"肇事事实"和"损害"两个要件,法院判决与学者论说又开发出肇事事实与损害之间的因果关系作为又一构成要件。过失要件隐藏在肇事事实之中,而原则上否定其为独立的违法要件。

通常模式有五要件:(1)行为;(2)过失;(3)违法;(4)损害;以及(5)因果关系。该模式以德国民法为典型。依照德国《民法典》第823条的语义,可解读出行为、过失、违法以及损害四个要件,学说又诠释出因果关系要件。德国法不同于法国法的特色,就在于创造违法要件,使之成为独立存在、客观认定的要件。

复合模式有七要件:(1)行为;(2)责任能力;(3)过失;(4)违法;(5)侵害权利或法益;(6)损害;以及(7)因果关系。该模式是由中国台湾地区的制度和

---

① 参见张新宝:《侵权责任法原理》,中国人民大学出版社2005年版,第50页。
② 参见杨立新主编:《侵权行为法》,复旦大学出版社2007年版,第92—94页。

学说所创,汇集了构成要件上存在的各种问题,使之都成为各自独立的要件。①

综上,关于侵权责任构成要件的不同学说各持己见,皆有其可取之处,也有特定国家或地区的立法、司法以及学说传统为背景。各学说的差异主要是在认识上对各要件的性质、地位以及相互之间的关系理解不一,对哪个要件可以吸收在某个更上位的要件之下予以讨论,存在不同观点。这些学说运用于实务的分析结论,即关于某个行为人的行为是否构成侵权责任的结论,却殊少截然相异之处。

三、国家赔偿责任与普通侵权责任构成要件的比较

国家赔偿责任是一种特殊的侵权责任。国家赔偿责任构成要件是指国家承担公法上侵权责任的各种作为必要条件的因素。所以,国家赔偿责任构成要件理论与普通侵权法上侵权责任构成要件理论,既有许多相通之处,也有其特殊性。

1. 相通性

国家赔偿构成要件理论与普通侵权责任构成要件理论的相通之处至少有:

(1) 国家赔偿构成要件也区分一般构成要件和特殊构成要件。在世界范围内,国家赔偿有立法赔偿、行政赔偿、司法赔偿以及公共设施致害赔偿等类型。这些不同类型的国家赔偿责任,构成要件自然各有其特点。国家赔偿构成要件理论,是对特定类型国家赔偿构成要件的抽象、归纳,主要指向的是具有普遍性的一般构成要件。例如,在法国,公务过错是国家赔偿构成要件之一,但是,在司法赔偿领域,"国家对公务过错的责任,限于重过错和拒绝司法时的责任"。②

(2) 对国家赔偿一般构成要件的探讨,也往往是在主导性的归责原则框架之下进行的。国家赔偿归责原则也有过错原则(或在我国特定语境中产生的违法原则)与无过错原则之分。而过错原则还是占据主导地位,无过错原则虽有适用范围扩张的趋势,但没有也不会取代过错原则的地位。因此,国家赔偿一般构成要件,指向的就是适用过错原则情形下的责任构成要件。

(3) 国家赔偿责任与一般侵权责任,在构成要件的类型上,如过错、损害事实、因果关系等,也是大体相当的。构成要件的具体含义确有差异,但相互之间也有融通之处。例如,普通侵权法理论承认的客观过错概念,是指没有尽到一般理性人应尽的合理注意义务;国家赔偿法理论也强调过错客观化,只是其凸显的

---

① 参见曾世雄:《损害赔偿法原理》,中国政法大学出版社2001年版,第56—57页。关于我国台湾地区的七要件理论,亦参见曾隆兴:《详解损害赔偿法》,中国政法大学出版社2004年版,第50—59页。

② 参见王名扬:《法国行政法》,中国政法大学出版社1997年版,第742页。

是未尽忠于职守的公务人员应尽的注意义务。

2. 特殊性

既然是特殊的侵权责任,国家赔偿构成要件还是有其不同于普通侵权责任构成要件的特殊之处,至少表现为以下两个方面:

(1) 主体要件。侵权法上一般构成要件理论很少谈及行为人或责任人要件,我国台湾地区采复合模式的主流学说,也仅仅是将责任能力作为要件之一。这与侵权责任主体在一般意义上指向普通的个人、法人和其他组织有关。在普通侵权法上,无论哪个人或组织,只要有民事责任能力,符合侵权责任成立要件,就必须为其行为承担责任,没有什么特殊性可言。这也是法律平等原则的体现。

然而,作为特殊侵权责任的国家赔偿责任,侵权主体只限于公权力行使的主体,不可能延伸至普通个人或组织,而且也不可能是在任何情形下的所有公权力主体,需要予以专门的关注和讨论。所以,学理上对国家赔偿构成要件的探讨,通常会将主体要件纳入进来。这也许是国家赔偿构成要件不同于一般侵权责任构成要件的最特殊之处。

(2) 公权力要件。普通侵权责任构成要件之一是侵权行为(加害行为),这一概念覆盖了所有对他人权益造成损害的不法行为。至于该行为是否出于公共权力的行使,概不追问。然而,在一个国家的立法让公权力致害赔偿相对独立出来、由国家承担特殊责任的情况下,国家赔偿构成要件理论需要强调的另外一个特殊之处就是公权力要件。

这个要件也与主体要件相关联。公务人员和公务组织通常一身兼具两种身份:公权力主体身份和普通民事活动主体身份。行为人若是单单符合公务人员或公务组织的形式标准,尚不能确定其行为所致损害究竟应负担普通侵权责任还是国家赔偿责任。唯有确定这些主体是在行使公权力的时候造成他人权益受损,才能追究国家的赔偿责任。

四、其他国家国家赔偿构成要件学说

在其他国家,学理上对国家赔偿构成要件,也有诸家学说,观点不一,但也存在共通之处。

1. 德国

在德国,国家赔偿责任的基础性法律规范是《基本法》第 34 条和《民法典》第 839 条;关于刑事赔偿,还涉及《刑事追诉措施补偿法》等法律。其中,《民法典》第 839 条规定:"公务员因故意或过失,违背其对第三人所应尽之职务者,对于该第三人因此所生之损害,负赔偿义务。公务员仅有过失责任者,只于被害人不能依他项方法而受赔偿时,始得对之为赔偿之请求。"①

因此,一般认为,国家赔偿责任的成立要件——对应地,就是职务赔偿请求权的成立要件——包括:(1) 执行公务;(2) 违反对第三人的应尽职务;(3) 过错;(4) 违法;(5) 因果关系;(6) 不存在排除责任的理由。② 不过,此处的国家赔偿责任构成要件也是指向过错原则框架之下的一般构成要件。作为一种特殊的国家赔偿,德国的刑事司法赔偿适用的是无过错原则,其并不以司法公务人员或司法机关的过错或违法为要件。③

2. 日本

日本《国家赔偿法》第1条规定:"行使国家或公共团体权力之公务员,就其执行职务,因故意或过失不法加害于他人者,国家或公共团体对此应负赔偿责任。"第2条规定:"因道路、河川或其他公共营造物之设置或管理有瑕疵,致使他人受损害时,国家或公共团体,对此应负赔偿责任。"④因此,在日本国家赔偿法上,有公务员行使公权力致害赔偿和公共营造物致害赔偿两种国家赔偿责任。此外,日本还有《刑事补偿法》等法律对司法赔偿作出相应规定。因而,国家赔偿责任的构成要件,也因不同类型的责任而有所差异。

就公务员行使公权力致害赔偿而言,有日本学者梳理其构成要件有:(1) 公权力的行使;(2) 公务员;(3) 执行职务;(4) 故意或过失;(5) 违法;(6) 损害事实的发生且与公权力行使有因果关系。⑤ 盐野宏教授则指出此类赔偿责任构成要件有:(1) 国家或者公共团体;(2) 公务员;(3) 公权力的行使;(4) 故意、过失和违法性;(5) 执行职务。⑥ 表面上,盐野宏教授并未对损害事实、公权力行使与损害事实的因果关系着墨论述,似乎这两点并非构成要件。但是,其阐述的重点在于突出国家赔偿责任各个构成要件的特殊含义,至于损害、因果关系,或许是不言自明、无须赘述的。

---

① 转引自刘春堂:《国家赔偿法》,三民书局1994年版,第149页。
② 参见〔德〕毛雷尔:《行政法学总论》,高家伟译,法律出版社2000年版,第623—633页。表述大同小异的还有:(1) 某人行使公共职权;(2) 违反相对于第三人的职务义务;(3) 违法性;(4) 过错;(5) 没有免除责任的理由。参见〔德〕马克西米利安·福克斯:《侵权行为法》,齐晓琨译,法律出版社2006年版,第206—211、79—80页。这种表述也承认,执行国家公务的人员有违反职务义务的行为时,就表明该行为具有违法性了。尽管它没有在行文中明确因果关系,并不意味着国家赔偿责任构成要件可以缺少因果关系。由于因果关系是过错责任构成的基本要件之一,它是国家赔偿责任的构成要件,或许自不待言。
③ 参见本书第二章第三节。
④ 转引自皮纯协、何寿生:《比较国家赔偿法》,中国法制出版社1998年版,第307页。
⑤ 参见〔日〕室井力主编:《日本现代行政法》,吴微译,中国政法大学出版社1995年版,第199—202页。
⑥ 参见〔日〕盐野宏:《行政救济法》,杨建顺译,北京大学出版社2008年版,第204—222页。

这种凸显国家赔偿责任之特殊性、对侵权法上之共性不予简单重复的叙述方法,也体现在别处。例如,对于公共营造物致害赔偿的构成要件,日本学者一般都着重讨论两个要件的含义:一是公共营造物;二是公共营造物有设置或管理的瑕疵。① 显然,这并不意味着损害事实、因果关系就不是公共营造物致害赔偿责任的构成要件了。

3. 韩国

在韩国,《国家赔偿法》的相关条款与德国、日本的实定法规范极为相似。该法第 2 条规定:"公务员执行职务,因故意或过失违反法令致使他人受损害;或者,依汽车损害赔偿保障法之规定,公务员有损害赔偿责任时,国家或地方自治团体应当依本法赔偿其损害。"第 5 条规定:"因道路、河川及其他公共营造物的设置或管理有瑕疵,致他人发生损害时,国家或地方自治团体应赔偿其损害。"②

据此,韩国主流学说认为,公务员职务违法行为所致国家赔偿责任的成立要件包括六项:(1) 加害行为主体,即公务员;(2) 职务行为;(3) 故意或过失;(4) 违法;(5) 损害;(6) 因果关系。至于公共营造物致害赔偿责任的构成要件则有:(1) 公共营造物;(2) 公共营造物存在设置或管理上的瑕疵;(3) 公共营造物给他人造成损害;(4) 公共营造物的瑕疵与损害之间有因果关系。③

4. 小结

以上列举并未穷尽也无意穷尽这些国家在不同类型国家赔偿责任的构成要件上存在的诸多学说,挂一漏万的、粗线条式的勾勒,主旨在于揭示构成要件理论的共通之处。共通之处有四点:

第一,构成要件理论主要都以本国的国家赔偿实定法规范为依据,对规范的结构进行合乎逻辑的分解,对规范中所用词语的含义进行阐释,在此意义上,构成要件理论多是解释论的,是为适用相关法律规范提供见解的。

第二,立法者为适当地平衡受害人的权益救济、公务人员的公务积极性以及国家财政的承受能力,对不同领域和情形的公权力致害赔偿,规定了有所区别的国家赔偿条件规范,也就由此促成了不同的构成要件阐释。

第三,即便是对于居主导地位的过错原则情形中的国家赔偿一般构成要件,不同的学者也有不一样的解读和阐释,从而会有要件数量和要件表达上的形式差异。然而,究其对构成要件实质内容的论述,可以发现差异并不是很大。

---

① 参见〔日〕室井力主编:《日本现代行政法》,吴微译,中国政法大学出版社 1995 年版,第 203 页;〔日〕盐野宏:《行政救济法》,杨建顺译,北京大学出版社 2008 年版,第 224—233 页。
② 转引自吴东镐:《中韩国家赔偿制度比较研究》,法律出版社 2008 年版,第 243、245 页。
③ 参见同上书,第 34—40、192—200 页。

第四,不同学者阐发的构成要件学说,主要还是对国家赔偿实定法规范中具体用词的含义以及各个用词之间的逻辑关系,产生不同的见解与观点。在这些问题上的争鸣,其意义远胜过形式上的"几个"要件之争。

五、 我国国家赔偿构成要件学说

在我国,对于国家赔偿的构成要件,曾经有三要件说、四要件说和五要件说。不过,四要件说始终居于主流学说地位。亦有学者借鉴上述大陆法系国家的国家赔偿构成要件理论,开始新的叙述。

1. 三要件说

20世纪90年代中期,我国曾经有学者主张,国家赔偿构成要件有三个:(1)损害的存在。具体而言,损害必须是已经发生的、确实存在的现实损害,必须是特定的、异常的损害,必须是发生于受法律保护的利益,必须在国家赔偿法规定的赔偿范围之内。(2)违法行使职权的行为。这有两层含义:产生损害的行为必须是国家机关及其工作人员行使国家职权的行为;必须是国家机关及其工作人员违法行使职权的行为。(3)因果关系。国家机关或国家工作人员的侵权行为与损害事实之间存在因果关系。[①]

2. 四要件说

在我国,流行的国家赔偿构成要件学说是四要件说。该说认为,《国家赔偿法》(1994)第2条规定:"国家机关和国家机关工作人员违法行使职权侵犯公民、法人和其他组织的合法权益造成损害的,受害人有依照本法取得国家赔偿的权利。"据此,国家赔偿构成要件包括:(1)侵权主体。必须是国家行政机关和国家司法机关及其工作人员,还包括法律法规授权的组织及其工作人员或者受行政机关委托的组织或个人。(2)侵权行为。必须是行使职权时的具体行为违法。(3)损害事实。必须是对公民、法人或者其他组织人身权、财产权的损害已经发生。(4)因果关系。必须是主体实施的行为与损害后果有因果关系。[②]

3. 五要件说

五要件说也是在《国家赔偿法》(1994)颁布实施之始即已产生,它与四要件

[①] 参见张树义主编:《国家赔偿法实用手册》,法律出版社1994年版,第13—21页。
[②] 参见肖峋:《中华人民共和国国家赔偿法的理论与实用指南》,中国民主法制出版社1994年版,第107—120页。另见皮纯协、冯军主编:《国家赔偿法释论》(第三版),中国法制出版社2010年版,第83—91页;薛刚凌主编:《国家赔偿法教程》,中国政法大学出版社1997年版,第54—66页;房绍坤、丁乐超、苗生明:《国家赔偿法原理与实务》,北京大学出版社1998年版,第68—86页;姜明安主编:《行政法与行政诉讼法》(第六版),北京大学出版社2015年版,第557—561页。

说的唯一不同之处是,在侵权主体、侵权行为、损害事实和因果关系之外,新增了一个要件,即"有法律规定"要件。

"法律依据"要件意味着,国家承担赔偿责任,必须有法律规定作为依据。如果法律没有规定国家赔偿责任,即使公民受到国家机关违法侵害,国家也不承担赔偿责任。所谓"有法律规定",是指现实存在的所有规定国家赔偿责任的法律法规和判例等。其理由是,国家赔偿责任不是无限制的,没有任何国家在法律上采取政府对所有侵权行为承担赔偿责任的办法。①

对此,有学者认为,增加这一要件的观点值得商榷。一方面,法律规定的损害范围和侵权行为范围可以被损害事实要件和执行职务行为违法要件所吸收;另一方面,随着国家赔偿范围的拓宽,必须"有法律规定"将失去实质意义。因此,不宜将此作为一个独立的构成要件。②

4. 六要件说

该说是周友军博士提出的,其主张国家赔偿构成要件包括六个:(1) 公权力的行使;(2) 公务人员的行为;(3) 执行职务;(4) 行为的违法性;(5) 损害的发生;(6) 因果关系。③

对比其他各说,六要件说是把"侵权行为"要件进行分解,从中再单独列出公权力要件、职务要件和违法要件。这样的分解以及表达所用的语词,受前述大陆法系的学说影响甚深。其相对优势在于,以往被"侵权行为"要件所吸收的复杂内容,在形式上可以受到更加独立的关注,更有利于对这些内容作进一步细致阐释。不过,其是否能成为通说,尚待学界的选择。

5. 小结

与其他国家的相关学说比较,我国国家赔偿构成要件的各家学说,也是存在"形式有异、实质相近"的现象。关键问题还是挖掘各要件内含的具体问题。不过,同域外制度与理论有所区别的是,我国国家赔偿法将行政赔偿、司法赔偿(包括但不限于冤狱赔偿)都容纳在一部法律之中,而在该法第一章"总则"部分,仅以第 2 条对国家赔偿责任的基本构成作原则性、总括性规定,忽略了不同类型国家赔偿责任构成的差异,难免会形成解释论上的困境。

尤其是,1994 年的《国家赔偿法》第 2 条明确规定"违法"要件,不仅触及本书

---

① 参见马怀德:《国家赔偿法的理论与实务》,中国法制出版社 1994 年版,第 112—114 页;应松年主编:《国家赔偿法研究》,法律出版社 1995 年版,第 91—92 页;高家伟:《国家赔偿法》,商务印书馆 2004 年版,第 125—126 页。

② 参见薛刚凌主编:《国家赔偿法教程》,中国政法大学出版社 1997 年版,第 66 页。

③ 参见周友军、麻锦亮:《国家赔偿法教程》,中国人民大学出版社 2008 年版,第 63—83 页。

第二章所提归责原则问题,也同样造成构成要件理论的难题:究竟是将其视为"一统天下"、适用各种情形的一个要件,还是将其作为国家赔偿一般构成要件之一,并不能完全覆盖所有情形(如刑事错判、错拘、错捕的赔偿)?若是前者,符合第2条在《国家赔偿法》(1994)总则中的地位,却会得出不合理的结论,即刑事错判、错拘、错捕也一定是"违法"行使职权;若是后者,倒是合乎不同类型国家赔偿构成要件不同的各国通例,却同第2条规定的内容及其总则地位存在矛盾。因此,国家赔偿法的修订,需要重新打造第2条。2010年修改的《国家赔偿法》取消了"违法"一词,代之以"有本法规定的……情形",由此解决了上述难题。

由于关键的问题不是争论"几个"要件,而是法律规范中核心概念的适用解释,因此,本章余下各节仍然因循四要件说的基本架构,讨论各要件下所涉的、需要解决的问题。

六、思考与讨论

1. 你如何理解关于侵权责任构成要件和国家赔偿构成要件的各家学说?各家学说的差异是不是实质性的?为什么?

2. 请你以《国家赔偿法》为依据,阐述你的国家赔偿构成要件理论。

第二节　国家侵权主体

思考

什么是国家侵权主体?侵权主体、责任主体和赔偿义务主体有何区别?在当前的《国家赔偿法》之下,具备国家侵权主体资格的公务组织有哪些?具备国家侵权主体资格的公务人员有哪些?哪些机关、组织和个人,不可能成为国家侵权主体?

一、国家侵权主体及其法律依据

1. 侵权主体:公务组织和人员

国家是一个不具有自然人格的统治实体,其对公民、法人或其他组织合法权益的侵犯,是通过代表其行使职权的公务人员的行为造成的,或者通过国家所有或者所管理的物的危险性之实现造成的。

由物的危险性之实现造成侵权的,如上文所述的公有公共设施设置或管理有瑕疵致害的,在讨论其赔偿责任构成要件时,并不涉及"侵权主体"要件。与之不同,一般情形下,因公务人员职权行为致害的国家赔偿责任之构成,必然以公务人员为主体要件。

当然,在实践中,造成侵权的行为,虽然由在相应职位上行使职权的公务人员作出,对外却明白以其所在组织的名义而为。所以,理论上,公务人员所在组织,与公务人员一样,被列为国家侵权行为的实施主体。更为准确地说,此理论是从方便受害人的立场提出的。其实,公务组织的行为也是公务人员所作,只是受害人请求国家担负赔偿责任,不必以指出侵权行为由哪些具体公务人员实施为前提。受害人在陈述赔偿请求的事实依据时,可说明侵权行为是具体公务人员所为(不必指名道姓),亦可说明是公务组织所为。[①]

2. 侵权主体、责任主体、赔偿义务主体

需指出的是,本书所用"侵权主体"一词与"责任主体""赔偿义务主体"皆有区别。

责任主体指的是侵权赔偿责任的最终归属者,我国学理通说一般指认国家为国家赔偿的责任主体。在大陆法系国家,由于行政主体理论将国家与其他公权力主体(如地方自治团体或公共团体)分别作为独立的行政主体[②],故而,公权力致害赔偿责任的归属者包括国家与其他公权力主体。

赔偿义务主体,亦即我国国家赔偿法上明文规定的"赔偿义务机关",是指代表国家履行赔偿义务的具体组织。国家作为一个特殊的法律主体,必须借助具体的组织来代表其办理赔偿事宜。侵权主体与赔偿义务主体存在交叉,但性质和范围上有重大不同。前者指向侵权行为的实施主体,故可以覆盖任何公务组织或个人,而不论该组织或个人是否在法律上有独立承担法律责任的地位;后者因为要具体履行赔偿义务,故立法者通常会选择有独立法律地位的组织。

3. 侵权主体的法律依据

在近现代国家的历史上,公共权力通常被划分为立法权、行政权和司法权,

[①] 也有学者从立法论而非解释论的立场出发,强调侵权主体原则上应该限于公务人员,将组织和个人同时作为职务侵权行为主体,会导致重复和冲突,就需要分别认定组织和个人是否都实施了侵权行为。参见周友军、麻锦亮:《国家赔偿法教程》,中国人民大学出版社 2008 年版,第 69 页。其实,将组织和个人都规定为侵权主体,并不意味着实践中要分别认定他们是否侵权。

[②] 参见本书第一章第一节。

分别交给不同国家机关行使。这些国家机关当然是行使公共职权的公务组织，其工作人员大致可归入公务人员范畴。此外，当今社会，公共秩序的形成和维系，完全仰仗于国家机关的积极作为是不现实的，也不可能纯粹依靠个人主义的、自由主义的外表下有时有效、有时又不灵的那只"看不见的手"——市场。所以，许多国家通过立法，将公共事务的管理、公共服务的提供等社会希望国家履行的职能，托付给国家机关体系以外的组织。此类组织在履行这些公共职能的时候，就具备了公务组织的性质，具体的工作人员也就属于公务人员之列。

在世界范围内，多数国家或地区的公务组织及公务人员是庞大的。设若任何公务组织及公务人员的职权行为造成损害的，国家都需承担赔偿责任，不仅国家财力负担过重，也不利于正常的公务活动的开展。因而，哪些公务组织及公务人员的职务侵权行为，会带来国家赔偿责任，一般都由法律（包括成文法、判例法）予以明确。由于不同国家或地区的国家赔偿制度历史演进不同，可能成为侵权主体的公务组织或人员之范围，法律上也有不同的厘定。

我国《国家赔偿法》对国家侵权主体的规定，可见如下条款：

《国家赔偿法》

第 2 条　国家机关和国家机关工作人员行使职权，有本法规定的侵犯公民、法人和其他组织合法权益的情形，造成损害的，受害人有依照本法取得国家赔偿的权利。

第 3 条　行政机关及其工作人员在行使行政职权时有下列侵犯人身权情形之一的，受害人有取得赔偿的权利……

第 7 条第 3 款　法律、法规授权的组织在行使授予的行政权力时侵犯公民、法人和其他组织的合法权益造成损害的，被授权的组织为赔偿义务机关。

第 7 条第 4 款　受行政机关委托的组织或者个人在行使受委托的行政权力时侵犯公民、法人和其他组织的合法权益造成损害的，委托的行政机关为赔偿义务机关。

第 17 条　行使侦查、检察、审判职权的机关以及看守所、监狱管理机关及其工作人员在行使职权时有下列侵犯人身权情形之一的，受害人有取得赔偿的权利……

这些条款的直接目的各有不同，然而，都明确或暗含造成侵害的行为主体。对这些条款含义的系统解释，可以厘定现行国家赔偿法所规定的可能成为国家侵权主体的公务组织和人员是哪些。《国家赔偿法》第 2 条虽然是"总则"中的一个条款，但这绝不意味着，该条规定的"国家机关和国家机关工作人员"就是对侵权主体的囊括性、穷尽性的规定。结合国家赔偿法的其他条款以及法律实务进行考察：一方面，并非所有的国家机关和国家机关工作人员，皆可成为需要国家为其侵权行为承担赔偿责任的主体；另一方面，并不是仅仅只有国家机关和国家机关工作人员，才具有成为这样的侵权主体的可能性。因此，就侵权主体问题而言，《国家赔偿法》第 2 条不具有总则条款的地位。

二、 国家侵权主体的类型

如上所述，国家侵权主体有两大类：公务组织和公务人员。

1. 公务组织

（1）国家机关和机构。

在我国的法律概念体系中，国家机关是指国家依据宪法和组织法设立的、具有法人身份、可以自己的名义独立对外行使公权力的机构。因此，"国家机关"一词的外延，涵盖全国人民代表大会及其常委会、国务院及其工作部门、中央军事委员会、县级以上人民代表大会及其常委会和乡（镇）人民代表大会、县级以上人民政府及其工作部门和乡（镇）人民政府、人民法院以及人民检察院。这可以在宪法和组织法上获得依据。

以公权力的性质为标准对国家机关进行分类，国家机关包括代议机关（人民代表大会和常委会，在宪法上也称"权力机关"）、行政机关、司法机关和军事机关。由于《国家赔偿法》并未将代议机关、军事机关及其人员的职务侵权赔偿纳入赔偿范围之内，第 3 条、第 17 条规定的只是"行政机关""行使侦查、检察、审判职权的机关以及看守所、监狱管理机关"，因此，该法所称的"国家机关"，目前仅限于行政机关和司法机关。

行政机关是指具有法人资格，能够以自己名义行使公共行政职能和权力，并承担由此而产生的法律责任的国家机关。属于"行政机关"范畴的有：

表 3.1　行政机关的范畴

中央行政机关	国务院和国务院的工作部门
地方行政机关	地方各级人民政府（包括省、自治区、直辖市人民政府，自治州、地级市人民政府，县、自治县、不设区的县级市、市辖区人民政府，以及乡、民族乡、镇人民政府） 县级以上地方各级人民政府的工作部门 省级人民政府、县级人民政府和区人民政府的派出机关（分别是地区行政公署、区公所和街道办事处）①

---

① 由于近些年的行政体制改革，地区行政公署已经日益减少，区公所已经成为历史。

司法机关是指具有独立法人地位的行使司法职能和权力的国家机关。首先,司法机关是国家机关而非民间组织。因此,诸如中国国际经济贸易仲裁委员会等仲裁机构,虽然也可应纠纷当事人的诉请,居间裁决纠纷,但不具备国家机关的身份,并不属于司法机关。

其次,在国家机关的范围之内,也应从形式和实质两个标准来厘定司法机关的外延。形式上,司法机关是代议机关、行政机关以外的国家机关,这就排除了履行行政裁决或复议职能、在一定范围内居间解决纠纷的行政机关。实质上,对"司法职能和权力"内涵的理解不一致,也会形成对司法机关范围的不同认识。若将司法仅仅理解为居间裁断争议的活动,那么,典型的司法机关就是法院。但是,在我国,通常把侦查犯罪、公诉刑事被告、执行刑罚等活动也理解为广义的司法活动,所以,检察院、公安机关、安全机关、看守所、监狱管理机关等也视为司法机关。其中,公安机关、安全机关、看守所、监狱管理机关,在一般情形下,都是属于行政系统的国家机关,这是依形式标准的认定;在它们从事广义的司法活动时,其性质就是司法机关,这是依实质标准的结论。这也正是为什么《国家赔偿法》把"行使侦查、检察、审判职权的机关以及看守所、监狱管理机关"在刑事司法领域中的侵权赔偿问题,放在"刑事赔偿"一章而非"行政赔偿"一章中的原因所在。

最后,实质上广义的司法机关,当然也应包括军事司法,军事法院、军事检察院、军队保卫部门等机关。不过,国家赔偿法目前尚未承认军事机关职务侵权的国家赔偿[①],因此,它们并不属于这里所说的国家侵权主体。

总之,在国家赔偿法上,可以列为国家侵权主体的广义的司法机关包括:人民法院、人民检察院、公安机关、安全机关、看守所、监狱管理机关,不包括军事法院、军事检察院、军队保卫部门等军事司法机关。

除了具有独立法人身份的国家机关以外,基于前述侵权主体与责任主体、赔偿义务主体区分的原理,可以成为侵权行为实施主体的,还有其他并不具有独立法律地位的国家机构。例如,行政机构与行政机关不同,通常是指行政机关内部的或者派出的、一般对外不能以自己名义发布决定和命令的单位,其行为的对外法律后果归属于其所属的行政机关。行政机关的内部机构,由于其所属行政机关的级别不同而有不同的行政级别,在称呼上表现为室、科、处、司(局)等。行政机关的派出机构,有公安派出所、税务所、工商所等。行政机关的内部机构或派出机构,在现实中也有可能成为侵权行为的实施主体。

---

① 参见本书第四章第一节。

▶▶▶ 即时思考

《监察法》(2018)颁布施行后,依据该法,监察机关有权采取留置、搜查、调取、查封、扣押、勘验检查等措施,若这些措施违法采取并侵害个人或组织合法权益的,监察机关是否应当承担国家赔偿责任?

(2) 法律、法规、规章授权的组织。

我国《国家赔偿法》第 7 条第 3 款规定:"法律、法规授权的组织在行使授予的行政权力时侵犯公民、法人和其他组织的合法权益造成损害的,被授权的组织为赔偿义务机关。"因此,法律、法规授权的组织是国家机关以外另一类可以作为国家侵权主体的公务组织。

就字面意义而言,法律、法规授权的组织是指法律、行政法规、地方性法规授予行使公共行政职能和权力的组织。其中,"法律""法规"都是在其最为严格的意义上运用的,即法律是指全国人大或其常委会制定的立法性文件,行政法规是指国务院制定的立法性文件,地方性法规是指省、自治区、直辖市的人大或其常委会、设区的市的人大或其常委会制定的立法性文件。

在组织形式上,法律、法规授权的组织主要包括:社会团体,如《注册会计师法》(2014)授权注册会计师协会负责组织会计师资格考试以及会计师登记注册[①];事业单位,如《教育法》(2021)授权学校颁发毕业证书或者学位证书[②];基层群众性自治组织,如《村民委员会组织法》(2018)授权村民委员会负责管理农村集体所有土地[③];等等。

此外,法律、法规授权的组织不局限于非政府系列的组织,还包括并非行政机关、但又属于政府系列的行政机构。如上所述,行政机关的内设机构或派出机构,一般情形下并不是行政机关,不具有独立行使职权、承担责任的地位。但是,在某些特殊的情形下,法律、法规会授权它们对外以自己的名义履行职能。这些

---

① 我国《注册会计师法》第 7 条规定:"国家实行注册会计师全国统一考试制度。注册会计师全国统一考试办法,由国务院财政部门制定,由中国注册会计师协会组织实施。"第 9 条规定:"参加注册会计师全国统一考试成绩合格,并从事审计业务工作二年以上的,可以向省、自治区、直辖市注册会计师协会申请注册。"

② 我国《教育法》第 22 条规定:"国家实行学业证书制度。经国家批准设立或者认可的学校及其他教育机构按照国家有关规定,颁发学历证书或者其他学业证书。"第 23 条规定:"国家实行学位制度。学位授予单位依法对达到一定学术水平或者专业技术水平的人员授予相应的学位,颁发学位证书。"

③ 我国《村民委员会组织法》第 8 条第 2 款规定:"村民委员会依照法律规定,管理本村属于村农民集体所有的土地和其他财产,引导村民合理利用自然资源,保护和改善生态环境。"

机构包括：专门行政机构（如商标评审委员会①）；职能部门的内部机构（如公安机关交通管理部门②）；职能部门的派出机构（如公安派出所③、税务所④）。

"法律、法规授权的组织"得以规定在国家赔偿法中，应该是沿袭了1989年《行政诉讼法》的制定思路，后者在第25条第4款明确规定："由法律、法规授权的组织所作的具体行政行为，该组织是被告。"2014年修订的《行政诉讼法》将"法律、法规授权的组织"扩大至"法律、法规、规章授权的组织"。⑤ 因此，运用系统解释的方法，国家赔偿法上的侵权主体，也应该相应地延伸覆盖规章授权的组织，否则，就会形成明显的抵牾。

(3) 行政机关委托的组织。

除国家机关和法律、法规、规章授权的组织以外，还有一类可以成为国家侵权主体的公务组织，就是行政机关委托履行公共行政职能的组织。《国家赔偿法》第7条第4款规定："受行政机关委托的组织或者个人在行使受委托的行政权力时侵犯公民、法人和其他组织的合法权益造成损害的，委托的行政机关为赔偿义务机关。"该条的直接目的是要明确行政机关委托情形下的赔偿义务机关，但其隐含之意就是，受行政机关委托行使行政权力的组织，会造成职务侵权、引起国家赔偿，从而成为国家赔偿法上的侵权行为主体。

由于当今社会民众对公共行政的需求在内容和形式上都趋于繁复，单纯由国家行政机关去担纲公共行政的任务，在限制行政规模、稳定行政编制的精简要求之下，是不现实的。而且，有些公共行政任务涉及知识、技术和经验等的特殊需要，这些知识、技术和经验等又是一些社会组织的优势，没有必要耗费巨大成本让国家行政机关工作人员从无到有地去习得这些优势。因此，当代的公共行政有一部分是通过法律、法规、规章授权给特定社会组织来负担的，也有一部分是由行政机关直接委托给特定社会组织。必须强调的是，非国家机关的社会组织接受委托行使的权力只能是行政权，而不能是司法权。另外，实践中，行政机

---

① 我国《商标法》(2019)第34条规定："对驳回申请、不予公告的商标，商标局应当书面通知商标注册申请人。商标注册申请人不服的，可以自收到通知之日起十五日内向商标评审委员会申请复审。商标评审委员会应当自收到申请之日起九个月内做出决定，并书面通知申请人。……当事人对商标评审委员会的决定不服，可以自收到通知之日起三十日内向人民法院起诉。"该法还有授权性条款。
② 我国《道路交通安全法》(2021)、《道路交通安全法实施条例》(2017)都授权公安机关交通管理部门从事道路交通安全的执法工作。
③ 我国《治安管理处罚法》(2012)第91条规定："治安管理处罚由县级以上人民政府公安机关决定；其中警告、五百元以下的罚款可以由公安派出所决定。"
④ 我国《税收征收管理法》(2015)第74条规定："本法规定的行政处罚，罚款额在二千元以下的，可以由税务所决定。"
⑤ 《行政诉讼法》(2014)第2条第2款规定："前款所称行政行为，包括法律、法规、规章授权的组织作出的行政行为。"

关的委托有明确可证的委托,也有推定的委托。参见本章案例 3-1"广东省东莞市塘厦镇人民政府与刘结明其他强制复议纠纷再审案"、案例 3-2"许水云诉金华市婺城区人民政府房屋行政强制及行政赔偿案"。

(4) 国家机关委托的其他国家机关。

在法律实践中,国家机关出于公务便利的考虑,经常会在法律允许的情况下相互之间委托履行相应的职能。这种委托就不仅仅限于行政权,而且还包括司法权。接受委托的国家机关,成了直接面对公务相对人的公务组织。在执行受委托公务的过程中,也有可能发生职务侵权的情形。参见本章案例 3-3"刘振兴因其合法财产被错误执行造成损失要求叶城县人民法院赔偿案"。

因此,尽管国家赔偿法对此未予明文规定,但接受国家机关委托从事公务行为的其他国家机关,也是可能的国家侵权主体。只是,在法理上,受托人在受委托权限范围内的行为造成了损害后果,应该由委托人承担法律责任。换言之,在此情形下,国家赔偿义务机关是委托机关,而非受委托机关。

在逻辑上,"国家机关委托的其他国家机关"自然属于"国家机关"这一范畴之内,单独将其列出,似乎与第(1)项存在重复。然而,由于国家赔偿法对国家机关接受另一国家机关委托履行公务的情形未作规定,国家机关作为侵权主体通常是在其独立行使自身职权的语境中予以描述和理解的,故在此单列以示特殊性。

2. 公务人员

(1) 国家机关工作人员。

我国《国家赔偿法》第 2 条提及"国家机关工作人员"的概念,第 3 条、第 4 条提及"行政机关及其工作人员",第 17 条、第 18 条提及"行使侦查、检察、审判职权的机关以及看守所、监狱管理机关及其工作人员"。因此,该法虽未定义"国家机关工作人员",但大致上可以认为包括且限于前文所述行政机关、司法机关的工作人员。相比较刑法上的"国家工作人员"概念,国家赔偿法上的"国家机关工作人员"的范围无疑是狭窄得多。

> **《刑法》**
> 第 93 条 本法所称国家工作人员,是指国家机关中从事公务的人员。
> 国有公司、企业、事业单位、人民团体中从事公务的人员和国家机关、国有公司、企业、事业单位委派到非国有公司、企业、事业单位、社会团体从事公务的人员,以及其他依照法律从事公务的人员,以国家工作人员论。

不过,是否在行政机关、司法机关工作的人员,都可能成为国家侵权的主体呢?在这个问题上,向有广义说和狭义说的区别。广义说认为国家机关工作人员是指在国家机关工作的所有人员,包括干部、工勤人员、聘用人员等;狭义说认为国家机关工作人员是指在国家机关中担任国家职务、依法从事公务的人员,不包括工勤人员。① 的确,一般情形下,工勤人员的职责并没有对外行使公务的内容,其不可能从事代表国家履行公务的行为,也就不会形成公务侵权。

若依此逻辑,甚至应该有最狭义说,即国家机关工作人员仅仅指向在国家机关中工作、且承担对外公务职责的人员。因为,在国家机关之中,除了工勤人员以外,还有其他虽然纳入国家行政编制、也履行公职,但其职责仅限于内部管理和服务的工作人员,如经手、管理财物的工作人员。这些人员通常也与工勤人员一样,对外不从事任何公务,不会造成公务侵权。当然,若其依照所在机关的特别命令,临时对外执行公务,也是有可能导致侵权损害的。这在工勤人员身上同样会发生。因此,在常规情形下,最狭义说能够更为适当地揭示现行国家赔偿法上国家机关工作人员的内涵与外延。

(2) 其他公务组织的工作人员。

国家赔偿法没有像对待行政机关、司法机关的工作人员那样,明确规定法律、法规授权组织以及行政机关委托组织的工作人员可以成为侵权行为的主体。但是,同行政机关、司法机关一样,法律、法规授权组织以及行政机关委托组织行使行政权力必然是通过其工作人员完成的,所以,这些组织的工作人员同样是有可能作为侵权行为主体的。按照上文所述,接受国家机关委托、履行委托者职责的其他国家机关的工作人员,以及规章授权组织的工作人员,自然也应列入。

同样的问题是,这些组织或机关的工作人员也并非都能成为侵权行为的主体。在法律、法规、规章授权的组织中,只有专门从事法定对外公务的工作人员,在行政机关委托组织或国家机关委托的其他国家机关之中,也只有专门从事受委托公务的工作人员,才有可能在履行公务过程中造成损害,成为侵权行为的实施主体。

(3) 受行政机关委托履行公务的个人。

根据我国《国家赔偿法》第 7 条第 4 款的规定,受行政机关委托行使行政权力、履行公务的个人,同样可能成为国家侵权的主体。这些个人是直接接受行政机关的委托,而不是在行政机关委托组织中的工作人员。在实践中,行政机关或者出于公务的特殊需要(如专业知识和特殊能力),或者出于公务的紧急需要,或者出于大量简易公务对人员的需要,会直接委托个人来承担公务。受委托个人在接受委托的权限范围内以委托的行政机关名义执行公务时,就属于公务人员。

---

① 参见周友军、麻锦亮:《国家赔偿法教程》,中国人民大学出版社 2008 年版,第 68 页。

在我国台湾地区行政法学上,一般将其称作"行政助手"。①

三、自愿协助公务

在现实生活中,还有可能出现自愿协助公务的情形,即行政机关及其工作人员未作明确的委托公务的意思表示,出于协助行政机关的动机,公民、法人或者其他组织径自在特定事务中帮助行政机关及其工作人员执行公务。自愿协助公务的个人或组织造成他人损害的,国家是否应当担负赔偿责任呢?对此,国家赔偿法未予规定。

学界存有肯定和否定两种观点。肯定说认为,自愿协助人员在执行公务范围内的行为,国家应当负责。如公民在协助警察追赶逃犯时用木棒殴打致人死亡的,国家应予赔偿,但是,自愿协助人员对已被抓获的逃犯殴打致死的,其行为不宜视为行政侵权行为,应由个人负责。② 从其论述中,似乎可以得出一个结论:自愿协助公务的个人或组织(以下简称"自愿者")的侵权行为,若是在执行公务必要的范围内发生的,国家就应承担责任;超出该必要范围,国家就不负责任。然而,这个结论至少面临如何界定这个"必要范围"的挑战。

否定说则认为,自然人自愿从事公务,应当构成公法上的无因管理,不宜纳入国家赔偿的范围。③ 否定说一概否认此情形下国家赔偿的可能性,言外之意是侵权损害赔偿由自愿者来承担。这不仅会阻遏见义勇为、积极协助公务的自愿者之积极性,挫伤高尚品德和良好社会风气,而且,考虑到自愿者财力的有限性,这也有可能使遭受重大损害的受害人得不到足够的救济。

个人或组织自愿协助公务,的确可以视作公法上的无因管理,因为其是在没有法定或约定义务的情况下,主动代替国家机关执行公务或者协助国家机关及

---

① "行政助手系指私人或私法人,非以自己名义独立对外行使公权力,而是在行政机关指示下,立于帮手地位,协助该行政机关处理行政事务,从事非独立性活动,以协助完成公共任务"。董保城、湛中乐:《国家责任法——兼论大陆地区行政补偿与行政赔偿》,元照出版公司 2005 年版,第 69 页。另见廖义男:《国家赔偿法》,三民书局 1996 年版,第 27 页。

值得一提的是,我国台湾地区行政法学上区分"行政受托人"和"行政助手"。前者是指"国家或地方自治团体,根据法律或基于法律授权,以签订行政契约或作成行政处分的方式,委托自然人或私法团体,以私人或团体自己名义对外行使个别特定之公权力,而完成特定之国家任务,其法律地位相当于行政主体,为实质意义之行政机关"。董保城、湛中乐:《国家责任法——兼论大陆地区行政补偿与行政赔偿》,元照出版公司 2005 年版,第 65 页。可见,在台湾地区,行政受托人的地位与我国大陆地区的法律、法规、规章授权组织的地位相当。只是,台湾地区学者对行政受托人的定义常用"委托"一词,并且行政受托人还可以包括自然人在内;而行政助手的地位则与我国大陆的受委托组织或个人的地位相当。两地学理对"委托"一词的认识不一,当予注意。

② 参见应松年主编:《国家赔偿法研究》,法律出版社 1995 年版,第 69 页。

③ 参见周友军、麻锦亮:《国家赔偿法教程》,中国人民大学出版社 2008 年版,第 72 页。

公务员履行公务、维护社会公共利益。① 借鉴民法理论，自愿者是无因管理中的"管理人"，国家则是"本人"。作为"管理人"的自愿者在没有得到代表"本人"的国家机关委托的情况下，协助执行公务，若对第三人造成损害，可按以下原则予以处理：

（1）原则上，自愿者的行为应认为是无因管理人的侵权，管理人应对受害第三人承担损害赔偿责任。

（2）若自愿者已经尽到善良管理人的注意义务（在公法上相当于忠于职守的一般公务人员的注意义务），仍然导致损害的，国家机关得承认该无权代理行为，使其法律效果归属国家，而免除自愿者的侵权债务，由国家承担侵权赔偿责任；若国家机关不予承认，自愿者可以无因管理为由，请求国家代偿损害赔偿的债务。

（3）自愿者未尽合理注意义务，在协助公务过程中因故意或重大过失而导致损害发生的，国家机关可不予承认，自愿者也不得请求国家清偿其应当负担的债务；国家机关为鼓励自愿者的动机或为弥补自愿者财力不足情形下的受害人损失，也可选择对无因管理的承认，免除自愿者的全部或部分债务。②

以上处理原则，是在自愿者无因管理真正成立的前提下。首先，自愿协助行使职权的行为，应当发生在国家机关及其工作人员发动职权行为、处理具体事项的同时，而不能在抽象意义上以协助国家为名。例如，有公益心的群众，在公安机关及其工作人员未介入的情况下，自发组织打击小偷的行动，就不能视为无因管理，更不能视为得到公安机关的默认委托。其次，若国家机关工作人员在执行公务过程中，向不特定人群发出协助公务的请求，自愿者应此请求而为协助公务行为，或者国家机关工作人员虽未发出类似请求，但在自愿者主动协助公务之时，在条件允许国家机关工作人员表示阻止该自愿行为的情况下，该工作人员未予明确拒绝或阻止的，自愿者的协助行为应认定是受到国家机关明示或默示的委托，而不应视作无因管理。③ 此时，按委托原理，由国家负担损害赔偿的责任。

因此，在出现自愿协助公务的情形时，不宜完全否认国家赔偿的可能性。当自愿协助确实成立真正的无因管理时，国家也不宜完全袖手旁观，也应根据具体情形，决定是否代为清偿自愿者的侵权债务，尽管在原理上、在逻辑上，这种代偿

---

① 参见宁立成：《论公法上的无因管理引起的国家补偿》，载《江汉论坛》2003年第1期。
② 这些处理原则的提出，参考了王泽鉴：《债法原理》（第一册），中国政法大学出版社2001年版，第四章"无因管理"，第325—361页。
③ 杨小君教授也认为，如果国家机关及其工作人员明确拒绝非公务人员自愿协助行为的，非公务人员的行为就不能视为职务行为。参见杨小君：《国家赔偿法律问题研究》，北京大学出版社2005年版，第251页。

并不属于国家赔偿的范畴。

> **即时思考**

1. 对于自愿协助公务的组织或个人在协助过程中发生侵害的情形，按上述原则处理是否妥当？

2. 你是否认为国家赔偿法需要修改，对自愿协助公务情形下的责任分配予以规定？若需要，如何拟定条款？

四、国家侵权主体资格的排除

以上结合《国家赔偿法》、其他相关法律规定以及法律实务，对具备国家侵权主体资格的公务组织和公务人员进行了列举和辨析。对侵权主体要件的讨论，不仅可以如此正面揭示，同时也反向地排除了下列组织和人员成为国家侵权主体的可能性。

1. 国家代议机关及其工作人员

国家代议机关就是指乡镇人民代表大会、县级以上人民代表大会及其常委会。前文已述，国家代议机关虽然属于国家机关范畴，但由于《国家赔偿法》只是明定行政机关、行使侦查、检察、审判职权的机关、看守所、监狱管理机关等机关及其工作人员为侵权行为主体，故目前国家代议机关及其工作人员不具侵权行为主体资格。

2. 政协机关及其工作人员

根据政协在我国政治生活中的实际作用，结合《宪法》序言中对中国人民政治协商制度的长期性的认可、对中国人民政治协商会议的明文确认，将政协的全国委员会和地方委员会解释为宪法惯例意义上的国家机关，也并非是不合逻辑与现实的学说。但是，政协机关毕竟在学理通说上尚未被列入"国家机关"范畴。而且，在实践中，其主要是履行政治协商、民主监督、参政议政的咨询性职能，职能性质几乎不会造成公权力意义上的侵害。因而，政协机关及其工作人员并不能成为国家赔偿法上的侵权行为主体。

3. 党派机关及其工作人员

与政协机关不同，中国共产党各级机关和民主党派机关，没有在学理上解释为"国家机关"的宪法基础。当然，《公务员法》（2005）的制定者，以党管干部为原则，"从有利于保持各类机关干部的整体一致性，有利于统一管理，有利于党政机关之间干部的交流使用出发",把民主党派机关工作人员与共产党机关工作人员纳入"公务员"的范围。① 而且,中国共产党各级机关及其工作人员,也确实实际地参与或影响着公权力的行使,有些公权力职务侵害行为的作出,可能掺杂着地方党政机关领导的意志。但是,这些都不意味着中国共产党机关、民主党派机关及其工作人员就具备了国家赔偿法上的侵权行为主体资格。

▶▶▶ 即时思考

某区委、区政府联合行文,决定为打造一个新的街区,关闭某集贸市场。该市场的摊位业主认为这一关闭决定是违法的,侵害了其合法权益,造成了巨大经济损失。他们将区委、区政府都告上法院,并要求区委、区政府承担赔偿责任。根据行政诉讼法、国家赔偿法的规定,区委当然不适合为行政诉讼被告,也不适合为赔偿义务机关。

在我国,中国共产党各级机关与同级政府联合行文的现象普遍存在,这在形式上表明决定的作出者既有党的机关也有行政机关,若因此决定造成侵害,在法律上,党的机关并不承担赔偿责任。

请问:侵权赔偿责任制度的目的之一,在于警示行为人提高恪尽职守的水平,尽可能避免损害事件发生。在联合行文情形下,对同级行政机关的赔偿责任追究,是否也能达到提醒党的机关尽到职务注意水平、避免损害发生的目的?

4. 假冒的行政机关或司法机关工作人员

假冒的行政机关或司法机关工作人员,是指自然人冒充行政机关或行使侦查、检察、审判和监狱管理职权的机关的工作人员。假冒的公务人员号称"执行公务",在外观上容易给相对一方造成其执行国家公务的假象,受害人也因此更易受到欺骗和损害。关于国家是否应当为假冒者的侵权行为承担责任的问题,有两种观点。一种观点认为,在受害人尽了相当注意的情况下仍不能辨识假冒者真伪而遭受侵权损害的,国家应当负责赔偿。另一种观点则认为,假冒者无论在事实上还是形式上均与国家机关不存在任何代理或委任的关系,国家当然不能对其行为负责。②

显然,后一种观点是更可取的。受害人尽相当注意仍不能辨识假冒者的情形屡见不鲜,要让国家为此负责,就是要让国家尽其所能避免出现假冒公务人员

---

① 参见张柏林:《关于〈中华人民共和国公务员法(草案)〉的说明》,载《全国人民代表大会常务委员会公报》2005 年第 4 期。《公务员法》于 2017 年修正、2018 年修订。
② 参见应松年主编:《国家赔偿法研究》,法律出版社 1995 年版,第 69 页。

的现象,这是成本巨大也不可能完成的任务。① 不过,若假冒者是在趁国家机关或其工作人员保管不严时,从国家机关或其工作人员处盗取或抢夺工作装备后,再冒充国家机关工作人员"执行公务",并造成侵权损害的,在追究假冒者的赔偿责任之后,受害人是否可就其应得,却因假冒者财力有限而未得的赔偿部分,以国家机关或其工作人员保管失职为由,向国家请求赔偿或补偿,值得探讨。

五、 案例讨论

案例 3-1 广东省东莞市塘厦镇人民政府与刘结明其他强制复议纠纷再审案【(2019)最高法行申 3190 号】

案例 3-2 许水云诉金华市婺城区人民政府房屋行政强制及行政赔偿案【(2017)最高法行再 101 号】(《最高人民法院公报》2018 年第 6 期)

1. 在案例 3-1 中,最高人民法院指出,"行政机关参与下,非公权力单位实施强制拆除的,应当视为行政机关委托非公权力单位实施强制拆除";在案例 3-2 中,最高人民法院指出,"除非市、县级人民政府能举证证明房屋确系在其不知情的情况下由相关民事主体违法强拆的,则应推定强制拆除系市、县级人民政府委托实施"。这两种表述是指向同一原理,还是不同原理?

2. 在两个案例中,最高人民法院都是如何运用证据规则认定"行政机关参与"或"行政机关知情的"?

案例 3-3 刘振兴因其合法财产被错误执行造成损失要求叶城县人民法院赔偿案②

1. 国家赔偿法没有明文规定国家机关委托其他国家机关执行公务致害赔偿的情形,本案评析意见依照委托之法理,确定委托的国家机关为赔偿义务机关,是否合理? 这是否同时意味着,受委托的国家机关可能会成为国家侵权的主体?

2. 假设库车县人民法院在协助执行时超出了叶城县人民法院的委托范围,并造成刘振兴经济损失的,库车县人民法院是否也应该为此承担赔偿义务? 理据何在?

3. 评析意见指出,"在刑事赔偿程序中,没有关于共同赔偿义务机关的规

---

① 参见周友军、麻锦亮:《国家赔偿法教程》,中国人民大学出版社 2008 年版,第 72—73 页。
② 参见最高人民法院中国应用法学研究所编:《人民法院案例选》(国家赔偿卷,1992—1999 年合订本),中国法制出版社 2000 年版,第 609—612 页。

定"。在《国家赔偿法》(1994)之中,这个意见是否正确?在 2010 年修改后的《国家赔偿法》之中,这个意见是否正确?请参考本书第六章第一节。

第三节 国家侵权行为

✚ 思考

国家赔偿责任构成要件中的侵权行为要件有哪些含义?如何区分职务行为和个人行为?如何区分公法上的职务行为和私法上的职务行为?《国家赔偿法》修订之前,学理通说认为,致害行为须具备违法性是侵权行为要件的应有之义,《国家赔偿法》修订之后,侵权行为要件的这一含义应该如何重新解读?

行为人具备主体要件,并不意味着其所作的任何致害行为,国家都需承担赔偿责任。在《国家赔偿法》(1994)修改之前,学理通说依据该法第 2 条规定认为,国家应当为之负担赔偿责任的侵权行为,需是公务组织和公务人员"违法行使职权"的行为。此要件一般地含有三层意思:一是致害行为须是职务行为而非个人行为;二是该行为须是公法上的职务行为而非私法上的职务行为;三是该行为须具备违法性。修订后的《国家赔偿法》第 2 条已经摒弃"违法"作为所有侵权行为的要件,故国家赔偿责任构成的行为要件学说,可不再坚持上述第三层含义。

一、致害行为须是职务行为

公务组织的职务行为,大致上有两类:一类是公务组织或其工作人员积极行使职权的行为,一类是公务组织或其工作人员怠于履行职责的行为,通常也被称作"不作为"。由于公务组织工作人员一身兼具普通人和公务人员双重身份,需对其行动究属职务行为还是个人行为作出判断,才能决断是否引起国家赔偿责任。例如,警察下班后身穿便衣逛商场,遇歹徒抢劫他人,追赶并将其制服,此行为是行使其职权的公务行为呢,还是普通公民见义勇为的个人行为?或者,警察下班回家,还身穿制服,遇歹徒抢劫他人,其不闻不问,该行为是怠于履行职责的行为,还是普通公民的一种临危选择?

原理上,公务人员以普通人身份作出的行为,不是职务行为,而是个人行为。

对应地,其以公务人员身份作出的行为,当属于职务行为。但是,这一原理仅仅是判断的思路,还需要借助一些有效的判断标准,来界定在特定事件中公务人员所作行为的性质。下文讨论的标准,主要针对是否积极行使职权而言;至于怠于履行职责的行为,将在第四章"国家赔偿的范围(一)"部分再予论及。

1. 行为外观标准,而非行为目的标准

所谓行为外观标准,是指公务人员从事的行为在外观上具有行使职权的特征,普通理性人凭借对其外观表现的观察,通常会认定其是行使职权的行为。行为外观标准,主要是由职务行为判断的客观说所主张的。依该说,行为的外在表现形式,是进行判断的着眼点所在,而不必也不可能深入探察行为人的内心状态。

职务行为判断的主观说与客观说相反,它认为,在对行为人的行为是否职务行为的判断上,应将行为人的主观状态考虑在内。职务行为就是行为人在主观上有行使职权的明确认知和意图而实施的行为,反之,如果行为人的行为在外表上有行使职权的特征,但其并无行使职权的主观意愿,那么,就不构成职务行为。

客观说较之主观说,既有其优点也有其缺憾。优点在于:一方面,这种学说把判断基准放在客观维度上,避免对行为人主观状态的考察和证明,操作起来显得更为容易一些;另一方面,由于它放弃了对行为人主观状态的考虑,不将行为人的主观状态作为职务行为构成的必要因素,所以,其所涵盖的职务行为之外延更为宽泛一些,受到行为侵害的当事人会更多地得到国家赔偿,从而保证其合法权益之救济。

然而,客观说亦有其内在的缺憾,即单纯从行为外观是否符合职务行为的特征着眼,可能过度地把外表上看似职务行为、但实际上纯粹出于个人动机的行为纳入职务行为范畴,从而不适当地增加国家赔偿的负担。

▶▶▶ 即时思考

警察下班以后身穿警服,开着公务车去会见朋友。因交通拥堵,遂鸣警笛以求快速通过,但在路上与他人发生争执,并殴打他人。这一行为,在外表上,因警察穿警服、开公务车、鸣警笛而表现出与职务行为类似的特征,但将其列为职务行为并由国家承担赔偿责任,是否妥当?

因此,在理论上,似乎采行为外观为主、行为目的为辅的标准,更有利于分清国家责任和公务人员个人责任,不至于让全体纳税人缴纳的税收过分地为公务人员出于纯粹个人动机的侵权行为买单。台湾地区学者叶百修教授就此认为:

"依客观标准判断公务员之行为是否在执行职务,对人民较为有利。然判断公务员之行为是否在执行职务,仍应注意执行职务行为与职务予以机会之行为应予明白区别,不能仅以行为与职务间在外观上、时间上或处所上有关联者,即为足矣,更应注意及行为目的与职务作用间之内部上有密切关联为必要。"①

不过,行为外观为主、行为目的为辅的标准遗留下一个难题,即行为目的标准究竟在实务判断中占多少权重。上述"警察下班打人"示例中,受害人或普通理性人都会以为警察是在执行公务过程中,单纯依客观说,警察属职务侵权;但是,若辅以目的标准,警察个人目的也是在事后可确凿无疑地查实的。因此,问题在于:该个人目的仅仅是参考因素,还是具有决定性的因素?

也许是因为加入个人目的的考量,在实际操作中会出现如此困惑,所以,实务界通常倾向于单纯的客观标准,也为多数学者所赞同。② 本书以为,客观说定位于受害人/普通理性人视角,对处于弱势地位的受害人而言,保护更为有力。而且,客观说的实际运用,可以在一定程度上把个人目的吸纳进去,只要对是否有个人目的的判断,留给在现场的受害人,而不是留待事后的查实即可。实务中,对于在外观上看有行使职权特征的行为,可以把握这样一个判断原则:公务人员行为时,个人目的并不明显,事后查实方可认定系出于个人目的的,可视其为职务行为;公务人员行为时,未以执行公务为名,且在同时明显暴露出个人目的的,应视为个人行为。

例如,工商管理人员身穿制服,在下班回家途中,去集贸市场买菜,后以小摊贩缺斤少两为由,与其发生争吵,并殴打对方,致其受伤。此行为人虽穿制服、且指责小摊贩的违法行为,有职务行为外观,可其毕竟是去买菜,个人目的在当场也显露无遗,故应视为个人行为。

2. 职权本身标准和职权关联标准

行为外观标准的实际操作,尚需解决一个问题:职务行为仅仅是指行使职权本身的行为,还是包括与行使职权有关联的行为?如果包括的话,"有关联"意味着什么?这就涉及职权本身标准和职权关联标准的定位及其关系。

---

① 叶百修:《国家赔偿法》,载翁岳生编:《行政法》(下册),中国法制出版社2002年版,第1584页。我国台湾地区学者在讨论类似问题时,习惯以"执行职务行为"概念,与台湾地区的相关规定有关,即公务员于执行职务行使公权力时,因故意或过失不法侵害人民之自由或权利者,"政府"应负损害赔偿责任。公务员怠于行使职务,致人民之自由或权利遭受损害者亦同。相比较,我国大陆的《国家赔偿法》使用"行使职权"概念。

② 参见周友军、麻锦亮:《国家赔偿法教程》,中国人民大学出版社2008年版,第74页;吴庚:《行政法之理论与实用》,中国人民大学出版社2005年版,第453页;董保城、湛中乐:《国家责任法——兼论大陆地区行政补偿与行政赔偿》,元照出版公司2005年版,第82—83页。

所谓职权本身标准，是以行为人是否在行使职权本身作为判断职务行为的标准。依此标准，职务行为是行为人在其职权范围内为履行公务作出的行为。例如，卫生管理机关的工作人员对食品进行检验，对合乎卫生标准的食品误认为不符合标准，并将食品和厂家的名称公布。虽然卫生管理机关工作人员确有错误，但检验行为和公布行为都在其职权范围内。

职权本身标准的延伸之义就是：与职权无关的私人行为，或者虽然与职权有关联但并非行使职权本身的行为，都不属于职务行为。虽然该标准将"与职权无关的私人行为"排除在职务行为范畴之外，有其积极意义，但它将一切并非行使职权本身的行为均视作非职务行为，未免使得职务行为的范围过于狭隘。例如，警察逮捕犯罪嫌疑人，并对其进行刑讯逼供。刑讯逼供并非警察行使其职权本身的行为，然而，若将其作为非职务行为来对待，显然同国家赔偿法的规定和实务不相一致。因此，有必要在职权本身标准之外，寻求另外一个标准，以便与职权本身标准一道，更加适当地框定职务行为的范围，使其不至于过窄，也不至于过宽。

有一种学说认为，行使职权本身的行为，固然属于职务行为无疑，而与行使职权存在密切关联的行为，也应属于职务行为。[1] 这一被称作"职权（务）相关论"的学说[2]，就隐含了"职权关联标准"，它以行为人的行为是否与行使职权有密切关联，作为判断职务行为的标准。

职权关联标准克服了职权本身标准的局限，将部分虽然不是行使职权本身但与行使职权有密不可分之关联性的行为，纳入职务行为的范围之内。而这种关联性被认为表现为"以行使职权为条件或者目的"。[3]

综上，在外观上判断职务行为，应综合应用职权本身标准和职权关联标准。

至于"职权"，可以分为公务人员的职权和公务组织的职权。公务人员的职权，是指与公务人员特定职位相关联的、通常由其所属公务组织规定的权限，又可分为一般事务管辖权限（如公安民警分管户籍的权限）和具体事务处理权限（如调查、登记等）。公务组织的职权，是指法律授予该组织或者其他公务组织依法委托其履行公务的权限，也可分为一般事务管辖权限（如卫生主管机关对医疗卫生事务的管辖权）和具体事务处理权限（如罚款、扣留、责令停产停业等）。公务人员的职权系公务组织内部分工，人民无须知晓，也难以判断。故职权本身/

---

[1] 参见高家伟：《国家赔偿法》，商务印书馆 2004 年版，第 116 页；叶百修：《国家赔偿法》，载翁岳生编：《行政法》（下册），中国法制出版社 2002 年版，第 1585 页。

[2] 参见王周户：《行政行为界定的法律问题》，载《行政法学研究》1995 年第 3 期；邹润学：《国家赔偿"职务相关论"浅析》，载《行政法学研究》1997 年第 3 期。

[3] 参见高家伟：《国家赔偿法》，商务印书馆 2004 年版，第 116 页。

关联标准中的"职权",是指公务组织的职权,尤其是公务组织的一般事务管辖权限。

3. 职务行为与职务予以机会的个人行为

职权关联标准面临的难题是:"关联性在何处终结"？通说认为,关联标准是指与行使职权有密不可分或者有直接及内在的关联性。然而,也有更广义的职务行为理论,将"因履行职务之机会、时间或处所有关之行为"也包括在内。这种认识可以增加人民获得国家赔偿的机会,但也扩张了国家责任,目前还不能被广泛接受。①

相应地,在学理上有职务行为与职务予以机会的个人行为之划分。后者是指公务人员出于私人目的、利用职权提供的便利条件而从事的行为。诸如利用公务车为私人旅游所用,或者警察使用公务枪支从事私人报复的行为等,都是利用职权的个人行为。② 不过,"职务予以机会的个人行为"这一概念本身,是以行为目的为基准。它的存在,对行为外观标准构成一定的挑战,需要予以融合。

如上所述,在具体情形中,应以公务人员行为时是否在外观上明显暴露私人目的为衡量尺度。例如,警察在执勤时发现仇人开枪射杀。此行为虽实质上是公报私仇,却具备职务行为之外表特征,应视为职务行为。③ 若警察将其配用的枪支带回家中,与邻居发生争执,而开枪伤之。这种行为当属职务予以机会的个人行为。同理,警察在进行搜查的过程中顺手牵羊地抄走了财物,或者交警在执勤时与路人发生争执并动手打人,属职务行为;警察在执勤时短时间离开岗位去商店买东西时枪走火打死营业员,属职务予以机会的个人行为。由此,"职务予以机会的个人行为"这一概念中的"私人目的"要素,也当遵循外观标准,以在现场的普通人眼光观察之。

4. 职务行为与僭称职务行为

僭称职务行为是指公务人员并非居于该职位,也不具有特定的职务权限,竟冒充拥有该职位的人员行使职权。④ 例如,消防队员假冒警察进行搜查、机场管理人员假冒海关人员对进出口货物征收关税等。僭称职务行为在外观上可能与其所冒充的公务人员的行为,不易区分,但这种假冒其他公务人员身份的情形,与本章第二节所述私人假冒公务人员身份的情形,并无本质上的不同。因此,不

---

① 参见吴庚:《行政法之理论与实用》,中国人民大学出版社2005年版,第453页。
② 参见廖义男:《国家赔偿法》(增订版),三民书局1996年版,第30页。
③ 据廖义男教授介绍,德国联邦最高法院的一项判决视这类行为并非执行职务行为。故仍有商讨之余地。
④ 参见廖义男:《国家赔偿法》(增订版),三民书局1996年版,第31页。

宜视其为职务行为。

僭称职务行为应当与超越职权的职务行为予以区分。公务人员超越职权的职务行为有两类：一是逾越其自身职位权限，但还在其所属公务组织职权范围内；二是逾越其所属公务组织的职权。前者系内部问题，按公务组织内部规定处理即可，不予也不必多论。后者属外部问题，对人民权益构成影响。与僭称职务行为易发生混淆的是公务人员超出公务组织一般事务管辖权限的行为，而不是仅仅超出具体事务处理权限的行为。然而，公务人员的行为即便超出公务组织事务管辖权，侵入另一公务组织事务管辖权，如质量监督检查公务人员僭越行使了工商管理权限，也是以其所属公务组织的名义作出的。而僭称职务行为则是冒充另一公务组织的人员行使职权。

5. 判断职务行为的其他考虑

（1）是否上班时间。

在常态情况下，职务行为往往都发生在公务人员的上班时间内。公务人员下班以后的行为，一般都视为个人行为。然而，这个考虑不具有决定性意义。一方面，公务人员也有下班后办理工作的情形。例如，公安人员在下班后顺道将传唤通知书送达给当事人。另一方面，公务人员在上班时也有可能从事个人行为。例如，工商管理人员在进行市场检查的时候，顺便买了包香烟。有学者认为，上班时间是国家与公务人员之间的内部规定，与公务人员行为是否职务行为无涉。①

（2）是否行使职权完毕。

原理上，职务行为应该发生在公务人员行使职权的过程中；若行使职权的过程已经完结，之后再发生的侵害行为，不应视为行使职权行为或与行使职权有关的行为。然而，实务中，有些在行使职权完毕后发生的侵害行为，确与先前的职务行为有着某种关联。例如，公务人员在执行公务过程中与当事人发生冲突，事后，当事人或其亲属为此找到公务人员再次发生争执，公务人员在争执过程中对当事人或其亲属造成侵害。这一侵害行为，并非与先前的职务行为没有丝毫关联，但是，先前职务行为可能只是侵害行为之诱因，二者之间没有密不可分之关联性。参见本章案例 3-4"周双娣、潘根生诉江苏省南京市江宁区横溪镇人民政府侵犯人身权并要求行政赔偿案"。

不过，行使职权完毕的时间应该止于何时，可能会有所争论。在学理上有"回程行为"概念，指向公务人员于行使职权、处理具体事务结束后在返回途中发

---

① 参见叶百修：《国家赔偿法》，载翁岳生编：《行政法》（下册），中国法制出版社 2002 年版，第 1586 页。

生的行为。例如,税务工作人员于征税结束后,返回途中遭遇被征税对象及其纠集的人员拦截,并发生冲突;消防队消防完毕、交警处理现场完毕后,于归途中再发生的侵害行为。回程行为是否属于职务行为,存有不同观点。日本学者通说采否定说,而德国裁判实务倾向于肯定说。①

二、致害行为须是公法上的职务行为

致害行为须是职务行为的要件,主旨在于区分公务人员的职务行为和个人行为,但公务人员的职务行为尚有公法上的职务行为与私法上的职务行为之分。由于国家赔偿法在我国一般被认为属于公法范畴,所以,国家赔偿法所适用的、应当由国家承担赔偿责任的致害行为,需具备行使公法上职权或履行公法上职务的性质。

如前所述,在国家赔偿法领域,符合国家赔偿侵权责任之主体要件的,包括国家机关(行政机关和司法机关)和机构、法律法规规章授权组织、受委托组织及其工作人员,以及直接受行政机关委托执行公务的个人等。在研究如何辨别职务行为的公法性质和私法性质时,自然应将他们都考虑在内。不过,履行司法职能的机关通常所涉及的私法上职务行为,多为出于本机关运作之需要而添置办公设施、设备的行为,其发生的情形较为简单。而履行行政职能的机关或组织,不仅有添置办公设施或设备的行为,还有设立、经营国有企业、举办学校提供教育、建设医院从事公共医疗、经营公用事业等种种与现代公共行政(尤其是给付行政)相关但又容易引起公法行为和私法行为之争的复杂情形。故而,这里的讨论,还是以从事公共行政的机关或组织的行为为主。

1. 公权力行政属公法职务行为

公共行政组织的行为形式很多,基于不同标准和方法,学理上有不同分类。而且,不同国家或地区法律制度史上源与流的差异,也会形成不同的分类。

本书第一章曾经提及我国台湾地区学者关于"公权力行政"和"私经济行政"的划分。其中,公权力行政又可分为:(1)统治管理的行政行为,是指运用命令及强制等手段干预人民自由及权利的行为,典型例子有警察权、征税权的行使;(2)单纯统治的行政行为,是指不运用命令及强制手段,而以提供给付、服务、救济、照顾、教养、保护或辅助等方法,增进公共及社会成员利益,以实现政府任务的行为。例如,对老弱病残的给予救济与扶助、设立学校等推广教育、建设和经营道路、桥梁、广场、绿地、水道等以供公众利用等。在台湾地区,通说认为统治

---

① 参见叶百修:《国家赔偿法》,载翁岳生编:《行政法》(下册),中国法制出版社2002年版,第1587页。

管理行为和单纯统治行为,都属于公法行为,即公法上的职务行为。①

私经济行政则包括"行政辅助行为""参与经济交易活动行为",以及"行政私法行为"。② 其中,行政辅助行为、参与经济交易活动行为,又被称作"国库行政的行为",统指国家机关立于私法主体的地位,从事一般交易的行为。国库行政的行为,不是公权力的行使,不属于公法上的职务行为,如有损害发生,依私法规定解决赔偿事宜即可。至于行政私法行为的性质,较多争议,大致有以下三种学说:

一是肯定说,即认为行政私法行为,仍然是一种行政作用,不能脱离一般公法原则的拘束,包括适用国家赔偿法。肯定说的主要目的是为了防止国家"避难至私法"或"逃遁至私法"的现象。国家不能因其实现公共目的的手段或方法是私法性质的,就可以不受宪法上公民基本权利的约束,就可以不负公法上的国家赔偿责任。

二是双阶段说,此说认为国家机关在决定是否给予经济辅助时,如低息贷款、补贴、担保等,是一种具体行政行为,是在行使公权力;在决定以后,国家机关履行决定的行为与人民所产生的法律关系,是一种私法关系。例如在低息贷款方面形成私法上的借贷关系、在补贴方面形成私法上赠与关系、在担保方面形成私法上担保关系。在第一阶段作出决定时,如违反公法上的平等原则、比例原则等,而使人民权利受损害的,即应给予国家赔偿。双阶段说的缺陷是在实务中可能导致进一步的争论。例如,在履行阶段,当事人一方请求行政机关履行,而行政机关否认法律关系的存在,那么,这应该是属于"确认私法关系不存在"而交由普通法院管辖,还是属于"确认具体行政行为不存在、不生效或无效"而归行政法院管辖? 再如,行政机关认为原决定有瑕疵准备撤销或因为情事变更而要废止,这究竟应该是授益行政行为的撤销或废止呢,还是私法关系的撤销、解除或终止呢? 因此,虽然双阶段说曾经在德国被法院于实务中采纳,但终因无法解决其内在的缺陷而逐渐淡出历史舞台。

三是否定说,即认为应该以行为的手段与方式,而不是行为的目的与任务,作为判断标准。在行政私法领域,其行为虽是为了直接达成行政目的及公共任务,但所采取的手段与方式还是私法形式的,并不是公权力的行使。所以,行政私法行为并不适用公法(包括国家赔偿法)。③

依廖义男教授的观点,行政私法行为虽然采私法方式,但因其有实现公共任

---

① 参见廖义男:《国家赔偿法》(增订版),三民书局1996年版,第31—33页。
② 详见本书第一章第一节。
③ 参见廖义男:《国家赔偿法》(增订版),三民书局1996年版,第34—36页。

务的目的,所以,多少也应受公法一般原则的约束。宪法上公民基本权利对于居于私法主体地位的国库仍然发生作用,只是,相比对国家统治行为的直接拘束作用而言,其体现为间接拘束作用,即宪法基本权利所蕴含的价值理念与原则,如平等原则、比例原则等,可作为解释私法上公序良俗等条款的依据①,然后再以经过如此解释的私法条款适用于国库与人民之间的私法关系。但是,就国家赔偿法的适用而言,由于行政私法行为不行使统治权力,其不法侵害人民权益的,与普通私法无异,不产生国家赔偿责任。② 简言之,行政私法行为虽因其公共目的而有必要通过间接适用宪法基本权利对其加以约束,但该行为本质上属私法行为,并非国家赔偿责任适用的公法行为(参见图 3.1)。

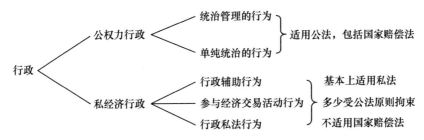

图 3.1 我国台湾地区学者关于公权力行政、私经济行政的"国家赔偿法"适用性图示

在我国大陆地区,改革开放以后至今形成的法学传统,对公共行政组织的行为并未按以上专业术语进行划分。但是,大致上,(1)与"统治管理的行政行为"概念相当的行为,同样被视作公法行为;(2)与"行政辅助行为""参与经济交易活动行为""行政私法行为"概念相当的行为,也通常被视作私法行为③;(3)与"单纯统治的行政行为"概念相当的行为,倒是视不同情形而有公法行为(如行政机关给老弱病残者提供救助金的行为)和私法行为(如经营道路、桥梁、广场、绿地等公共设施的行为)之分。

2. 判断公权力行政的疑难情形

由上可知,公共行政组织及其公务人员唯从事公权力行政的行为,方为公法上职务行为,发生损害适用国家赔偿法;从事私经济行政的行为,则属于私法上的职务行为,损害赔偿适用私法规定。尽管这样的界分在原理上是没有问题的,但在实务中,仍然会有公法性质和私法性质纠缠不清、难下判断的情形。常见的

---

① 例如,违反平等原则或比例原则的行政私法行为,可解释为属于违背公序良俗的行为。
② 参见廖义男:《国家赔偿法》(增订版),三民书局 1996 年版,第 36—37 页。
③ 由于过分强调这些行为的私法性质,很少提及其受公法原则的约束,因此,很容易发生国家"逃遁至私法"从而损害公共利益的情况。

疑难问题大约发生在两类情形之中。

第一类情形是公共行政组织及其公务人员为实现公共行政（特别是给付行政）之目标，采取了非强制性、非命令性的、与私人活动相类似的手段或方式。例如，政府以直接投资或融资的方式，建造医院为社会大众提供医疗服务，建设道路、桥梁、广场、绿地、水道等公共设施，提供水、电、煤气等基本生活用品，等等。公共医疗、公共设施、公用事业、公共福利等，都是现代国家应当担纲的公共服务职能。然而，国家在履行这些职能的时候，既可能由公共行政组织自己直接完成，如给低保户发放最低生活保障金，也可能由公共行政组织委托私人从事，甚至由私人完全承揽，如招标或发包给私人公司从事地铁、道路等公共工程的建设和运营。

公共行政组织自身直接完成公共服务职能的，尽管未采强制或命令手段和方式，不会形成权力支配或服从关系，但是，一般也视其为公权力行政，属于单纯统治的行政行为。若公共行政组织委托私人来实现公共行政目标，则需视以下情形而定：(1) 私人并非以自己名义，而是以委托的公共行政组织名义为之，如银行受托将低保金转入低保户存折上，那么，私人就是受委托的组织或个人，其行为当属公权力行政；(2) 私人以自己名义独立为之，其行为建立在公共行政组织与其签订的契约基础上，那么，私人从事的诸如建设、经营等履行契约的行为，通常不认为是公权力行政，如造成侵害，依私法规则承担侵权赔偿责任。不过，这并不意味着私人的履约行为完全不受公法原则的拘束。而且，在制度上承认公有公共设施致害的国家赔偿的国家或地区，私人建设或修缮的公共设施归国家所有，其因设置或管理有欠缺导致侵害的，国家仍应负赔偿责任。这就会发生损害赔偿请求的竞合问题。①

第二类情形是公共行政组织及其公务人员在从事行政辅助行为、参与经济交易活动行为等私法性质的活动时，采取了强制性、命令性的手段或方式，从而在事实上形成了对对方当事人的支配关系。换言之，公共行政组织和公务人员的目的有可能是私法性质的，但其行为手段或方式具有强烈的权力色彩。通常，此类行为是法律所不容许的。只是，在性质上，此类行为究属公务主体违法行使权力的行政行为，还是与私法关系中私人的过激行为无异，存有不同的看法。多数的意见仍然会视其为违法的行政行为。参见本章案例 3-5 "张某诉某区街道办

---

① 参见廖义男：《国家赔偿法》（增订版），三民书局1996年版，第43—45页。此外，廖义男教授还指出，就公用事业而言，如法律明确规定只能由国家机关为之，那么，该行为就是公法上的行为，有国家赔偿责任的问题；如法律规定不仅国家机关而且私人皆可经营该事业的，那么，国家机关的经营行为，属于行政私法行为，不会产生国家赔偿责任。目前，我国大陆地区，尚未有法律明确规定某项公用事业仅能由国家机关经营。

事处案"。

结合上述两类情形,对于公共行政组织及公务人员的行为是否公法上职务行为的判断,除传统上已经形成共识、甚少争议的以外,需要综合运用支配标准(行为者与对方当事人之间存在支配与服从的关系而非平等关系)、公共利益标准(行为的目的导向是公共利益而非私人利益或纯粹经济利益)、职能标准(行为是在履行统治职能或公共管理职能而非私人也可从事的活动)等多项标准。这些标准同样也是公法和私法界分的标准。① 不过,任何一项标准,都不能完全胜任清晰的、毫无疑义的界分。因此,需要综合运用各项标准,即便在个别标准上会出现彼此相反的结论,也可以进行权衡,原则上选择符合多数标准的结论。

▶▶▶ **即时思考**

由于《国家赔偿法》(2010)第 2 条的规定,以往学理通说中的"侵权行为要件"似乎不宜再将"违法性"作为侵权行为的必备要素。那么,这是否意味着,在学说上可采用"职务行为要件"这一概念,取代"侵权行为要件"?

三、案例讨论

案例 3-4 周双娣、潘根生诉江苏省南京市江宁区横溪镇政府侵犯人身权并要求行政赔偿案【(2000)江宁行初字第 15 号,(2001)宁行终字第 53 号】

1. 本案一审判决给出的区分职务行为与个人行为的分析思路是怎样的?你是否同意这样的分析思路?

(1) 该分析思路是否提出了主观要件?你如何看待主观要件在分析过程中的权重?

(2) 一审判决指出:"纠纷平息后,镇管员执行职务活动过程已终结,因此,这一致害行为也不可能是有助于执行职务的行为,同时也不可能是与行使职权行为不可分的行为。"你是否同意?

(3) 本案中,原告提出:"镇管会与受害者家属签订的赔偿协议应视为是对胡德文、吴世春实施的致害行为系职权违法行为的确认。"你认为该主张有道理吗?你认为一审判决否认该主张的理由成立吗?

2. 假设在潘立志拦下欲下班的镇管员、双方发生争执期间,镇管员即将潘立志殴打致死,这种情形下镇管员的行为是职务行为还是个人行为?

---

① 更多关于公法和私法的划分标准,参见〔日〕美浓部达吉:《公法与私法》,黄冯明译,中国政法大学出版社 2003 年版。

（1）依照一审判决的逻辑，应该得出什么结论？

（2）镇管员处理潘根生的行为已经结束，镇管员将拦下他们的潘立志打死是在行使职权吗？镇管员的行为属于"回程行为"吗？

3. 一审判决、二审判决都以潘立志不是此案行政相对人作为否定镇管员职务行为性质的理由之一。你认为这个理由恰当吗？

4. 对比本书第一章案例1-3"苏德琼申请铜梁县公安局行政赔偿案"。有人提出，在苏德琼案中，派出所所长的第一枪还可以被视作与行使职权有关的行为，但其第二枪却是明显没有必要的、泄私愤的个人行为，这两枪应该分阶段来看。你是否同意这一观点？

案例3-5　张某诉某区街道办事处案①

本案中城市监察分队的行为是违法的行政行为（公法上职务行为）还是滥用私权的民事行为（私法上职务行为）？请尝试综合运用主体标准、支配标准、利益标准、职能标准等多项标准进行分析。

第四节　侵权损害事实

✚ 思考

在国家赔偿责任构成中，侵权损害要件的损害是指什么？国家应予赔偿的损害有哪些类型？国家应予赔偿的损害是否仅限于人身权、财产权损害？还是包括其他权利损害？财产损害和非财产损害的含义是什么？财产损害与财产权损害是否等同？直接损害与间接损害的含义是什么？国家赔偿法是否只规定了直接损害赔偿原则？在实务中，如何对待合法权益与非法利益交织在一起情况下的国家赔偿问题？

无论是依普通侵权法原理，还是依国家赔偿法原理，国家侵权赔偿责任的构成，当然需以侵权行为造成既定损害事实为要件。问题在于：损害是指什么？损害有哪些类型？国家赔偿法认可的应当以赔偿方式进行救济的损害包括哪些？

---

① 参见姜明安、张恋华主编：《政府法制案例分析》，中共中央党校出版社2005年版，第235—236页。

一、损害及其类型

1. 什么是损害

将"损害"这个词加以拆分,可以理解为损失和伤害。不过,这种循环式的解读,并不能构成严格的学术定义。因为,它没有清楚地回答两个问题:第一,损失和伤害的是什么?第二,损失和伤害本身的含义又是什么?

就第一个问题而言,普通侵权法上主要存在三种认识:(1)损害包括财产上的损害和非财产上的损害,财产上的损害是指损害得以金钱加以计算,如医疗费支出、扶养费用、营业收入减少、物的价值减损或者物的修缮费用等,非财产上的损害是指不能以金钱衡量的精神或肉体痛苦[1];(2)损害是指受害人人身或者财产方面的不利后果,包括财产的减少、利益的丧失、名誉的毁损、精神痛苦、生命丧失、身体损害、健康损害、自由损害、知识产权的损害等[2];(3)损害是指一定的行为致使权利主体的人身权利、财产权利以及其他利益受到侵害,并造成财产利益和非财产利益的减少或灭失的客观事实[3]。

认识(1)以损害是否能够以金钱衡量或计算为标准,把损害划分为财产上损害和非财产上损害,主要目的是明确财产上损害一般皆可依法求得赔偿,而非财产上损害只有在法律有特别规定的情况下,受害人才能请求金钱赔偿。[4] 认识(2)至少在表述上没有严格地按认识(1)的标准对损害进行划分,似乎是根据民法上通常的受侵害权利之划分,把损害定位于人身的不利和财产的不利。认识(3)则是主张,损害事实由两个要素构成,一是权利被侵害,二是权利被侵害而造成的利益受到损害的客观结果。[5]

由是,在损害什么的问题上,大致有"利益""权利"和"权利+利益"的认识。其实,持认识(1)的学者,通常会认可把"侵害权利"和"致生损害"分列为两个要件的侵权责任构成要件理论。之所以在损害要件中不再论及权利,是因为权利受侵害已被作为其他要件来对待。[6] 仅从这一点而言,认识(1)、认识(3)不存在实质上的区别。至于认识(2),学者在具体讨论损害类型的时候,又会不自觉地

---

[1] 参见曾隆兴:《详解损害赔偿法》,中国政法大学出版社2003年版,第55页;王泽鉴:《侵权行为法》(第一册),中国政法大学出版社2001年版,第184页。
[2] 参见张新宝:《侵权责任法原理》,中国人民大学出版社2005年版,第53页。
[3] 参见杨立新主编:《侵权行为法》,复旦大学出版社2007年版,第99页。
[4] 参见曾隆兴:《详解损害赔偿法》,中国政法大学出版社2003年版,第55页;王泽鉴:《侵权行为法》(第一册),中国政法大学出版社2001年版,第184页。
[5] 参见杨立新主编:《侵权行为法》,复旦大学出版社2007年版,第99—100页。
[6] 参见曾隆兴:《详解损害赔偿法》,中国政法大学出版社2003年版,第87页。

偏向于"权利+利益"的表述方式。例如,"财产损失是指受害人因其财产或人身受到侵害而造成的经济损失"。① 可见,是否把损害对象拆分为权利和利益两类,取决于所持的侵权责任构成要件理论是哪一种。

第二个问题涉及如何解读"损害"的本义。按《说文解字》的解释,"损,减也""害,伤也"。故"损"的本义是减少,是与"益"(增加)相对的;"害"的本义是毁坏,是与"利"(好处)相对的。由此,一般地,可以把损害简单地理解为利益或好处的减少或失去。

不过,假如按照上述认识(3),损害涵盖权利受侵和利益受损两个层次,那么,权利的侵害、损害不宜简单地等同于权利的减少或失去。常见的认识将"权利"视为权利人可以作出或不作出一定行为,并要求他人相应作出或不作出一定行为的能力或资格,那么,权利的侵害、损害更多地指向这种能力或资格的实现受到部分或全部的限制,而不是这种能力或资格本身的减少或失去。例如,甲无端占有乙的杯子不还,侵害了乙对杯子的所有权。乙对其杯子的所有权并未减少或失去,换言之,其仍然享有杯子的所有权,可因为杯子被甲占有,其所有权内含的占有、使用、收益和处分等权能就无法实现了。

有鉴于此,损害于权利而言,当指权利的行使或实现受到限制或阻碍;损害于具体利益而言,可指利益或好处的减少或失去。

2. 损害的类型

依不同的观察视角与标准,损害可有不同的类型划分。在此选择三种分类扼要述之:

(1) 人身权损害、财产权损害和其他权利损害。

此分类是就权利受到损害而言的,以受损权利的性质为分类标准。依普通侵权法原理,侵权损害经常涉及的是人身权和财产权损害。人身权又分人格权和身份权:前者含身体权、健康权、生命权、姓名权(名称权)、肖像权、名誉权、荣誉权、隐私权、自由权等,后者则含亲权、配偶权、继承权等。财产权包括所有权、用益物权、担保物权等。②

虽然人身权、财产权是最为常见的侵权行为客体,但在实践中,也不排除权利人其他不宜为人身权、财产权所涵盖的权利被侵害的可能性。最典型的案例是 2001 年由山东省高级人民法院终审判决的"齐玉苓诉陈晓琪等侵犯姓名权、

---

① 参见张新宝:《侵权责任法原理》,中国人民大学出版社 2005 年版,第 55 页。
② 参见曾隆兴:《详解损害赔偿法》,中国政法大学出版社 2003 年版,第 52 页;王泽鉴:《侵权行为法》(第一册),中国政法大学出版社 2001 年版,第 96—182 页;杨立新主编:《侵权行为法》,复旦大学出版社 2007 年版,第 100—103 页。同时参见我国《民法通则》第六章第三节、《物权法》(2007)。

受教育权案"(以下简称"齐玉苓案")。此案一审判决指出:"原告齐玉苓主张的受教育权,属于公民一般人格权范畴。"这种认识既与学理通说不符,又无法律上明确之依据,故并未得到二审法院的支持。二审终审判决虽未明确推翻之,但强调"这种行为从形式上表现为侵犯齐玉苓的姓名权,其实质是侵犯齐玉苓依照宪法所享有的公民受教育的基本权利"。参见本章案例 3-6"齐玉苓诉陈晓琪等以侵犯姓名权的手段侵犯宪法保护的公民受教育的基本权利纠纷案"。

(2) 财产损害和非财产损害。

此分类已在上文提及,以损害是否能够以金钱衡量或计算为标准,可以把损害划分为财产损害和非财产损害。① 这种分类并非以权利性质为出发点。因此,无论侵犯的权利是人身权、财产权还是其他权利,皆有可能产生财产损害或非财产损害。例如,侵犯人身权致使受害人身体受伤的,既会导致医疗费用支出、工资收入减少等财产损失,也会造成受害人的肉体痛苦。侵犯财产权致使受害人失去祖传砚台,不仅令受害人的财产受损,同样也会致其精神折磨。侵犯其他权利的亦同,齐玉苓案的二审法院判决就认为,"各被上诉人侵犯齐玉苓的姓名权和受教育的权利,使其精神遭受严重的伤害,应当按照山东省高级人民法院规定的精神损害赔偿最高标准,给齐玉苓赔偿精神损害费"。不过,由于任何权利遭遇侵犯,权利人都可能会主张其精神上受到某种打击,故而,对于非财产损害的赔偿,一般应以法律的特别规定为依据。②

(3) 直接损害和间接损害。

此分类通常是对财产损害的划分,标准是受到损失的财产利益是既有的还是未来可得的。直接损害是受害人现有财产的减少,包括侵权行为直接造成财产价值减少(如财物被损毁、被侵占)和受害人为补救权益的必要支出(如身体健康受损而支付的必要医疗费、护理费等)。间接损害是受害人可得的财产利益的丧失。可得的财产利益是指若没有侵权行为的发生、受害人必然或极可能得到的利益。它有如下特征:第一,侵权行为发生时它尚未存在,受害人对它有取得的可能性,但并未实际拥有;第二,如果受害人未遭遇侵害,是必然或极有可能获得这一财产利益的,换言之,它是有现实意义的而不是假设的。③

---

① 张新宝教授将侵权责任法上的损害分为:财产损失(直接损失和间接损失)、人身损害(死亡、伤残)和非财产损失(精神损害、社会评价的降低)。其实,人身损害如致死、致残者,通常会既造成财产上的损失(如医疗费、丧葬费等)、又造成精神或肉体痛苦(本人或亲属的),所以,人身损害与财产损失、非财产损失不在同一分类标准之上。至于社会评价降低是否可单独成为与精神损害并列的一类损害,值得讨论。参见张新宝:《侵权责任法原理》,中国人民大学出版社 2005 年版,第 54—59 页。

② 参见王泽鉴:《侵权行为法》(第一册),中国政法大学出版社 2001 年版,第 184 页。

③ 参见张新宝:《侵权责任法原理》,中国人民大学出版社 2005 年版,第 56—57 页;杨立新主编:《侵权行为法》,复旦大学出版社 2007 年版,第 102—103 页。

二、国家赔偿责任的损害要件

国家赔偿责任的损害要件理论与普通侵权责任的损害要件理论，在基本原理上颇多共性之处。不过，国家赔偿毕竟是一种特殊的侵权责任，损害要件方面也有应当予以特别关注的问题。

1. 国家侵权损害的界定

我国《国家赔偿法》(1994)第2条规定："国家机关和国家机关工作人员违法行使职权侵犯公民、法人和其他组织的合法权益造成损害的，受害人有依照本法取得国家赔偿的权利。"该条并未明确厘定合法权益的范围。对于哪些合法权益受到侵犯造成损害，国家应当承担赔偿责任的问题，学界一向分别从解释论和规范论上提供答案。在解释论层面上，通常认为，虽然合法权益是指一切具有法律上正当根据的利益，包括人身权、财产权、政治权、社会权、文化权等，但现行《国家赔偿法》保护的"合法权益"限于人身权和财产权，前者又限于生命权、健康权、自由权、荣誉权、名誉权。① 解释论的基本路径就是以国家赔偿法其他的相关法律条款(包括第3条、第4条、第15条、第16条)规定为依据，对第2条中"合法权益"概念之意义作限定或限缩。

当然，绝大多数学者都承认，《国家赔偿法》(1994)制定之初，立法者更多出于国家财政状况的考虑，才会有上述的限制。因此，在规范论层面上，这些限制是有待逐步放松和解除的。"就国家赔偿的本质而言，任何可能遭受公权力侵犯并且可以财产给付方式补救的合法权益，都属于国家赔偿法的保护范围。"②随着公民权利的保障范围不断扩张和国家财政的改善，应当"渐进扩大损害范围，直至包括国家侵权行为可能造成的所有权利种类的损害"。③

不过，值得注意的是，通行的学说，无论解释论还是规范论，在阐述损害对象时，皆不区分权利和利益。损害有时指向权利受到侵犯(如人身权损害、财产权损害)，有时指向利益的减少或损失(如财产损害、精神损害)。这种不加区分的做法，在理论上有着两个方面的缺憾。

其一，权利受侵犯意味着权利的行使或实现受到限制或阻碍，但并不表明权

---

① 参见高家伟:《国家赔偿法》，商务印书馆2004年版，第118—119页。另见应松年主编:《国家赔偿法研究》，法律出版社1995年版，第85页；皮纯协、冯军主编:《国家赔偿法释论》(第三版)，中国法制出版社2010年版，第88页。也有学者认为国家赔偿法并不"保护"名誉权、荣誉权。参见周友军、麻锦亮:《国家赔偿法教程》，中国人民大学出版社2008年版，第79页。其实，依据《国家赔偿法》(1994)第30条，名誉权、荣誉权受到该法保护，但保护的方式并非金钱赔偿，而是消除影响、恢复名誉、赔礼道歉。

② 高家伟:《国家赔偿法》，商务印书馆2004年版，第119页。

③ 胡锦光、余凌云主编:《国家赔偿法》(第二版)，中国人民大学出版社2011年版，第62页。

利本身的减少或损失。而权利受侵犯的后果,有可能会导致具体利益或好处的减少或失去,也有可能不会。例如,行政机关无法律上理由限制某书籍的出版,会侵犯公民的言论、出版自由,同时也会给公民带来财产上的损失。而行政机关违法侵犯公民选举权、受教育权的行为,并不一定会带来公民财产利益的损失。因此,笼统地称"合法权益"而不对权利、利益予以区分,容易混淆权利受损和利益受损的不同意义。

其二,这种混淆也会带来解释论和规范论上的困境。就解释论而言,以国家赔偿法相关条款仅规定人身权、财产权为由,认定合法权益的损害就是指人身权、财产权被侵犯,而不包括其他权利被侵犯,是在逻辑上成立的一种解释。但是,这只是采用极为严格的文义解释、系统解释方法而得出的一种解释结论,并不意味着它是唯一正确的解释。其实,它并不利于实务中按照目的解释方法,适当加大法律对公民权益的保护范围和保护力度。而且,这种严格的解释方法和结论,会在一定程度上与司法实务脱节,与相关法律发生冲突。

例如,公民因受教育权被侵犯而提起行政诉讼,已是常见之事。假设公民的财产利益也因此遭受损失①,那么,依据《行政诉讼法》,受害人理应获得赔偿。然而,若按上述解释,受害人不能因为受教育权被侵害而要求国家赔偿。这就形成了一个明显的悖论。或许,会有一种观点认为:此时公民受侵害的就是财产权,属于国家赔偿法规定的损害范围,不存在解释上的矛盾。可是,在这样的情形中,直接受到侵犯的实际上是受教育权而非财产权,财产利益的损失是受教育权被剥夺或限制而形成的后果。更何况,假如照此观点,一切财产权以外的权利受侵犯并带来经济损失的,都要理解为财产权受损的话,那么,真正的权利被侵害的事实就会被掩盖了。

就规范论而言,多数学者主张应当把各种可能受到损害的权利种类都纳入国家应予赔偿的损害范畴之内的观点,看似与公民权利保障日益强化的趋势一致。其不区分权利和利益的作法,容易得出一个结论:凡权利受到侵犯,必应予以国家赔偿。但是,有些权利受到国家机关违法行为的侵犯,如选举权被无端剥

---

① "齐玉苓案"实际上是一起适用宪法条文的民事案件。然而,在此案中,与陈晓琪同为被告的还有陈克政(陈晓琪父亲)、山东省济宁商业学校(简称"济宁商校")、山东省滕州市第八中学(简称"滕州八中")、山东省滕州市教育委员会(简称"滕州教委")。在这些被告中,至少有滕州教委是在履行行政管理职能时与其他被告共同侵犯齐玉苓姓名权、受教育权,这种公务侵权行为纳入国家赔偿范畴,也是于法有据的。再看山东省高级人民法院的判决,"由于各被上诉人侵犯了上诉人齐玉苓的姓名权和受教育的权利,才使得齐玉苓为接受高等教育另外再进行复读,为将农业户口转为非农业户口交纳城市增容费,为诉讼支出律师费。这些费用都是其受教育的权利被侵犯而遭受的直接经济损失,应由被上诉人陈晓琪、陈克政赔偿,其他各被上诉人承担连带赔偿责任。……为了惩戒侵权违法行为,被上诉人陈晓琪在侵权期间的既得利益(以上诉人齐玉苓的名义领取的工资,扣除陈晓琪的必要生活费)应判归齐玉苓所有,由陈晓琪、陈克政赔偿,其他被上诉人承担连带责任"。可见,公民受教育权被公权力行为侵犯而造成财产利益受损,并非只是假设。

夺,并不必然导致财产利益损失或法定应予赔偿的非财产利益损失。即便这些违法侵权行为应当予以纠正或谴责,也可能没有特定的利益损失需由国家承担赔偿责任。

综上,国家侵权损害的界定,与前文所采的侵权损害之一般界定保持一致,亦可以理解为有两层含义:其一是行使职权的公务组织或公务人员违法行为侵犯了公民、法人和其他组织的合法权利;其二是该侵权行为造成了财产利益和非财产利益的减少或损失。第一层次上的含义,重点表明合法权利受到侵犯,无论该合法权利是人身权、财产权还是其他法律承认并保护的权利。第二层次上的含义,重点突出合法权利受到侵犯所带来的财产利益和非财产利益损失。这就意味着,无论什么权利受到侵犯,如果确实由此侵犯造成财产利益的损失或者法定应予国家赔偿的非财产利益的损失,那么,国家就不能免责;反之,无论什么权利受到侵犯,如果并未造成任何财产利益的损失或者法定应予国家赔偿的非财产利益的损失,那么,国家就无须承担赔偿责任。这两个层次上的含义,可归结为国家侵权损害概念的"双层结构"。《最高人民法院关于审理行政赔偿案件若干问题的规定》(法释[2022]10号,2022年3月20日发布,2022年5月1日施行,以下简称《行政赔偿案件若干问题规定》(2022))第2条规定:"依据行政诉讼法第一条、第十二条第一款第十二项和国家赔偿法第二条规定,公民、法人或者其他组织认为行政机关及其工作人员违法行使行政职权对其劳动权、相邻权等合法权益造成人身、财产损害的,可以依法提起行政赔偿诉讼。"该规定在措辞上虽然有进一步商榷余地,但其也在相当程度上反映出侵犯权利与造成利益损失的双层构造。

▶▶▶▶▶ **即时思考**

你认为对损害的界定是否需要区分权利和利益,无论是在普通侵权法上,还是在国家赔偿法上?

2. 合法权益与非法利益

以上对国家侵权损害的界定,是从描述损害对象"是什么"的正面角度出发的。学理上还有一种界定方法,立足于损害对象"不是什么"的反向角度。简言之,只要受到损害的不是非法利益,那么,就是国家承认的利益,就应当受到法律的保护,国家应当承担赔偿责任。①

---

① 参见杨小君:《国家赔偿法律问题研究》,北京大学出版社2005年版,第275—276页。

这种方法看似有利于保护所有的正当利益,却混淆了利益的伦理价值和法律价值。实际上,并非所有的正当利益都能得到法律的保护。有些利益不是非法利益,但其受到的损害,法律不见得要求致害人予以赔偿。例如,住在湖景房的业主,当然有观赏优美景观的利益。假如因政府环保部门的不作为而使得湖面污染严重,湖景受到严重破坏,业主享受美景的利益受到损害。然而,法律并不要求国家为此利益损害承担赔偿责任。至于利益的伦理价值是否要转化为法律价值,即是否要将某类正当利益纳入法律予以保护的范围,则是规范论(或立法论)层次上而不是解释论层次上的问题。因此,不属于非法利益的利益,不一定都是国家赔偿法上的合法权益,国家负责赔偿的是合法权益的损害。

在法律层面上,与合法权益相对的,就是非法利益,即通过不合法的途径或手段取得的利益,或非善意取得的非法利益。参见本章案例3-7"马萍申请国家赔偿案"。可以肯定的是,非法利益不受法律保护,公权力行使造成非法利益损害的,国家不承担赔偿责任。参见本章案例3-8"祁县华誉纤维厂诉祁县人民政府行政赔偿案"。关键问题在于,实践中如何认定非法利益。

杨小君教授认为,非法利益的认定应符合以下要求:第一,不是所有主体都有权认定非法利益;第二,即使是有权认定的机关,也只能在法定主管权限内认定;第三,法定主管机关对非法利益的认定应当在法定程序中进行;第四,有权机关对非法利益的认定,已经产生效力并仍然有效。据此,在国家赔偿责任适用方面,必须是对已经合法有效认定为非法的利益,才不予赔偿;否则,就不能认为是非法利益,不能因此而免除国家赔偿责任。其进一步的观点是,实践中,无论认定非法利益(如走私车、违章建筑)的行政行为是以何种理由被否定的,由于该行为在法律上已经失去效力,就不存在非法利益的有效认定,违法行政行为造成这些"利益"损失的,就应当予以国家赔偿。①

这一主张坚持非法利益认定的程序标准,有其合理之处,却难免偏颇。实际上,在国家赔偿实务中,若有权机关在否定行政行为的同时,根据行政主体提供的证据,足以判断该违法行为损害的利益也是非法的,那么,利益主体提出的国家赔偿请求当然不能予以支持。在技术层面上,行政行为虽被否定,但审理国家赔偿请求的有权机关也可以作出受损害利益是否合法的有效决定或判决。承认这一点,不仅同样符合非法利益认定的程序标准,更为重要的是,可以避免无端的国家赔偿。

此外,现实生活之中,合法权益与非法利益可能交织在一起,这就需要根据具体情形作出相应的处理:第一,非法利益与合法权益在空间范围内并存的情形

---

① 参见杨小君:《国家赔偿法律问题研究》,北京大学出版社2005年版,第276—278页。

下(如违章建筑和建筑内的合法财产),应当区别对待之,损害合法权益的理应承担国家赔偿责任。第二,非法利益与合法权益在结构上交错并存的情形下(如违章建筑与建筑所使用的材料),对非法利益的限制或剥夺或不可避免地损及合法权益时,国家不承担赔偿责任,但确实可以区分对待的除外。参见本章案例3-9"钟玉生诉海口市人民政府、海口市龙华区人民政府拆除房屋及行政赔偿案"。第三,权益"合法性"发生变化而成非法利益的情形下(如本不应获得许可的建筑获得了许可,许可经有权机关撤销后建筑就会成为违章建筑),则要视利益主体本身在利益获取过程中是否有过错而定,有过错的,其利益不受保护;无过错的,其利益受损应得到国家赔偿。①

3. 国家侵权损害的类型

国家应予承担赔偿责任的侵权损害类型,也可借鉴普通侵权法原理认知之。

首先,在承认国家侵权损害概念"双层结构"的前提下,以受损权利的性质为分类标准,国家侵权损害也有人身权损害、财产权损害和其他权利损害。

其次,以损害是否能够以金钱衡量或计算为标准,国家侵权损害也可划分为财产损害和非财产损害。仍需强调的是,财产损害不等同于财产权损害,不同类型的权利损害都有可能会带来财产损害,但权利受损并不必然造成财产损害,更是很少造成国家法律确定必须予以赔偿的非财产损害。1994年的《国家赔偿法》,对国家侵权造成的非财产损害,没有规定国家赔偿责任,只是责令要求消除影响、恢复名誉、赔礼道歉。《国家赔偿法》修改后,已经承认精神损害赔偿。可见下表3.2内容。

表 3.2　国家赔偿的责任类型变化

《国家赔偿法》(1994)	《国家赔偿法》
第30条　赔偿义务机关对依法确认有本法第三条第(一)(二)项、第十五条第(一)(二)(三)项规定的情形之一,并造成受害人名誉权、荣誉权损害的,应当在侵权行为影响的范围内,为受害人消除影响,恢复名誉,赔礼道歉。	第35条　有本法第三条或者第十七条规定情形之一,致人精神损害的,应当在侵权行为影响的范围内,为受害人消除影响,恢复名誉,赔礼道歉;造成严重后果的,应当支付相应的精神损害抚慰金。

---

① 例如,依照我国《行政许可法》第69条的规定,有下列情形之一的行政许可可以撤销:(1)行政机关工作人员滥用职权、玩忽职守作出准予行政许可决定的;(2)超越法定职权作出准予行政许可决定的;(3)违反法定程序作出准予行政许可决定的;(4)对不具备申请资格或者不符合法定条件的申请人准予行政许可的;(5)依法可以撤销行政许可的其他情形。撤销给被许可人的合法权益造成损害的,行政机关应予赔偿。但是,如果被许可人是以欺骗、贿赂等不正当手段取得行政许可的,被许可人基于行政许可可取得的利益不受保护。另见杨小君:《国家赔偿法律问题研究》,北京大学出版社2005年版,第278—279页。

最后，以受到损失的财产利益是既有的还是未来可得的为标准，国家侵权损害也有直接损害和间接损害之分。对于间接损害的赔偿，国家赔偿法采取的是明示主义原则，即除法律明确规定应当予以赔偿的间接损害以外，其余的财产损失都只赔偿直接损害。例如，《国家赔偿法》第 34 条第 1 款第（一）项规定，"造成身体伤害的，应当支付医疗费、护理费，以及赔偿因误工减少的收入"，其中的"误工减少的收入"就是间接损害。第 36 条第（八）项又规定，"对财产权造成其他损害的，按照直接损失给予赔偿"。换言之，如法律未明文应予赔偿，一切皆以直接损害为赔偿范围。

实务中，对于"直接损害（损失）""间接损害（损失）"术语的运用，还存在一定的混乱。有一种用法是以损害与侵权行为之间是否存在直接的因果关系为标准：由侵权行为直接造成的损害，被称为"直接损害（损失）"；由侵权行为间接造成的损害，被称为"间接损害（损失）"。这种用法在日常话语体系中未尝不可，但易与法律上的"直接损失"概念之本义混淆，不宜出现在正式赔偿决定或判决之中。

三、案例讨论

案例 3-6　齐玉苓诉陈晓琪等以侵犯姓名权的手段侵犯宪法保护的公民受教育的基本权利纠纷案（《最高人民法院公报》2001 年第 5 期）

1. 济宁商校、滕州八中、滕州教委的侵权行为是民事侵权行为还是行政侵权行为？假设本案齐玉苓针对济宁商校、滕州八中、滕州教委的侵权行为提起国家赔偿请求，是否成立？

2. 法院判决承认齐玉苓受到侵害的有哪些权利？认定和不认定齐玉苓受教育权被侵害，在金钱赔偿方面是否存在不同？

案例 3-7　马萍申请国家赔偿案【(2012)法委赔字第 4 号，《最高人民法院公报》2014 年第 2 期】

1. 根据最高人民法院《关于审理诈骗案件具体应用法律的若干问题的解释》第 11 条关于善意取得诈骗财物不再追缴的规定，是否可以认为，善意取得的非法利益在法律上属于"合法权益"？

2. 最高人民法院对马萍、张牧刑事案件的判决认定其"行为违反了《中华人民共和国商业银行法》的相关规定，但不构成犯罪"，该判决对马萍行为违法性的认定，直接关系其主张的权益是否应予赔偿的合法权益。最高人民法院在本案中认为马萍行为是否违反《商业银行法》不属于国家赔偿案件审查范围。你是否同意?

案例 3-8　祁县华誉纤维厂诉祁县人民政府行政赔偿案(《最高人民法院公报》2011 年第 4 期)

1. 你是否同意,未办理完整的、合法的许可手续,而从事法定应经许可的活动,该活动所涉的相关设备、设施、原材料等以及已有的或可能的收益,都是国家不予赔偿的非法利益?

2. 若行政机关对未办理许可而进行的生产经营活动,有权责令停产停业而未采取,仅仅处以罚款并责令完善手续,在此期间行政相对人购买的原材料、生产设备等是否仍应认定为非法利益?

案例 3-9　钟玉生诉海口市人民政府、海口市龙华区人民政府拆除房屋及行政赔偿案【(2006)琼行终字第 24 号】

1. 一审法院、二审法院认定龙华区政府强行拆除违法建筑的行为是违反协议的违约行为,这是否意味着该行为在法律上已经被否定?若是,钟玉生被拆除的违法建筑是否可以获得国家赔偿?

2. 二审法院是如何区分应予赔偿的合法权益和不应赔偿的非法利益的?你认为是否合理?

第五节　因果关系

＋ 思考

在国家赔偿责任构成中,因果关系要件是指什么?《国家赔偿法》的哪些规则规定了因果关系要件?在因果关系要件上,主要有哪些学说?侵权行为与损害结果之间是否存在因果关系,应由谁负责证明?

依据通说,国家侵权赔偿责任构成的另一个要件是,国家侵权行为与损害事实之间存在因果关系。也就是说,作为结果的特定损害事实,确实是由作为原因的特定国家侵权行为造成的。若损害结果与公权力职务侵权行为无关,那么,国家自然就不应负赔偿责任。《国家赔偿法》第 2 条、第 5 条第(二)项、第 19 条第

(一)项、第(五)项,都体现了因果关系的要求。

《国家赔偿法》

第2条 国家机关和国家机关工作人员行使职权,有本法规定的侵犯公民、法人和其他组织合法权益的情形,造成损害的,受害人有依照本法取得国家赔偿的权利。

第5条 属于下列情形之一的,国家不承担赔偿责任:

……

(二)因公民、法人和其他组织自己的行为致使损害发生的;

……

第19条 属于下列情形之一的,国家不承担赔偿责任:

(一)因公民自己故意作虚伪供述,或者伪造其他有罪证据被羁押或者被判处刑罚的;……

(五)因公民自伤、自残等故意行为致使损害发生的;

……

然而,现实世界中,由于事物之间普遍存在的联系性,某个损害后果的产生有可能并不仅仅是一种原因造成的;有可能是在时间上先后发生或同时发生的一连串的事实,都对该损害后果的发生起到了一定的作用。因此,如何在众多的条件关系之中判断法律上成立的侵权损害因果关系,避免在因果关系链条上牵连无止境,从而实现合理转移或分散侵权损害结果、对受害人给予适当救济的法律目的,就成为侵权法上一个长谈不衰的话题。在因果关系判断方面,普通侵权法与国家赔偿法几无二致,故在此处主要介绍因果关系一般理论,并探讨其于国家赔偿领域的适用。

一、因果关系的含义与地位

因果关系,顾名思义,无非是原因与结果之间的关系。现实生活中,事物A之所以被认为是事物B形成的原因,事物B之所以被认为是事物A所导致的结果,并不仅仅是因为A先于B而存在,更是因为在经验判断上获得了对A与B之间"A生B"的规律性的认知。实际上,因果关系本身就是事理逻辑。

例如,农民甲从农民乙那里租借变压器,以便在雨季用电排涝,保护其花生地。公安局怀疑变压器来源,进行了扣留,三个星期后才在农民甲的努力之下发还,但变压器已经破损,花生地也被雨水淹了。人们基于常识,通常会有以下判断:若公安局不扣留变压器,变压器就不会破损,至少不会在公安局手中破损;变压器就会被农民甲用于排涝,其花生地就不会被淹,至少不会严重被淹;所以,公安局扣留变压器与变压器破损、花生地被淹之间存在因果关系。

因果关系判断在平日生活中经常用到,在法律领域,尤其是侵权法领域,更显其重要意义。受害人的哪些损害后果,是由行为人的侵权行为造成的,这样的因果关系判断,会对行为人是否应当承担侵权责任、承担什么样的责任以及受害人的损害在多大程度上得以弥补等核心问题,具有决定性的影响。它不是单纯的事实上的规律性认知,更是关系到如何让损害得以合理分担的社会正义之价值判断。因此,常识中多数人予以认可的事实上的因果关系(如上述公安局扣留变压器致花生地被淹),并不必然与法律上的因果关系一致,后者的厘定需要考虑法律的目标。

尽管有如此重要之地位,各国成文法典却罕见明确的因果关系之定义,而是更多仰仗法院根据具体案件判断因果关系,依靠法学理论对因果关系进行阐述。这或许是因果关系涵盖事物广泛复杂,欲理出头绪并作合理规范甚为困难之故。①

二、因果关系主要学说

对于因果关系,向来有各种学说,且大陆法系和英美法系在概念和理论方面也有很大不同。因我国学界受大陆法系学说影响略大,故在此简介较为重要的三个学说:

1. 条件说

这个学说认为,凡是引起损害发生的条件,都是造成损害的原因。现实生活中,一个损害可能是由多个因素共同或同时造成的。如公安人员将张某带至拘留所,正在办理手续时,因看管不严,张某从二楼跳下,导致腿骨骨折。造成张某身体伤害的,有公安人员的拘留行为、疏于看守和张某的跳楼三个条件。这三个条件几乎同时发生。另外存在的一种实际情形是,一个条件致使一个损害发生,该损害又成为另一个损害的条件,另一个损害复又成为再一个损害的条件。于此情形中,原始条件和其他迭次发生的条件,都构成最后损害的条件。如县政府决定强制拆迁一对老年夫妇尚某和李某的房屋,李某不愿房子被拆,以上吊自杀方式抗争,留下遗言称要为其夫尚某争得安度晚年的一席之地,尚某知其妻自杀后,也痛不欲生,选择了自杀。县政府的强拆决定既是李某自杀的条件,也是尚某自杀的条件。

依照条件说,无论上述哪一种情形,只要构成条件的,就具备因果关系。至

---

① 参见曾世雄:《损害赔偿法原理》,中国政法大学出版社 2001 年版,第 95 页。

于如何判断某个因素构成损害的条件,其最为简易的公式就是:"没有 A,就没有 B,则 A 为 B 的条件"。当前,在多数大陆法系国家,条件说已经不再成为通说。①

2. 相当因果关系说

由于现实生活中事物之间存在的广泛联系,若在因果关系的判断上依条件说,就容易形成无限牵连的问题。行为人先在的一个行为,因接二连三的"涟漪效应",最终形成损害结果,该损害结果甚至并非行为人事先能够预见到并采取措施避免的。按照条件说确定行为人的侵权责任,不仅对行为人本身不公平,甚至无法真正实现法律通过归责来预防类似侵害事件发生的功能。因此,相当因果关系学说逐渐被广泛接受。相当因果关系说的基本含义是:致害人必须对以其侵害行为为相当条件的损害负赔偿责任,对于超出这一范围的损害后果不负责任。②

至于何谓相当条件,一般认为,可以由"条件关系"和"相当性"两部分构成。故而,在适用时,应区别两个阶段。第一个阶段是审查条件上的因果关系是否成立。换言之,就是按照上述条件说的公式,审查行为 A 是否损害 B 的条件。审查的问题是:"若没有 A,B 是否会发生"。若没有 A,B 肯定不会发生,那么,A 就是 B 的条件;若没有 A,B 仍然会发生,A 就不是 B 的条件。不过,即便第一阶段的审查结论是条件关系存在,还不足以构成相当因果关系,尚需进行第二阶段的审查,即对该条件关系是否具备"相当性"进行判断。判断采取另外一种正面的积极公式:若 A 形成了,通常就会产生 B,那就具备了相当性,构成法律上的因果关系。因此,"因果关系的'相当性'系以'通常足生此种损害'为判断基准"。③

接下来还有一个问题是:用什么标准判断"通常情形下"会发生。对此,学理上有三种观点,即主观说、客观说和折中说。主观说认为应当以行为人行为时对行为发生损害后果的盖然性的认知为基础进行判断。依据该说,即便普通人已认知或能够认知行为通常会导致损害,但行为人并未认知或不能认知,那么,行为人的行为与结果之间就不存在因果关系。客观说则以社会上一般人对行为及结果的判断为标准,若普通人已认知或能够认知行为通常会造成损害,无论行为人本身的认知程度或能力如何,行为人的行为与结果之间存在因果关系。折中说则综合了主观说和客观说的立场:首先承认客观说,其次,若普通人并未认知或不能认知行为及结果,而行为人却有特别的认知、预见能力,则因果关系也可

---

① 参见曾世雄:《损害赔偿法原理》,中国政法大学出版社 2001 年版,第 96—97 页;杨立新主编:《侵权行为法》,复旦大学出版社 2007 年版,第 106 页;张新宝:《侵权责任法原理》,中国人民大学出版社 2005 年版,第 61 页。
② 参见张新宝:《侵权责任法原理》,中国人民大学出版社 2005 年版,第 61 页。
③ 王泽鉴:《侵权行为法》(第一册),中国政法大学出版社 2001 年版,第 193—194、203—205 页。

成立。德国等司法实务倾向于客观说。①

▶▶▶ **即时思考**

对"通常情形下会发生"的因果关系判断,与行为人的认知有关系吗?若在因果关系判断与行为人认知之间建立一种关联性,因果关系要件与过错要件是否会有一定程度的混淆?

3. 法规目的说

相当因果关系说虽避免了条件说漫无边际确立因果关系的弊病,但也有其难以克服的问题。有学者指出,相当因果关系的判断基准,实际上是概率(可能率)。在理论上,概率超过50%的情形,都应肯定相当因果关系的存在,但是,问题在于概率难以确定。而且,即便在理论上,也有概率49%不负责任、概率51%负责任的"全有全无"的荒谬结论。此外,在结果已经发生的情况下,肯定此行为可能产生此结果,要比否定此行为通常不会发生此结果,更容易一些。也就是在心理上会有"已经发生只好肯定之"的倾向。加上同情受害人的心理,也容易导致偏向肯定因果关系的存在。②

于是,法规目的说应运而生。该说基本主张是,侵权行为所生损害赔偿责任,应通过探究侵权行为法规的目的而定,尤其要探讨法规目的究竟在保护何种利益。因为,行为人就其行为所生的损害后果是否要负赔偿责任,在性质上属于法律判断、规范判断或价值判断,而不是事实判断,应该根据法规的目的来认定。法规目的说还有两种解释的可能性:一是广泛承认因果关系是侵权责任构成要件之一,再依法规的目的判断因果关系是否存在;二是将因果关系从侵权责任构成要件中剔除,行为人对于行为引发的损害是否负责,直接依法规的目的进行判断。多数学者选择前一种解释,并且认为相当因果关系说和法规目的说可以并存。"即损害应否赔偿,首先须认定其有无相当因果关系,其次再探究其是否符合规定目的,易言之,即损害之发生虽具相当因果关系,但在法规目的之外者,仍不得请求损害赔偿,德国联邦法院亦采此见解。"③

在有些学者看来,法规目的说比起相当因果关系说,似乎能够更好地解决后者内容过于抽象而存在的不确定性问题。例如,因车祸而伤人的,驾驶人对于受

---

① 参见杨立新主编:《侵权行为法》,复旦大学出版社2007年版,第107页;王泽鉴:《侵权行为法》(第一册),中国政法大学出版社2001年版,第205页。
② 参见曾世雄:《损害赔偿法原理》,中国政法大学出版社2001年版,第104—105页。
③ 王泽鉴:《侵权行为法》(第一册),中国政法大学出版社2001年版,第221—222页。

害人受伤的部分自然应当负责。至于受害人因此而选择自杀的,就要分别情形来对待。原则上,驾驶人对于自杀损害不必负责,因为法律旨在保护人身不受他人违法伤害,并不在于保护残害自己。但是,如果车祸受伤情形严重而使受害人选择自杀成为自然趋势的,那么,自杀损害的全部或一部就是车祸损害的必然结果,驾驶人就要为此负责。假如仅仅依相当因果关系说,自杀损害被认为是通常情形下可能发生的,须由驾驶人负损害赔偿责任。而依法规目的说,原则上驾驶人无需对自杀损害负责。①

尽管法规目的说提供了一个新的思考方向,但是,如何判定法律规范目的及其所欲防范的危险,确非易事。相当因果关系说的不确定性在于如何认定"通常可能性",而法规目的说的不确定性在于如何认定"法规目的""危险范围""生活上风险"等。两者的不确定性不相上下。② 更何况,运用相当因果关系说来判断"相当性",实际上是一种规范判断而不是单纯的事实判断,法律规范目的的认定即便不是很明确,也常会隐含其中。反过来,法规目的说在运用时,也往往会牵扯对盖然性的判断。

▶▶▶▶ **即时思考**

前文所述车祸事例,依相当因果关系判断之,是否必然会得出车祸与自杀之间具有"相当性"(通常情形下会发生)的结论?依法规目的说判断之,所谓的"车祸受伤情形严重而使受害人选择自杀成为自然趋势",是否隐含"通常足生此种损害"的判断?

前文所述公安局扣留变压器致花生地被淹事例、张某被拘留后跳楼骨折事例、县政府违法强拆致两位老人先后自杀事例,依相当因果关系说和法规目的说,会有不同结论吗?

上述理论中,条件说显然不能在无限牵连的世界中锁定法律上因果关系,不能保证责任分配、损害转移的公平性,不能有效实现防范损害的功能。比较而言,相当因果关系说和法规目的说是更加契合现代侵权责任法目标的。这两种学说在表面上各有着力点,但实际应用时都存在不确定性,且互有渗透。当前,在我国,相当因果关系说是普通侵权法审判实务中较为流行的学说。在国家赔偿法领域,没有广泛采用"相当因果关系"这一概念,审判实务中常用的"直接因果关系""必然因果关系"等术语,虽然不是十分准确,却也在很大程度上体现了

---

① 参见曾世雄:《损害赔偿法原理》,中国政法大学出版社 2001 年版,第 115—116 页。
② 参见王泽鉴:《侵权行为法》(第一册),中国政法大学出版社 2001 年版,第 226—227 页。

相当因果关系说的理念。参见本章案例 3-10"王国清等请求泸州市纳溪区水产渔政管理站行政赔偿案"。

三、因果关系的证明

在法律纠纷过程之中,侵权行为与损害事实之间是否存在因果关系,往往会成为受害人同行为人的争点之一。若发生争执,就需要有人去证明。关键问题在于,如何分配这样的证明责任。普通侵权法领域的因果关系证明责任分配,通常遵循两个规则。一个是"谁主张谁举证"规则,即原告受害人主张被告的行为造成损害,就应当对被告行为与损害之间存在因果关系承担证明责任。若原告不能提出充分的证据证明因果关系存在,其主张就不能成立,就不能要求被告赔偿损害。另一个规则就是"举证责任倒置",即虽然原则上由受害人负责举证,但这只是一般情况,在特别情况下,法律或法院也会将举证责任转移给被告,要求被告就其行为与原告损害不存在因果关系承担举证责任。[①]

1. "谁主张谁举证"

《行政诉讼法》(1989)第九章"侵权赔偿责任",明确了权利人的行政赔偿请求权、赔偿诉讼的程序以及赔偿责任的承担,却未提供行政赔偿诉讼的证明责任规则。《行政诉讼法》(1989)第 32 条规定:"被告对作出的具体行政行为负有举证责任,应当提供作出该具体行政行为的证据和所依据的规范性文件。"该条款一般被理解为,被告需举证证明其具体行政行为的合法性。若原告在诉讼中要求被告赔偿损失,是否也应由被告证明其行为与原告损害之间不存在因果关系,该条款并未给出明确答案。

对于因果关系的证明问题,《国家赔偿法》(1994)和《行政诉讼法》(1989)皆未作明确规定。直到 1997 年,《最高人民法院关于审理行政赔偿案件若干问题的规定》(法发〔1997〕10 号)第 32 条才明确指出:"原告在行政赔偿诉讼中对自己的主张承担举证责任。被告有权提供不予赔偿或者减少赔偿数额方面的证据。"该条可以认为是在行政赔偿诉讼中确立"谁主张谁举证"原则的初步。不过,诉讼中,原告的赔偿主张若要被法院接受,需建立在被告是适格的赔偿义务机关、被告有侵权行为、原告有损害事实、原告损害与被告侵权行为之间有因果关系等条件皆成立的基础上。该司法解释还是没有就因果关系的证明责任分配问题,提供明确无疑的规则。

1999 年,《最高人民法院关于执行〈中华人民共和国行政诉讼法〉若干问题的

[①] 参见张新宝:《侵权责任法原理》,中国人民大学出版社 2005 年版,第 65—66 页。

解释》(法释〔2000〕8号,已失效)第27条第(三)项将原告在赔偿诉讼中的举证责任限于"证明因受被诉行为侵害而造成损失的事实"。2002年,《最高人民法院关于行政诉讼证据若干问题的规定》(法释〔2002〕21号)第5条再次确认:"在行政赔偿诉讼中,原告应当对被诉具体行政行为造成损害的事实提供证据。"这些规则可以解释为,若原被告在原告是否有损害(损害事实)、其损害是否由被诉行为所致(因果关系)这两个争议点上存在歧见,那么,原告需为此负证明责任。《行政赔偿案件若干问题规定》(2022)第11条再次明确:"行政赔偿诉讼中,原告应当对行政行为造成的损害提供证据"。

通常,这样的证明责任分配是合理的。首先,受害人存在什么样的损害,哪些损害是公权力组织的侵权行为所致,哪些损害是别的原因所致,赔偿请求人较之赔偿义务机关更清楚,或者更易收集证据;其次,赔偿请求人为损害事实、因果关系负责举证,也可以在一定程度上防止滥用赔偿请求权,避免请求人动辄请求赔偿,而把举证成本一味推给赔偿义务机关。

2."举证责任倒置"

然而,一般情形中合理的证明责任分配规则,并不见得在所有情形中都是合理的。杨小君教授指出,至少存在四种特殊的情形,应当由赔偿义务机关证明受害人的损害不是其行为所致、而是别的原因所致:第一,受害人的人身自由被限制期间造成的人身损害;第二,受害人的财物被赔偿义务机关扣押期间损失的;第三,受害人的财物在赔偿义务机关采取其他强制措施(如搜查、登记保存等)之后损害的;第四,因果关系的主要证据本来就在赔偿义务机关的掌握之中。之所以将举证责任倒置,是因为在这些情形中,受害人通常有举证不能的困境,要求其负担证明责任,就会形成明显的不合理、不公平;相较之下,赔偿义务机关在提供证据证明受害人损害非其行为所致方面,具备更有利的条件和优势。①

"举证责任倒置"看似与"谁主张谁举证"相悖,实际上却都符合证据法基本原理。因为,在证据法上,针对任何特定事实争议点的证明责任,无论是制定法予以明确的分配,还是纠纷裁决者在制定法未明文规定的情况下进行分配,都需要考虑分配的公正性。举证责任的配置,往往需要在不同情形之中考量许多因素。例如:当事人提供证据的便利条件;获得证据的相对容易程度;哪一方当事人破坏了法律关系现状;事实主张是否定性表述的还是肯定性表述的;有关事项是否引起制定法规则或一般规则的例外;等等。② "举证责任倒置"规则的适用,

---

① 详见杨小君:《国家赔偿法律问题研究》,北京大学出版社2005年版,第312—318页。
② See Paul F. Rothstein, *Evidence in A Nutshell*: *State and Federal Rules*, West Publishing Co., 1981, p. 99.

恰恰是因为在特殊情形下,假如仍然一味遵循"谁主张谁举证"规则,就会造成明显不公正的结果。两种规则其实都是要实现举证责任的公正分配。

有鉴于此,修订的《国家赔偿法》在一定程度上吸纳了举证责任倒置规则。第15条第2款规定:"赔偿义务机关采取行政拘留或者限制人身自由的强制措施期间,被限制人身自由的人死亡或者丧失行为能力的,赔偿义务机关的行为与被限制人身自由的人的死亡或者丧失行为能力是否存在因果关系,赔偿义务机关应当提供证据。"第26条第2款则规定:"被羁押人在羁押期间死亡或者丧失行为能力的,赔偿义务机关的行为与被羁押人的死亡或者丧失行为能力是否存在因果关系,赔偿义务机关应当提供证据。"这两个条款分别适用于行政赔偿与刑事赔偿的情形,意味着修法者已经意识到,在国家赔偿侵权责任构成的因果关系要件上,需要在主张者举证的一般规则之外,辅以特殊的举证责任倒置规则。①

然而,此次修法,对因果关系的举证责任倒置,并未规定得十分周全。上述两个条款除了措辞不甚严谨之外②,还对举证责任倒置规则的适用情形,给定了两个限制性条件:(1)限于受害人人身自由受到限制的情形;(2)限于受害人死亡或者丧失行为能力的情形。其实,一方面,当受害人提出,其财产在赔偿义务机关采取扣押等强制措施期间受到了损失,故赔偿义务机关应负责赔偿的主张之时,赔偿义务机关若欲免责,就必须证明该损失与其行为没有因果关系,而是存在别的原因(如不可抗力)。换言之,财产受到限制的情形,也有适用举证责任倒置规则的可能性。另一方面,即便是在受害人人身自由受限的情况下,也不应该把举证责任倒置规则仅适用于受害人死亡或丧失行为能力的情形。因为,受害人在人身自由受到限制期间,其身体还有可能遭到赔偿义务机关的伤害,只是尚未严重到死亡或者丧失行为能力。由于在此种特殊情境之中,受害人除了自我陈述说明其身体伤害乃赔偿义务机关所为之外,几乎不会有什么证人证明其

---

① 参见《最高人民法院办公厅关于印发国家赔偿典型案例的通知》(法办〔2012〕481号),"最高人民法院发布国家赔偿十大典型案例之七:叶寿美申请江苏省南通监狱虐待致伤国家赔偿案〔江苏省高级人民法院赔偿委员会(2011)苏法委赔字第0002号国家赔偿决定书〕"。"典型意义:……本案即属于适用举证责任倒置的情况。江苏省高级人民法院赔偿委员会审理认为,监狱作为刑罚执行机关,对罪犯依法进行监管的同时也负有保障其人格尊严、人身安全等职责,根据国家赔偿法规定精神,监狱对其行为与被羁押人一级视力残疾之间是否存在因果关系负有举证责任。本案最终通过审查南通监狱对此事实的举证责任完成情况,认定赔偿请求人双眼残疾与监狱行为无关"。

② 依法理和实践,赔偿义务机关若同意赔偿请求人关于公务行为与损害后果存在因果关系的主张,那么,就不存在谁举证的问题了。因此,在两个条款所规定的情形中,赔偿义务机关应该提供证据,证明其行为与损害后果不存在因果关系。两个条款皆规定由赔偿义务机关举证证明"是否"存在因果关系,显然系措辞不慎。

所言为真。若由受害人承担"不能证明即败诉"①的举证责任,也是极为不公正的。此时,也应该由赔偿义务机关证明受害人的身体伤害是别的原因而非其行为所致,赔偿义务机关若不能证明,就应承担赔偿责任。因此,《国家赔偿法》虽然在因果关系证明问题上提供了进步的合理规则,可是并不彻底。值得注意的是,《行政赔偿案件若干问题规定》(2022)弥补了后一缺陷,该司法解释第 12 条规定:"原告主张其被限制人身自由期间受到身体伤害,被告否认相关损害事实或者损害与违法行政行为存在因果关系的,被告应当提供相应的证据证明。"

《行政诉讼法》(2017)第 38 条第 2 款规定:"在行政赔偿、补偿的案件中,原告应当对行政行为造成的损害提供证据。因被告的原因导致原告无法举证的,由被告承担举证责任。"《行政赔偿案件若干问题规定》(2022)第 9 条也有同样内容:"因被告的原因导致原告无法举证的,由被告承担举证责任"。其中,"行政行为造成的损害"可以理解为包含"损害"和"因果关系"(注意"造成"的涵摄意义)两个意义。参见本章案例 3-11"沙明保等诉马鞍山市花山区人民政府房屋强制拆除行政赔偿案"。而"因被告的原因导致原告无法举证"作为举证责任倒置的条件,具有非常广泛的涵摄性。这在相当程度上进一步弥补了前述《国家赔偿法》的不足,但其又局限于行政赔偿领域。国家赔偿实务之中,赔偿请求的裁决者仍需在运用新规则的同时,以举证责任的公正分配为宗旨,适度地灵活处理因果关系的证明问题。

▶▶▶ 即时思考

假如你是立法者,你会如何设计规则,以使国家赔偿领域的因果关系证明规则更趋完善,即便不能达到尽善尽美?

四、案例讨论

案例 3-10 王国清等请求泸州市纳溪区水产渔政管理站行政赔偿案【(2003)纳溪行初字第 5 号】

一审法院判决指出渔业行政检查行为与受害人溺水身亡的后果之间"没有

---

① 这里涉及证明标准问题。甘文法官认为,在行政诉讼中,证明标准有三类:(1) 优势证明标准;(2) 排除合理怀疑的证明标准;(3) 清楚而有说服力的证明标准。在行政赔偿诉讼中,原告证明被诉具体行政行为造成损害,应采用优势证明标准。参见甘文:《行政诉讼证据司法解释之评论》,中国法制出版社 2003 年版,第 171—181 页。由此推演,在国家赔偿领域,一般情况下,"谁主张谁举证"规则要求赔偿请求人提供的证据足以使裁决者相信因果关系的存在比不存在更具有可能性,即必须达到"优势证明标准"。然而,若要人身自由受到限制的赔偿请求人,仅仅靠其"一面之词"就让裁决者相信,其身体伤害由赔偿被请求人所为的可能性更大,即便不是绝对不可能的,也是非常困难的。

必然的因果关系",二审法院判决运用的术语是"法律上的因果关系",这些不同表述的背后,是否存在相同或类似的因果关系判断标准? 如果是的话,是什么标准?

案例 3-11　沙明保等诉马鞍山市花山区人民政府房屋强制拆除行政赔偿案(指导案例 91 号)

1. 花山区政府强制拆除房屋过程中存在什么问题,导致受害人无法举证?

2. 受害人提供财产损失的初步证据,花山区政府如何才能"提供证据证明这些物品不存在"?

3. 受害人什么损害主张得到法院支持,什么损害主张没有得到法院支持? 法院裁断的标准是什么?

相关案例(第三章)

第四章　国家赔偿的范围(一)

第一节　国家赔偿范围的基本框架
第二节　行政赔偿的范围
第三节　司法赔偿的范围

◆ [重点问题]

1. 《国家赔偿法》确立的国家赔偿范围基本框架是怎样的？
2. 如何认识我国当前行政赔偿的范围？
3. 如何认识我国当前司法赔偿的范围？

◆ [基本原理]

1. 什么是国家赔偿范围的列举式规定、概括式规定？二者之间的关系如何？
2. 行政赔偿范围是怎样的？行政赔偿责任的例外情形有哪些？
3. 刑事司法赔偿范围是怎样的？刑事司法赔偿责任的例外情形有哪些？
4. 民事、行政司法赔偿范围是怎样的？民事、行政司法赔偿责任的例外情形有哪些？

第一节　国家赔偿范围的基本框架

✚ 思考

什么是国家赔偿范围？国家赔偿范围与国家赔偿责任构成要件是一种什么关系？如何理解国家赔偿范围的列举式规定与概括式规定？国家赔偿范围列举式规定与概括式规定的关系应该是怎样的？

一、国家赔偿范围

1. 定义

"范围"，作为一个日常用语，其含义的简单解释就是上下四周的界限。据此，国家赔偿的范围，其实是一个"域"的概念，在这个域内，国家需对受害人负责赔偿，而在这个域外，国家就无须承担赔偿责任。进而，国家赔偿的范围，可大致定义为：国家对公务组织和公务人员在从事公法上的职务行为时造成的损害承担赔偿责任的界域。

2. 国家赔偿范围与国家赔偿责任构成要件

既然是界域,就得有划分域内和域外的标志,如界河、界桩、界标、界线等。厘定国家赔偿范围的这些标志,究竟在哪里呢?这就必须提及本书第三章所涉及的国家赔偿责任构成要件。如上所述,国家赔偿责任的构成要件,是指国家承担公法上侵权赔偿责任的各种作为必要条件的因素。也就是说,这个概念所针对的问题是:当一个损害事件发生以后,国家若要对此损害事件负责赔偿,必须具备哪些不可或缺的条件因素。在这个意义上,某个损害是否在国家赔偿范围之内,完全可以依据关于国家赔偿责任构成要件的理论和学说进行判断。

尽管国家赔偿范围与国家赔偿责任构成要件有如此密切的联系,但是,它们毕竟还是两个立意不同的概念。"国家赔偿责任构成要件"理论是为判断国家是否应对某个具体的损害事件负责赔偿(换言之,某个具体的损害事件是否在国家赔偿范围之内)提供判断标尺。而"国家赔偿范围"理论,旨在对国家应当予以赔偿的损害事件依一定标准进行分类,进一步可以凭借这样的类型化处理,使对于国家赔偿范围的认识得到一些相对集合的观念。基于此,这两个理论的问题意识有所区别:构成要件理论关心的是,国家负担赔偿责任需要具备哪些条件因素;赔偿范围理论关心的是,公务组织及公务人员的哪些行为造成的哪些损害,是国家应当予以赔偿的。

3. 国家赔偿范围的界定维度

当前,对国家赔偿范围的类型化处理,主要是从损害事件的原因和结果两个维度进行的。损害事件的原因是多种多样的,不过,基于不同国家或地区的国家赔偿制度经验,在观念上大致可以分为两类:一是行为原因,即导致损害事件发生的是公务组织及公务人员在履行公法职务时造成侵害的行为;二是物的原因,即导致损害事件发生的是国家设置和管理的、供公众使用的物。

损害事件的结果,就是合法权益蒙受的不利后果。以不利后果所涉及的权利性质为标准,损害有人身权损害、财产权损害和其他权利的损害之分;以不利后果是否能够以金钱衡量或计算为标准,损害可分为财产损害与非财产损害;以不利后果是已经发生还是必然发生为标准,财产损害又可分为直接损害和间接损害。[①]

结合这些类型化的观念处理,国家赔偿范围话题无非是要解决:国家对哪几类原因(包括行为和物)造成的损害负赔偿责任?国家要对哪几类损失负责

---

① 详见本书第三章第四节。

赔偿?

二、国家赔偿范围的列举式规定

根据《国家赔偿法》既有的规定,学理上一般认为,国家赔偿范围的基本框架,是立法者通过列举式规定和概括式规定相结合的混合模式来加以界定的。[①]

所谓列举式规定,即在立法上逐一列举出应当由国家承担赔偿责任的损害事件和排除国家赔偿责任的损害事件。列举国家应当赔偿的范围,通常被称为肯定性列举;列举排除国家赔偿的范围,通常被称为否定性列举。

1. 行政赔偿范围的列举式规定

《国家赔偿法》第二章第一节,从造成损害事件的、与公共行政组织行使行政职权有关的原因入手,列举了"行政赔偿"的范围,包括应当赔偿的范围和不予赔偿的范围。

(1) 肯定性列举。

在肯定性地列举应当赔偿的范围方面,立法采取的方式是根据人身权损害和财产权损害的分类,结合造成人身权损害和财产权损害的不同类型的行为,分别通过第3条、第4条,列举了人身权损害的赔偿范围和财产权损害的赔偿范围。

人身权损害的行政赔偿范围包括:① 违法拘留或者违法采取限制公民人身自由的行政强制措施的;② 非法拘禁或者以其他方法非法剥夺公民人身自由的;③ 以殴打、虐待等行为或者唆使、放纵他人以殴打、虐待等行为造成公民身体伤害或者死亡的;④ 违法使用武器、警械造成公民身体伤害或者死亡的;⑤ 造成公民身体伤害或者死亡的其他违法行为。

财产权损害的行政赔偿范围包括:① 违法实施罚款、吊销许可证和执照、责令停产停业、没收财物等行政处罚的;② 违法对财产采取查封、扣押、冻结等行政强制措施的;③ 违法征收、征用财产的;④ 造成财产损害的其他违法行为。

(2) 否定性列举。

在否定性地列举排除行政赔偿的范围方面,《国家赔偿法》第5条,以侵害行为的性质(属于损害事件的原因范畴)为基点,规定了国家不予赔偿的两种明确的情形:① 行政机关工作人员与行使职权无关的个人行为;② 因公民、法人和其他组织自己的行为致使损害发生的。此外,为使国家不予赔偿的情形不至于因

[①] 参见皮纯协、冯军主编:《国家赔偿法释论》(第三版),中国法制出版社2010年版,第92页;房绍坤、丁乐超、苗生明:《国家赔偿法原理与实务》,北京大学出版社1998年版,第101页。

为这两项明确的规定而受到严格的限制,国家赔偿法又留下了供立法者裁量的空间,即"法律规定的其他情形",国家也不予赔偿。这里的"法律"当然是指全国人民代表大会及其常委会制定的法律。

(3) 封闭式规定与开放式规定。

观察上述条款可以发现,行政赔偿范围的肯定性列举式规定,在损害的结果——尤其是合法权利——方面是一种封闭式规定。也就是说,就法律条文的字面意义而言,国家只对公共行政组织行使行政职权侵犯"人身权"和"财产权"的情形负责赔偿,对其他权利(如受教育权、选举权、言论自由等)所受的损害不予赔偿。

但是,在造成损害的行为方面,则是一种开放式规定。列举式规定并未完全穷尽违法行使行政职权的行为类型,而是通过兜底条款,将"造成公民身体伤害或者死亡的其他违法行为""造成财产损害的其他违法行为",都纳入国家赔偿的范围之内。由此,即便那些并未在《国家赔偿法》第3条、第4条中予以明确的行政侵权行为,也都可以利用这两个兜底条款,通过法律解释的方式,确定国家是否应予负责赔偿。《行政赔偿案件若干问题规定》(2022)第1条恰恰是进行了这样的解释:"国家赔偿法第三条、第四条规定的'其他违法行为'包括以下情形:(一)不履行法定职责行为;(二)行政机关及其工作人员在履行行政职责过程中作出的不产生法律效果,但事实上损害公民、法人或者其他组织人身权、财产权等合法权益的行为。"其中,第(一)项即本书所称的怠于履行职责行为[①];第(二)项即学理上所称的事实行为[②]。

2. 刑事赔偿范围的列举式规定

《国家赔偿法》第三章第一节,着眼于造成损害事件的、与国家机关在刑事领域内行使职权有关的原因,列举了"刑事赔偿"的范围。对刑事赔偿范围的列举式规定,与对行政赔偿范围的列举式规定相似,有肯定性列举和否定性列举两个方面。

(1) 肯定性列举。

刑事赔偿范围的肯定性列举,也是根据人身权损害和财产权损害的分类,结合造成人身权损害和财产权损害的不同类型的行为,在《国家赔偿法》第17条、

[①] 详见本书第五章第二节。
[②] 行政机关的"事实行为"纳入国家赔偿的范围,已经体现在《国家赔偿法》的个别条款上。如《国家赔偿法》第3条第(三)项规定的"以殴打、虐待等行为或者唆使、放纵他人以殴打、虐待等行为造成公民身体伤害或者死亡的",第(四)项规定的"以殴打、虐待等行为或者唆使、放纵他人以殴打、虐待等行为造成公民身体伤害或者死亡的"。《行政赔偿案件若干问题规定》(2022)第1条第(二)项是对事实行为侵权致害情形的一般性规定、概括性规定,弥补了个别条款列举式规定的不足。

第18条中加以规定的。

人身权损害的刑事赔偿范围包括：① 违反刑事诉讼法的规定对公民采取拘留措施的，或者依照刑事诉讼法规定的条件和程序对公民采取拘留措施，但是拘留时间超过刑事诉讼法规定的时限，其后决定撤销案件、不起诉或者判决宣告无罪终止追究刑事责任的；② 对公民采取逮捕措施后，决定撤销案件、不起诉或者判决宣告无罪终止追究刑事责任的；③ 依照审判监督程序再审改判无罪，原判刑罚已经执行的；④ 刑讯逼供或者以殴打、虐待等行为或者唆使、放纵他人以殴打、虐待等行为造成公民身体伤害或者死亡的；⑤ 违法使用武器、警械造成公民身体伤害或者死亡的。

财产权损害的刑事赔偿范围包括：① 违法对财产采取查封、扣押、冻结、追缴等措施的；② 依照审判监督程序再审改判无罪，原判罚金、没收财产已经执行的。

（2）否定性列举。

立法者在《国家赔偿法》第19条对刑事赔偿范围进行否定性列举时，也像否定性地列举行政赔偿范围一样，主要考虑造成损害的行为原因。

其中，与行政赔偿范围的否定性列举相似的，有三处。一是因公务人员个人行为造成损害，即第19条第（四）项规定的"行使侦查、检察、审判职权的机关以及看守所、监狱管理机关的工作人员与行使职权无关的个人行为"；二是因受害人自身原因造成损害，即第19条第（一）项规定的"因公民自己故意作虚伪供述，或者伪造其他有罪证据被羁押或者被判处刑罚的"；第（五）项规定的"因公民自伤、自残等故意行为致使损害发生的"；三是"法律规定的其他情形"，即全国人大及其常委会可制定法律排除刑事赔偿的情形。这些规则与第5条的规定，大体上基于同样的原理。

除此之外，第19条还特别排除了在刑事赔偿领域基于特殊原因进行羁押造成人身损害的情形，即第（二）项规定的"依照刑法第十七条、第十八条规定不负刑事责任的人被羁押的"；第（三）项规定的"依照刑事诉讼法第十五条、第一百七十三条第二款、第二百七十三条第二款、第二百七十九条规定不追究刑事责任的人被羁押的"。

（3）封闭式规定。

与行政赔偿范围的肯定性列举不同的是，刑事赔偿范围的肯定性列举在损害结果和造成损害的行为两个方面都是封闭式规定。换言之，刑事赔偿范围的肯定性列举式规定，不但把损害结果限于人身权损害和财产权损害，没有触及其他合法权利的损害，而且，由于第17条、第18条都没有兜底条款，因而，至少在形式上看，穷尽了造成损害的行为形式。设若现实中出现第17条、第18条未予明确的侵权行为,就难以通过法律解释的技术,将其纳入国家赔偿的范围。

3. 其他列举式规定

尽管《国家赔偿法》只是在第二章第一节、第三章第一节以"赔偿范围"的标题,分别列举式地规定了行政赔偿的范围和刑事赔偿的范围,但是,该法关于国家赔偿范围的列举式规定,并不限于这两节。①

(1) 其他司法赔偿的范围。

刑事赔偿在学理上通常认为属于"司法赔偿"的范畴。② 不过,司法赔偿的范围,不仅限于上述刑事赔偿的范围,还包括《国家赔偿法》第38条以肯定性列举的方式所规定的情形。该条指出:"人民法院在民事诉讼、行政诉讼过程中,违法采取对妨害诉讼的强制措施、保全措施或者对判决、裁定及其他生效法律文书执行错误,造成损害的,赔偿请求人要求赔偿的程序,适用本法刑事赔偿程序的规定。"

由此,该条在字面上并未严格限定损害的性质,而是从行为的角度,明确列举了三种国家应予赔偿的情形:① 违法采取对妨害诉讼的强制措施;② 违法采取保全措施;③ 对判决、裁定及其他生效法律文书执行错误。这些情形是在司法(民事诉讼、行政诉讼)过程中发生的,但又不属于刑事赔偿的情形,故可以认为其是国家赔偿法以肯定性列举方式承认的其他司法赔偿范围。

(2) 精神损害。

如前所述,以不利后果是否能够以金钱衡量或计算为标准,损害有财产损害与非财产损害之分。非财产损害主要就是指精神损害。《国家赔偿法》(1994)并未把精神损害纳入国家赔偿范围,随着认识的改变以及司法实践的推进,2010年的修法最终明确承认了严重的精神损害应予赔偿。《国家赔偿法》(2010)第35条规定:"有本法第三条或者第十七条规定情形之一,致人精神损害的,应当在侵权行为影响的范围内,为受害人消除影响,恢复名誉,赔礼道歉;造成严重后果的,应当支付相应的精神损害抚慰金。"③

(3) 直接损害(损失)和间接损害(损失)。

《国家赔偿法》第二章、第三章在列举式界定行政赔偿和刑事赔偿范围时,都

---

① 《国家赔偿法》(1994)出台之前,时任全国人大常委会法制工作委员会副主任的胡康生,在1993年10月22日第八届全国人大常委会第四次会议上所作的《关于〈中华人民共和国国家赔偿法(草案)〉的说明》指出:"此外,草案还规定,人民法院在民事诉讼、行政诉讼过程中,违法采取对妨害诉讼的强制措施、保全措施或者对判决执行错误,造成损害的,要给予赔偿。"这就内含了关于国家赔偿范围的规定不限于第二章第一节、第三章第一节的立法原意。

② 参见张红:《司法赔偿研究》,北京大学出版社2007年。但是,也有观点认为,在我国,司法机关是指法院和检察院,通常并不包括公安机关等,因而,"司法赔偿"概念不能完全涵盖国家赔偿法所规定的刑事赔偿情形。参见瓮怡洁:《刑事赔偿制度研究》,中国人民公安大学出版社2008年版,第4—5页。

③ 详见本章第四节。

承认财产损害属于国家赔偿的范围。依侵权法一般原理,财产损害可分为直接损害和间接损害。直接损害是现实的、已经发生的损失;间接损害是可得利益的损失。直接损害应该在、也实际在国家赔偿范围之内;间接损害是否应予赔偿,是否实际在现行法律规定的国家赔偿范围之内,却有不同见解。《国家赔偿法》(1994)颁布之后,曾有观点认为:"我国《国家赔偿法》对于侵犯受害人财产权的,规定按照直接损失给予赔偿,不赔偿间接损失。"[1]其根据就是《国家赔偿法》(1994)第 28 条第(七)项的规定,"对财产权造成其他损害的,按照直接损失给予赔偿"。

该条款在现行《国家赔偿法》中得到了保留〔第 36 条第(八)项〕,但是,仅仅以此为据,推出国家赔偿法规定对财产的间接损害不予赔偿的结论,还是有欠周全的。无论是 1994 年法还是 2010 年法,都承认了某些情形下的间接损害应予赔偿。在此以《国家赔偿法》为文本依据说明之。该法在行政赔偿范围、刑事赔偿范围部分都未触及间接损失应否赔偿的问题,但是,第四章规定"赔偿方式和计算标准"时,却在第 34 条、第 36 条以列举的方式区分了两种情形:

其一,应予赔偿的间接财产损害。包括:① 受害人因身体受到伤害、误工而减少的收入;② 受害人的残疾赔偿金;③ 受害人所扶养的无劳动能力的人的生活费;④ 罚款、罚金、被追缴或没收的金钱、被解除冻结的存款或者汇款的银行同期存款利息。[2] 第①项是对受害人可得的收入的赔偿;第②③项在性质上是对受害人未来挣钱能力丧失或降低的赔偿,也是等同于赔偿受害人的间接损害;第④项是银行同期存款利息,无疑也是间接损害。值得一提的是,第①②③项是人身权受到侵害后形成的财产损失,而第④项则是财产权受到侵害造成的损失。

其二,免予赔偿的间接财产损害。《国家赔偿法》第 36 条规定了对侵犯财产权的不同情形进行不同处理的方式,但在最后第(八)项中明确指出:"对财产权造成其他损害的,按照直接损失给予赔偿。"这就是上文所提旧法第 28 条第(七)项的保留。据此,可以解释为,除了国家赔偿法规定的应予赔偿的间接财产损害以外,在其他的财产权受害情形之中,仅仅赔偿直接损害,而不赔偿间接损害。[3] 参见本章案例 4-1"上海汇兴实业公司诉上海浦江海关行政赔偿案"。

不过,应当看到,2010 年的国家赔偿法以及新近的司法解释,已经越来越趋向于——虽然还没有完全——建立"实际损失"标准,而不是拘泥于严格意义上的"直接损失"标准。[4]

---

[1] 薛刚凌主编:《国家赔偿法教程》,中国政法大学出版社 1997 年版,第 91 页。
[2] 以上四项分别参见《国家赔偿法》(2010)第 34 条第 1 款第(一)(二)(三)项和第 36 条第(七)项。
[3] 但是,司法解释和司法实践在一些情形或案件中已经有所突破。参见本章第三节。
[4] 参见本书第七章第二节。

三、国家赔偿范围的概括式规定

以上是关于国家赔偿范围的列举式规定。按照学理通说,国家赔偿法对国家赔偿范围的规定,不限于此,还包括一种概括式的规定。所谓概括式规定,即在立法中对国家赔偿范围作出一个原则性的规定,该规定为厘定国家赔偿范围提供了一些基本标准,但不对哪些损害事件应予国家赔偿进行逐一的、详细的列举。

例如,被认为单纯采取概括式规定的日本《国家赔偿法》第1条第1款规定:"行使国家或者公共团体公权力之公务员,就其执行职务,因故意或过失不法加害于他人者,国家或者公共团体对此应负赔偿责任。"[1]韩国《国家赔偿法》第2条规定:"公务员执行职务,因故意或过失违反法令致使他人受损害;或者,依汽车损害赔偿保障法之规定,公务员有损害赔偿责任时,国家或地方自治团体应当依本法赔偿其损害。"[2]

基于对概括式规定的这一理解,在 2010 年修法之前,学界一般认为,我国的《国家赔偿法》(1994)也有概括式规定[3],其体现在第 2 条,即"国家机关和国家机关工作人员违法行使职权侵犯公民、法人和其他组织的合法权益造成损害的,受害人有依照本法取得国家赔偿的权利"。若承认这一观点,这就意味着:第一,确定国家赔偿范围的规范依据,不仅仅有那些列举式的规定,还有第 2 条这一总括性的规定;第二,据此,该条的含义可解释为,国家赔偿范围在损害原因维度上是国家机关及其工作人员违法行使职权的行为,在损害结果维度上是侵犯公民、法人和其他组织的合法权益造成的损害。

2010 年修法之后,第 2 条已经取消"违法"字样,改为"国家机关和国家机关工作人员行使职权,有本法规定的侵犯公民、法人和其他组织合法权益的情形,造成损害的,受害人有依照本法取得国家赔偿的权利"。假如延续上述认定其为国家赔偿范围概括式规定的看法,那么,该条的含义有了一种新的解释,即国家赔偿范围在损害原因维度上是国家机关及其工作人员"行使职权的行为",在损害结果维度上是"有国家赔偿法规定的"侵犯公民、法人和其他组织合法权益的情形而造成的损害。新旧条款的含义解释,看似只有几字之差,其实却存在巨大的差异。这一点具体表现在列举式规定和概括式规定之间的关系上。

---

[1] 转引自皮纯协、何寿生:《比较国家赔偿法》,中国法制出版社 1998 年版,第 307 页。
[2] 转引自吴东镐:《中韩国家赔偿制度比较研究》,法律出版社 2008 年版,第 243 页。
[3] 参见房绍坤、丁乐超、苗生明:《国家赔偿法原理与实务》,北京大学出版社 1998 年版,第 101 页。

> **即时思考**
>
> 你是否同意《国家赔偿法》(无论是旧法还是新法)第 2 条是关于国家赔偿范围的概括式规定这一观点?为什么?

四、列举式规定和概括式规定的关系

假如承认国家赔偿法对赔偿范围的规定,采取的是列举式和概括式相结合的混合模式,那么,列举式规定和概括式规定之间究竟是一种怎样的关系呢?换言之,列举式规定和概括式规定相结合的解释论意义是什么?对这些规定的解释,会得出有关国家赔偿范围的怎样结论?

1. 解释一:肯定列举为"虚",否定列举和概括为"实"

对列举式规定和概括式规定的关系问题,杨小君教授有专门系统的论述。在其看来,第一,《国家赔偿法》对国家赔偿范围的界定,不能依靠肯定性列举的范围和否定性列举的范围相加而得。在肯定性列举和否定性列举之间存在一个国家赔偿法未作明确指示的"第三领域"。例如,受教育权被行政机关侵犯的情形,既不在法律肯定性列举的范围之内,也不在法律否定性列举的范围之内。

第二,这个"第三领域"是否应纳入国家赔偿的范围,就得依据概括式规定来确定,而概括式规定本身是肯定性的,"把否定列举中没有被否定掉的行为、权益、事项等统统纳入了国家赔偿的范围"。

第三,《国家赔偿法》中的肯定性列举,在混合模式中,应当是举例和导向的作用。"换句话说,在国家赔偿范围划定上,否定列举规定是实的,肯定列举规定是虚的。如果肯定列举和否定列举规定都是实的,都要界定国家赔偿范围的话,那么总则第 2 条的概括规定就成了虚的规定,实际上被否定掉了。……原则成了虚的宣言,原则不但不能'管'具体条文,反而还被具体条文给'管住'了。这还是法律原则吗?实际上这是把原则当成比具体条文还微不足道的做法,是'小鬼犯上',是对原则的践踏。"[①]

"解释一"明显带有扩大国家赔偿范围的意向和价值取向,在总体上或许对受害人是有益的。然而,从现行国家赔偿法的列举式规定内容看,若否定性列举为"实"、肯定性列举为"虚",凡未明确在否定性列举范围之内的情形,都可通过第 2 条规定的解释,将其归入国家赔偿范围的话,那么,就会得出与立法原意以及国家赔偿实践相悖的推论。

---

① 参见杨小君:《国家赔偿法律问题研究》,北京大学出版社 2005 年版,第 14—15 页。与杨小君教授持类似观点的,参见周友军、麻锦亮:《国家赔偿法教程》,中国人民大学出版社 2008 年版,第 186—187 页。

例如,《关于〈中华人民共和国国家赔偿法(草案)〉的说明》(1993,以下简称"《国家赔偿法草案说明》")明确指出,民事、行政审判中的错判赔偿、军事赔偿以及国有公共设施的致害赔偿,都不纳入国家赔偿的范围。只是,这些明确的立法意图,并未转化为国家赔偿法中的明确规则,在否定性列举中也未涉及。若按照"解释一",就会推论出,这些也应属于国家赔偿范围。这就与立法原意发生了抵触。再如,《国家赔偿法草案说明》虽未提及立法赔偿问题,但是,无论是学界还是实务界,都普遍承认现行国家赔偿法没有认可立法赔偿。由于国家赔偿法的否定性列举也未触及立法赔偿问题,若按照"解释一",也会有立法侵权损害在国家赔偿范围之内的论点。

之所以会出现这样的问题,关键在于"解释一"实际上内含了否定性列举是周延的假设,即否定性列举穷尽了不属于国家赔偿范围的情形,那么,不在否定性列举之中的,自然应在国家赔偿范围之内。不过,这个假设并非现实。立法者暂时不想将民事、行政审判的错判赔偿、军事赔偿、公有公共设施致害赔偿、立法赔偿等纳入国家赔偿范围的初衷,并未在国家赔偿法的否定性列举之中得到周延的规定。因此,"解释一"看上去很美,却与当下的立法原意、赔偿实务相去甚远,难以成立。

2. 解释二:概括式规定为"虚",列举式规定皆为"实"

对第 2 条的法律解释,并不排除存在另外一种可能性。即由于概括式规定较为原则和抽象,在确定其具体含义方面,还需通过法律文本中的列举式规定进行配套的、限定性的解读。

由此,《国家赔偿法》中的肯定列举和否定列举,都有进一步厘定概括式规定之意义的作用。《国家赔偿法》(1994)第 2 条中与国家赔偿范围相关的两个有待解释的问题:(1) 国家机关和国家机关工作人员哪些违法行使职权的行为(原因维度),(2) 侵犯公民、法人和其他组织哪些合法权益、造成哪些损害(结果维度),都要通过挖掘肯定列举和否定列举的意义来解决。

这种解释方法,在对赔偿请求人提出的赔偿请求进行审查并作出决定的实务部门那里,较为流行。审查决定部门在面对某个赔偿事项是否属于国家赔偿范围问题时,通常采取的判断步骤为:(1) 该事项是否在否定性列举之中,若在,则依据否定性列举,拒绝赔偿请求;(2) 若不在,进一步审查该事项是否在肯定性列举之中,若在,则承认其在国家赔偿范围之内;(3) 若不在,则往往以"没有法律依据""于法无据"为由,拒绝赔偿请求。参见本章案例 4-2"王爱调再审改判无罪国家赔偿案"。

"解释二"以及实务部门常见的"三步法",可能与机械的法条主义习惯有关,但更重要的,恐怕还是对超越立法意志自主扩大国家赔偿范围可能带来的赔偿义务机关强烈抵触以及财政压力加大的忧虑。无论其价值取向和现实原因为何,事实上,它们把学理认同的国家赔偿范围概括式规定彻底虚化了,概括式规定在法律解释过程中也就没有实际意义可言了。

《国家赔偿法》对第2条的修改,似乎在字面上又给了这种解释方法更加明确的支持。因为,修改后的条文是"国家机关和国家机关工作人员行使职权,有本法规定的侵犯公民、法人和其他组织合法权益的情形,造成损害的,受害人有依照本法取得国家赔偿的权利"。其中,"有本法规定的……情形"至少在文义上意味着,第2条即便可以理解为是关于国家赔偿范围的概括式规定,其具体含义不是自明的,仍需由《国家赔偿法》的其他条款予以界定。

纵然如此,这种解释方法的运用,势必会形成在立法者明确意志背后亦步亦趋的倾向。亦即,凡立法者明确表示应予赔偿的(肯定列举),则认定其属于国家赔偿范围;凡立法者明确表示不应予以赔偿的(否定列举)或者未明确表示应予赔偿的(肯定列举、否定列举以外的),都不承认在国家赔偿范围之内。例如,受教育权虽然在"合法权益"范畴之内,《国家赔偿法》在肯定性列举式规定中却只明确了人身权、财产权受侵犯应予赔偿的情形。若实务部门遇见赔偿请求人因受教育权被侵犯而提出的赔偿请求,一概以肯定列举为厘定第2条中"合法权益"的标尺,那就很容易得出该赔偿请求没有法律依据、不在法定范围之内的结论。但是,这样的结论忽视了损害概念的"双层结构",实际上,忽视了受教育权被侵犯后受害人可能遭遇的财产损害。[①]

可见,这种解释方法是机械的、过分保守的,不利于在没有明显违背立法原意的前提下,顺应时势需要地适度扩张法定的国家赔偿范围,从而满足赔偿请求人正当的损害赔偿请求。

▶▶▶ 即时思考

"解释一"会导致对国家赔偿范围的过宽解释,"解释二"则会形成过窄解释,那么,是否还有第三种解释路径的可能性?

3. 解释三:概括式规定适度的拾遗补阙意义

在"解释一"和"解释二"之间,还是存在第三条道路的可能性。较为现实主义的方法,可以在实务部门的"三步法"基础上,综合运用法律解释方法,既实现

---

① 参见本书第三章第四节。

列举式规定适度的范围界定之功能,又实现第 2 条概括式规定适度的拾遗补阙之意义。具体步骤可以如下:

(1) 该事项是否在否定性列举之中,若在,则依据否定性列举,拒绝赔偿请求(当然,每一项否定性列举条款,也都有需要进一步解释的空间,例如,何谓"与行使职权无关的个人行为"①,何谓"故意作虚伪供述,或者伪造其他有罪证据被羁押或者被判处刑罚的"②,等等);

(2) 若不在,进一步审查该事项是否在《国家赔偿法草案说明》明确予以排除的范围内(例如,民事、行政审判错判赔偿、军事赔偿、公共设施致害赔偿等,立法者在国家赔偿法制定之初就已明确表示不纳入国家赔偿范围),若在,仍然是拒绝赔偿请求③;

(3) 若不在,进一步审查该事项是否在肯定性列举之中,若在,则承认其在国家赔偿范围之内;

(4) 若不在,不能简单地以"没有法律依据""于法无据"为由,认定该事项不属于国家赔偿范围,而应适度利用第 2 条概括式规定可能给予的解释空间。

例如,如果赔偿请求人以受教育权或者出版自由被国家机关侵犯、导致财产损害为由提出国家赔偿请求,不能因为国家赔偿法肯定性列举中没有明文规定"受教育权""出版自由",而草率地拒绝赔偿请求。另一方面,对于受教育权或出版权被侵犯致使财产损害的情形,也不能为了承认赔偿请求人的赔偿请求,就将其直接解释为财产权受侵害的情形,而回避了国家机关更加直接地侵犯受教育权或出版权的现实。因而,在这种情况下,需要利用第 2 条概括式规定给出的"合法权益"范畴,认可受教育权或出版权也属于国家赔偿法保护的合法权益,其被侵犯后,若确实导致财产损害的,赔偿请求人可以提出赔偿请求。

不过,概括式规定的解释空间也不能过度扩张。例如,关于立法赔偿问题,国家赔偿法的否定性列举和肯定性列举都未予规定,《国家赔偿法草案说明》也没有明确排除,而"立法机关"是可以属于第 2 条概括式规定中的"国家机关"意义范围之内的,若由此得出立法赔偿事项在国家赔偿范围之内的结论,在解释论上是可以成立的,但无疑是不符合立法原意、学理共识以及实际做法的。因此,上述第 4 步确实赋予概括式规定以"实"的功能与意义,而不是像"解释二"那样完全虚化之。然而,这种"实"的功能与意义,需要综合运用文义解释、历史解释、系统解释、目的解释等法律解释方法,予以适度挖掘和限定,从而实现必要的拾

---

① 参见本书第三章第三节。
② 参见本章第三节。
③ 这是利用立法资料对立法原意进行解释的方法。当然,这些最初未被纳入国家赔偿范围的事项,是否应该在未来再次修法时予以吸收,则另当别论。

遗补缺；而不宜如"解释一"一般，仅仅把否定性列举作为厘定概括式规定意义外部边界的标尺，从而造成概括式规定意义过分膨胀的结果。

▶ **即时思考**

你如何看待"解释三"，它是否合理？有没有缺陷？

五、案例讨论

案例 4-1 上海汇兴实业公司诉上海浦江海关行政赔偿案（《最高人民法院公报》2004 年第 1 期）

1. 上海浦江海关作出补征税决定，是否一定意味着其原征税行为是违法的？

2. 汇兴公司主张的"因新增成本而减少相应收入"，是原征税行为造成的，还是补征税决定造成的？

3. 你是否同意二审法院确立的"不确定的利益不构成直接损失"的原理？为什么？

案例 4-2 王爱调再审改判无罪国家赔偿案【(2011)浙法委赔字第 1 号】

1. 本案赔偿请求人提出的医疗费、名誉费、律师费、误工费、精神损失费和车旅住宿费等，是直接损害还是间接损害？

2. 浙江省高级人民法院的赔偿决定认定精神损失费属于国家赔偿范围，而损失费、律师费、差旅费、家人和亲属上访费用等不属于国家赔偿范围，这对应上文讨论的哪种解释方案？

3. 司法实践中，是否存在对应"解释一""解释三"的案例？

第二节　行政赔偿的范围

✚ **思考**

应予赔偿的行政侵权行为有哪些？2010 年《国家赔偿法》较之 1994 年《国家

赔偿法》,在行政赔偿范围的规则上有何发展?行政赔偿责任的例外情形有哪些?如何认识军事行为、国家行为、制定规则行为、内部行政行为、裁量行政行为的国家赔偿责任豁免?行政赔偿责任的抗辩/减免事由有哪些?

行政赔偿的范围,就是公共行政组织及其工作人员在行使行政职权过程中侵犯公民、法人或者其他组织合法权益造成损害,国家应当承担赔偿责任的范围。行政赔偿范围与国家赔偿范围两个概念之间是种属关系,但是,与国家赔偿范围既关注损害事件的原因又关注损害事件的结果不同,行政赔偿范围的规则与学理更侧重于损害事件的原因。亦即,讨论的主要议题是:公共行政组织及其工作人员的哪些侵害行为,国家应负责赔偿?之所以如此,是因为在损害事件的结果维度上,哪些类型损失国家应予赔偿的问题,行政赔偿与司法赔偿相差无几,都可统一在国家赔偿范围主题之下讨论。

一、应予赔偿的行政侵权行为

《国家赔偿法》第 3 条、第 4 条规定的应予赔偿的行政侵权行为主要有:

1. 侵犯人身权的行为

(1) 违法拘留或者违法采取限制公民人身自由的行政强制措施。①

这里的拘留,即行政拘留②,是指行政机关对严重违反行政管理法律规范但尚不构成犯罪的人实施的短期剥夺人身自由的处罚。根据《行政处罚法》(2021)第 18 条第 3 款的规定,限制人身自由的行政处罚权,只能由公安机关和法律规定的其他机关行使。《公民出境入境管理法》《外国人入境出境管理法》《集会游行示威法》《国旗法》《铁路法》《国徽法》《国家安全法》《劳动法》《人民银行法》《消防法》《枪支管理法》《律师法》《安全生产法》《道路交通安全法》《居民身份证法》《治安管理处罚法》《护照法》《禁毒法》等法律都有关于拘留适用情形、期限幅度

---

① 《行政强制法》(2011)确立的"行政强制"概念以及"行政强制分为行政强制措施和行政强制执行"的概念体系,未在《国家赔偿法》中有对应的体现。依从体系解释的方法,《国家赔偿法》第 3 条第(一)项规定的"行政强制措施"应该涵盖《行政强制法》(2011)所指的"行政强制措施"和行政机关采取的"行政强制执行"。例如,《治安管理处罚法》(2012)第 82 条第 2 款规定,"对无正当理由不接受传唤或者逃避传唤的人,可以强制传唤",故强制传唤实际上是一种行政强制执行。若公安机关违法强制传唤,也可解释为属于《国家赔偿法》中的"违法采取限制公民人身自由的行政强制措施"。《国家赔偿法》第 4 条第(二)项规定的"违法对财产采取查封、扣押、冻结等行政强制措施",也应采取同样的解释方法。

② 在我国,拘留有行政拘留、刑事拘留、司法拘留之分。刑事拘留是指在刑事诉讼过程中,为防止行为人社会危害性的发生或者保证刑事侦查、起诉、审判工作顺利进行而对现行犯或者重大犯罪嫌疑人采取的一种短期剥夺其人身自由的强制措施。司法拘留是指在民事诉讼和行政诉讼过程中为排除对诉讼的妨害而对妨害人采取的短期剥夺其人身自由的强制措施。

等的规定。行政机关若违法采取拘留措施,造成人身权受侵害的,国家理应予以赔偿。

行政强制措施是指行政机关对个人或者组织的人身、财产等予以强制而采取的、除了行政处罚以外的措施。有些行政强制措施与行政处罚在表现形式上存在相似之处。例如,强制治疗、强制传唤等措施与拘留一样,都是限制人身自由的;执行罚与罚款类似,都涉及被强制对象需要缴纳金钱。但是,二者的目的还是不同的。行政处罚旨在惩戒、制裁没有构成犯罪的违法行为,而行政强制措施并不一定指向违法行为。其目的是多样的,有的是为了阻止违法行为的继续,如强制戒毒;有的是为了防止社会危害性的蔓延,如强制隔离、强制治疗;有的是为了进行必要的调查,如强制搜查、检查、盘问;也有的是为了保护被强制对象的身体健康或财产安全,如强制戒毒、治疗、约束到酒醒,等等。即便有的行政强制措施确实针对违法行为,其直接目的还不是惩戒和制裁。

行政强制措施有针对人身的和针对财产的之分。其中,限制人身自由的行政强制措施有强制治疗、强制戒毒、强制隔离、强制搜查、强制检查、强制盘问、强制约束、强制传唤、强制扣留、强制带离现场等。行政机关采取这些强制措施,皆应遵守有关法律的规定,违法作出并造成受害人人身自由实际被限制或剥夺的,国家就要承担赔偿责任。

在我国,曾经还有一类限制人身自由的措施比较特殊,这就是劳动教养。其性质究竟是行政处罚、行政强制措施还是类似于西方刑法中保安处分的预防性司法处分,一直存在理论上的争议。[①] 实务部门通常将《国家赔偿法》第 3 条第(一)项适用于违法作出劳动教养决定的情形。[②] 如今,根据 2013 年 12 月 28 日的《全国人民代表大会常务委员会关于废止有关劳动教养法律规定的决定》,劳动教养制度已告终结。

(2) 非法拘禁或者以其他方法非法剥夺公民人身自由。

这类行政侵权行为,主要是指行政机关及其工作人员在行使职权过程中,在没有限制人身自由权限的情况下,或者,在有此权限但明显背离法律授权目的、不作任何正式决定的情况下,非法强制限制个人人身自由的行为。例如,城管队员在执法过程中,遭遇小摊贩的抗拒,强行将小摊贩带至办公室予以关押。由于

[①] 参见韩玉胜、赵瑞罡:《关于劳动教养性质的定位》,载储槐植、陈兴良、张绍彦主编:《理性与秩序:中国劳动教养制度研究》,法律出版社 2002 年版,第 89—97 页。

[②] 例如,在"苏其与上海市劳动教养管理委员会行政赔偿纠纷上诉案"中,上海市劳动教养管理委员会(简称"市劳教委")违法对苏其作出劳动教养决定,并实际限制人身自由 150 天,在上海市人民政府撤销该劳动教养决定以后,苏其提出赔偿请求。市劳教委即依据《国家赔偿法》(1994)第 3 条第(一)项、第 26 条的规定,作出了赔偿决定。苏其不服,提起诉讼,要求赔偿精神损失费、名誉损失费,经一审、二审判决,法院皆支持市劳教委的决定(上海市第二中级人民法院行政判决书〔2007〕沪二中行赔终字第 7 号)。

城管执法机构在法律上并无限制人身自由的权限,故关押行为就属于非法拘禁。在有些情形下,虽然法律授权行政机关可以实施限制人身自由的措施,但行政机关在明显没有必要限制人身自由的情况下,不作任何决定,擅自限制公民的人身自由,就属于以其他方法非法剥夺公民人身自由。

(3) 以殴打、虐待等行为或者唆使、放纵他人以殴打、虐待等行为造成公民身体伤害或者死亡的违法行为。

有些行政机关工作人员在行使职权时,目无法纪、滥用职权、缺少起码的维护人的尊严的意识,直接或怂恿、纵容他人对受害人施以暴力、恶毒、残忍的手段,致使受害人伤害或者死亡。此类侵权行为通常有工作人员个人的故意或重大过失成分在内,是一种事实行为,而不是旨在设立、变更或消灭某种权利义务关系的法律行为,但因为与工作人员的职务行为有相当的关联性,故国家应为此负担赔偿责任。

▶▶▶▶ 即时思考

某公安局将公民甲强制传唤到派出所,用手铐将其铐在窗户上,并以涉嫌盗窃为名予以留置。一天后,公安局又以甲妨碍执行公务待查为由限制其人身自由5天,才将其释放。①

《人民警察法》(2012)第9条第2款、第3款规定,"对被盘问人的留置时间自带至公安机关之时起不超过二十四小时,在特殊情况下,经县级以上公安机关批准,可以延长至四十八小时,并应当留有盘问记录。……对于不批准继续盘问的,应当立即释放被盘问人。经继续盘问,公安机关认为对被盘问人需要依法采取拘留或者其他强制措施的,应当在前款规定的期间作出决定;在前款规定的期间不能作出上述决定的,应当立即释放被盘问人。"

请问:公安局限制甲人身自由5天的行为,是"违法采取限制公民人身自由的行政强制措施"还是"非法拘禁或者以其他方法非法剥夺公民人身自由"? 为什么?

《国家赔偿法》(1994)第3条第(三)项规定的是"以殴打等暴力行为或者唆使他人以殴打等暴力行为造成公民身体伤害或者死亡的"。2010年的修改主要体现在两个方面。一是增加了"虐待"。因为在现实中,有些行政工作人员并不是殴打受害人,也不是用烟头烫、钢针扎等其他暴力手段,而是采取不是很暴力

---

① 此情节源自"张和平与宜昌市公安局夷陵分局非法拘禁致人伤害并请求行政赔偿纠纷上诉案"(湖北省高级人民法院行政判决书〔2000〕鄂行终字第14号)。

却很不人道的虐待手法,如不让睡觉、冬天用冷水洗澡等。① 因此,立法者将"虐待"写进法律,并相应地取消"暴力"这一限定词。二是增加了"放纵"。唆使他人和放纵他人是不同的:前者是以怂恿、鼓励、迫使等方法,让他人完成其希望达到的致害结果;后者是虽然致害结果并非其本身所欲的,却对他人正在实施的致害行为不加约束、随意纵容。由于后者也较为常见②,是"唆使"这个概念所无法覆盖的,故新增于法律之中。③

(4) 违法使用武器、警械造成公民身体伤害或者死亡的行为。

此类行为是指行政机关工作人员在行使职权时违反国家规定使用武器、警械,且实际上造成身体伤害或死亡后果的行为。"警械"通常是指警棍、催泪弹、高压水枪、特种防暴枪、手铐、脚镣、警绳等警用器械;"武器"是指枪支、弹药等致命性武器。国家对武器、警械的使用情形和条件,都有比较严格的规定,行政机关工作人员违反这些规定使用并实际造成死伤的,国家应负赔偿责任。甚至,由于武器、警械是有着高风险的,即便行政机关工作人员依法使用,也难免会给无辜人员带来伤害,根据风险理论,在这种情况下,国家也需承担无过错责任。④ 在我国,这种责任通常称作补偿责任。⑤

(5) 造成公民身体伤害或者死亡的其他违法行为。

此类行为是指行政机关及其工作人员在行使职权时违法实施的上述四种行为以外致人伤亡的行为。前面已提及,《国家赔偿法》第 3 条第(五)项的规定是一个兜底条款,是具有开放性的。凡不属于前四项所列情形,又满足"侵犯人身权""违法""造成身体伤害或者死亡"三个条件的,都可列入该条款适用范围。例如,行政机关工作人员开车执行公务,撞上行人后不仅不立即停车处理,而且继续拖着人行驶,造成受害人死亡。《行政赔偿案件若干问题规定》(2022)第 1 条

---

① 例如,据媒体披露,2008 年 3 月 14 日,开封市劳教所二大队大队长称学员穆大民多天没洗澡,让两名学员架着穆大民,在自来水龙头下冲水。当时气温很低,冲完水,穆大民倒在地上丧失知觉,随后死亡。检察院介入调查后,大队长已被刑拘。参见《"冲凉死"追踪,涉嫌渎职犯罪,开封劳教所二大队长被刑拘》,载《京华时报》2010 年 5 月 7 日,A20 版。

② 在看守所、拘留所、劳教所、戒毒所、监狱等限制人身自由的监管场所,屡屡爆出在押人员非正常死亡的事例,其中有相当一部分是监管场所管理不善、放纵其他在押人员施暴所致。参见张倩:《拘留"被死亡"谁来鉴定?》,载《青年周末》2010 年 3 月 4 日,第 6—9 页。

③ 其实,早在《国家赔偿法》(1994)颁布未久,司法部发布的《司法行政机关行政赔偿、刑事赔偿办法》(1995)第 6 条就规定:"司法行政机关的劳动教养管理所及其工作人员在行使职权时,有下列侵犯人身权情形之一的,应当予以行政赔偿:……(二) 殴打或者唆使、纵容他人殴打被劳动教养人员,造成严重后果的。"其中,就有"纵容"他人实施暴力行为致害应予赔偿的意思。只不过,这仅仅是部门规章,适用范围有限。

④ 参见本书第一章第三节。

⑤ 例如,《人民警察使用警械和武器条例》(1996)第 15 条规定:"人民警察依法使用警械、武器,造成无辜人员伤亡或者财产损失的,由该人民警察所属机关参照《中华人民共和国国家赔偿法》的有关规定给予补偿。"

对此处的"其他违法行为"给出了进一步的解释:"国家赔偿法第三条、第四条规定的"其他违法行为"包括以下情形:(一)不履行法定职责行为;(二)行政机关及其工作人员在履行行政职责过程中作出的不产生法律效果,但事实上损害公民、法人或者其他组织人身权、财产权等合法权益的行为。"根据该条第(二)项规定,造成受害人合法权益损害的事实行为本身即被认为是"违法行为",《国家赔偿法》兜底条款中的"违法"条件,已经不再严格对应于"违反法律的明确规定"。

2. 侵犯财产权的行为

(1) 违法实施罚款、吊销许可证和执照、责令停产停业、没收财物等行政处罚的行为。

在这里,罚款、吊销许可证和执照、责令停产停业、没收财物等都属于行政处罚。其中,有的是直接施于财产之上,强制限制或者剥夺从事违法行为的行政相对人一定的财产权益,如罚款、没收财物,在学理上称作财产罚。有的是直接施于行为之上,限制或剥夺从事违法行为的行政相对人某种行为能力或资格,禁止其继续从事某种活动,如吊销许可证和执照、责令停产停业,在学理上称作行为罚或能力罚。由于这种禁止往往会使得行政相对人因为无法进行生产经营活动而使其蒙受经济上的损失,故立法者将其列为侵犯财产权的情形。

(2) 违法对财产采取查封、扣押、冻结等行政强制措施的行为。

在这里,查封、扣押、冻结等都是行政机关作出的限制财产权的强制措施。查封是指行政机关对财产进行检查以后就地封存、禁止动用。扣押是指行政机关对财产予以扣留,并转移至其他场所,使其所有人或者持有人不能占有,以防当事人毁损或转移这些财产。冻结是指行政机关责令银行对当事人的存款实施控制,禁止任何单位和个人提取或转移。这些涉及个人或组织财产权的行政强制措施,必须依法进行,否则,就会导致对财产权的违法侵害,就会由国家承担赔偿责任。

(3) 违法征收、征用财产的行为。

征收是指行政机关出于公共利益的需要,将个人或组织的财产强制性地收归国有的行为。征用是指行政机关出于公共利益的需要,强制性地占有、使用并在使用目的达到以后归还个人或组织财产的行为。征收和征用之间的区别在于,前者是把个人或组织的财产所有权转移给国家,后者是临时占有、使用个人或组织的财产,不涉及财产所有权的转移。

2004年宪法修正案明确规定,"国家为了公共利益的需要,可以依照法律规定对公民的私有财产实行征收或者征用,并给予补偿""国家为了公共利益的需要,可以依照法律规定对土地实行征收或者征用,并给予补偿"。因此,无论征收还是征用，都必须为了公共利益的需要，都必须依法进行，都必须给予公平补偿。违反这些法律要求造成财产损害的，国家应予赔偿。

（4）造成财产损害的其他违法行为。

此类行为是指行政机关及其工作人员在行使职权时违法实施的、除上述三种行为以外的侵犯财产权造成财产损害的行为。《国家赔偿法》第4条第（四）项，同样是一个开放的兜底条款。凡不属于前三项所列情形的，又满足"侵犯财产权""违法""造成财产损害"三个条件的，该条款都可适用之。例如，消防机构接到火警后，未及时出车救火，最终导致房屋彻底烧毁。上引《行政赔偿案件若干问题规定》（2022）第1条关于"其他违法行为"的解释也于此适用。

二、行政赔偿责任的例外

行政赔偿责任的例外，是指国家不必承担行政赔偿责任的情形或事项。这些情形或事项，或者由《国家赔偿法》予以明确规定，或者在《国家赔偿法草案说明》中得以指出，或者经最高人民法院的司法解释予以厘定，或者在学说上达成共识。

1. 法律明确规定的例外

《国家赔偿法》第5条规定了国家不承担赔偿责任的三种情形：

（1）行政机关工作人员与行使职权无关的个人行为。国家赔偿法所确立的是特殊的公法上侵权责任。因此，行政机关工作人员侵犯公民、法人或者其他组织合法权益的行为，必须是与行使其职权有关的公法上的职务行为，国家才承担赔偿责任。若是行政机关工作人员的个人行为造成侵权，则由其自身负民事侵权赔偿责任，国家不予赔偿。当然，职务行为和个人行为的区分，是实务中需要认真对待的，有时会出现较为棘手的难题。①

（2）因公民、法人和其他组织自己的行为致使损害发生的。损害既然是由受害人自己行为所致，而非行政机关及其工作人员侵权所致，那么，从国家赔偿责任构成要件理论视之，无论是在主体要件、行为要件还是因果关系要件上，都不能成立，国家自然无须承担赔偿责任。在情理上，若损害结果与行政机关及其工作人员没有丝毫关联，也很少会发生受害人无端找行政机关寻事的情形。容易引起争论的现实情形通常是，行政机关及其工作人员在行使职权过程中，发生了公民、法人和其他组织自己的致害行为，因此，单纯检验主体要件、行为要件，不能解决责任负担问题，还是要更多地检验因果关系。

---

① 参见本书第三章第三节。

由于因果关系的检验在相当程度上还是内含价值判断①,因而,若受害人自己的致害行为发生在行政机关及其工作人员行使职权的过程之中,尤其是当这种自己行为在某种程度上源于行政机关及其工作人员违法行为的时候,判断者往往会倾向于确认法律上的因果关系成立,往往会认定受害人与赔偿义务机关对损害都有过错。一旦基于"过失相抵"学说②,认定双方皆需负责的话,就应视双方在损害发生过程中的过错大小来确定各自的责任大小。参见本章案例4-3"郝长玲诉惠阳市公安局行政赔偿案"。

(3)法律规定的其他情形。这一规定实际上意味着,立法者未来可以通过单行立法的方式明确行政赔偿责任的例外。由于此处的"法律"是狭义的,因此,有权作出例外情形规定的立法者必须是全国人大及其常委会,规定的形式载体必须是法律。

2.《国家赔偿法草案说明》指出的例外:军事赔偿

在《国家赔偿法》(1994)起草过程中,曾有"国家赔偿应当包括军事赔偿""军事赔偿应当归入行政赔偿""军事行为与行政行为不同、故而不应纳入行政赔偿"三种意见。③ 最终,立法者把军事赔偿排除在外了,但并不是基于第三种意见所述的理由。《国家赔偿法草案说明》指出,军事行为致害的情形,不纳入国家赔偿的范围。理由是:"军队在演习、训练过程中,公民受到损失,需要采取适当方式予以补偿。由于这不是因违法行为造成的损害,不宜列入国家赔偿的范围。"其实,就军事的性质而言,其应该属于行政范畴,只不过是一种非常特殊的行政而已。因此,本书将军事赔偿归为行政赔偿责任的例外情形。当然,这并不意味着军事行为致害,国家就不承担任何责任,依《国家赔偿法草案说明》,这种情形下国家仍需负责补偿。

3.最高人民法院司法解释厘定的例外

《行政赔偿案件若干问题规定》(2022)第5条规定:"公民、法人或者其他组织以国防、外交等国家行为或者行政机关制定发布行政法规、规章或者具有普遍约束力的决定、命令侵犯其合法权益造成损害为由,向人民法院提起行政赔偿诉讼的,不属于人民法院行政赔偿诉讼的受案范围。"据此,最高人民法院司法解释厘定的行政赔偿责任之例外情形主要有两项。

---

① 参见本书第三章第五节。
② 又称"过错相抵",英美法上称作"与有过失"(contributory negligence),是指损害的发生或扩大,由赔偿义务人的过错所致,但赔偿权利人在其中亦有过错,赔偿义务人可由此减免赔偿金额。参见曾世雄:《损害赔偿法原理》,中国政法大学出版社2001年版,第259页。
③ 参见皮纯协、冯军主编:《国家赔偿法释论》(第三版),中国法制出版社2010年版,第118—119页。

(1) 国防、外交等国家行为。

对于国防、外交等国家行为，《行政诉讼法》是明文将其排除在行政诉讼受案范围之外的。[①]《最高人民法院关于适用〈中华人民共和国行政诉讼法〉的解释》（法释〔2018〕1号，以下简称"《适用行政诉讼法解释》"）第2条将国家行为解释为：国务院、中央军事委员会、国防部、外交部等根据宪法和法律的授权，以国家的名义实施的有关国防和外交事务的行为，以及经宪法和法律授权的国家机关宣布紧急状态等行为。

国家行为之所以在行政诉讼受案范围之外，主要原因就是国家行为本身具有非常强的政治性质、主权性质，不适宜由法院对此类行为进行司法审查。其实，《行政赔偿案件若干问题规定》（2022）只是再次通过司法解释，将国家行为排除在行政赔偿诉讼范围之外，与《行政诉讼法》是一致的。然而，国家行为不属于行政诉讼、行政赔偿诉讼范围，并不一定意味着，国家行为就不属于行政赔偿范围。因为，若国家行为侵权致害，受害人即便不能提起行政诉讼，请求法院审查国家行为，也并不能推论出受害人就不能向国家行为的作出者请求赔偿。尽管这样的理解在逻辑上是可以成立的，但是，若受害人有权对国家行为致害请求赔偿，那么，现实中就会有国家行为作出者拒绝赔偿的可能性，而在此情形下，依照行政诉讼法，受害人又不能对此拒绝赔偿提起诉讼，其赔偿请求权实际上是毫无意义的。这就是"无救济即无权利"。即便政府有可能主动或应受害人请求愿意就国家行为致害进行"赔偿"，这也只是表明政府的一种"恩赐"，而非受害人的权利。因此，在当前，国家行为致害还是在国家赔偿范围之外。

(2) 制定规则行为。

制定规则行为，过去常称作"抽象行政行为"[②]，是行政主体制定能够反复适用于不特定对象的规范性文件的行为，包括制定行政法规、规章和其他行政规范性文件，《行政诉讼法》（2017）第13条第（二）项称为"具有普遍约束力的决定、命令"的行为。关于制定规则行为应否纳入国家赔偿范围，在《国家赔偿法》（1994）起草过程中，曾经有过"否定说""肯定说"和"有限肯定说"等观点。

否定说的主要理由是：第一，多数国家仅规定具体行政行为造成损害的赔偿问题，只有少数国家才规定抽象行政行为致害可以赔偿，而且，多加以严格限制；第二，既然对抽象行政行为不能提起行政诉讼，因而也不能提出赔偿请求；第三，抽象行政行为往往是通过具体行政行为而造成损害的，因此，受害人只需对具体行政行为的侵权请求赔偿，就可以满足权益救济了。

---

① 参见我国《行政诉讼法》（2017）第13条第（一）项。
② 在介绍以往观点的时候，本书尊重其原先表述，仍然使用"抽象行政行为"一词。

肯定说则认为:第一,用行政诉讼受案范围限制行政赔偿范围是不恰当的;第二,抽象行政行为侵犯相对人的权益十分普遍;第三,抽象行政行为造成相对人的损害,并不必然通过具体行政行为的实施;第四,我国法律并未明确禁止对抽象行政行为提起赔偿请求。

有限肯定说主张抽象行政行为的责任豁免应当是有限制的,抽象行政行为致害赔偿的条件是:抽象行政行为违宪或违法;抽象行政行为造成的损害是特定的,而不是普遍的;立法没有明确排除赔偿的可能性;损害必须达到相当严重的程度。①

立法者最终还是放弃了将制定规则行为列入国家赔偿范围的主张,可也没有明确否定之,这就给法律解释留下了空间。不过,最高人民法院的《行政赔偿案件若干问题规定》(2022)第5条明白地指出:"公民、法人或者其他组织以……行政机关制定发布行政法规、规章或者具有普遍约束力的决定、命令侵犯其合法权益造成损害为由,向人民法院提起行政赔偿诉讼的,不属于人民法院行政赔偿诉讼的受案范围。"与之前有关国家行为的论理相同,由于法院不受理针对制定规则行为的行政赔偿诉讼请求,因此,行政相对人实际上没有真正的赔偿请求权。换言之,制定规则行为致害迄今为止还是在国家赔偿范围之外。

4. 学理上通认的例外

除了以上有国家赔偿法、《国家赔偿法草案说明》、司法解释等为依据的行政赔偿责任例外情形,学理通说一般认为,行政机关的内部行为和裁量行为是有限制的责任豁免。

(1) 内部行政行为。

内部行政行为是相对于外部行政行为而言的,是指行政机关基于行政隶属关系对下级行政机关或其所管辖的公务员实施的行政行为。内部行政行为涉及国家是否承担赔偿责任之问题的,多指行政机关对其所辖公务员的处理行为。由于《行政诉讼法》(2017)第13条第(三)项规定"行政机关对行政机关工作人员的奖惩、任免等决定"不在行政诉讼受案范围之内,故对内部行政行为是否纳入国家赔偿范围问题,存在三种观点。

第一,肯定说。行政诉讼法虽明确不能提起诉讼,但没有排除对产生的损害后果提出赔偿请求。因奖惩任免造成人身权、财产权损害的,应该适用国家赔偿

---

① 以上诸说参见薛刚凌主编:《国家赔偿法教程》,中国政法大学出版社1997年版,第148页;皮纯协、冯军主编:《国家赔偿法释论》(第三版),中国法制出版社2010年版,第109—110页。

法。① 而且,在内部管理行为中,公务员有其独立的地位和利益,需要考虑其基本的人权保障。②

第二,否定说。在我国,内部行政行为不适用《行政复议法》《行政诉讼法》和《国家赔偿法》的规定,故不属于国家赔偿的范围。该观点在学界被承认的不多,但基本属于实务界通行的认识。③

第三,有限肯定说。这种观点认为不能一概否认内部行政行为获得国家赔偿的可能性,内部行政行为虽不得请求司法救济,但如果这种行为已经被行政机关确认为违法,而受害的公务员又不能就赔偿问题与行政机关达成协议,其是可以诉请法院救济的。④ 也有学者提出内部行政行为请求司法救济的四个条件:内部行政行为违法;内部行政行为造成了公务员损害;国家赔偿法或者单行法律法规有规定;公务员无法通过行政程序得到救济。基于这些条件,能够申请国家赔偿的内部行政行为是非常有限的。⑤ 显然,有限肯定说基于公务员权利保障的出发点,没有把内部行政行为作为行政赔偿的绝对例外。不过,出于对域外理论的借鉴⑥和对现实的考虑,也承认对绝大部分内部行政行为实施责任豁免。

从目前的实践来看,内部行政行为国家赔偿责任豁免的观念,无疑是占据主导地位的。

(2) 裁量行政行为。

裁量行政行为,又称自由裁量行政行为,是指行政机关于执行和适用法律时,在法律授权或允许的范围内,选择其认为可以实现立法目的的措施或决定。原理上,裁量行政行为除非明显超出法定范围的,一般都不存在违法问题。行政机关从若干合法的备选方案中进行选择的行为,无论选择哪一个方案,都只有适

---

① 参见应松年主编:《国家赔偿法研究》,法律出版社 1995 年版,第 125 页。不过,该观点也承认实践的可能性极小。另参见姜明安主编:《行政法与行政诉讼法》(第六版),北京大学出版社、高等教育出版社 2015 年版,第 571—572 页。

② 参见高家伟:《国家赔偿法学》,工商出版社 2000 年版,第 163 页;周友军、麻锦亮:《国家赔偿法教程》,中国人民大学出版社 2008 年版,第 200 页。

③ 例如,参见"王某诉靖远县人民政府补发工资福利待遇及赔偿损失上诉案"(甘肃省高级人民法院行政裁定书〔2015〕甘行终字第 132 号)。该裁定指出,《中华人民共和国国家赔偿法》第 2 条第 1 款规定:"国家机关和国家机关工作人员行使职权,有本法规定的侵犯公民、法人和其他组织合法权益的情形,造成损害的,受害人有依照本法取得国家赔偿的权利。"据此,行政赔偿针对的是因国家机关行使行政职权的行为违法对当事人造成的损失,并非内部行政管理行为造成的损失。故上诉人王某请求被上诉人县政府补发工资福利待遇 20 万元及赔偿因开除公职造成的上访复议的交通费、住宿费、餐饮费、误工费以及住房公积金、工资福利待遇的银行利息损失 8 万元的请求,不符合上述法律规定予以国家赔偿的情形。

④ 参见皮纯协、冯军主编:《国家赔偿法释论》(第三版),中国法制出版社 2010 年版,第 113—114 页;房绍坤、丁乐超、苗生明:《国家赔偿法原理与实务》,北京大学出版社 1998 年版,第 124 页。

⑤ 参见皮纯协、冯军主编:《国家赔偿法释论》(第三版),中国法制出版社 2010 年版,第 113 页;房绍坤、丁乐超、苗生明:《国家赔偿法原理与实务》,北京大学出版社 1998 年版,第 124 页。

⑥ 皮纯协、冯军主编:《国家赔偿法释论》(第三版),中国法制出版社 2010 年版,第 113—115 页。

当或不适当的问题。在此意义上,由于《国家赔偿法》对行政赔偿依然采取"违法归责原则",故一般情况下,裁量行政行为是免责的。

然而,现代行政国家的立法给行政机关的裁量空间毕竟十分宽泛,完全依赖行政机关,难免出现明显不合理的裁量结果。于是,在行政法上,平等原则、合理原则、比例原则、信赖保护原则、行政自我拘束原则、正当程序原则等一系列实体法和程序法原则,得到充分发展,用以约束行政裁量。若依据这些原则,认定裁量行政行为明显失当的话,该行为导致的人身权、财产权及其他合法权益损害,国家也不能免于赔偿责任。① 因此,学理上一般都倾向于认为,裁量行政行为是有限制的责任豁免。②

5. 减免责任的抗辩事由③

在普通侵权法上,存在着可以免除或减轻行为人或被请求人责任的理由,也被称作抗辩事由或免责事由。抗辩事由可分为一般抗辩事由和特别抗辩事由两大类。前者是指被请求人的行为的确导致损害,但该行为是正当、合法的,故可以免除责任,如正当防卫、紧急避险、依法执行职务行为、受害人同意、自助行为等;后者是指损害并非被请求人的行为所致,而是由外在于其行为的原因独立造成的,故被请求人不必承担责任,如不可抗力、受害人过错、第三人过错等。④

国家赔偿是一种特殊的侵权责任,普通侵权法上的这些抗辩事由,绝大部分都可以适用于国家赔偿领域。⑤ 在国家赔偿法领域中,除法定的国家承担无过错责任的情形之外,依法执行职务行为一般都予免责,自不待言。而自助行为是一种私力救济,是在情事紧迫、债权人一时无法获得公权力救助的情况下,为保障自己的权利,对债务人的财产或自由施加法律或社会公德所认可的扣押、拘束或

---

① 参见"王丽萍诉中牟县交通局行政赔偿纠纷案"(《最高人民法院公报》2003年第3期)。法院判决指出:"县交通局工作人员不考虑该财产的安全,甚至在王丽萍请求将生猪运抵目的地后再扣车时也置之不理,把两轮拖斗卸下后就驾主车离去。县交通局工作人员在执行暂扣车辆决定时的这种行政行为,不符合合理、适当的要求,是滥用职权。"另外比较"陈宁诉庄河市公安局行政赔偿纠纷案"(《最高人民法院公报》2003年第3期),法院判决对警方救助行为进行合理性分析后的结论是"具有充分的合理性",陈宁认为警方紧急抢险行为不当的理由不成立。
② 参见皮纯协、冯军主编:《国家赔偿法释论》(第三版),中国法制出版社2010年版,第115—117页;房绍坤、丁乐超、苗生明:《国家赔偿法原理与实务》,北京大学出版社1998年版,第124—125页;周友军、麻锦亮:《国家赔偿法教程》,中国人民大学出版社2008年版,第200—201页。
③ 此处所提"减免责任的抗辩事由"在我国《民法通则》《民法典》亦有相关规定)等法律中都有规定,故也有相当一部分学者将它们视为属于《国家赔偿法》(1994)第5条第(三)项(新法条款序号相同)国家不承担赔偿责任的"法律规定的其他情形"。参见薛刚凌主编:《国家赔偿法教程》,中国政法大学出版社1997年版,第162页;房绍坤、丁乐超、苗生明:《国家赔偿法原理与实务》,北京大学出版社1998年版,第126页。
④ 参见杨立新:《侵权行为法专论》,高等教育出版社2005年版,第135—148页;张新宝:《侵权责任法原理》,中国人民大学出版社2005年版,第112—133页。
⑤ 参见皮纯协、冯军主编:《国家赔偿法释论》(第三版),中国法制出版社2010年版,第120—121页。

其他强制措施。因此,自助行为不会发生在国家机关身上,不会作为行政赔偿的抗辩事由。至于受害人过错这一事由,已经在《国家赔偿法》第 5 条第(二)项中得以规定。以下简述其他的抗辩事由:

(1) 正当防卫。

正当防卫是指当公共利益、他人或本人的人身、财产或者其他合法权益正在遭受不法侵害时,行为人对加害者实施的必要限度内的防卫措施。正当防卫需满足的构成条件包括:须有不法侵害事实;防卫措施的目的须合法;防卫的时间须是侵害事实已经发生且尚未结束;防卫须对加害者本人实施;防卫不能超过必要的限度。正当防卫如果成立,即便给不法侵害的实施者造成了损失,防卫人也不用负赔偿责任;可是,在防卫过当的情况下,防卫人对其造成的超出必要限度的损害,应当予以赔偿。行政机关及其工作人员的执法,也会有遇到暴力抗法的情形,一旦暴力抗法威胁到他人或公务员自己的合法权益,公务员可以采取正当的防卫措施。

(2) 紧急避险。

紧急避险是指为使本人、他人的合法权益或者公共利益免受更大的损害而不得已采取的加害于他人人身或财产、造成少量损失的紧急措施。紧急避险与正当防卫一样,都是为了保护本人、他人合法权益或者公共利益免受损害,都是在侵害或危险正在发生的时候采取的,都是在必要的限度内进行。不过,二者还是有比较大的区别:正当防卫主要是针对人为的不法侵害(有时侵害也来自饲养动物),而引发紧急避险措施的危险,既可能是人为的,也可能是自然原因造成的;正当防卫的对象是加害者,紧急避险是对第三人实施;紧急避险造成的损害必须小于危险造成的损害,正当防卫则要求相适应即可;正当防卫造成的损害,受害人(往往是加害行为的发起方)无权请求赔偿,而紧急避险的受害人,原则上可以获得补偿。

虽然原则上,紧急避险行为人无须为避险措施造成的损害负责赔偿,但受害人的损失若不能得到弥补,也与公平相悖。因此,需要区分具体情形让不同的人承担责任。第一,一般地,由引起险情发生的人负担损害赔偿责任。引发险情的人是第三人的,由第三人对其过错负责;引发险情的人是避险行为人的,避险行为人对其过错负责,而不能以紧急避险为由免责;引发险情的人是避险行为受害人的,那就由受害人自负其责。第二,若危险是自然原因所致,而紧急避险存在受益人且受益人与受害人非同一人时,受益人应当适当补偿受害人,紧急避险行为人一般不承担责任。第三,若受益人补偿仍然不能使受害人的损失得到公平恢复,也可考虑根据公平原则,由紧急避险行为人承担适当的责任。

行政机关工作人员执行职务时采取的紧急避险措施,也可大致依照这些原理办理。不过,在行政法领域,由于行政机关工作人员执行职务的行为是代表国家所为,因此,在以下四种情形中,国家还是需要承担责任的:① 险情的发生系行政机关工作人员执行职务过程中因其过错所致;② 险情的发生虽系第三人过错所致,但第三人承担责任仍使避险行为受害人承受明显不公平损失;③ 险情的发生系自然原因所致,行政机关工作人员为公共利益采取紧急避险措施(如为了海域不受污染或森林不受火灾,此时,不特定公众是受益人,国家作为受益人的代理人承担责任);④ 险情的发生系自然原因所致,行政机关工作人员紧急避险的特定受益人(与受害人非同一人)适当补偿受害人仍使受害人承受明显不公平损失的。当然,除第一种情形国家责任仍是过错赔偿责任以外,其他情形下的国家责任并非严格意义上的赔偿责任,而是公平补偿责任。"为了填补这种牺牲,行政机关应当对其予以补偿。因此,从权益救济的效果上看,紧急避险实际上并没有起到免除责任的作用。只能说是起到名义上的免除赔偿责任的作用。"①

(3) 受害人同意。

受害人同意,又称作受害人承诺,是指受害人事先明确表示自愿承担损害后果,在不违背法律和公共道德的前提下,容许行为人在其同意的范围内侵害其权益,行为人对此损害不负赔偿责任。受害人同意的构成要件包括:受害人对受损权益有处分的能力与权限;受害人事先有明确的、真实的容许行为人侵害权益、自己放弃损害赔偿请求权的意思表示;受害人的同意不违反法律和社会公德;行为人是善意的,且造成的损害没有超过受害人同意的范围和限度。

> **即时思考**

甲在打架斗殴中受伤严重,昏迷倒在地上,公安干警乙在保护现场的同时,呼叫了120救护车。在救护车到来之前,甲的家人也赶到现场,并急于要把甲送往附近的医院。乙告诫甲的家人,甲受伤严重,应该有专业的医生和护士护送,以免途中发生不测。甲的家人担心120救护车因为堵车迟到,坚持要自己送。乙于是让他们将甲运上出租车,可在去医院途中,甲因失血过多而死亡。同时,120救护车的确因为交通拥堵,迟到了一个多小时。

请问:该案是否属于受害人同意的情形?在受害人无法自己表达的情况下,受害人家属的意思表示是否可以视同受害人同意?

(4) 不可抗力。

不可抗力是指人力不可抗拒的力量,包括地震、台风、洪水、海啸等自然原因

---

① 皮纯协、冯军主编:《国家赔偿法释论》(第三版),中国法制出版社2010年版,第120页。

和战争、武装冲突等社会原因。由于不可抗力是行为人无法控制和支配的现象，因此，一般可以作为侵权赔偿责任的抗辩事由。我国《民法通则》第153条规定不可抗力是指"不能预见、不能避免并不能克服的客观情况"。因此，对某种客观情况是否不可抗力的判断，需要结合一般人的预见能力以及避免、克服危险的能力而定。尤其是，当行政机关及其工作人员以不可抗力作为行政赔偿请求的抗辩事由时，应根据具体情形，判断该行政机关及其工作人员是否像履行同样或类似职务的一般公务员那样，尽了其应尽的注意义务，采取了一切可以采取的措施。若针对客观发生的情况，行政机关及其工作人员已经履行了合理的注意义务，仍然无法做到预见、避免和克服，则构成减免赔偿责任的不可抗力。参见本章案例4-4"安溪正浩印刷有限公司诉安溪县人民政府等不履行开闸泄洪管理职责并请求行政赔偿案"。

（5）第三人过错。

第三人过错是指损害的发生或扩大是由受害人和侵权赔偿被请求人以外第三人的过错行为所致。由于在损害发生或扩大的因果关系链条上，存在第三人的过错，因此，损害赔偿责任应由第三人承担。在这种情况下，第三人与侵权赔偿被请求人没有过错上的联系，即二者之间没有共同的损害受害人的意思联络，否则，就构成共同侵权行为而对受害人负连带责任。在有些情况下，第三人和侵权赔偿被请求人的行为可能构成无意思联络的数人侵权。如甲将乙打成轻伤，公安人员丙赶到现场予以制止，乙怒骂丙偏袒甲，丙被激怒后也打了乙。此时，甲和丙不是共同侵权，甲和丙所属的公安机关各自以按份责任对乙的损害负责赔偿。

三、案例讨论

案例4-3　郝长玲诉惠阳市公安局行政赔偿案【(2001)惠中法行终字第3号】

1. 本案中一审、二审法院对被上诉人的违法行为与上诉人左跟骨粉碎性骨折的损害后果之间是否存在因果关系，有着截然不同的判决。你同意哪一个判决？为什么？

2. 二审法院判决中指出"石桥派出所干警不存在强迫、威胁上诉人跳楼的情况，且将上诉人铐在楼梯扶手上，并非置上诉人于非冒跳楼的危险不能摆脱的困境，上诉人是乘没有石桥派出所干警看守之机挣脱手铐逃跑的。根据以上事实，上诉人应当对自己跳楼造成的损害后果负一定的责任"。那么，从案件事实看，被上诉人和上诉人的各自行为，在该损害后果的发生过程中作用大小如何？

谁应承担主要责任？谁应承担次要责任？

3. 二审法院最终要求被上诉人承担的赔偿数额，是否体现了上诉人"负一定的责任"的判决内容？

案例 4-4 安溪正浩印刷有限公司诉安溪县人民政府等不履行开闸泄洪管理职责并请求行政赔偿案【(2004)安行初字第 07 号，(2004)泉行终字第 99 号】

1. 台风、洪水属于通常所理解的不可抗力，但在具体情形中，是否构成不可抗力，尚需视当事人的预见、避免、克服等能力和行为而定。请结合此案讨论如何认定和判断不可抗力。

2. 本案审理过程中出现的两种意见，你倾向于同意哪一种？为什么？

第三节 司法赔偿的范围

思考

应予赔偿的刑事司法侵权行为有哪些？刑事赔偿责任的例外情形有哪些？民事诉讼、行政诉讼中应予赔偿的司法侵权行为有哪些？民事、行政司法赔偿责任的例外情形有哪些？

司法赔偿的范围，就是国家机关及其工作人员在行使司法职权过程中侵犯公民、法人或者其他组织合法权益造成损害，国家应予赔偿的范围。根据国家赔偿法的规定，司法赔偿的范围又有刑事司法赔偿范围与民事、行政司法赔偿范围之分。同行政赔偿范围的主要议题相似，司法赔偿范围的规则与学理也是侧重于损害事件的原因，即国家对哪些司法侵权行为负责赔偿，而非损害事件的结果。

一、刑事司法赔偿范围

刑事司法赔偿范围，是指国家对国家机关及其工作人员在行使刑事司法职权过程中侵犯公民、法人或者其他组织合法权益造成的损害承担赔偿责任的范围。《国家赔偿法》将行使侦查、检察、审判职权的机关（公安机关、安全机关、检察院、法院）以及看守所、监狱管理机关列为履行刑事司法职能、有可能作出刑事司法侵害行为的国家机关。

在厘定刑事司法赔偿范围时,现行《国家赔偿法》沿袭了旧法(1994年版)的基本立场和方法。第一,刑事司法赔偿不一定以国家机关及其工作人员的违法/过错为归责原则,故有些纳入刑事司法赔偿范围的行为,不存在公务上的违法/过错。第二,刑事司法赔偿范围的肯定性列举是相对封闭式的结构。界定行政赔偿范围的第3条、第4条,都分别有"造成公民身体伤害或者死亡的其他违法行为""造成财产损害的其他违法行为"的规定,从而为把立法中未予提及的行政侵权行为纳入赔偿范围之中,提供了灵活的、有弹性的法律解释/适用空间。相较之下,刑事司法赔偿范围的肯定性列举缺少类似条款,折射出立法者在这方面更加谨慎的态度。

1. 侵犯人身权的行为

《国家赔偿法》第17条规定的国家应予赔偿的侵犯人身权的刑事司法行为有:

(1)违法刑事拘留或超期刑事拘留。

第17条第(一)项规定:"违反刑事诉讼法的规定对公民采取拘留措施的,或者依照刑事诉讼法规定的条件和程序对公民采取拘留措施,但是拘留时间超过刑事诉讼法规定的时限,其后决定撤销案件、不起诉或者判决宣告无罪终止追究刑事责任的",受害人有权取得赔偿。据此,刑事拘留导致损害赔偿的主要有两种情形:

第一,违反刑事诉讼法的规定对公民采取拘留措施的。

《刑事诉讼法》(2018)对刑事拘留适用的条件作了比较明确的规定。刑事拘留的对象主要有四类:① 违反取保候审规定,需要予以逮捕的犯罪嫌疑人和被告人;② 违反监视居住规定,需要予以逮捕的犯罪嫌疑人和被告人;③ "现行犯"或者"重大嫌疑分子";④ 监察机关移送起诉的已采取留置措施的案件的犯罪嫌疑人。而且,必须是出现了法定情形、符合法定条件,才能实施刑事拘留。否则,就构成了违法刑事拘留。[①]

[①] 参见"最高人民法院、最高人民检察院公布8起刑事赔偿典型案例(2016年)之六:陈伟国、刘钱德申请桐庐县公安局违法刑事拘留国家赔偿案"。其中论述:"典型意义:本案是关于违法刑事拘留审查判断标准的国家赔偿案件。人民法院赔偿委员会在审查判断刑事拘留决定是否违法时,既要对办案机关采取强制措施的程序是否合法进行审查,也要对采取该强制措施的条件是否合法进行实质审查。根据刑事诉讼法的规定,公安机关对于现行犯或者重大嫌疑分子,如果有被害人或者在场亲眼看见的人指认他犯罪的,可以先行拘留。本案中,人民法院赔偿委员会经实质审查,认为陈伟国、刘钱德不属于现行犯或重大嫌疑分子,桐庐县公安局将陈伟国、刘钱德刑事拘留主要证据不足,该刑事拘留决定违反了刑事诉讼法规定的条件。据此,受害人有取得国家赔偿的权利。"

《刑事诉讼法》(2018)

第 71 条第 4 款　对违反取保候审规定，需要予以逮捕的，可以对犯罪嫌疑人、被告人先行拘留。

第 77 条第 2 款　被监视居住的犯罪嫌疑人、被告人违反前款规定，情节严重的，可以予以逮捕；需要予以逮捕的，可以对犯罪嫌疑人、被告人先行拘留。

第 82 条　公安机关对于现行犯或者重大嫌疑分子，如果有下列情形之一的，可以先行拘留：

（一）正在预备犯罪、实行犯罪或者在犯罪后即时被发觉的；

（二）被害人或者在场亲眼看见的人指认他犯罪的；

（三）在身边或者住处发现有犯罪证据的；

（四）犯罪后企图自杀、逃跑或者在逃的；

（五）有毁灭、伪造证据或者串供可能的；

（六）不讲真实姓名、住址，身份不明的；

（七）有流窜作案、多次作案、结伙作案重大嫌疑的。

第 170 条第 2 款　对于监察机关移送起诉的已采取留置措施的案件，人民检察院应当对犯罪嫌疑人先行拘留，留置措施自动解除。

第二，超期拘留后又决定撤销案件、不起诉或者判决宣告无罪终止追究刑事责任的。

根据《刑事诉讼法》(2018)第 86 条、第 91 条、第 92 条的规定，公安机关对于被拘留的人，应当在拘留后的 24 小时内进行讯问，讯问后发现不应当拘留的，应当立即释放，发给释放证明。讯问后如认为需要逮捕的，应当在拘留后的 3 日内，提请检察院批准逮捕。特殊情况下，提请批捕的时间可延长 1 至 4 日。对于流窜作案、多次作案、结伙作案的重大嫌疑分子，提请审查批准的时间可以延长至 30 日。检察院应当自接到提请批准逮捕书后的 7 日内，作出是否批准逮捕的决定。检察院不批准逮捕的，即便公安机关认为不批准逮捕决定有错误，也应当在接到通知后立即释放。根据第 170 条第 2 款的规定，对于监察机关移送起诉的已采取留置措施的案件，人民检察院对犯罪嫌疑人先行拘留后，应当在 10 日内做出是否逮捕、取保候审或者监视居住的决定。

因此，在不同情形下，刑事拘留的最长时限是有所不同的：发现不应当刑事拘留的，最长时限为 24 小时；有涉嫌需要逮捕的证据且提请逮捕的，一般情况下，最长时限不超过 10 日；特殊情况下，最长时限不超过 14 日；对于流窜作案、多次作案、结伙作案的重大嫌疑分子且提请逮捕的，最长时限不超过 37 日。对监察机关移送、留置转拘留的,最长时限不超过 10 日。若依法采取刑事拘留措施后超出时限规定,其后又撤销案件、不起诉或者判决宣告无罪终止追究刑事责任的,超期拘留造成的损害,国家就应承担赔偿责任。

综上,《国家赔偿法》将刑事拘留致害赔偿的条件,明确限定为"行为违法",而不是"结果错误"。换言之,若刑事拘留措施完全遵循了刑事诉讼法规定的适用条件、时限和程序,那么,即便案件的最终结果是因为撤销案件、不起诉或者判决宣告无罪而释放被拘留之人,也不会导致刑事拘留的致害赔偿。

不过,若要让最后释放的被拘留人不计牺牲地接受"合法"拘留的人身自由限制,对于无辜之人也是不公平的。如何在实践中严格控制拘留适用的条件、拘留的时限,尽量优先考虑监视居住、取保候审等措施,保障公民人身自由,是对刑事侦查机关和国家赔偿法的极大考验。

(2) 采取逮捕措施后决定撤销案件、不起诉或者判决宣告无罪的。

《国家赔偿法》对刑事拘留所采取的、倾向于刑事拘留机关的行为标准说立场,并没有无限延伸。该法第 17 条第(二)项规定:"对公民采取逮捕措施后,决定撤销案件、不起诉或者判决宣告无罪终止追究刑事责任的",受害人可请求国家赔偿。由此,无论采取逮捕措施时,逮捕决定机关是否有证据证明被逮捕人有部分犯罪事实,只要最后因为撤销案件、不起诉或判决宣告无罪而释放被逮捕人的,被逮捕人就有权请求国家赔偿逮捕所致的损害。

对逮捕的侵权采取结果标准说,可以同《刑事诉讼法》(2018)关于逮捕条件和时限的规定结合起来看。首先,该法第 81 条明确指出:"对有证据证明有犯罪事实,可能判处徒刑以上刑罚的犯罪嫌疑人、被告人,采取取保候审尚不足以防止发生下列社会危险性的,应当予以逮捕:(一)可能实施新的犯罪的;(二)有危害国家安全、公共安全或者社会秩序的现实危险的;(三)可能毁灭、伪造证据,干扰证人作证或者串供的;(四)可能对被害人、举报人、控告人实施打击报复的;(五)企图自杀或者逃跑的。……对有证据证明有犯罪事实,可能判处十年有期徒刑以上刑罚的,或者有证据证明有犯罪事实,可能判处徒刑以上刑罚,曾经故意犯罪或者身份不明的,应当予以逮捕。被取保候审、监视居住的犯罪嫌疑人、被告人违反取保候审、监视居住规定,情节严重的,可以予以逮捕。"可见,法律的精神是希望刑事司法机关不得轻易动用逮捕措施,其体现出来的谨慎性,不同于拘留直接指向违反取保候审、监视居住规定的犯罪嫌疑人和被告人或者现行犯或重大嫌疑分子所反映出来的相当程度的应急性。刑事司法机关若严格执法的话,错误逮捕的可能性较小。其次,《刑事诉讼法》(2018)关于逮捕以后的侦查羁押时限比拘留时限更长①,等到最后决定撤销案件、不起诉或者判决宣告无罪时,被逮捕人往往已经受到较长期或长期的人身自由限制。若仍然采取行为标准说,被逮捕人由此遭遇的不公平较之被拘留人就会更加严重。

▶ 即时思考

你认为《国家赔偿法》对刑事拘留致害赔偿和逮捕致害赔偿分别采取违法归责原则(行为标准说)和无过错归责原则(结果标准说)是否合理?为什么?

(3)再审改判无罪,原判刑罚已经执行的。

此类情形是指,受害人在生效判决中被认定有罪,并被判处剥夺人身自由或生命的刑罚,而且,该刑罚已经执行,在刑罚执行过程中或者执行之后,法院又依审判监督程序重新审理案件并改判受害人无罪。根据《国家赔偿法》第17条第(三)项的规定,有此遭遇的受害人可请求国家赔偿。

该条款的适用,应对以下问题进行鉴别:

第一,判决是否已经生效。生效判决包括一审未上诉判决和二审判决。若有罪且施加刑罚的判决尚未生效,案件还在上诉过程中,最后二审改判无罪,那就属于"判决宣告无罪"的情形,应当适用第17条第(二)项的规定,判决前因逮捕所受的人身自由损害,可获得国家赔偿。至于判决前的拘留羁押,凡是依法采取的且未超时限的,国家就不予赔偿。

第二,是否依照审判监督程序再审改判无罪。只有经过审判监督程序,法院作出再审的无罪判决之后,受害人才能提出赔偿请求。根据《最高人民法院赔偿委员会关于郑传振申请赔偿案请示的批复》(法赔复〔1996〕1号),改判无罪是针对具体个罪,而不一定是全案宣告无罪。② 此外,该条款明确的是改判无罪的情

---

① 该法第156条:"对犯罪嫌疑人逮捕后的侦查羁押期限不得超过二个月。案情复杂、期限届满不能终结的案件,可以经上一级人民检察院批准延长一个月。"第157条:"因为特殊原因,在较长时间内不宜交付审判的特别重大复杂的案件,由最高人民检察院报请全国人民代表大会常务委员会批准延期审理。"第158条:"下列案件在本法第一百五十六条规定的期限届满不能侦查终结的,经省、自治区、直辖市人民检察院批准或者决定,可以延长二个月:(一)交通十分不便的边远地区的重大复杂案件;(二)重大的犯罪集团案件;(三)流窜作案的重大复杂案件;(四)犯罪涉及面广,取证困难的重大复杂案件。"第159条:"对犯罪嫌疑人可能判处十年有期徒刑以上刑罚,依照本法第一百五十八条规定延长期限届满,仍不能侦查终结的,经省、自治区、直辖市人民检察院批准或者决定,可以再延长二个月。"

② 另外参见"最高人民法院、最高人民检察院公布8起刑事赔偿典型案例(2016年)之七:黄兴申请福建省高级人民法院再审无罪国家赔偿案"。"典型意义:本案是关于数罪并罚中个罪被改判无罪的国家赔偿案件。本案中,福建省高级人民法院的刑事附带民事判决,维持原审关于非法拘禁罪部分的判决,撤销原审关于绑架罪部分的判决。《中华人民共和国国家赔偿法》第十七条第三项规定,依照审判监督程序再审改判无罪,原判刑罚已经执行的,受害人有取得赔偿的权利。这一规定应理解为是针对具体个罪而言的,黄兴绑架罪被撤销,应当认定为属于再审改判无罪。因监禁限超出再审判决确定的刑期,黄兴对超期监禁部分有取得国家赔偿的权利。"

形,而并非改判刑罚、以轻刑替换重刑的情形。

第三,刑罚是否已经执行。只有在刑罚实际执行,损害实际发生的情况下,国家才承担赔偿责任。一则,再审改判无罪时,刑罚并不一定执行完毕,受害人有权就已执行的部分请求赔偿;二则,生效判决作出后,刑罚是由判决前先行拘留、逮捕的日期折抵刑期的,也属于原判刑罚已经执行的情形。例如,被告被判处拘役6个月,判决生效时先行拘留、羁押时间已经达到6个月,故判决后即予释放。后再审改判无罪,此6个月羁押应属原判刑罚已经执行。

最高人民法院赔偿委员会关于郑传振申请赔偿案请示的批复(法赔复〔1996〕1号)

福建省高级人民法院赔偿委员会:

你院〔1995〕闽赔字第1号《关于郑传振申请国家赔偿一案的请示》收悉,经研究,答复如下:

一、你院1995年3月15日(1995)闽刑再终字第5号刑事判决,维持了对郑传振投机倒把罪判处有期徒刑一年的部分,撤销了对郑传振盗窃罪判处有期徒刑七年的部分。虽不属于全案宣告无罪,但再审撤销盗窃罪不是因为情节显著轻微,而是因为事实不清、证据不足,盗窃罪不能成立,不属于国家赔偿法第十七条规定的国家免责情形。国家赔偿法第十五条第(三)项的规定:依照审判监督程序再审改判无罪,原判刑罚已经执行的,受害人有取得赔偿的权利。这一规定应理解为是针对具体个罪而言的。郑传振盗窃罪被撤销,其盗窃罪已执行的刑罚,依法有取得国家赔偿的权利。因此,本案属于国家赔偿的范围。……

一九九六年八月一日

(4) 刑讯逼供或者以殴打、虐待等行为或者唆使、放纵他人以殴打、虐待等行为造成公民身体伤害或者死亡的。

刑讯逼供是指刑事司法机关及其工作人员对犯罪嫌疑人或者被告人使用肉刑或者变相肉刑,逼取口供的行为。所谓肉刑,就是对受害人的肉体实施暴力,如吊打、捆绑及其他折磨人肉体的方法;所谓变相肉刑,就是对受害人使用非暴力的折磨和摧残,如冻、饿、烤、晒、不让睡觉等。刑讯逼供是法律严格禁止的,由此造成身体伤害或死亡的,受害人有权取得国家赔偿。

除刑讯逼供外,刑事司法机关及其工作人员还有可能在执行职务的过程中,出于其他目的而非逼取口供的目的,滥用职权,对受害人实施殴打、虐待等行径,或者怂恿、纵容他人对受害人实施殴打、虐待等行径。这些行径造成身体伤害或死亡的,受害人同样有权请求赔偿。《国家赔偿法》第17条第(四)项与旧法第15条第(四)项("刑讯逼供或者以殴打等暴力行为或者唆使他人以殴打等暴力行为造成公民身体伤害或者死亡的")相比,增加了"虐待"、取消了"暴力"、增加了"纵容"。这些措辞变化背后的立法意图及法律原理,与现行法有关行政赔偿范围的第3条第(三)项是完全一致的。

(5)违法使用武器、警械造成公民身体伤害或者死亡的。

此类侵权行为是指刑事司法工作人员在行使职权时违反国家规定使用武器、警械,且造成受害人身体伤害或死亡后果的行为。《国家赔偿法》第17条第(五)项的这一规定,与第3条第(四)项基本相同,适用的情形也大体一致,唯一的差异就是前者指向刑事司法工作人员在履行刑事司法职能过程中的违法行为,后者指向行政机关工作人员在履行行政管理职能过程中的违法行为。

2. 侵犯财产权的行为

(1)违法对财产采取查封、扣押、冻结、追缴等措施的行为。

根据《刑事诉讼法》及其他相关法律的规定,刑事司法机关在履行刑事司法职能的时候,可以依照法律规定的条件、程序,对财产采取查封、扣押、冻结、追缴等强制措施。其中,查封、扣押、冻结的基本涵义,在前文论及行政赔偿范围时已述。① 追缴是指追查收缴非法财产及其收益或者依法应予执行的财产等。这些针对财产的刑事强制措施,应当依法进行,否则,受害人可以依据《国家赔偿法》第18条第(一)项提出赔偿请求。该项规定与第4条第(二)项的规定基本一致,只是分属刑事赔偿和行政赔偿。

实践中,刑事侦查机关在侦查过程中可以依法对涉案财物采取查封、扣押、冻结等措施,但是,在生效刑事裁判作出后,对裁判未予认定的涉案财物继续查封、扣押、冻结,就会产生国家赔偿责任。② 刑事司法机关并未对财产采取查封、扣押等措施,但将其在侦查案件过程中就地扣押的物资占用他人的物业,造成物业管理费、车位费、水电费等损失,也应当承担国家赔偿责任。③ 刑事司法机关没有严格区分个人财产和企业法人财产、合法财产和违法所得,追缴案外人的合法

---

① 参见本章第二节。
② 参见"刘学娟申请北京市公安局朝阳分局刑事违法扣押赔偿案"(2018年最高人民法院发布10起人民法院国家赔偿和司法救助典型案例之二);"徐万斗申请沈阳市公安局和平分局违法查封、冻结国家赔偿案"(2019年最高人民法院发布10起人民法院国家赔偿和司法救助典型案例之一)。
③ 参见"重庆英广房地产经纪有限公司申请重庆市九龙坡区公安分局违法查封国家赔偿案"(2019年最高人民法院发布10起人民法院国家赔偿和司法救助典型案例之三)。

财产,即属于违法追缴,应承担国家赔偿责任。① 此外,虽然《国家赔偿法》在此的措辞是"违法",但国家赔偿实务并没有局限于严格的、机械的、形式法治的内涵,即并不只是审查和判断刑事司法机关的行为有没有违反白纸黑字的法律规定。参见本章案例 4-6"北京比特时代科技有限公司申请湖南省长沙市望城区公安局刑事违法扣押国家赔偿案"。

(2) 再审改判无罪,原判罚金、没收财产已经执行的。

罚金、没收财产是刑罚措施中涉及财产的两种附加刑。罚金是判决犯罪者向国家缴纳一定数额的金钱。没收财产是判决将犯罪者个人所有财产的一部分或全部无偿地收归国有。一般而言,罚金是较轻的财产刑,适用于情节较轻的犯罪;罚金因为是缴纳金钱,故可以是犯罪者本人的也可以是他人赠与或借予的;犯罪者缴纳罚金确有困难的,可以分期交纳或者减免。没收财产是较重的财产刑,适用于情节较重的犯罪;没收的财产可以是金钱也可以是其他财产,但必须是犯罪者本人的。

根据《国家赔偿法》第 18 条第(二)项的规定,若人民法院依照审判监督程序,改判受害人无罪,而原判的罚金、没收财产已经执行的,那么,交纳的罚金、没收的财产皆应予以返还,非金钱形式的财产如有毁损灭失的,国家当给予相应的金钱赔偿。其实,罚金、没收财产在性质上属于刑罚。《国家赔偿法》第 17 条第(三)项"依照审判监督程序再审改判无罪,原判刑罚已经执行的",仅从字面而言,也可适用于再审改判无罪、罚金和没收财产已经执行的情形,只是因为第 17 条、第 18 条分别对应人身权和财产权的侵犯,故有此两项规定。

二、刑事司法赔偿责任的例外

国家承担刑事赔偿责任是有限制的,如同行政赔偿责任存在例外情形一样,国家也有不必承担刑事赔偿责任的情形或事项。这些例外,主要规定在《国家赔偿法》第 19 条以及相关的司法解释之中。此外,有些刑事赔偿责任的例外情形,虽未在《国家赔偿法》中予以明确,却因为法律对刑事赔偿范围封闭式的肯定性列举而存在。换言之,它们是处在肯定性列举范围之外的情形。只是,对于它们是否应当作为例外,学界颇有争议。

---

① 参见"泸州天新电子科技公司、魏振国申请泸州市人民检察院刑事违法追缴国家赔偿案"(2019 年最高人民法院发布 10 起人民法院国家赔偿和司法救助典型案例之四)。另外,刑事司法机关的追缴财产行为,还可能伴随将追缴的财产处置给受害人,以弥补受害人损失的情形。若刑事司法机关将法院生效刑事判决追缴的赃款、赃物发还受害人,程序合法,且未侵犯赔偿请求人的合法权益,则不应承担国家赔偿责任。参见《最高人民法院办公厅关于印发国家赔偿典型案例的通知》(法办〔2012〕481 号),"最高人民法院发布国家赔偿十大典型案例之二:卜新光申请安徽省公安厅刑事违法追缴国家赔偿案〔最高人民法院赔偿委员会(2011)法委赔字第 1 号国家赔偿决定书〕"(该案也作为指导案例 44 号发布)。

1. 法律明确规定的例外

《国家赔偿法》第 19 条规定了以下 6 种国家免于刑事赔偿责任的情形：

（1）因公民自己故意作虚伪供述，或者伪造其他有罪证据被羁押或者被判处刑罚的。

这种情形是普通侵权法上"过失相抵"原则的体现，即受害人自己在被刑事司法机关错误羁押、错误判决过程中有过错的，就得自我承受损害，国家不予赔偿。现实生活中，被错误羁押或判刑的受害人有故意提供"伪证"证明自己有罪的情形不可避免。① 若在此情形下，仍然由国家承担赔偿责任，则有纵容甚或鼓励受害人伪证干扰司法的弊害。因此，如果错误羁押或误判确是受害人故意诱导所致，是受害人自身过错在其中作祟，为惩戒受害人的欺骗司法行为，维护正常的司法秩序，当排除受害人可获国家赔偿的权利。甚至可以假定，受害人明知因其伪证可能导致错误羁押或判刑后果而自愿承受之，意味着其已自动放弃了请求国家赔偿的权利。② 从国家赔偿责任构成要件理论看，错误羁押或判刑之损害的形成原因，出自受害人自己过错而非刑事司法机关的违法或过错，就不具备要求国家赔偿的因果关系要件。

《最高人民法院办公厅关于国家赔偿法实施中若干问题的座谈会纪要》（法办〔2012〕490 号，以下简称《国家赔偿法实施座谈会纪要》）第 15 条指出："国家赔偿法第十九条第（一）项规定的'公民自己故意作虚伪供述'，是指非因他人强迫或胁迫，赔偿请求人本人故意作出虚伪供述，导致其被羁押或被刑罚处罚的情形。"根据此定义以及其他相关原理，本书认为，受害人故意伪证的国家赔偿豁免之构成，需满足以下四个要件③：

第一，受害人自己提供可能使其获罪的伪证。这就意味着，首先，伪证是由受害人自己提供的，而不是由他人作出的。任何其他组织或个人所作的指控受害人有罪的伪证，如果导致受害人被错误羁押或判刑，国家赔偿责任并不能豁免。其次，伪证是受害人用来证明自己有罪的。受害人提供的伪证若是意在证明其他人有罪，虽然也可能会使受害人被认定伪证罪而遭羁押或判刑，但这种情形通常并不属于错误羁押或判刑，并不涉及国家是否免责问题。最后，自证有罪的伪证是受害人提供的不真实的供述或者其他证据。此处的"不真实"是"法律

---

① 为简洁起见，本书以下用"伪证"一词，涵盖《国家赔偿法》第 19 条第（一）项所规定的"虚伪供述"以及"伪造其他有罪证据"。此外，在刑法学上，"伪证"概念本就以故意为主观要件，本书运用"故意伪证"主要是出于对国家赔偿法中明文规定"故意"的强调。
② 参见皮纯协、冯军主编：《国家赔偿法释论》（第三版），中国法制出版社 2010 年版，第 168—169 页；房绍坤、丁乐超、苗生明：《国家赔偿法原理与实务》，北京大学出版社 1998 年版，第 214 页。
③ 参见沈岿：《受害人故意伪证的国家赔偿豁免》，载《法商研究》2007 年第 5 期。

上的不真实",而非"事实上的不真实"。只要法律上认定受害人"无罪",就可推定受害人先前的自证其罪是伪证。参见本章案例 4-5"王华英请求晋江市人民检察院错误逮捕国家赔偿案"。

第二,受害人故意提供可能使其获罪的伪证。这个要件是对受害人主观故意状态的规定,即受害人对提供的伪证明知是不真实的,对提供伪证所可能导致的对其不利的损害后果是自愿持希望或者放任态度的。在这里,受害人出于怎样的动机和目的提供伪证,并非判断其是否故意的关键。此外,如果在刑事侦查、起诉及审判三个阶段中,受害人始终有无罪辩解,尽管其也有可能存在伪证情节,但可以认定其并无主观故意。① 如果在刑事侦查、起诉及审判三个阶段中,受害人先是提供有罪供述或其他证据,且无任何无罪辩解掺杂其中,在以后阶段又有翻供情节,就不能简单地认定其无伪证之故意。翻供前的自证有罪若无逼供、诱供等,自当构成故意伪证。再有,但凡存在逼供、诱供等违背受害人意志的情形,即便受害人明知伪证对自己有不利后果,也应当认定其并无希望或放任自己获罪的故意。最后,受害人是否存在故意伪证的情形,应当由赔偿义务机关承担说服责任性质的举证责任,而不能仅仅以有过虚假供述为据。②

第三,受害人故意伪证足以使司法机关认定其达到被羁押或被判刑的法定条件。《刑事诉讼法》(2018)对拘留、逮捕条件都有较为严格的规定,且特别在第 55 条规定,"对一切案件的判处都要重证据,重调查研究,不轻信口供。只有被告人供述,没有其他证据的,不能认定被告人有罪和处以刑罚"。因此,被请求赔偿的刑事司法机关如要主张国家免责,就需呈交受害人已经提供的证明自己有罪的伪证——包括供述和其他证据,并表明这些证据是充分的、足以让其作出羁押

---

① 例如,在"杨忠松请求昆明市嵩明县人民检察院等国家赔偿案"(云南省昆明市中级人民法院赔偿委员会〔2002〕昆法委赔字第 01 号)中,法院的审理意见明确指出:"本案中赔偿请求人杨忠松虽然曾作过有罪供述,但在刑事侦查、起诉及审判过程中亦多次作过无罪辩解。特别是在 1999 年 3 月 9 日被刑事拘留前和拘留后至 3 月 18 日前均是作无罪辩解,因而不应视为其'故意作虚伪供述'。"参见国家法官学院、中国人民大学法学院编:《中国审判案例要览》(2003 年行政审判案例卷),中国人民大学出版社、人民法院出版社 2004 年版,第 365 页。

② 参见《最高人民法院办公厅关于印发国家赔偿典型案例的通知》(法办〔2012〕481 号),"最高人民法院发布国家赔偿十大典型案例之六:马云平申请陕西省蒲城县人民检察院无罪逮捕国家赔偿案〔陕西省高级人民法院赔偿委员会(2010)陕赔他字第 00005 号国家赔偿决定书〕","典型意义:……'公民自己故意作虚伪供述'是指,为欺骗、误导司法机关,或者有意替他人承担刑事责任而主动作与事实不符的供述。赔偿义务机关应提供证据证明赔偿请求人具有前述情形,属于故意作虚伪供述,并足以使检察机关认定其达到被逮捕的法定条件"。另外参见"最高人民法院、最高人民检察院公布 8 起刑事赔偿典型案例(2016 年)之二:蒙庆争申请青秀区人民检察院无罪逮捕国家赔偿案","典型意义:……青秀区人民检察院不能把曾经作过有罪供述一概认定为故意作虚伪供述,只有查明行为人主观上确实出于故意,并作出了与客观真相相反的供述,才能依法认定为故意作虚伪供述。在实践中,赔偿义务机关主张依据国家赔偿法第十九条第一项的情形免除赔偿责任的,应当就该免责事由的成立承担举证责任"。

决定或有罪判刑；若仅呈交了受害人的口供，或者呈交的受害人所提口供及其他证据尚不足以使司法机关作出羁押决定或判刑，国家赔偿责任就不能免除。

第四，受害人故意伪证的国家赔偿豁免主要限于人身损害。这个要件并未在第19条第（一）项和《国家赔偿法实施座谈会纪要》的规定之中明确。受害人故意伪证导致其人身自由受到损害的，即导致其被错误羁押或者被错误判处拘役、有期或无期徒刑或死缓且刑罚已经执行的，国家不负赔偿责任。然而，这一责任豁免不适宜用于财产损害。

受害人故意伪证导致其财产受到损害的，有两种情形。第一种情形是司法机关对受害人财产采取了查封、扣押、冻结或追缴的措施。当受害人最终在法律上被确定无罪后，受害人因这些措施而受到了财产损害。由于第19条第（一）项规定国家不予赔偿的是受害人"被羁押或被判处刑罚"而发生的损害，所以，对财产的强制措施自不属于该条款的意义范围之内，国家自不能免责。

第二种情形是司法机关对受害人判处罚金或没收财产。假如受害人因故意伪证导致被判处罚金或没收财产，且刑罚已经执行，最终又因证据不足而在法律上被认定无罪，国家还是应该以不免责为宜。主要理由是：一则，罚金、没收财产虽然是刑罚，但是与对财产采取查封、扣押、冻结或追缴等强制措施，存在共同点，即它们都是对财产所有权的限制或剥夺。当受害人在法律上被确定无罪后，继续维系这样的刑罚或强制措施，就如同承认国家对无罪之人合法的财产所有权可以继续限制或剥夺。二则，返还罚金或已被没收的财产，事实上是解除对合法财产的剥夺、恢复原本属于受害人的财产。这与解除对人身自由的限制、恢复受害人的自由，也有相同之处。三则，在多数情况下，罚金、没收财产毕竟是附着于主刑的，受害人在被解除限制人身自由的刑罚后，若既不能请求对人身自由损害的赔偿，也不能请求返还财产，就等于为其伪证的过错承担双重不利后果。

综上，受害人故意伪证所致财产损害，无论属于上述哪一种情形，国家原则上都应该解除查封、扣押、冻结或者返还财产，财产有损坏的应当恢复原状，财产损坏无法恢复或财产灭失的，给付相应的赔偿金。① 然而，财产损害国家不免责的原则也有例外。与1994年旧法相比，现《国家赔偿法》增加了对利息损失的赔偿（第36条第（七）项），而在受害人故意伪证的前提下财产被错误限制或剥夺期间产生的利息损失，国家还是不承担赔偿责任为宜。

(2) 依照《刑法》第17条、第18条规定不负刑事责任的人被羁押的。

根据《刑法》第17条、第18条的规定，下列人员是没有刑事责任能力的，即

---

① 由于此种情形下的财产损害主要是受害人故意伪证所致，而且财产管理人已经尽到善意管理或处置的义务，那么，基于过失相抵原理，受害人并不能得到全部的赔偿。

便犯有罪行,也不负刑事责任;不满 14 周岁的人;已满 14 周岁不满 16 周岁,犯故意杀人、故意伤害致人重伤或者死亡、强奸、抢劫、贩卖毒品、放火、爆炸、投放危险物质罪以外其他罪行的人;已满 12 周岁不满 14 周岁,有刑事犯罪行为但并非故意杀人、故意伤害罪,致人死亡或者以特别残忍手段致人重伤造成严重残疾,情节恶劣,经最高人民检察院核准追诉的人;在不能辨认或者不能控制自己行为的时候犯罪的精神病人。

司法实务中,当刑事司法机关对现行犯或犯罪嫌疑人实施羁押时,被羁押人是否达到法定应负刑事责任的年龄,或者是否精神病人、在犯罪时是否不能辨认或者不能控制自己行为,不太容易在一开始就能非常清楚地进行确认,往往需要进一步调查取证才能作出准确的判断。若上述人员有犯罪事实,刑事司法机关先行予以羁押,而后,经过调查取证确定或推定①其是法律规定不负刑事责任的人,又将之释放,那么,被羁押人无权以最后被认定无罪为由请求国家赔偿。

不过,在以下四种情形之中,国家仍然需要承担赔偿责任:

第一,根据《国家赔偿法》第 17 条第(一)项的规定,刑事司法机关对无刑事责任能力人违法拘留或者超时限拘留的。这种情形下,无论被拘留人有无刑事责任能力,国家都应负责赔偿,而不能以第 19 条第(二)项为由主张免责。

第二,根据《国家赔偿法》第 17 条第(二)项的规定,刑事司法机关对无刑事责任能力人采取逮捕措施后,如果是出于证据不足、事实不清等原因,而不是仅仅以被逮捕人是无刑事责任能力为由,撤销案件、不起诉或判决宣告无罪的②,国家仍然应负责赔偿。

第三,被羁押的无刑事责任能力人有犯罪行为或犯罪事实,但在侦查、起诉或者审理阶段(生效判决作出之前),其无刑事责任能力被确认后,刑事司法机关继续将其羁押、延迟释放的。换言之,以无刑事责任能力被确认之日为界,在此之前的羁押,国家可以免责;在此之后的羁押,国家仍需负责赔偿。

---

① 《最高人民法院关于审理未成年人刑事案件具体应用法律若干问题的解释》(法释〔2006〕1 号)第 4 条规定:"对于没有充分证据证明被告人实施被指控的犯罪时已经达到法定刑事责任年龄且确实无法查明的,应当推定其没有达到相应法定刑事责任年龄。"

② 《最高人民法院关于适用〈中华人民共和国刑事诉讼法〉的解释》(法释〔2021〕1 号,以下简称"《适用刑事诉讼法解释》(2021)")第 295 条第 1 款规定:"对第一审公诉案件,人民法院审理后,应当按照下列情形分别作出判决、裁定:……(四)证据不足,不能认定被告人有罪的,应以证据不足、指控的犯罪不能成立,判决宣告被告人无罪;……(六)被告人因未达到刑事责任年龄,不予刑事处罚的,应当判决宣告被告人不负刑事责任;(七)被告人是精神病人,在不能辨认或者不能控制自己行为的时候造成危害结果,不予刑事处罚的,应当判决宣告被告人不负刑事责任。"由此,"判决宣告不负刑事责任"与"判决宣告无罪"是两类不同判决,分别适用不同情形。无刑事责任能力人被羁押后,最终被"判决宣告不负刑事责任",似乎就不能依据《国家赔偿法》第 17 条第(二)项主张国家赔偿了。但是,实践中,若发现采取羁押措施的机关存在证据不足的情形,那么,即便是法院以逮捕人无刑事责任能力,判决宣告被告人不负刑事责任,也应该认定这里存在与判决宣告无罪竞合的情形,国家不能因此免责。

第四,根据最高人民法院《关于人民法院执行〈中华人民共和国国家赔偿法〉几个问题的解释》(法发〔1996〕15 号,以下简称"《人民法院执行国家赔偿法的几个解释》")第 1 条①,无刑事责任能力人被羁押,起诉后又经法院判处拘役、有期徒刑、无期徒刑和死刑并已执行的,其有权依法取得赔偿,只是,判决确定前被羁押的日期不予赔偿。这就意味着,法院对被告人有无刑事责任能力应该严格把关。若法院生效判决忽略了被告人没有刑事责任能力的事实,导致其被判刑,国家不能主张责任豁免。

▶▶▶ 即时思考

有学者认为,对精神病人的羁押、对不够负刑事责任年龄的人的羁押,应当都是可以赔偿的。毕竟,被羁押人最终是无罪的,他们所受损害或损失,应当从弥补角度给予赔偿或补偿。② 你如何看待这一对《国家赔偿法》第 19 条第(二)项具有颠覆性的观点?

(3) 依照《刑事诉讼法》(2018)第 16 条、第 177 条第 2 款、第 284 条第 2 款、第 290 条规定不追究刑事责任的人被羁押的。

按照《国家赔偿法》第 19 条第(三)项的规定,在《刑事诉讼法》(2018)第 16 条或第 177 条第 2 款、第 284 条第 2 款以及第 290 条规定的任何一种情形下,刑事司法机关对犯罪嫌疑人、被告人的羁押,国家都无须承担赔偿责任。其理由与第 19 条第(二)项类似,即在这些情形中,刑事司法机关的羁押是合理的,只是符合法定不追究刑事责任的情形,才将被羁押人释放;若国家要为此负责赔偿,会阻碍刑事司法机关有效地开展对犯罪嫌疑人、被告人的刑事侦查、起诉或审判。

《刑事诉讼法》(2018)

第 16 条　有下列情形之一的,不追究刑事责任,已经追究的,应当撤销案件,或者不起诉,或者终止审理,或者宣告无罪:

(一) 情节显著轻微、危害不大,不认为是犯罪的;

(二) 犯罪已过追诉时效期限的;

(三) 经特赦令免除刑罚的;

---

① 该条规定:"根据《中华人民共和国国家赔偿法》(以下简称赔偿法)第十七条第(二)项、第(三)项的规定,依照刑法第十四条、第十五条规定不负刑事责任的人和依照刑事诉讼法第十五条规定不追究刑事责任的人被羁押,国家不承担赔偿责任。但是对起诉后经人民法院判处拘役、有期徒刑、无期徒刑和死刑并已执行的上列人员,有权依法取得赔偿。判决确定前被羁押的日期依法不予赔偿。"需要注意:其中,《刑法》《刑事诉讼法》相关条款序号和具体内容已有修改。

② 参见杨小君:《国家赔偿法律问题研究》,北京大学出版社 2005 年版,第 93 页。

（四）依照刑法告诉才处理的犯罪，没有告诉或者撤回告诉的；

（五）犯罪嫌疑人、被告人死亡的；

（六）其他法律规定免予追究刑事责任的。

第 177 条第 2 款　对于犯罪情节轻微，依照刑法规定不需要判处刑罚或者免除刑罚的，人民检察院可以作出不起诉决定。

第 284 条第 2 款　被附条件不起诉的未成年犯罪嫌疑人，在考验期内没有上述情形，考验期满的，人民检察院应当作出不起诉的决定。

第 290 条　对于达成和解协议的案件，公安机关可以向人民检察院提出从宽处理的建议。人民检察院可以向人民法院提出从宽处罚的建议；对于犯罪情节轻微，不需要判处刑罚的，可以作出不起诉的决定。人民法院可以依法对被告人从宽处罚。

当然，根据前引《人民法院执行国家赔偿法的几个解释》第 1 条，不追究刑事责任的人被羁押，起诉后又经法院判处拘役、有期徒刑、无期徒刑和死刑并已执行的，其有权依法取得赔偿，只是，判决确定前被羁押的日期不予赔偿。这就意味着，法院在判决前应该严格审查被告人是否符合法定不追究刑事责任的情形。若法院生效判决忽略了被告人具备不追究刑事责任的情形，导致其被判刑，国家就不能免责。

然而，除了上述最高人民法院司法解释规定的不予免责情形之外，在国家是否免责的问题上，《刑事诉讼法》（2018）第 16 条所列的情形不能一概而论，需谨慎、分别对待之：

第一，关于不认为是犯罪的情形。

"情节显著轻微、危害不大，不认为是犯罪的"，实际上也属于法律上无罪的情形。立法者之所以把它与其他法律上无罪的情形区别对待，与以下观念有关：情节显著轻微、危害不大，只是程度不到而已，但还是实施有犯罪行为或者有犯罪事实，当事人被羁押是"咎由自取"[①]；而且，"不认为是犯罪"的结论往往是在侦查、起诉或审判等环节接近结束的时候得出的，并非一开始就可以获得，因此，前期的羁押是不可避免的。

[①] 在"常文龙因被错捕申请伊犁哈萨克自治州人民检察院阿勒泰地区分院刑事赔偿案（〔2000〕伊州法委赔字第 3 号）"中，新疆维吾尔自治区高级人民法院杨善明法官的评析意见代表了这种观念："其中第（一）项不起诉的情形是'情节显著轻微、危害不大，不认为是犯罪的'。由于这种不起诉情形案件的犯罪嫌疑人毕竟有罪过，其被羁押可以说是'咎由自取'；其之所以被不起诉和释放，是因为其犯罪行为的情节显著轻微，危害不大，不认为是犯罪，而并非其没有任何罪过。所以，人民检察院对这种不起诉情形案件的犯罪嫌疑人依照刑事诉讼法第一百四十二条第一款规定作出不起诉决定，将其予以释放，对此国家赔偿法第十七条第（二）项明确规定国家不承担赔偿责任。"

然而，有学者明确指出，这个观念以及《国家赔偿法》的这条规定是值得商榷的。一则，"不认为是犯罪"的无罪，与其他情形下的无罪，都是法律上无罪，国家是否赔偿，应公平对待；二则，既然认定不构成犯罪，当事人就不应该有所谓的"犯罪行为"或者"犯罪事实"，否则，就自相矛盾了；三则，规定"不认为是犯罪"的羁押不赔偿，其理论根据是有"过"则赔、无"过"不赔，但刑事赔偿责任奉行结果归责原则，不以羁押时是否有违法或过错为依据；四则，在司法实践中，《国家赔偿法》的这一规定容易成为司法机关规避赔偿责任的借口。①

其实，对法律上无罪的情形，国家并非一律都予赔偿。②《国家赔偿法》确立的刑事赔偿归责原则也不是统一的、简单的结果归责原则，而是违法/过错归责原则（适用于拘留）与无过错归责原则（适用于逮捕、有罪判决）并行的体系。因此，对上述质疑理由最有利的还是第二点，即根据刑法理论，社会危害性是决定罪与非罪的关键标准之一，"情节显著轻微、危害不大，不认为是犯罪"实际上就是没有构成犯罪③，既然不构成犯罪，也就不存在有犯罪行为或犯罪事实一说。当然，在实务中，刑事司法机关确实不可能一开始就准确地作出"不认为是犯罪"的判断，一味从被羁押人损害弥补的角度，要求国家在此情形下无论如何都需承担赔偿责任，也是不利于刑事司法工作的有效进行。

鉴于此，可以考虑结合《国家赔偿法》第 17 条第（一）（二）项的规定，在被羁押人权益保护与刑事司法工作的有效进行之间求得一种平衡。具体而言，在"情节显著轻微、危害不大，不认为是犯罪"的情形中，若刑事司法机关的拘留是依法进行的、没有超出法定时限的，那么，拘留羁押所致损害，国家可不负赔偿责任；若刑事司法机关是违法拘留或者超期拘留，无论是否属于"不认为是犯罪"的情形，被拘留人都有权请求赔偿；若刑事司法机关对当事人采取逮捕措施，其后又被认定属于"不认为是犯罪的"，即在法律上是不构成犯罪的，国家就不应免责；至于法院对"情节显著轻微、危害不大，不认为是犯罪"的被告人作出有罪判决、且执行了刑罚，那就可以依据《人民法院执行国家赔偿法的几个解释》第 1 条进行赔偿。唯有如此，才能符合新国家赔偿法在刑事赔偿领域确立的违法/过错原则和无过错原则并行体系。参见并对比本章案例 4-7"王远琴因被错捕申请叙永县人民法院赔偿案"、案例 4-8"李道德请求漳州市中级人民法院、漳州市人民检

---

① 参见杨小君：《国家赔偿法律问题研究》，北京大学出版社 2005 年版，第 91 页。
② 例如，前已述及，当事人故意伪证而被羁押，确认清楚后将其释放，最终也属于法律上无罪的情形，但国家可免责。
③ 对于"情节显著轻微、危害不大，不认为是犯罪"的理解一直以来有两种观点：一是行为已经构成犯罪，但不按犯罪处理；二是法律上确定具备该情形的行为不构成犯罪。但是，学界多数意见支持第二种观点。参见赵秉志、王新清：《简论刑事诉讼终止的立法与实践》，载《法学杂志》1987 年第 6 期；张永红：《我国刑法第 13 条但书研究》，北京大学 2003 年博士学位论文，第 8—9 页。

察院刑事赔偿案"。

第二,关于犯罪已过追诉时效期限、经特赦令免除刑罚或者自诉案件没有告诉或者撤回告诉的情形。

与"情节显著轻微、危害不大,不认为是犯罪"的情形不同,"犯罪已过追诉时效期限的""经特赦令免除刑罚的"以及"依照刑罚告诉才处理的犯罪,没有告诉或者撤回告诉的",都是以存在犯罪行为或犯罪事实为前提的。只不过,或者因为超过追诉时效期限,或者因为得到特赦,或者因为自诉人没有告诉或告诉后又撤回,本已触犯刑法、构成犯罪的当事人,在法律上就不再追究其刑事责任或者不再执行已判的刑罚了。在这些情形中,国家免责是合理的。当然,国家赔偿责任的豁免,除了前引《人民法院执行国家赔偿法的几个解释》第 1 条规定的例外之外,在生效判决作出之前,应该以下列时间点为界:确认犯罪已超过追诉时效期限的时间;特赦令下达执行的时间;确认属于自诉案件而自诉人没有告诉的时间,或者自诉人撤回告诉的时间。在此时间点之后迟延释放、超期羁押的,国家不能免责。

第三,关于犯罪嫌疑人、被告人死亡的情形。

"犯罪嫌疑人、被告人死亡的",国家并不一定能够免责。在此情形中,国家是否免责,需要结合以下两个问题加以考虑:

一是犯罪嫌疑人、被告人的死亡与国家机关及其工作人员的职务行为有无因果关系?若犯罪嫌疑人、被告人的死亡,源于国家机关及其工作人员在履行职务过程中的作为(如殴打)或不作为(如对在押犯罪嫌疑人、被告人的疾病没有采取积极治疗措施),那么,即便在刑事诉讼法上案件终止了,即便犯罪嫌疑人、被告人有犯罪行为或犯罪事实,国家也应当为死亡后果承担赔偿责任。

二是犯罪嫌疑人、被告人死亡情形下国家免责的规定,如何与《国家赔偿法》第 17 条第(一)(二)项结合起来解读?① 若犯罪嫌疑人、被告人被依法拘留,尚在法定的拘留时限内,发生自然死亡的,国家的确无须承担赔偿责任。② 若犯罪嫌疑人、被告人被违法拘留或者超期拘留,即便发生的是自然死亡,案件终止了,其因违法羁押或者超期羁押而遭受的损害,国家也不能免责。③ 若犯罪嫌疑人、被告人已被逮捕,在羁押期间自然死亡的,就需判断根据已查明的案件事实和认定的证据材料,能否认定犯罪嫌疑人、被告人有罪。假如根据已查明的案件事实和认定的证据材料,犯罪嫌疑人、被告人在法律上可以认定有罪,那么,案件终止的原因仅仅是其死亡的事实,国家即可免责。假如根据已查明的案件事实和认定的证据,犯罪嫌疑人、被告人在法律上可以认定无罪(包括疑罪从无)①,那么,国家就应该按照《国家赔偿法》第17条第(二)项的规定,承担赔偿责任。

第四,关于其他法律规定免予追究刑事责任的情形。

在"免予追究刑事责任"的情形中,当事人的行为已经构成犯罪;只是,在刑法、刑事诉讼法颁布实施以后,其他特别的法律取消了原来的某种罪,或者对原来的罪规定免予追究刑事责任,司法机关才不予追诉。所以,在此情形下,除了前引《人民法院执行国家赔偿法的几个解释》第1条规定的例外之外,国家原则上不承担赔偿责任。

(4) 行使侦查、检察、审判职权的机关以及看守所、监狱管理机关的工作人员与行使职权无关的个人行为。

其原理与《国家赔偿法》第5条第(一)项如出一辙,即国家承担赔偿责任的,是国家机关及其工作人员在公法上的职务侵权行为,而非工作人员的个人行为。工作人员个人行为致害的,应当由其自己负担民事侵权赔偿责任。职务行为与个人行为,应该依据多元化的标准进行区分。

(5) 因公民自伤、自残等故意行为致使损害发生的。

其原理与《国家赔偿法》第5条第(二)项是一致的,即在因果关系构成要件上免除国家的赔偿责任。损害既然是由受害人自伤、自残等故意行为所致,而非刑事司法机关及其工作人员侵权所致,国家自然无需承担赔偿责任。不过,实务中,这种自己致害的行为多发生在刑事司法机关行使职权的过程中。因此,往往需要辨明,哪些损害是公民自伤、自残等所致,哪些损害是刑事司法机关及其工作人员的职务行为所致。尤其值得关注的是,因果关系的检验往往内含价值判断,若受害人的自伤、自残等行为,完全是因为不堪忍受刑事司法机关及其工作人员比较恶劣、野蛮或残暴的违法侵害行为所激发,那么,很难说受害人的损害完全是其自己一手导致,而与刑事司法机关及其工作人员无丝毫因果关系。参见本章案例4-3"郝长玲诉惠阳市公安局行政赔偿案"。②

此外,《国家赔偿法》第5条第(二)项与第19条第(五)项都是关于受害人自己行为致害情形的,但是,它们对受害人主观状态的规定却有区别。前者对受害人主观状态未予明确,立法原意却是无论受害人主观状态是故意还是过失,凡由

---

① 《适用刑事诉讼法解释》(2021)第295条第1款第(九)项规定:"被告人死亡的,应当裁定终止审理;但有证据证明被告人无罪,经缺席审理确认无罪的,应当判决宣告被告人无罪。"这是法院审判阶段的一种处理方式,其内含的精神和原则应该可以延伸至侦查、起诉阶段。

② 此案虽是行政赔偿案件,但该案法院关于受害人自己行为、国家机关违法行为与损害之间因果关系的论理,也完全可参考适用至刑事赔偿领域。

受害人自己过错导致损害发生的,国家不承担行政赔偿责任。① 而后者明确地以故意为主观要件。其实,在刑事赔偿领域,受害人除有故意自伤或自残行为以外,仍然有可能存在因受害人过失而导致损害的情形。例如,张某被关在看守所里,但其趁看守所工作人员监管不严的机会,试图越墙而出,却不想被墙上的电网击伤。这种行为无法解释为张某有希望或放任这种损害结果发生的直接故意或间接故意,更好的解释是受害人过失(疏忽大意或过于自信)所导致的损害。这种损害依过失相抵原则,也不应由国家予以赔偿。② 因此,第 19 条第(五)项的规定有失周全。

(6) 法律规定的其他情形。

立法意图与《国家赔偿法》第 5 条第(三)项相同,旨在为未来立法明确刑事赔偿责任的例外情形预留空间。此处的"法律"当然也是狭义的,指向全国人大及其常委会制定的法律。

2. 司法解释厘定的例外

(1) 管制、缓刑、剥夺政治权利。

管制是我国主刑中最轻的一种刑罚,是指在一定期限内,对犯罪分子不予关押,但限制其一定自由,由公安机关予以执行的刑罚。管制的期限是 3 个月以上 2 年以下,数罪并罚时,管制刑最高不能超过 3 年。管制执行期间,服刑犯人应当遵守法律、行政法规,服从监督;未经执行机关批准,不得行使言论、出版、集会、结社、游行、示威自由的权利;按照执行机关规定报告自己的活动情况;遵守执行机关关于会客的规定;离开所居住的市、县或者迁居,应当报经执行机关批准。③

缓刑是对刑罚附条件不执行的一种刑罚制度,是指法院对于被判处拘役、3 年以下有期徒刑的犯罪分子,根据犯罪分子的犯罪情节和悔罪表现,适用缓刑确实不致再危害社会的,可以规定一定的考验期,暂缓刑罚的执行。在缓刑考验期限内,服刑犯人没有犯新罪,也未被发现判决宣告以前还有其他罪没有判决,也没有违反法律、行政法规或者公安部有关缓刑的监督管理规定的,期满之后就可

---

① "在国家赔偿法的起草过程中,立法部门曾经考虑国家对因公民、法人和其他组织自己的故意行为致使损害发生的不承担赔偿责任,对因公民、法人和其他组织自己的过失行为引起的损害,国家不能免除赔偿责任。这等于说,在双方都有过错的情况下,国家须承担受害人自身过失所造成的那部分损害,这显然是不合理的。因此,正式颁布的国家赔偿法规定,对于受害人自己造成的损害,无论其主观心理状态(故意或过失)如何,国家均不承担赔偿责任。"参见皮纯协、冯军主编:《国家赔偿法释论》(第三版),中国法制出版社 2010 年版,第 103—104 页。

② "赔偿权利人有过失时,既不可嫁责任于他人,其为故意时,更毋庸论;谓过失相抵者,遂包括赔偿权利人过失及故意两种情形,殆无可疑。"参见曾世雄:《损害赔偿法原理》,中国政法大学出版社 2001 年版,第 264 页。

③ 参见《刑法》第 38 条、第 39 条。

不再执行原判刑罚。在考验期内,服刑犯人应当遵守法律、行政法规,服从监督;按照考察机关规定报告自己的活动情况;遵守考察机关关于会客的规定;离开所居住的市、县或者迁居的,报经考察机关批准。①

剥夺政治权利是我国附加刑的一种,可独立适用,也可附加于主刑适用。它是剥夺服刑犯人参加国家管理与政治活动权利的刑罚。剥夺的政治权利包括:选举权和被选举权;言论、出版、集会、结社、游行、示威自由的权利;担任国家机关职务的权利;担任国有公司、企业、事业单位和人民团体领导职务的权利。在执行期间,应当遵守法律、行政法规和国务院公安部门有关监督管理的规定,服从监督。②

针对上述刑罚,《人民法院执行国家赔偿法的几个解释》第 4 条规定,根据赔偿法第 26 条(现为第 33 条)、第 27 条(现为第 34 条)的规定,人民法院判处管制、有期徒刑缓刑、剥夺政治权利等刑罚的人被依法改判无罪的,国家不承担赔偿责任,但是,赔偿请求人在判决生效前被羁押的,依法有权取得赔偿。据此,管制、有期徒刑缓刑、剥夺政治权利等刑罚,都在刑事司法赔偿范围之外,即便服刑犯人依法再被改判无罪,国家也是免责的。最高人民法院之所以如此解释,从其措辞可以窥知。《国家赔偿法》(1994)第 26 条、第 27 条是侵犯人身自由和生命健康权的赔偿标准的规定,而管制、缓刑③、剥夺政治权利等并没有以羁押的方式限制人身自由,也没有侵犯生命健康权,故这些刑罚或刑罚执行措施,不在国家应当承担赔偿责任的范围之内。只不过,由于服刑犯人最终在法律上被宣告无罪,那么,其在判决之前受到的羁押就是错误的,国家还是应予赔偿。

最高人民法院的解释有其道理。管制、缓刑、剥夺政治权利等就其本身而言,不会直接损害服刑犯人的财产,也不会直接损害服刑犯人的生命健康权,或者直接剥夺人身自由。不过,有学者认为,这些刑罚虽然比有期徒刑、无期徒刑、死刑等刑罚轻,但也会在一定程度上限制服刑犯人的人身自由或者其他权利,也会严重影响服刑犯人的声誉、社会地位等,甚至可能使其失去就业和升迁的机会,蒙受巨大的无形损失。因此,从"类似情况类似处理"的法治精神、督促司法机关正当行使权力、加强人权保障等角度出发,管制、缓刑、剥夺政治权利等刑罚给无罪者造成的损害,国家也应当给予赔偿。④

---

① 参见《刑法》第 72 条、第 75 条、第 76 条、第 77 条。
② 参见《刑法》第 54 条、第 58 条第 2 款。
③ 司法解释仅提及有期徒刑缓刑,但缓刑还包括拘役缓刑。拘役缓刑和有期徒刑缓刑应当是同理对待。
④ 参见张红:《司法赔偿研究》,北京大学出版社 2007 年版,第 147 页;瓮怡洁:《刑事赔偿制度研究》,中国人民公安大学出版社 2008 年版,第 159 页;周友军、麻锦亮:《国家赔偿法教程》,中国人民大学出版社 2008 年版,第 259 页。

> **即时思考**
>
> 运用损害类型理论,分析管制、缓刑、剥夺政治权利等刑罚给无罪者造成的损害通常是什么类型的损害?若要将这些损害都纳入国家赔偿范围,是否意味着现行《国家赔偿法》厘定国家赔偿范围的一些基本原则需要改变?

(2) 取保候审。

取保候审是指刑事司法机关依据被羁押的犯罪嫌疑人、被告人或其法定代理人、近亲属的申请,在符合法定取保候审条件的情况下,责令犯罪嫌疑人、被告人提出保证人或者交纳保证金,以保证其不逃避或者不妨碍侦查、起诉和审判并随传随到的一种刑事强制措施。被取保候审的犯罪嫌疑人、被告人未经执行机关批准不得离开所居住的市、县,在传讯的时候应当及时到案。人民法院、人民检察院和公安机关可以根据案件情况,责令被取保候审的犯罪嫌疑人、被告人:不得进入特定的场所;不得与特定的人员会见或者通信;不得从事特定的活动;将护照等出入境证件、驾驶证件交执行机关保存。① 因此,取保候审并非剥夺人身自由的羁押,但对被取保候审人的人身自由也有一定的限制。《最高人民法院关于取保候审期间国家不承担赔偿责任问题的批复》(〔1998〕赔他字第3号)指出:"取保候审期间人身自由虽受到部分限制,但实际上没有被羁押,根据国家赔偿法的有关规定,宣告无罪后,取保候审期间国家不承担赔偿责任。"

根据《刑事诉讼法》(2018) 第71条第3款、第73条的规定,取保候审期间,被取保候审的犯罪嫌疑人、被告人违反相关规定的,有保证人而保证人未及时报告的,可对保证人处以罚款,已交纳保证金的,可以没收保证金;若没有违反相关规定,取保候审结束的时候,就应当退还保证金。实践中,刑事司法机关有可能出现借故不予退还保证金、违法没收保证金、违法对保证人处以罚款等滥用职权情形。对于这些违法侵犯财产权的措施,《国家赔偿法》虽未明白写入刑事赔偿的范围,但可以解释和适用第18条第(一)项的规定("违法对财产采取查封、扣押、冻结、追缴等措施的")或第36条第(一)项的规定("处罚款、罚金、追缴、没收财产或者违法征收、征用财产的,返还财产")。参见第七章案例7-4"先廷刚申请泸县公安局错误拘留赔偿案"。

当然,对于取保候审本身国家不负赔偿责任的规定,异议者仍然强调其虽非羁押但对公民权利(人身自由、名誉权、生产经营权利等)也会造成一定损害。由于被取保候审人未经执行机关批准不得离开所居住的市、县,这对那些生活、学习或工作涉及不同地区者产生重大的不利影响,故而,违法的取保候审措施,也

---

① 参见《刑事诉讼法》(2018) 第67—71条。

应该考虑纳入刑事赔偿范围。①

(3) 假释、保外就医。

假释是对服刑犯人附条件地提前释放,并在一定时期内保持继续执行未执行的部分刑罚的可能性。假释的附条件就是设立一定的考验期限,从而对假释犯人继续监督改造。有期徒刑的假释考验期,是没有执行完毕的刑期;无期徒刑的假释考验期为10年。被假释的服刑犯人应当遵守法律、行政法规,服从监督;按照监督机关规定报告自己的活动情况;遵守监督机关关于会客的规定;离开所居住的市、县或者迁居的,报经监督机关批准。②《最高人民法院赔偿委员会关于在假释期间国家不承担赔偿责任的批复》(〔1997〕赔他字第14号)指出:"对被判处有期徒刑、无期徒刑的被告人依法予以释放,属于附条件的提前释放,虽然人身自由受到一定限制,但实际未被羁押。因此,对孙赤兵在假释期间,国家不承担赔偿责任。"

保外就医是监外执行的一种,被判处无期徒刑、有期徒刑或拘役的罪犯因患有严重疾病,经有关机关批准,可以取保在监外医治。保外就医是出于人道主义的考虑,对确实有严重疾病需要在监外进行诊治的犯人,在刑期未满之前予以暂时释放,允许其就医治疗。保外就医的犯人,由所在地公安机关进行日常性监督考察,若发现以非法手段骗取保外就医的,经治疗疾病痊愈或者病情基本好转的,以自伤、自残、欺骗等手段故意拖延保外就医时间的,办理保外就医后并不就医的,或者违反监督管理规定经教育不改的,就可以收监执行。③《最高人民法院赔偿委员会关于保外就医期间国家不承担赔偿责任的批复》(〔1997〕赔他字第10号)指出:"被判处有期徒刑、无期徒刑的犯罪分子,在刑罚执行中保外就医期间,虽然人身自由受到一定限制,但实际上未被羁押。因此,对赔偿请求人朱海在保外就医期间国家不承担赔偿责任。"

3. 减免责任的抗辩事由

如同行政赔偿责任的例外情形一样,正当防卫、紧急避险、受害人同意、不可抗力、第三人过错等,也可以作为免除或减轻国家刑事赔偿责任的抗辩事由或免

---

① 参见杨小君:《国家赔偿法律问题研究》,北京大学出版社2005年版,第64页;瓮怡洁:《刑事赔偿制度研究》,中国人民公安大学出版社2008年版,第159页;周友军、麻锦亮:《国家赔偿法教程》,中国人民大学出版社2008年版,第259页。
② 参见《刑法》第83条、第84条。
③ 参见《刑事诉讼法》(2018)第265条。

责事由。①

4. 其他有争议的例外

从《国家赔偿法》及相关司法解释既有的立场和逻辑出发,下列情形虽在当前仍然处于刑事赔偿范围之外,却也引起较多的争议。

（1）传唤、拘传。

在我国,司法过程中的传唤②是指司法机关通知诉讼当事人、犯罪嫌疑人或其他法定相关人员（如法定代理人、证人）于指定时间、地点到案接受讯问或审判的一种措施。传唤必须使用法定的传唤通知书或传票。受传唤人应按传唤要求到案。无正当理由拒绝到案的,司法机关可根据需要,依法采取拘传的强制措施。拘传就是指司法机关采取的强制犯罪嫌疑人、被告人或其他法定相关人员到案接受讯问或审判的一种强制措施。在刑事诉讼中,公安机关、人民检察院、人民法院对于未被羁押的犯罪嫌疑人、被告人或被告单位的诉讼代表人,可以依法拘传。一次传唤和拘传持续的时间一般最长不得超过 12 小时,案情特别重大、复杂,需要采取拘留、逮捕措施的,传唤、拘传持续的时间不得超过 24 小时。不得以连续传唤、拘传的形式变相拘禁犯罪嫌疑人。③

可见,刑事诉讼中的传唤、拘传对人身自由也有一定的限制,只是限制的强度不大,时间也比较短暂。新旧《国家赔偿法》都并未将传唤、拘传明确纳入刑事赔偿范围,也许正是因为考虑到这些措施对人身自由的损害有限。若刑事司法机关依照法律规定的条件、程序,对有关人员实行传唤或拘传,在法定时限内将其释放,而被传唤或拘传之人以人身自由受到限制、名誉受到影响等为由要求国家赔偿,那么,刑事司法机关可能难以承受这样的压力、无法进行有效的传唤工作。

不过,这种担心隐含着一种误解,似乎将传唤、拘传措施纳入刑事赔偿范围,就意味着以无过错原则要求国家承担赔偿责任。其实,在司法实务中,合法的传唤或拘传,较少引起被传唤人或被拘传人的强烈不满,尽管这种传唤或拘传确实也会造成生活、工作上的些许不便。而真正值得关注的是滥用传唤或拘传权力

---

① 参考本章第二节。与作为行政赔偿责任例外情形的"减免责任的抗辩事由"一样,由于这些事由在《民法通则》（现在的《民法典》）等法律中有规定,故有学者早年将它们解释为属于《国家赔偿法》（1994）第 17 条第（六）项（即新《国家赔偿法》第 19 条第（六）项）国家不承担赔偿责任的"法律规定的其他情形"。参见房绍坤、丁乐超、苗生明：《国家赔偿法原理与实务》,北京大学出版社 1998 年版,第 218 页。

② 在行政管理领域,公安机关也可依据《治安管理处罚法》《消防法》等法律规定实施传唤、强制传唤措施。

③ 关于刑事诉讼中的拘传,参见《刑事诉讼法》（2018）第 66 条、第 119 条第 2 款《适用刑事诉讼法解释》（2021）第 147—149 条、《公安机关办理刑事案件程序规定》（2020）第六章"强制措施"第一节"拘传"、《人民检察院刑事诉讼规则》（2019）第六章"强制措施"第一节"拘传"。

的情形,主要表现为:出于不正当的目的或动机,对本不应当被传唤或拘传的人,任意传唤或拘传,使其蒙受不利影响;超时限传唤或拘传;以连续传唤、拘传的形式实施变相拘禁;在传唤、拘传过程中任意实施殴打、虐待等行为或使用武器、警械;在传唤、拘传过程中随意扣押、没收财产;等等。

其中,有些情形可以由《国家赔偿法》第17条第(四)项、第(五)项、第18条第(一)项覆盖。然而,像任意传唤或拘传、超时限传唤或拘传、以连续传唤或拘传的形式变相拘禁等,无法在《国家赔偿法》中找到对应的、可适用的条款。对比之下,在民事诉讼、行政诉讼中,违法司法拘传造成损害的,可获国家赔偿①;在行政管理领域实施违法的传唤、强制传唤,造成损害的,也可获国家赔偿。② 因而,将刑事诉讼中的违法传唤或拘传单独排除在国家赔偿范围之外,既不利于保护公民合法权益,也不利于杜绝或减少滥用传唤或拘传权力的情形,更是不能实现同等情况同等对待的法治目标。

(2)监视居住。

监视居住是刑事司法机关为了防止犯罪嫌疑人、被告人逃避或者妨碍侦查、起诉和审判,责令其在规定期限内未经批准不得离开住处或者指定居所,并对其行动加以监视、控制的强制措施。监视居住最长不得超过6个月。被监视居住人未经执行机关批准不得离开住处,无固定住处的,未经批准不得离开指定的居所;未经执行机关批准不得会见他人或者通信;在传讯的时候及时到案。③ 可见,监视居住的限制程度是介乎取保候审与逮捕之间的,较之取保候审,可自由行动的区域更小,会见他人的自由更加受限,但与取保候审一样,对被监视居住人并不构成羁押和对人身自由的完全剥夺。

修订前后的《国家赔偿法》以及相关的司法解释都未提及对违法监视居住造成损害的,国家是否应当承担赔偿责任。只是,由于监视居住与取保候审在性质、适用条件、程序、限制人身自由的程度等方面都极为接近,因而,依照《最高人民法院关于取保候审期间国家不承担赔偿责任问题的批复》(〔1998〕赔他字第3号)的逻辑,监视居住也似乎是被排除在刑事赔偿范围之外的。

不过,实践中,司法机关违法实施监视居住、滥用监视居住权力的情形也是存在的。若对这些情形中的受害人,国家不予赔偿,一则对受害人不公,二则无

---

① 详见本节下文。
② 例如,参见"吉贵不服海勃湾区公安分局传唤、留置行政处罚案"[内蒙古自治区乌海市海勃湾区人民法院(2000)乌勃法行初字第2号];"杨永和不服武汉市公安局汉阳分局强制传唤、扣押财产案"[武汉市中级人民法院(1993)行终字第32号];"胡定国等不服宁波市公安局北仑区分局强制传唤并扣押存款案"[浙江省宁波市北仑区人民法院(1997)甬行初字第3号]。
③ 参见《刑事诉讼法》(2018)第74、75条、第77—79条。

法更有效地控制司法机关滥用监视居住权力。因此,同质疑取保候审的不可赔偿性一样,异议者以几乎相同的理由,批评《国家赔偿法》未将监视居住纳入刑事赔偿范围。① 最高人民法院在审理涉及监视居住的国家赔偿请求案件中,将违法监视居住解释为"变相羁押",从而承认受害人可获得国家赔偿。② 当然,即便认可国家赔偿法或司法解释未来应将违法监视居住或取保候审明确写入刑事赔偿范围的观点,进一步看,国家是否应该对合法采取监视居住、取保候审措施后又解除强制措施情形下的犯罪嫌疑人、被告人给予赔偿③,这个问题仍值得研究。

▶▶▶ 即时思考

同样,运用损害类型理论,分析合法的监视居住、取保候审措施会给最终被解除此类强制措施的人造成的损害通常是什么类型的损害?若要将这些损害都纳入国家赔偿范围,是否意味着现行国家赔偿法厘定国家赔偿范围的一些基本原则需要改变?

(3) 轻罪重判。

"轻罪重判"并非法律术语,而是一个约定俗成的惯用语。它通常是指法院对当事人作出有罪判决并处以刑罚,该刑罚已经得到全部或部分执行后,经审判监督程序,法院认定原判有误,改判撤销部分刑罚或减轻部分刑罚的情形。在轻罪重判的情况下,服刑犯人的人身权和财产权都有可能遭受不当的损害。例如,就人身自由而言,原判有期徒刑 10 年,后改判 7 年,但改判生效时,刑罚已经执行了 8 年;就财产权而言,原判罚金 10 万元,后改判 3 万元,但罚金 10 万元已经执行。概括而言,轻罪重判致害的情形包括:本来不应被判处死刑但被判处死刑且已经执行、后又改判的;实际服刑期限超过后来改判的刑期的;已经被执行的罚金或/和没收财产等超过后来改判应予执行的罚金或/和没收财产的数额的;等等。

"轻罪重判"与《国家赔偿法》中规定的"依照审判监督程序再审改判无罪"不同,前者的改判仍然是有罪,只不过罪名或/和刑罚有所变化,而后者的改判就是无罪,刑罚自然也就失去合法基础。因此,轻罪重判致害应否赔偿问题,新旧国

---

① 参见杨小君:《国家赔偿法律问题研究》,北京大学出版社 2005 年版,第 64 页;瓮怡洁:《刑事赔偿制度研究》,中国人民公安大学出版社 2008 年版,第 159 页;周友军、麻锦亮:《国家赔偿法教程》,中国人民大学出版社 2008 年版,第 259 页。

② 参见"李锦莲申请江西省高级人民法院国家赔偿纠纷案"(最高人民法院〔2018〕最高法委赔 16 号)。

③ 持国家应予赔偿观点的,参见张红:《司法赔偿研究》,北京大学出版社 2007 年版,第 138—139 页。

家赔偿法都未予明确。学理上通行的观点,皆质疑当前把此种情形下的损害排除在国家赔偿范围之外的做法。① 有必要指出的是,实务中,若数罪并罚的判决经改判撤销其中部分罪名,相应刑罚失去合法基础,从而导致在形式上看原判刑罚总体重于改判刑罚的结果,法院会将部分罪名的撤销解释为"改判无罪"的情形。②

(4) 刑事诉讼中对妨害诉讼的强制措施。

对妨害诉讼的强制措施是指法院针对实施妨害诉讼秩序行为、阻碍诉讼正常进行的当事人、诉讼代理人或其他诉讼参与人,依法采取必要的强制措施,以使审判和执行顺利进行。在民事诉讼、行政诉讼、刑事诉讼中,都有可能会出现妨害诉讼正常进行的情形,法律也都明确授权法院在三类诉讼中可以采取相应的排除妨害的强制措施。根据《刑事诉讼法》(2018)第199条的规定,刑事诉讼中对妨害诉讼的强制措施包括警告、强行带出法庭、罚款和拘留。

修订前后的《国家赔偿法》都把法院在民事诉讼、行政诉讼中违法采取对妨害诉讼的强制措施,纳入国家赔偿范围,但都未明确法院在刑事诉讼中违法采取此类措施,国家是否应予赔偿。由于国家赔偿法对刑事赔偿范围的肯定性列举是一个封闭式结构,故一般认为,刑事诉讼中对妨害诉讼的强制措施,目前还在国家赔偿范围之外。然而,这样的制度安排明显不合理。民事诉讼、行政诉讼和刑事诉讼中对妨害诉讼的强制措施大同小异,其中,罚款、拘留分别涉及财产权和人身权,若违法实施,必定会造成损害。因此,应该按照同等情况同等对待的原则,承认刑事诉讼中违法采取此类强制措施的可赔偿性。③

三、民事、行政司法赔偿范围

民事、行政司法赔偿范围,是指国家对国家机关及其工作人员在民事诉讼、行政诉讼过程中侵犯公民、法人或者其他组织合法权益造成的损害承担赔偿责任的范围。在民事、行政司法赔偿问题上,现行《国家赔偿法》并没有实现任何突破,依然因循了旧法的框架。《国家赔偿法》第38条规定:"人民法院在民事诉讼、行政诉讼过程中,违法采取对妨害诉讼的强制措施、保全措施或者对判决、裁

---

① 参见杨小君:《国家赔偿法律问题研究》,北京大学出版社2005年版,第68页;张红:《司法赔偿研究》,北京大学出版社2007年版,第145—146页;瓮怡洁:《刑事赔偿制度研究》,中国人民公安大学出版社2008年版,第155—156页;周友军、麻锦亮:《国家赔偿法教程》,中国人民大学出版社2008年版,第259页。

② 参见本节前引《最高人民法院赔偿委员会关于郑传振申请赔偿案请示的批复》。另参见"张达发以无罪为由向安徽省高级人民法院申请国家赔偿案[(2015)皖法赔字第00021号]",该案中赔偿请求人被以故意杀人罪和抢劫罪数罪并罚,后再审撤销故意杀人罪的定罪和量刑。

③ 参见张红:《司法赔偿研究》,北京大学出版社2007年版,第141—142页;周友军、麻锦亮:《国家赔偿法教程》,中国人民大学出版社2008年版,第259页。

定及其他生效法律文书执行错误,造成损害的,赔偿请求人要求赔偿的程序,适用本法刑事赔偿程序的规定。"就法条措辞本义而言,该条旨在确立民事、行政司法赔偿的程序,但因其隐含民事、行政司法赔偿的发生情形,故也被认为是厘定民事、行政司法赔偿范围的法律依据。此外,《最高人民法院关于审理民事、行政诉讼中司法赔偿案件适用法律若干问题的解释》(法释〔2016〕20号,以下简称"《民事、行政司法赔偿若干解释》(2016)")也进一步明确了民事、行政司法赔偿的范围及其例外。

1. 违法采取对妨害诉讼的强制措施

如前所述,法律授权法院针对妨害诉讼的行为人采取必要强制措施,以保障审判和执行的顺利进行。根据《民事诉讼法》(2021)第112条至第118条的规定,法院可以采取的对妨害民事诉讼的强制措施有拘传、训诫、责令退出法庭、责令履行协助义务、罚款、拘留。根据《行政诉讼法》(2017)第59条的规定,法院对妨害行政诉讼的强制措施包括训诫、责令具结悔过、罚款和拘留。

在这些措施中,训诫、责令退出法庭、责令具结悔过、责令履行协助义务,一般都不会对人身权、财产权产生损害,故不涉及国家赔偿问题。根据《民事、行政司法赔偿若干解释》(2016)和《最高人民法院关于国家赔偿案件立案工作的规定》(法释〔2012〕1号,以下简称"《国家赔偿案件立案规定》")的有关条款,排除妨害诉讼的强制措施已经被纳入国家赔偿范围的,主要有违法司法罚款、司法拘留和司法拘传。

《民事、行政司法赔偿若干解释》(2016)第2条规定,违法采取对妨害诉讼的强制措施,是指下列行为:

(1) 对没有实施妨害诉讼行为的人采取罚款或者拘留措施的。《民事诉讼法》(2021)第113条至第117条、《行政诉讼法》(2017)第59条对罚款、拘留措施的适用条件,作了比较明确和严格的规定。若任意违反这些规定,对本不应该被罚款、拘留的人实施了罚款、拘留,就会造成人身或财产的损害。

(2) 超过法律规定金额采取罚款措施的。《民事诉讼法》(2021)第118条第1款规定,对个人的罚款金额,为人民币10万元以下。对单位的罚款金额,为人民币5万元以上100万元以下。《行政诉讼法》(2017)第59条规定的罚款金额是1万元以下。凡超过现行法律规定的最高限额实施罚款的,就是对行为人合法财产的侵害。

(3) 超过法律规定期限采取拘留措施的。根据《民事诉讼法》(2021)第118条第2款、《行政诉讼法》(2017)第59条,拘留的期限都是15日以下。实施拘留超过这一最长期限,或者超过拘留决定书确定的期限,都属于侵犯人身权的违法羁押。

(4) 对同一妨害诉讼行为重复采取罚款、拘留措施的。这是"一事不再理"原则或"一事不再罚"原则的体现。同一违法行为,只能给予一次制裁;否则,就是让违法行为人接受双重或多重惩戒,违反基本的正义原则。因此,对同一妨害诉讼行为重复采取的罚款、司法拘留,是对行为人财产或人身的非法侵害。

(5) 违反法律规定的其他情形。这个兜底条款为前四项未穷尽的情形预留了空间。这里有必要提及民事诉讼、行政诉讼中的拘传。该项措施适用于必须到庭,经两次传票传唤,无正当理由拒不到庭的被告,与刑事诉讼中拘传的目的、条件、程序和时限等都有不同。其对被告人身自由的限制,仅限于使其出庭并在短时间内接受审理,通常情况下很少会引发国家赔偿问题。然而,若错误拘传或者在拘传过程中有滥用暴力或其他违法情形,也可能导致人身或财产损害,需要国家承担赔偿责任。

2. 违法采取保全措施

保全措施是指法院为保障债权人在裁判中所确认的权利能够获得实现,或者防止法律规定的权利遭受无法弥补的损害而采取的临时救济措施。由于审判程序耗费时日,在此期间,债务人可能隐匿、转移或处分其财产,或单方面改变双方当事人有争议的请求标的之状态,导致债权人以后即便取得有利的终局判决,也无法实现其权利。保全措施就是为了防止出现这一现象。① 然而,法院对财产采取查封、扣押、冻结等保全措施,涉及个人或组织的财产权,一旦保全违法或错误,就会造成损害,国家理应赔偿。

《民事、行政司法赔偿若干解释》(2016)第 3 条规定,违法采取保全措施,是指下列行为:

(1) 依法不应当采取保全措施而采取的。《民事诉讼法》(2021)第 103 条、第 104 条对诉讼财产保全和诉前财产保全的适用条件分别作了规定。法院违反这些规定,对不应当采取保全措施而保全的,会使被申请人的财产无端受到损害。

(2) 依法不应当解除保全措施而解除,或者依法应当解除保全措施而不解除的。《民事诉讼法》(2021)第 104 条第 3 款、第 107 条对解除财产保全的情形作了明确规定。对不应当解除保全措施而解除的,可能会使申请人即便赢得诉讼却难以得到判决书上判定的财产给付;对应当解除保全措施而不解除的,则会使被保全人无法使用、收益或处分其被违法保全的财产,财产利益就会受到损害。

---

① 参见江伟主编:《民事诉讼法》(第五版),中国人民大学出版社 2011 年版,第 202 页。

(3) 明显超出诉讼请求的范围采取保全措施的。法院依当事人申请采取的保全措施，意在保障债权人权利的实现或防止法定权利遭受不可弥补之损害，故不能超出当事人诉讼请求所涉的财产种类、数额等范围。《民事诉讼法》(2021)第 105 条规定："保全限于请求的范围"。明显超出的部分，就构成了违法/错误保全，就会给被保全人造成不应有的损害。但是，如果申请人申请保全的财产为不可分割物，而且，被保全人没有其他财产或者其他财产不足以担保债权实现的，即便保全财产的价值超出诉讼请求的范围，也不属于应予国家赔偿的明显超范围保全的情形。

(4) 在给付特定物之诉中，对与案件无关的财物采取保全措施的。特定物是指具有特有属性、不能以其他物代替的物品。给付特定物之诉，是指权利人向法院提起判决义务人给付特定物品的诉讼。法院判决义务人履行义务时，义务人是不能以其他物品代替特定物的。只有在特定物灭失、义务人无法给付特定物时，义务人才能以其他方式实现权利人的权益。所以，在给付特定物之诉中，权利人申请保全的应当是特定物本身，法院若对与案件无关的财物采取保全措施，就是违法/错误保全。

(5) 违法保全案外人财产的，从保全措施的目的看，财产保全的范围不应扩大到与本案无关的财物上。《民事诉讼法》(2021)第 105 条明确规定保全限于"与本案有关的财物"。所以，法院保全案外人的财产是超出范围的，会对他人合法财产造成不利损害。参见本章案例 4-9"艾尔肯吾东因财产被错误执行请求司法赔偿案"。

(6) 对查封、扣押、冻结的财产不履行监管职责，造成被保全财产毁损、灭失的。法院依法采取查封、扣押、冻结等财产保全措施，就必须对被保全财产履行善良管理人的注意义务，①没有履行好监管职责，导致财产毁损或灭失的，财产权利人自然可以请求赔偿。值得注意的是：第一，在查封、扣押、冻结状态下，财产毁损或灭失，应该推定法院没有尽到必要的监管注意义务，除非法院证明造成财产毁损或灭失的原因是不可抗力、紧急避险、受害人自己过错等法定免责事由。第二，财产保全措施是法院采取的，由此形成法院与申请人、被申请人之间的权利义务关系。财产毁损或灭失的，财产权利人只需请求国家赔偿，而不必过问法院是否将被保全的财产交给其他单位或个人保管。法院交由有关单位、个人负责保管，从性质上当属委托，保管人是否尽到善良管理人的注意义务，应属其与

---

① 《民事诉讼法解释》(2020)第 154 条规定："人民法院在财产保全中采取查封、扣押、冻结财产措施时，应当妥善保管被查封、扣押、冻结的财产。"

法院之间的权利义务关系。①

(7) 对季节性商品或者鲜活、易腐烂变质以及其他不宜长期保存的物品采取保全措施,未及时处理或者违法处理,造成物品毁损或者严重贬值的。季节性商品或者鲜活、易腐烂变质物品以及其他不宜长期保存的物品,随着保存时间的延长,或者其本身物理属性会发生变化而致毁坏,或者其本身物理属性未改变的情况下价值会贬损。所以,如果法院对此类物品进行保全,就应当及时处理、依法妥当处理。法院没有及时处理或者违法处理、处理适当,造成物品毁损或严重贬值,就应当承担赔偿责任。

(8) 对不动产或者船舶、航空器和机动车等特定动产采取保全措施,未依法通知有关登记机构不予办理该保全财产的变更登记,造成该保全财产所有权被转移的。不动产或者船舶、航空器和机动车等特定动产的属性之一是,其所有权的合法转移与其所处的占有或使用状态没有直接关联。法院依据当事人申请对此类财产采取保全措施,而又没有依法通知有关登记机构,登记机构在不知情的情况下就可能依申请办理变更登记,造成被保全财产所有权发生转移。从保护交易安全、保护善意第三人的角度看,此种情形下所有权发生转移的财产是不能再被追回的。由此,申请保全的权利人就有可能最终无法实现其权益而遭受财产损失,此损失系法院未对特殊财产尽到完全保全义务所致,法院理应承担赔偿责任。当然,在此情形中,若被保全人明知法院已经对特定财产采取保全措施,②而故意在保全期间隐瞒保全情况、向登记机构申请办理变更登记,导致被保全财产所有权发生转移的,被保全人应当承担相应的责任。被保全人无法赔偿或无法完全赔偿的,法院应当负担补充责任。

(9) 违法采取行为保全措施的。《民事诉讼法》(2021)第103条规定:"人民法院对于可能因当事人一方的行为或者其他原因,使判决难以执行或者造成当事人其他损害的案件,根据对方当事人的申请,可以裁定……责令其作出一定行为或者禁止其作出一定行为;当事人没有提出申请的,人民法院在必要时也可以裁定采取保全措施。"责令作出一定行为或者禁止作出一定行为,就是行为保全措施。行为保全措施适用的条件是:第一,有证据证明被申请人对申请人的权益正在或将要发生侵害;第二,若不采取行为保全措施,该损害就会发生或者扩大。但是,若法院违法采取行为保全措施,就有可能对被保全人的行为产生影响,进

---

① 《国家赔偿法》第16条第1款规定:"赔偿义务机关赔偿损失后,应当责令有故意或者重大过失的工作人员或者受委托的组织或者个人承担部分或者全部赔偿费用。"该条款确立了行政赔偿义务机关向受委托人追偿的制度。然而,在有关刑事赔偿和其他司法赔偿部分,《国家赔偿法》并未建立这一制度。这应该是对在司法领域同样存在委托关系的事实的忽视。

② 《民事诉讼法》(2021)第106条规定:"人民法院保全财产后,应当立即通知被保全财产的人。"

而可能造成其财产等权益的损失。在此情形下,法院应承担赔偿责任。

(10) 其他违法情形。同样是以兜底条款为未穷尽的情形预留解释空间的条款。

3. 违法采取先予执行措施

先予执行是法院在诉讼过程中,根据一方当事人的申请,裁定另一方当事人给付申请人一定数额的金钱或其他财物,或者实施或停止某种行为。[①] 先予执行是法院在受理案件以后、作出终审判决之前采取的措施,是相对生效法律文书的强制执行而言的。先予执行涉及被申请人的财产或行为,若违法实施,很有可能造成被申请人的不当损害。

《最高人民法院关于审理民事、行政诉讼中司法赔偿若干问题的解释》(法释〔2000〕27号,2008年调整,已失效)第4条曾经将"违反法律规定先予执行的"作为错误执行法律文书的一项来对待,在逻辑上存在一定的问题,故《民事、行政司法赔偿若干解释》(2016)将其单独列出。根据该解释第4条的规定,违法采取先予执行措施的情形有:

(1) 违反法律规定的条件和范围先予执行的。根据《民事诉讼法》(2021)第109条、第110条第1款的规定,先予执行仅仅适用于追索赡养费、扶养费、抚育费、抚恤金、医疗费用的案件、追索劳动报酬的案件以及因情况紧急需要先予执行的案件。而先予执行的条件是:当事人之间的权利义务关系明确;不先予执行将严重影响申请人的生活或者生产经营;被申请人有履行能力。又根据《最高人民法院关于适用〈中华人民共和国民事诉讼法〉的解释》(2020修正,以下简称"《民事诉讼法解释》(2020)")第170条,"因情况紧急需要先予执行"的是指:需要立即停止侵害、排除妨碍的;需要立即制止某项行为的;追索恢复生产、经营急需的保险理赔费的;需要立即返还社会保险金、社会救助资金的;不立即返还款项,将严重影响权利人生活和生产经营的。因此,违反上述范围和条件而采取先予执行措施造成被申请人损害的,法院应予赔偿。

(2) 超出诉讼请求的范围先予执行的。先予执行是法院依当事人一方的请求采取的,而不是依职权可以裁定的,其目的是为了避免由于诉讼程序耗费时日而对一方当事人的生活或生产造成无法克服的困难。因此,在当事人之间权利义务关系明确的情况下,法院只能在权利人提出的诉讼请求范围内裁定先予执行。需要注意的是,此处指的是"超出诉讼请求的范围",而不是"超出当事人申请先予执行的范围"。换言之,若当事人申请先予执行的范围超出其诉讼请求的

[①] 参见江伟主编:《民事诉讼法》(第五版),中国人民大学出版社2011年版,第213页。

范围,法院也只能在诉讼请求的范围内进行裁定,而不能一味依照当事人申请先予执行的范围。

(3) 其他违法情形。这是司法解释以兜底条款为未穷尽的情形预留空间。

4. 错误采取执行措施或者强制措施

除了违法采取对妨害诉讼的强制措施、违法采取保全措施和违法采取先予执行措施以外,根据《国家赔偿法》第 38 条规定,错误执行法律文书造成损害的,也属于司法赔偿的范围。错误执行法律文书通常是指在民事诉讼、行政诉讼过程中,法院错误执行已经发生法律效力的判决、裁定、民事制裁决定、调解、支付令、仲裁裁决,具有强制执行效力的公证债权文书以及行政处罚、处理决定等法律文书的情形。《民事、行政司法赔偿若干解释》(2016)第 5 条规定对错误执行法律文书的情形做了细致规定。然而,法院在执行过程中错误采取执行措施或者强制措施侵犯公民、法人和其他组织合法权益并造成损害的情形甚多,在逻辑上,无法由"错误执行法律文书"概念完整涵盖。为了推动涉执行司法赔偿的进步,更好地保障受侵害个人或组织获得国家赔偿的权利,《最高人民法院关于审理涉执行司法赔偿案件适用法律若干问题的解释》(法释[2022]3 号,以下简称"《涉执行司法赔偿解释》")于 2022 年 2 月 8 日发布,于同年 3 月 1 日起施行。

根据《涉执行司法赔偿解释》第 2 条,公民、法人和其他组织认为下列错误执行行为造成损害的,可以向法院申请赔偿:

(1) 执行未生效法律文书,或者明显超出生效法律文书确定的数额和范围执行的。判决、裁定、民事制裁决定等法律文书尚未发生法律效力,法院是不应予以执行的。无论基于什么原因,未生效法律文书都存在撤销、变更的可能性,若不及生效即执行,很有可能造成不应有的人身或财产损害。参见本章案例 4-9 "艾尔肯肖吾东因财产被错误执行请求司法赔偿案"。值得指出的是,《国家赔偿法》第 38 条规定的是对"生效法律文书"的错误执行,"执行未生效法律文书"显然是一种扩大解释,不过,也是符合立法目的、属于"错误执行"应有之义的扩大解释。至于明显超出生效法律文书确定的数额和范围实施执行的,当然是错误执行无疑。被执行人可以就法院超数额、超范围执行所造成的损失,提出赔偿请求。

(2) 发现被执行人有可供执行的财产,但故意拖延执行、不执行,或者应当依法恢复执行而不恢复的。被执行人有可供执行的财产,且法院在执行过程中已经发现,但法院故意拖延执行、不执行,这就有可能造成可供执行的财产发生毁损、灭失或所有权转移,生效法律文书确定的权利人之合法权益就无法通过执行得到实现。同理,《民事诉讼法》(2021)和《民事诉讼法解释》(2020)规定了多种应予恢复执行的情形①,在应当依法恢复执行的情况下法院不恢复执行的,也有可能造成权利人损害。

(3)违法执行案外人财产,或者违法将案件执行款物执行给其他当事人、案外人的。执行案外人财产,就是法院对案件被执行人亦即义务人以外的第三人财产实施执行措施。这通常会发生在法院对被执行财产的权利归属确认错误或疏于确认的情形中。违法执行案外人财产,肯定会对案外人造成损害。而将案件执行款物违法执行给其他当事人、案外人的,生效法律文书确定的权利人就无法获得理应执行给其的款物,不得不承受该违法执行造成的损害。

(4)对抵押、质押、留置、保留所有权等财产采取执行措施,未依法保护上述权利人优先受偿权等合法权益的。《民法典》第386条规定:"担保物权人在债务人不履行到期债务或者发生当事人约定的实现担保物权的情形,依法享有就担保财产优先受偿的权利,但是法律另有规定的除外。"抵押、质押、留置都是不同的担保形式,对于被抵押、质押、留置的财产,抵押权人、质权人、留置权人都有优先受偿的权利。至于保留所有权的财产,根据《民法典》第641条、第642条的规定,当事人可以在买卖合同中约定买受人未履行支付价款或者其他义务的,标的物的所有权属于出卖人;而买受人未按照约定支付价款,经催告后在合理期限内仍未支付,或者未按照约定完成特定条件,或者将标的物出卖、出质或者作出其他不当处分,出卖人有权取回标的物。因此,法院在对抵押、质押、留置、保留所有权等财产采取执行措施,有义务保护权利人的优先受偿权等合法权益。若法院违反或疏于该义务,就会造成权利人的损害。

(5)对其他人民法院已经依法采取保全或者执行措施的财产违法执行的。这种情况虽然并不多见,但当不同法院审理的不同案件涉及相同财产的,就有可能发生。为了维护保全或执行申请人的合法权益,保障已经依法采取的保全或者执行措施的效力以及司法的统一有序,被在先法院保全或者执行的财产,在后的法院就不能违法采取执行措施,否则,就会对在先的保全或执行申请人造成损害。

(6)对执行中查封、扣押、冻结的财产故意不履行或者怠于履行监管职责的。这种错误执行的情形,与前述法院采取财产保全措施,对查封、扣押、冻结的财产没有履行好监管职责的情形相似。

(7)对不宜长期保存或者易贬值的财产采取执行措施,未及时处理或者违法处理的。这种错误执行的情形,与前述法院采取财产保全措施,对季节性商品

---

① 参见《民事诉讼法》(2021)第263条、《民事诉讼法解释》(2020)第314条第2款、第406条第3款、第409条第2款、第467条、第515条第2款。

或者鲜活、易腐烂变质以及其他不宜长期保存的物品采取保全措施,未及时处理或者违法处理,造成物品毁损或者严重贬值的情形相似。

(8)违法拍卖、变卖、以物抵债,或者违法撤销拍卖、变卖或者以物抵债,或者依法应当评估而未评估,依法应当拍卖而未拍卖的。① 这些错误执行的行为有可能造成被执行财产的价值不能充分实现,申请执行人或被执行人的利益都有可能因此而受到损害。

(9)违法采取纳入失信被执行人名单、限制消费、限制出境等措施的。为了解决长期以来存在的"执行难"问题,纳入失信被执行人名单、限制消费、限制出境等被认为是行之有效的执行措施。其在法律上的依据是《民事诉讼法》(2021)第262条的规定,即"被执行人不履行法律文书确定的义务的,人民法院可以对其采取或者通知有关单位协助采取限制出境,在征信系统记录、通过媒体公布不履行义务信息以及法律规定的其他措施。"更为具体细致的配套规定主要是由《最高人民法院关于公布失信被执行人名单信息的若干规定》《最高人民法院关于限制被执行人高消费及有关消费的若干规定》以及《人民法院办理执行案件规范》等司法解释完成的。而违反规定采取这些措施,就有可能对被执行人的人身、财产等造成侵害。

(10)因违法或者过错采取执行措施或者强制措施的其他行为。这同样是以兜底条款为未穷尽的情形预留具体个案的解释空间。该条款以"违法或者过错"作为其他错误执行的构成要件,隐含有错误执行的一般性构成不仅限于违法也包括过错之意。在关于司法执行的法律制度尚未健全的情况下,以过错要件弥补违法要件之不足,是值得注意的进步。

5. 民事、行政诉讼中司法人员有殴打、虐待或者唆使、放纵他人殴打、虐待等行为造成公民身体伤害或者死亡的

修订前后的《国家赔偿法》对这类情形都未予明确规定,不过,《民事、行政司法赔偿若干解释》(2016)第6条规定,人民法院工作人员在民事、行政诉讼过程中,有殴打、虐待或者唆使他人殴打、虐待等行为,造成公民身体伤害、死亡的,应当适用《国家赔偿法》第17条第四项的规定予以赔偿。

6. 民事、行政诉讼中司法人员违法使用武器、警械造成公民身体伤害或者死亡的

这类情形同样没有在新旧国家赔偿法中得到规定,也只是在《民事、行政司

---

① 《涉执行司法解释》第2条第(八)项、第(九)项将"违法拍卖、变卖、以物抵债"和"违法撤销拍卖、变卖或者以物抵债"两种情形分别列出,本书在此予以合并。

法赔偿若干解释》(2016)第6条中有所体现,即人民法院工作人员在民事、行政诉讼过程中,"违法使用武器、警械",造成公民身体伤害、死亡的,应当适用《国家赔偿法》第17条第五项规定予以赔偿。

四、民事、行政司法赔偿责任的例外

民事诉讼、行政诉讼中发生的国家赔偿,主要就限于上列五类情形。在这些情形以外的,都未被纳入国家赔偿范围。为更加明确起见,《国家赔偿法草案说明》《民事、行政司法赔偿若干解释》(2016)第7条以及《涉执行司法赔偿解释》又指出以下国家不承担赔偿责任的情形。

1. 民事、行政诉讼的错判

《国家赔偿法草案说明》指出:"对于民事审判、行政审判中的错判,经法院改判后,应当按照改变后的判决,由一方当事人向对方履行义务,不宜列入国家赔偿的范围。国外一般也是这么做的。"由此,民事、行政诉讼错判国家不予赔偿的理据就在于,在民事、行政诉讼中,因错判所导致的受害人损失,可以通过由另一方当事人向受害人履行义务来弥补,而无须国家负责赔偿。

首先,与之配套的规则,当属《民事、行政司法赔偿若干解释》(2016)第7条第(一)项,即"具有下列情形之一的,国家不承担赔偿责任:(一)属于民事诉讼法……第二百三十三条规定情形的"。该解释出台时有效的《民事诉讼法》(2012)第233条对应现行《民事诉讼法》(2021)第240条的内容:"执行完毕后,据以执行的判决、裁定和其他法律文书确有错误,被人民法院撤销的,对已被执行的财产,人民法院应当作出裁定,责令取得财产的人返还;拒不返还的,强制执行。"此即关于执行回转制度的规定。既然可以执行回转,因错误裁判发生的受害人损失,就会得以恢复,国家就可置身赔偿责任之外。

《涉执行司法赔偿解释》第8条第(一)项的规定也可以理解是对民事诉讼错判致害不予国家赔偿的支持。该项指出:"根据当时有效的执行依据或者依法认定的基本事实作出的执行行为,不因下列情形而认定错误执行:(一)采取执行措施或者强制措施后,据以执行的判决、裁定及其他生效法律文书被撤销或者变更的"。换言之,作为执行依据的判决、裁定及其他生效法律文书发生错误的,不属于该解释所规定的错误执行的情形,也就不会产生错误执行的国家赔偿责任。

其次,在行政诉讼中,若发生错判,依当前的国家赔偿制度,还是由行政行为的作出机关履行赔偿义务。例如,公安机关以违反治安管理为由对甲作出拘留15日的决定,尚未执行,甲即提起行政诉讼。一审法院以"行政处罚显失公正为由",判决变更为拘留5日。二审法院予以维持,形成生效判决。公安机关遂予

以执行。此后,甲通过检察院抗诉,二审法院在审判监督程序中,认定原判有误并撤销之。在此情形下,尽管错误的变更判决是法院作出,而不是公安机关作出,公安机关表面上看是在执行法院的生效判决,但是,在当前的国家赔偿制度之下,赔偿义务机关不是作出错误判决的法院,而是该公安机关。至于涉及财产的行政诉讼,如将上面所举例子中的"拘留"改为"罚款",那么,由作出并执行罚款的机关为赔偿义务机关,更是顺理成章的事。

▶▶▶▶ 即时思考

在上面所述的公安机关拘留 15 日、法院变更为拘留 5 日的情形中,由公安机关而不是法院履行赔偿义务的法律依据和理论依据是什么?

然而,在民事诉讼中,即便存在由一方当事人向对方履行义务的情形,也有可能因为某种原因对方当事人履行不能,导致受害人无法得到完全的弥补。换言之,在民事诉讼中因错判及执行错判而取得不当得利的另一方当事人,若无法对其实施执行回转,那么,受害人因错判而遭遇的损害,就无法得到弥补和救济。例如,甲、乙之间的民事纠纷,以法院判决甲赔付乙 6 万元而告终。甲不服,一直在寻求再审,并最终通过审判监督程序,将原判改为赔付乙 2 万元。可是,乙此时已经难以再拿出 4 万元返还甲。无法执行回转的事实,在错误执行的情形中已经得到司法解释的承认。《涉执行司法赔偿解释》第 11 条第 1 款规定:"因错误执行取得不当利益且无法返还的,赔偿义务机关承担赔偿责任后,可以依据赔偿决定向取得不当利益的人追偿。"但那是属于错误执行的情形,而不是这里提及的错判及执行错判的情形。单纯以错判经新判决纠正后执行时机丧失、新判决难以执行导致损失为由请求国家赔偿,一般不会得到认可。[①] 不过,由于错判往往需要通过执行才能实际造成损害,因此,司法实务中,也会以错误执行致害赔偿的名义,覆盖错判致害赔偿的情形。参见本章案例 4-9"艾尔肯肖吾东因财产被错误执行请求司法赔偿案"。

综上,民事诉讼的错判致害,将来也应考虑明确纳入国家赔偿范围[②],或者考虑以国家补偿的方式予以救济。赔偿或补偿的条件可以是:原来的裁判已经由法院依照审判监督程序予以改判;被改判的原来裁判已经生效,且已经履行或执行完毕;原来裁判的履行或执行已经造成当事人的人身或财产损害;错判所致损害不能或无法通过执行回转的方式予以恢复。

---

① 参见"辽宁省海城市甘泉镇光华制兜厂申请国家赔偿确认案"[(2007)确申字第 1 号]《最高人民法院公报》2007 年第 7 期)。

② 参见杨小君:《国家赔偿法律问题研究》,北京大学出版社 2005 年版,第 56—63 页。

2. 法院工作人员的个人行为

《民事、行政司法赔偿若干解释》(2016)第 7 条第(四)项规定,"人民法院工作人员与行使职权无关的个人行为",国家不承担赔偿责任。《涉执行司法赔偿解释》第 13 条也有类似规定。这是国家为职务行为而非个人行为致害赔偿负责原则在民事诉讼、行政诉讼领域中的体现。

3. 第三人过错的致害行为

《民事、行政司法赔偿若干解释》(2016)第 7 条第(一)项、第(二)项、第(三)项规定了第三人过错致害、国家免责的三种情形:(1)因申请人申请保全有错误造成损害的;(2)因申请人提供的执行标的物或财产线索有错误造成损害的[①];(3)人民法院依法指定的保管人对查封、扣押、冻结的财产违法动用、隐匿、毁损、转移或者变卖的。

在前两种情形中,财产权利人的财产受到损害,虽是因为法院采取了错误的保全或执行措施,然而,法院的这一过错又源于申请人申请保全有错误或者提供的执行标的物或财产线索有错误。换言之,损害的形成是受害人、法院以外的第三人(申请人)过错所致。在后一项规定的情形中,财产权利人的财产受损,并非法院采取保全措施直接造成,而是在法院保全的情况下,被法院指定的保管人(第三人)对财产擅自处分的过错所致。

一般地,依普通侵权法原理,以上损害情形中存在第三人过错,国家可以将其作为赔偿责任减免的抗辩事由。不过,第三人过错不是国家可以完全或绝对免责的正当事由。毕竟,保全措施或执行措施是由法院行使公权力所采取的,法院应当依法履行其职责,法院工作人员应当尽到其应尽的忠于职守的注意义务。因此,即便存在第三人过错,假如法院同样存在违法/过错情形的,那么,第三人和法院就应当依其过错大小、过错对损害的作用力大小,按份承担相应的责任。

因此,《民事、行政司法赔偿若干解释》(2016)第 8 条规定:"因多种原因造成公民、法人和其他组织合法权益损害的,应当根据人民法院及其工作人员行使职权的行为对损害结果的发生或者扩大所起的作用等因素,合理确定赔偿金额。"《涉执行司法赔偿解释》第 12 条也规定:"人民法院在执行过程中,因保管人或者第三人的行为侵犯公民、法人和其他组织合法权益并造成损害的,应当由保管人或者第三人承担责任;但人民法院未尽监管职责的,应当在其能够防止或者制止损害发生的范围内承担相应的赔偿责任。赔偿义务机关承担赔偿责任后,可以

---

① 《涉执行司法赔偿解释》第 13 条第 1 款第(一)项规定人民法院不承担赔偿责任的情形是"申请执行人提供财产线索错误"。

依据赔偿决定向保管人或者第三人追偿。"第 13 条第 2 款同样指出,"前款情形中,人民法院有错误执行行为的,应当根据其在损害发生过程和结果中所起的作用承担相应的赔偿责任"。

关于被法院指定的保管人任意处分被保全财产造成财产损害的,国家是否免责的问题,还存在另外一种观点。法院依法指定保管人应是一种委托关系,保管人任意处分造成财产损害的,财产权利人应该有权向国家请求赔偿。法院基于委托关系,可追究保管人的责任。如此,在保管人任意处分财产却在事后无力赔偿的情况下,财产权利人的受损权益才能得到及时有效的救济。①

除《民事、行政司法赔偿若干解释》(2016)第 7 条所列第三人过错致害情形外,《涉执行司法赔偿解释》第 13 条第(四)项给出了又一种情形,即"评估或者拍卖机构实施违法行为造成损害的"。前文提及,法院违法拍卖或者违法撤销拍卖,或者依法应当评估而未评估,依法应当拍卖而未拍卖的,由此造成的权利人损害,权利人可以申请赔偿。然而,若在此过程中,造成损害的原因是第三人评估或者拍卖机构的违法行为,那么,国家就可以免责。

4. 执行依据或基本事实嗣后改变

在民事、行政诉讼过程中,法院即便是合法采取执行措施,也有可能最终在事实上是"错误的",也有可能对权利人造成损害。这主要发生在执行的依据或基本事实在执行措施采取以后发生改变的情形之中。由于此类情形在司法实践中不可避免,若一味以后果主义对法院进行归责,就会对法院形成过重的负担,反过来会影响执行工作的有效开展。

因此,《涉执行司法赔偿解释》第 8 条列出了不属于错误执行的情形。该条规定:"根据当时有效的执行依据或者依法认定的基本事实作出的执行行为,不因下列情形而认定错误执行:(一) 采取执行措施或者强制措施后,据以执行的判决、裁定及其他生效法律文书被撤销或者变更的;(二) 被执行人足以对抗执行的实体事由,系在执行措施完成之后发生或者被依法确认的;(三) 案外人对执行标的享有足以排除执行的实体权利,系在执行措施完成之后经法定程序确认的;(四) 人民法院作出准予执行行政行为的裁定并实施后,该行政行为被依法变更、撤销、确认违法或者确认无效的;(五) 根据财产登记采取执行措施后,该登记被依法确认错误的;(六) 执行依据或者基本事实嗣后改变的其他情形。"

由于这些情形不属于错误执行,自然也就不在错误执行致害的范围之内,国家不必为此承担赔偿责任。但是,权利人的合法权益又的确会遭受损失,从矫正

---

① 参见本书第六章第一节"4.司法赔偿义务机关"。

正义的角度看,损失该如何获得救济呢?在《涉执行司法赔偿解释》第 8 条所列的第(四)项情形中,可以认为直接造成损害的是被执行的行政行为,该行为既然事后被依法变更、撤销、确认违法或者确认无效,那么,就应该由行为的作出机关作为赔偿义务机关承担赔偿责任。而在第 8 条所明确指出的其他情形中,申请执行人通常是不当利益的取得者,原理上,申请执行人应该返还被执行的财产以赔偿权利人的损失。

5. 损害可通过其他途径获得救济

根据矫正正义原理,受害人所受损害应当通过救济予以填平。换言之,权利人损失多少,侵权人即赔偿多少,使受到的损失得到全面填补。一般情形下,救济填平原则是保证受害人在获得救济后如同损害没有发生一样,而不是让受害人获取比损失发生之前更多的利益。由此,进一步引申出,若受害人的损害可以通过多种途径获得救济,且其中法定的或约定的在先救济途径已经使其损失得到填平的,那么,除非法律另有规定,受害人就不得再寻求其他途径获得额外的救济。

根据《民事、行政司法赔偿若干解释》(2016)第 7 条第(一)项的规定,属于《民事诉讼法》(2012)第 107 条第 2 款规定情形的,国家不承担赔偿责任。《民事诉讼法》(2012)第 107 条第 2 款即是《民事诉讼法》(2021)第 110 条第 2 款,其规定:在当事人申请先予执行的案件中,"人民法院可以责令申请人提供担保,申请人不提供担保的,驳回申请。申请人败诉的,应当赔偿被申请人因先予执行遭受的财产损失"。在此情形中,法院并未违法采取先予执行措施,申请人也并不一定存在过错,因为申请人完全可能认为其在法律上是权利人,有权获得赡养费、扶养费、抚养费、抚恤金、医疗费用、劳动报酬、恢复生产、经营急需的保险理赔费或者社会保险金、社会救助资金等。但是,由于申请人败诉,申请人获得的先予执行的财产就是不当得利,申请人应当返还;申请人无法返还的,就可以通过担保赔偿被申请人。换言之,此时被申请人的损失可以得到填平,国家自然无需再承担赔偿责任。

《涉执行司法赔偿解释》第 13 条第 1 款第(二)项则进一步将此规则从先予执行情形延伸适用于所有执行措施。该条款规定:"属于下列情形之一的,人民法院不承担赔偿责任……(二)执行措施系根据依法提供的担保而采取或者解除的。"这就意味着,若法院是基于申请执行人依法提供的担保而采取或者解除执行措施的,那么,即便采取或者解除是错误的、且对权利人构成侵害,法院也无需承担赔偿责任,因为可以利用担保对权利人的损失进行救济。

6. 不可抗力、正当防卫和紧急避险

《民事、行政司法赔偿若干解释》(2016)第 7 条第(五)项规定,"因不可抗力、正当防卫和紧急避险造成损害后果的",国家不承担赔偿责任。《涉执行司法赔偿解释》第 13 条第 1 款第(五)项也作了类似的规定。前文在论及行政赔偿范围时已经提到,不可抗力、正当防卫和紧急避险是普通侵权法和国家赔偿法都予以认可的减免责任的抗辩事由。① 在司法赔偿领域,自然也是同理。当然,对某种客观情况是否不可抗力的判断,也需要结合法院工作人员的预见能力以及避免、克服危险的能力而定,也需要考察法院工作人员是否尽了其应尽的注意义务。对正当防卫、紧急避险,也需要判断法定的构成要件是否满足,判断法院工作人员的正当防卫是否超过必要的限度,紧急避险是否措施不当或者超过必要的限度。毕竟,根据《民法典》,防卫过当或紧急避险不当,造成不应有的损害的,正当防卫人或紧急避险人还是应当承担适当的责任的。②

7. 其他情形

《民事、行政司法赔偿若干解释》(2016)第 7 条第(六)项给出了一个兜底条款,即"依法不应由国家承担赔偿责任的其他情形"。由此,该条前六项未明确列举的、国家依法确实无须承担赔偿责任的其他情形,如属于受害人过错的情形等,皆可依据该项规定,解释为民事、行政司法赔偿责任的例外。

五、案例讨论

案例 4-5　王华英请求晋江市人民检察院错误逮捕国家赔偿案【(2002)泉中法委赔字第 8 号】

1. 请结合本案黄少鸿法官的解说,谈谈你对其中不同意见的看法,对受害人故意伪证的国家赔偿豁免构成要件的理解。

2. 你在哪些方面同意或不同意该法官的论述?若不同意的,请你假定自己为审案法官,尝试撰写判决意见。

案例 4-6　北京比特时代科技有限公司申请湖南省长沙市望城区公安局刑事违法扣押国家赔偿案(2019 年最高人民法院发布 10 起人民法院国家赔偿和司法救助典型案例之二)

1. 本案公安机关扣押行为发生在 2007 年,当时可适用的《刑事诉讼法》(1996)

---

① 参见本章第二节。
② 参见《民法典》第 181 条、第 182 条。

第 114 条,对扣押物品、文件规定了什么要求?《刑事诉讼法》(2012)第 139 条、《刑事诉讼法》(2018)第 141 条对扣押行为的规定有何修改?《刑事诉讼法》有没有规定查封、扣押、冻结应当"最大限度降低对企业正常生产经营活动的不利影响"?

2. 本案赔偿决定认为赔偿义务机关的扣押导致了赔偿请求人无法经营,实质上造成了停产停业。《刑事诉讼法》有没有规定查封、扣押、冻结等措施不得造成停产停业?

3. 若以"最大限度降低对企业正常生产经营活动的不利影响"作为判断查封、扣押、冻结措施合法性的一个要件,是否可以将其理解为吸收了比例原则?

案例 4-7 王远琴因被错捕申请叙永县人民法院赔偿案①

本案评析透露出法院审理过程中出现的两种意见,你同意哪一种?为什么?

案例 4-8 李道德请求漳州市中级人民法院、漳州市人民检察院刑事赔偿案②

1. 本案对李道德近 5 年的人身自由损害不予任何赔偿,是否公平?这反映出"不认为是犯罪"的国家免责规定存在什么问题?

2. 若本案真实情况确如李道德所言,在福建省高级人民法院宣告无罪以后,漳州市中级人民法院延迟较长时间再予释放,那么,至少,这段时间的羁押,国家是否不能免责?

3. 对比案例 4-6、案例 4-7,法院的立场是否有不同?

案例 4-9 艾尔肯肖吾东因财产被错误执行请求司法赔偿案【(1999)新法委赔字第 3 号】

1. 察布查尔县人民法院于 1995 年 11 月 27 日拍卖 73.6 吨紫杂铜,于 1995 年 12 月 19 日将部分铜款划给伊犁州分院,于 1995 年 12 月 21 日将部分铜款执行给边贸公司,这些行为是否合法?

2. 伊犁州分院于 1995 年 12 月 18 日给察布查尔县人民法院下达协助执行通知书并将该县法院保全的铜款执行给新成公司的行为是否合法?假设伊犁州分院等到伊犁地区中级人民法院作出维持察布查尔县人民法院(1995)察民初字第 430 号民事判决的二审判决以后,再下达协助执行通知书并把铜款执行给新成公司,那么,伊犁州分院的行为是否合法?

3. 假设本案察布查尔县人民法院是在其一审判决得到伊犁地区中级人民

---

① 参见《人民法院案例选》(2002 年第 3 辑)(总第 41 辑),人民法院出版社 2003 年版。
② 参见"北大法宝/司法案例"相关检索。

法院二审判决支持后,再将保全的紫杂铜拍卖,且依法经物价部门估价,伊犁州分院也是在伊犁地区中级人民法院二审判决之后,再要求察布查尔县人民法院协助执行,那么,经新疆高级人民法院改判后,给艾尔肯肖吾东造成的损失是错判导致的还是错误执行导致的?

相关案例(第四章)

第五章 国家赔偿的范围(二)[①]

第一节 怠于履行职责致害赔偿
第二节 精神损害赔偿
第三节 立法赔偿与公共设施赔偿问题

[①] 本章与第四章都涉及"国家赔偿的范围"主题。第四章主要是依据现行法律、司法解释的规定,讨论国家赔偿范围的基本框架以及行政赔偿、司法赔偿的范围。本章则是对国家赔偿范围主题研究中的若干重要问题进行单独阐述。其中,怠于履行职责致害赔偿、精神损害赔偿皆已在国家赔偿范围之内,只是需要更加细致地对待其中的技术问题。而立法赔偿、公共设施致害赔偿皆被现行法排除在国家赔偿范围之外。有不少论者主张未来应将它们纳入,在此对这些观点予以介绍。但是,这两类赔偿是否应在国家赔偿范围之内,尚待制度条件和相关学术研究的进一步成熟。

◇ [重点问题]

1. 怠于履行职责致害赔偿的主要问题和相关规则是什么?
2. 精神损害国家赔偿的适用需要注意哪些问题?
3. 立法赔偿纳入国家赔偿范围的正当性和障碍何在?
4. 公共设施致害赔偿究竟应当采取公法模式还是私法模式?

◇ [基本原理]

1. 什么是怠于履行职责?怠于履行职责的成立如何认定?
2. 怠于履行职责致害的因果关系及责任确定有何特殊性?
3. 什么是精神损害和精神损害赔偿?精神损害国家赔偿的构成要件是什么?如何确定精神损害赔偿数额的大小?
4. 什么是立法赔偿?肯定和否定立法赔偿的观点各是什么?
5. 什么是公共设施?公共设施设置或管理的瑕疵,应该如何判断?
6. 在公共设施致害赔偿是否纳入国家赔偿范围的问题上,存在哪些学说?

第一节　怠于履行职责致害赔偿

思考

怠于履行职责如何界定和认定?怠于履行职责致害赔偿,有哪些明文的依据和可解释的依据?哪些行政、司法怠于履行职责致害赔偿已经纳入国家赔偿范围?怠于履行职责致害赔偿的因果关系有哪些类型?怠于履行职责致害赔偿的责任如何确定?

一、怠于履行职责概述

1. 概念的选择

在我国,"怠于履行职责"尚未成为一个流行的法律术语。相比较之下,"不履行法定职责""拖延履行法定职责"和"不作为"是运用得非常普及和广泛的概念,尽管它们也还未得到权威的立法定义。例如,在《行政诉讼法》(2017)第 38 条、第 47 条、第 72 条、第 74 条第 2 款第(三)项中,有"不履行法定职责""拖延履行法定职责"的用语。《适用行政诉讼法解释》也是应用这些概念。因此,若以现行法律文本为依据的话,"不作为"或者"不履行法定职责""拖延履行法定职责"应该是更好的术语选择。

不过,基于以下理由,本书还是选择了"怠于履行职责"这一在现行法中鲜见的概念。一则,尽管广义的"不履行法定职责",可以把"拖延履行法定职责"包括在内①,但从字面上看,结合行政诉讼法对这两个词语的运用,"不履行法定职责"不是一个非常周全的、能涵盖"拖延履行法定职责"情形的术语。相较之下,"怠于履行职责"显得更简洁、更周全。二则,"不履行/拖延履行法定职责"中的"法定职责"容易引起不同见解,"怠于履行职责"概念取消了"法定",虽然还是会引发对职责来源或依据、对职责认定的众说纷纭,但至少在形式上否认了职责认定方面的严格法条主义。三则,目前,关于"不作为"的定义,学理上的争论非常大,不仅法理学、宪法学、行政法学、刑法学、民法学等学科对各自领域内的"不作为"概念有其自己的解读,而且,即便在同一学科内部,不同学者也有完全不同的认识。或许,运用"怠于履行职责"这一当下还较少纷争的概念,给其适当的界定,可以或多或少减轻对已经有着各种解说的"不作为"概念进行澄清的需要,尽管完全回避是不可能的。四则,"怠于履行职责"这一概念,在学界已经有越来越多的使用者。② 最后,也许是最为重要的理由,即无论是"不作为""不履行/拖延履行法定职责",还是"怠于履行职责",都有可能存在界定的难题或争议,而任何概念的选择使用,更多的是选择者的偏好,关键在于选择者的偏好是否能够通过相对清晰的概念界定,获得更多的市场、成为更多人的偏好。

此外,学理上有一种观点,把"不作为"与"不履行法定职责"加以明确的界分。在其看来,不作为一定是不履行法定职责的行为,但不履行法定职责的行为却未必是不作为。例如,公司向卫生防疫部门申领卫生许可证,卫生防疫部门在法定期间内一直没有决定,也没有任何答复,此即构成不作为。若卫生防疫部门在法定期间内作出不予许可的决定,亦即已作为,可是,由于该公司申请时已经达到颁发卫生许可证的条件,卫生防疫部门此举属于应该颁发许可证而没有许

---

① 最高人民法院确立的不作为类案件案由,以不履行特定职责或义务为第三个构成要素,显然是把拖延履行法定职责也纳入其中。

② 例如,参见杨小君:《国家赔偿法律问题研究》,北京大学出版社 2005 年版,第 27—46 页;应松年:《国家赔偿法修改中的几个问题》,载《国家行政学院学报》2006 年第 4 期;张红:《司法赔偿研究》,北京大学出版社 2007 年版,第 126—129 页。

可,这就构成了不履行法定职责。① 此观点若放在论者自己对"不作为"与"不履行法定职责"的定义之中,不无道理。然而,如前所述,最高人民法院在若干个司法解释之中,已经基本上对"不作为"与"不履行/拖延履行法定职责"予以通用。上引观点把二者区分的立场,并未得到最高审判机关的接受和支持。为了避免过多的术语界别、过多的定义纠纷,本书也倾向于通用的立场。在运用"怠于履行职责"这一概念时,基本上将其与"不作为""不履行/拖延履行法定职责"视为意义相同。

2. 何谓怠于履行职责

怠于履行职责,简单地说,是指公务组织及其工作人员依其职责,对公民、法人或其他组织有特定的作为义务,但在有能力、有条件履行的情况下,不履行、拖延履行或不完全履行作为义务的情形。依此定义,怠于履行职责的构成要件是:

(1)怠于履行职责的主体是国家机关、其他公务组织及其工作人员。在非公共领域内,也有怠于履行职责的,如公司董事、监事和高管人员对其职责范围内的作为义务,不予履行、拖延履行或不完全履行。但这并非此处所论的公共领域内公务组织/人员怠于履行职责的情形。

(2)怠于履行职责的前提是公务组织/人员在职责上对公民②负有特定的作为义务。一方面,作为义务的来源或依据是多元化的,而并不仅仅限于严格意义上的"法定"(详见下文)。另一方面,作为义务原则上是一种特定的负担,是公务组织/人员的职责要求其必须为公民具体利益而履行的作为义务,而不是公务组织/人员为了公共利益而承担的作为义务。若是后者,公民因为公务组织/人员履行该作为义务而获益的,属于一种反射利益,其不能因为该作为义务未履行使其无法获得反射利益,而请求国家赔偿。③

例如,在现代国家中,政府有责任建设公共设施,其投资兴建地铁,公民利用地铁得以享有交通便捷的利益,但该利益属于反射利益。公民不能以政府没有适时地投资兴建地铁、造成其交通不便为由,主张怠于履行职责的致害赔偿。政府没有把城市的公共设施建设好,也可理解为广义的怠于履行职责,但这种情形下,政府更多地应当向选民或选民代议机关承担政治责任。不过,保障特定人权益的作为义务和保障公众权益的作为义务如何区分,在什么情况下,特定人享有

---

① 参见马生安:《行政行为研究》,山东人民出版社 2008 年版,第 212 页。
② 此处的"公民"是作为"公民、法人或其他组织"的简略代称。
③ 参见曹兢辉:《国家赔偿立法与案例研究》,三民书局 1988 年版,第 82 页;廖义男:《国家赔偿法》(增订版),三民书局 1996 年版,第 57 页;叶百修:《国家赔偿法》,载翁岳生编:《行政法》(下册),中国法制出版社 2002 年版,第 1608 页;朱新力:《行政不作为违法之国家赔偿责任》,载《浙江大学学报(人文社会科学版)》2001 年第 2 期。

的是一种反射利益,还是法律指示应由国家机关予以保护的具体权益,这些问题在实务中也有可能较为棘手。

(3)怠于履行职责的客观表现主要是不履行、拖延履行或不完全履行作为义务。不履行作为义务是指公务组织/人员以明示或默示的方式拒绝做其应当做的事情。例如,对许可申请人不予理睬、拒绝办理工商登记;公安机关接到报警电话始终不出警[①]等。

拖延履行作为义务是指公务组织/人员虽然已经开始做其应当做的事情,但在法定期限或合理期限内始终没有完成,以至于该做的事情一直悬而未决,或者在法定期限或合理期限届满以后才完成。例如,公安干警在接到110报警电话以后,两个小时才赶到打架斗殴的现场;政府在签订土地使用权出让合同以后,迟迟不实际交付土地给开发商进行开发利用。

不完全履行作为义务是指公务组织/人员虽然做了但没有做好其应当做的事情,亦即没有真正地尽职尽责。例如,消防队员及时赶到火灾现场,实施救火、救人等措施,但在扑灭火灾以后,对大厦的一个楼层没有彻底清查,以至于在现场的两个儿童因未及时救出、吸入过量毒气致死。

(4)怠于履行职责的违法阻却事由是不可抗力等客观原因。"怠于履行职责"这一词语本身是具有贬义性质和非难性质的,因此,怠于履行职责属于一种违法/过错行为无疑。不过,在有些情况下,公务组织/人员不履行、拖延履行或不完全履行作为义务是不可抗力等客观原因造成的,而并非其主观上有过错,换言之,不可抗力等客观原因直接阻碍了公务组织/人员的履行、及时履行或完全履行作为义务,那么,公务组织/人员就不构成"怠于履行职责"。当然,还有一种情形是:不可抗力等虽然是造成当事人损害的客观原因,但是,公务组织/人员依法履行或及时履行法定义务在一定范围内仍然是可行的,也可以及时停止损害或防止损害扩大,若公务组织/人员未在可能的范围内履行或及时履行相应义务,也可以认为是"怠于履行职责"。[②] 参见本章案例5-3"赵仕英等诉秭归县公安局行政赔偿案"、第四章案例4-4"安溪正浩印刷有限公司诉安溪县人民政府等不履行开闸泄洪管理职责并请求行政赔偿案"。

3. 需要进一步澄清的问题

为进一步明确上述定义的内涵及外延,需澄清以下问题:

[①] 参见"尹琛琰诉卢氏县公安局110报警不作为行政赔偿案"《最高人民法院公报》2003年第2期。

[②] 《行政赔偿案件若干问题规定》第24条规定:"由于不可抗力等客观原因造成公民、法人或者其他组织损害,行政机关不依法履行、拖延履行法定义务导致未能及时止损或者损害扩大的,人民法院应当根据行政机关不依法履行、拖延履行法定义务行为在损害发生和结果中的作用大小,确定其承担相应的行政赔偿责任。"

(1)"职责"是仅限于作为义务还是包括不作为义务？

的确,"职责"的本义与"义务"相通,都是指应当做或不应当做的事情。对于公务组织/人员而言,既有作为义务也有不作为义务。例如,行政机关实施行政许可,除非法律、行政法规另有规定,不得收取任何费用。这就是不作为义务。然而,在"怠于履行职责"概念中,职责仅限于作为义务。因为,"怠于履行不作为义务"是荒谬的概念。不履行不作为义务的行为通常就是做了法律规定不应当做的事情,是一种违法的积极作为,用"怠于"一词形容、限定这种行为是有悖情理的。

(2)作为义务是仅限于程序义务还是包括实体义务？

不少学者认同不作为是没有积极履行程序上的作为义务,而不是在实体上"不为"。只不过,由于程序上的消极"不为",也会导致其实体上的义务得不到履行。① 例如,在程序上明确拒绝颁发许可证给申请人,就是作为而非不作为,尽管该申请人依其条件理应得到该许可证,许可机关没有履行其实体义务。而在程序上对申请人的申请不理不睬,没有明确答复,就属于程序上的不作为,那么,在实体上本应发给申请人许可证的义务也就自然无法履行了。

然而,司法实务中,原告往往会在其认为行政机关没有履行实体作为义务的情况下(无论程序上有无作为),以行政机关不履行法定职责为由提起诉讼。若原告的理由成立,法院通常会责令行政机关履行一定的义务,尽管行政机关在程序上已经有所作为。参见本章案例5-1"黄勇与海南省儋州工商行政管理局不履行法定职责行政争议纠纷上诉案"。因此,本书所称"怠于履行职责"包括怠于履行程序上的作为义务和/或实体上的作为义务。

只是,需要说明的是,公务组织/人员在整个公务过程之中,仅仅是没有履行法定程序上的阶段性作为义务,但在最终的程序环节上作出了限制或剥夺公民、法人或其他组织合法权益的决定或措施,并不属于本书所称"怠于履行职责"的情形。例如,行政机关未经听证即作出处罚决定;司法机关没有履行必要的法律手续,即查封、扣押、冻结、追缴当事人财产。

(3)作为义务是羁束性义务还是裁量性义务？

原理上,若公务组织/人员依其职责享有裁量权,对是否以及如何履行作为义务,有多数不同的选择,那么,此作为义务可理解为裁量性义务。公务组织/人员选择不履行,或者选择这个时间而非那个时间履行,或者选择履行作为义务的

---

① 参见吴偕林:《关于不作为行政行为与不作为案件范围的思考》,载《行政法学研究》1995年第1期;周佑勇:《论行政不作为》,载罗豪才主编:《行政法论丛》(第2卷),法律出版社1999年版,第247—249页;马生安:《行政行为研究》,山东人民出版社2008年版,第212页。

这种方案而非那种方案,都不存在怠于履行职责的问题。因此,怠于履行职责更多的是指向怠于履行羁束性的作为义务。然而,公务组织/人员的裁量不是毫无限制的。当遇有特殊情形的发生,特别是当事人生命、健康、财产等重大合法权益遭遇直接侵害时,公务组织/人员的裁量已"压缩至零",即必须履行作为义务,而无选择权可言了。[①] 此时,不履行、履行不及时或履行不到位,都会构成怠于履行职责。

▶▶▶ **即时思考**

在第四章第二节之案例四中,法院曾经有两种意见。一种意见认为,"虽然按照操作规程,开闸泄洪必须采取逐步加大流量的方法,不能将闸门在短时间内全部打开,但如果城东水闸桥早一点接到通知,早一点开始逐步加大泄洪力度,使水位比平时低一些,就很可能减轻水灾给原告造成的损失。这就可以说明被告没有全部完成作为义务,未完全履行法定职责"。另一种意见认为,"这一系列事实应当认定两被告积极实施了防汛抗洪行为,已履行了防汛抗洪的法定职责。至于如何调控水闸桥进行泄洪,是属于控洪过程中的合理性问题,应根据上游来水及下游的防汛等情况综合分析决定"。该案涉及在行政机关有裁量权的情况下,判断行政机关是否存在怠于履行职责的情形。对比两种意见,你倾向于何种?

(4) 作为义务是制定规则的义务还是实施法律规范作出具体决定或采取具体行动的义务?

广义的作为义务,当然包括制定规则的义务和实施法律规范作出具体决定或采取具体行动的义务。在现代行政国家,制定法律和/或规则的义务主体,既有代议机关,又有特定的行政机关。然而,一般情况下,制定规则的目的是为了公共利益,而非特定公民、法人或其他组织的权益,且制定规则的义务是裁量性义务。因此,与前述问题相结合,此处所称的怠于履行职责更多指向怠于履行作出具体决定或采取具体行动的义务,也就不包括立法不作为、行政立法不作为以及其他制定规则的不作为。只是,在特殊情况下,怠于履行制定规则义务,会导致特定群体合法权益受损,且有"裁量压缩至零"的情形发生,在有些国家,也会

[①] 参见董保城、湛中乐:《国家责任法——兼论大陆地区行政补偿与行政赔偿》,元照出版公司 2005 年版,第 115 页;朱新力:《行政不作为违法之国家赔偿责任》,载《浙江大学学报(人文社会科学版)》2001 年第 2 期。关于"裁量压缩至零"的理论,参见〔德〕毛雷尔:《行政法学总论》,高家伟译,法律出版社 2000 年版,第 132 页。

引发相应的国家赔偿责任。①

(5) 怠于履行职责是否改变现有法律状态？

有学者曾经以是否改变现有法律状态（权利义务关系）作为标准，区分作为和不作为。作为是积极改变现有法律状态的行为，如行政征收和颁发许可证；不作为是维持现有法律状态或不改变现有法律状态的行为，如不予答复和拒绝颁发许可证。② 不过，本书中的"怠于履行职责"包括不履行、拖延履行和不完全履行作为义务的情形，故其既可能没有改变现有法律状态，也可能会改变现有法律状态。例如，在法定期限或合理期限届满以后才颁发许可证，属于拖延履行职责，但已改变法律状态。

4. 作为义务的来源/依据

对公务组织/人员是否存在怠于履行职责情形的判断，关键在于认定其是否负有特定的作为义务。结合有关学说和司法实务，作为义务的来源或依据是多元化的。③

(1) 法律规范的直接规定。

法律规范内容之中直接规定作为义务的，甚少争议，无须赘述。不过，学理上关于"法律渊源"或"法律规范"的范围历来有争议。仅仅是为了明确起见，这里所用"法律规范"一词，不仅指向《立法法》意义上的法律、法规、规章，也包括立法机关、司法机关和行政机关依据《全国人民代表大会常务委员会关于加强法律解释工作的决议》(1981)所作的解释性规范，以及国家机关制定的具有外部约束力的其他规范性文件。

(2) 法律规范的间接规定。

在法律规范并未直接规定作为义务的情况下，可以通过法律解释的方法，从法律规范中导出其隐含的作为义务。朱新力教授称这种作为义务是法律间接体现的作为义务，杨小君教授则称这种作为义务来源于国家职权的一般原则。不过，值得注意的是，无论是依据法律规范的直接规定，还是依据对法律规范的解释，都应该导出法律规范设定的是旨在保护或增进个人或组织具体权益的特定作为义务，而不应该错将单纯为了公共利益或秩序的作为义务解释为特定作为义务。

---

① 在我国，怠于履行制定规则义务的国家赔偿，还在理论研讨之中，尚未成为制度。参见本章第三节。
② 参见叶必丰：《行政不作为略论》，载《法制与社会发展》1996 年第 5 期。
③ 以下内容主要参见朱新力：《行政不作为违法之国家赔偿责任》，载《浙江大学学报（人文社会科学版）》2001 年第 2 期；杨小君：《国家赔偿法律问题研究》，北京大学出版社 2005 年版，第 42—44 页。

(3) 公务组织的自我约束性规定。

国家机关和其他公务组织的作为义务,通常依法律规范的直接或间接规定导出,但是,在有些情况下,公务组织为更加公正、效率、负责地执行公务,会在法律规范的要求之外,为自己以及自己所指挥的下级设定更多的作为义务。在实务中,这些自我约束性规定经常表现为工作程序规则、纪律要求、廉政规定、服务承诺等。只要其是对外公开的,且不违反法律规范的明文规定,根据诚信原则和平等原则,其确立的作为义务就是公务组织应予履行的。①

(4) 行政惯例。

行政惯例,又称行政先例,是公共行政组织在同一或具有同一性的事项上,长期、连续且反复实行而形成的习惯性措施。只要行政惯例确实存在,本身又不违法,且行政机关依法有裁量余地,那么,行政惯例就会产生拘束行政的效力。否则,有违相同情况相同对待的平等原则。② 若该行政惯例内含公共行政组织积极作为的义务,拒不循此惯例,即构成怠于履行职责的情形。

(5) 公务组织的先行行为。

有的时候,公务组织先前实施的行为,会使个人或组织的合法权益处于面临损害的危险状态。此时,公务组织就负有采取积极措施排除危险、防止损害发生的作为义务。例如,日本在第二次世界大战结束之际,在东京都新岛附近海中,投弃大量炮弹。因受害人将拾得的炮弹投入火中,爆炸导致死伤,故请求国家赔偿。日本法院判决,国家先前有投弃炮弹于海中的危险行为,就应该负责除去该危险。即便法律上没有明定打捞收回炮弹的责任机关,国会或内阁也应尽快决定履行该义务的机关。③

(6) 已经生效的法律文书。

已经生效的法律文书,包括公务组织自己作出的决定、公务组织上级的决定或命令、法院的判决、裁定、调解书等。生效的法律文书,皆是执行和适用法律规范的结果。其确定的公务组织作为义务,通常是有关法律规范的具体化,依法应

---

① 诚信原则要求公务组织信守承诺,保护个人或组织正当的信赖利益。平等原则要求公务组织在同等情况下同等对待,不能对甲适用这些规定,而对同等情况的乙则不适用。这两个原则都为公务组织自我约束性规定的效力提供法理基础。

② 参见林国彬:《论行政自我拘束原则》,载城仲模主编:《行政法之一般法律原则(一)》,三民书局1999年版,第255—259页。

③ 参见杨小君:《国家赔偿法律问题研究》,北京大学出版社2005年版,第44页;叶百修:《国家赔偿法》,载翁岳生主编:《行政法》(下册),中国法制出版社2002年版,第1609页。

予履行；否则，也会构成怠于履行职责的情形。①

除上述六类以外，司法实务中，也有法院将行政合同的约定视作作为义务的来源。② 在《行政诉讼法》修订之前，因没有专门的行政协议（合同）之诉，这一看法有其合理之处。然而，根据《行政诉讼法》（2017）第 12 条第 1 款第（十一）项以及第 78 条，不依法履行协议或未按照约定履行协议，已经可以成为独立的诉由。因此，行政合同的约定也就不宜再列入"怠于履行职责"所对应的作为义务的来源和依据了。

总之，在认定公务组织/人员的作为义务时，不能奉行机械的法条主义立场。我国台湾地区学者叶百修教授指出，除了依据法律内容或依据法律解释导出作为义务，或者依据机关内部的行政规则、通过一般法律原则的运用导出作为义务外，还可以依公序良俗或法理导出作为义务。③ 尽管在公序良俗或法理是否要求某种情形下的公务组织有某种特定作为义务的问题上，不见得能达成完全一致的见解，但是，依公序良俗或法理来认定作为义务的方法，毕竟可以在无奇不有的大千世界中，为公务组织明显有违公平正义的怠于履行职责情形，找到正当的判断依据。

二、怠于履行职责致害赔偿的依据

修订前后的《国家赔偿法》都未对怠于履行职责致害赔偿问题，予以统一、明文的规定。无论是已经在其他法律之中常用的"不作为""不履行法定职责""拖延履行法定职责"概念，还是方兴未艾的"怠于履行职责"概念，都未在国家赔偿法中出现。与旧法丝毫未提及怠于履行职责情形略有不同的是，新法有两处规

---

① 例如，在"无锡市第六建筑工程公司海南分公司与海口市人民政府等行政不作为及行政赔偿上诉案"[(2008)琼行终字第 75 号]中，法院认为："无锡六建海南分公司多次要求两被上诉人[指海口市人民政府、海口市房产管理局，引者注]履行生效判决。两被上诉人也曾协调解决工程款的清偿问题，但未果。……上诉人主张两被上诉人没有按照生效判决的要求，解决工程款的清偿问题，即构成了行政不作为。这一上诉理由成立，应予支持。"

② 例如，在"江苏大江国际经济实业公司与海口市人民政府不履行征用土地手续法定职责及行政赔偿纠纷上诉案"[(2005)琼行终字第 108 号]中，一审法院判决指出："原琼山市政府久拖不给办理'土地出让合同'，也未按规定程序办理报批手续，未交付土地给环基公司开发使用，其行为违反双方签订的'意向书'的约定。"而且，引用了《中华人民共和国城镇国有土地使用权出让和转让暂行条例》第 15 条"出让方应当按照合同规定，提供出让的土地使用权，未按合同规定提供土地使用权的，土地使用者有权解除合同，并可请求违约赔偿"、《海南经济特区土地管理条例》第 36 条第 2 款"土地行政主管部门未按合同约定期限提供土地使用权的，从逾期之日起每日按照已收取土地使用权出让金、租金、承包金总额 1‰支付违约金；逾期达 90 日仍未提供土地使用权的，受让人、承租人、承包人有权解除合同，要求双倍返还定金，并可以请求赔偿"的规定。

③ 参见叶百修：《国家赔偿法》，载翁岳生编：《行政法》（下册），中国法制出版社 2002 年版，第 1607—1609 页。

定还是明显指向了怠于履行职责的一种具体情形,即前文提及的第 3 条第(三)项、第 17 条第(四)项中都有"放纵他人以殴打、虐待等行为造成公民身体伤害或者死亡"的规定。只是,相比实践中各种各样怠于履行职责情形,这样的规定真可谓沧海一粟。然而,国家赔偿法的相关条款还是可以通过法解释技术成为怠于履行职责致害赔偿的依据,其他的司法解释和行政规章也可予以适当弥补。

1. 行政怠于履行职责致害赔偿的依据

(1) 法律。

《国家赔偿法》虽然没有"怠于履行职责"或其他类似表述,但是,该法第 3 条第(五)项"造成公民身体伤害或者死亡的其他违法行为"、第 4 条第(四)项"造成财产损害的其他违法行为",形成了对行政赔偿范围肯定性列举的开放式结构。这就为把行政怠于履行职责致害情形纳入其中,进一步提供了解释的依据。参见本章案例 5-2"山西省晋城市畜牧局驻长治办事处与山西省长治市城乡建设局行政纠纷案"。

(2) 司法解释。

在行政怠于履行职责致害赔偿问题上,最高人民法院数次作出司法解释或司法政策予以肯定。2001 年分别对重庆市高级人民法院和四川省高级人民法院的请示作出了批复。《最高人民法院关于劳动教养管理所不履行法定职责是否承担行政赔偿责任问题的批复》(〔1999〕行他字第 11 号)指出:"重庆市西山坪劳动教养管理所未尽监管职责的行为属于不履行法定职责,对刘元林在劳动教养期间被同监室人员殴打致死,应当承担行政赔偿责任。人民法院在确定赔偿的数额时,应当考虑重庆市西山坪劳动教养管理所不履行法定职责的行为在造成刘元林死亡结果发生过程中所起的作用等因素。"这个批复是对第三人过错侵权与行政怠于履行职责共同致害的情形的确认,提出了确定赔偿责任时应当考虑怠于履行职责原因力大小的原则。

《最高人民法院关于公安机关不履行法定行政职责是否承担行政赔偿责任问题的批复》(法释〔2001〕23 号)[①]指出:"由于公安机关不履行法定行政职责,致使公民、法人和其他组织的合法权益遭受损害的,应当承担行政赔偿责任。在确定赔偿的数额时,应当考虑该不履行法定职责的行为在损害发生过程和结果中所起的作用等因素。"这个批复的适用范围显然比上一批复要广,因为其对公安机关不履行法定职责致害赔偿,作出了统一的、明确的规定。无论是公安不作为直接致害,还是与自然原因、受害人自身原因或者第三人过错侵权相结合致害,

---

[①] 该批复已经为《最高人民法院关于废止部分司法解释(第十三批)的决定》(2019 年 7 月 20 日施行)废止。

都可适用此批复。同样,其也规定了确定赔偿责任时考虑怠于履行职责原因力大小的原则。

在 2008 年《关于为维护国家金融安全和经济全面协调可持续发展提供司法保障和法律服务的若干意见》(法发〔2008〕38 号)中,最高人民法院再次以比较多的文字申明,对怠于履行职责的情形应当加强司法审查,对不作为造成损失的,应当判决行政赔偿。"要依法促使行政机关履行法定职责。行政机关不履行法定职责,该审批的不予审批,该制止的不予制止,该处罚的不予处罚,是有法不依、执法不严和违法不究的重要表现。各级人民法院应当积极受理和依法审判各类行政不作为案件,依法促使被诉行政机关履行法定职责。对公民、法人或者其他组织诉行政机关不履行保护公平竞争法律职责,以及要求主管行政机关对制假售假者依法追究法律责任,因主管行政机关不作为而提起的行政诉讼,应依法及时审理,公正审判;给公民、法人或者其他组织造成损失的,应当依法判决行政机关予以赔偿。"当然,这份文件其实是司法政策的宣告,而不是严格意义上关于如何适用法律的司法解释。但这至少表明了,行政机关怠于履行职责的致害赔偿,无论何种情形,皆应纳入国家赔偿范围,已经成为司法实务界的共识。

《适用行政诉讼法解释》于 2018 年终于对行政怠于履行职责致害赔偿作出了统一规定。该解释第 98 条明确指出:"因行政机关不履行、拖延履行法定职责,致使公民、法人或者其他组织的合法权益遭受损害的,人民法院应当判决行政机关承担行政赔偿责任。在确定赔偿数额时,应当考虑该不履行、拖延履行法定职责的行为在损害发生过程和结果中所起的作用等因素。"

(3)行政规章。

前文已述,所有的行政怠于履行职责致害情形,都可以通过对有关条款的能动解释,被纳入国家赔偿范围。既然如此,似乎没有必要再提及其他的依据了。不过,在此还是希望以部分行政规章为例说明:在国家赔偿法未予明文规定的情况下,行政机关在赔偿范围问题上的明确表态,也在为怠于履行职责致害赔偿的渐进发展作出其应有的贡献。

例如,司法部 1995 年发布的《司法行政机关行政赔偿、刑事赔偿办法》第 6 条第(二)项规定的"纵容"他人殴打情形,第(四)项规定的期满不予解教情形,都是明显的行政怠于履行职责,第(六)项或许可以成为能动解释的依据。

《司法行政机关行政赔偿、刑事赔偿办法》

第 6 条　司法行政机关的劳动教养管理所及其工作人员在行使职权时,有下列侵犯人身权情形之一的,应当予以行政赔偿:

……

（二）殴打或者唆使、纵容他人殴打被劳动教养人员，造成严重后果的；

……

（四）对劳动教养期满的被劳动教养人员，无正当理由不予解教的；

……

（六）其他违法行为造成被劳动教养人员身体伤害或者死亡的。

又如，海关总署发布的《海关行政赔偿办法》(2003)第6条第（七）项、第（八）项属于怠于履行职责情形。尤其是，第（八）项"不履行其他法定义务"的规定，甚至可以与第（十）项一样起到兜底条款的作用。

《海关行政赔偿办法》

第6条 海关及其工作人员有下列违法行使行政职权，侵犯公民、法人或者其他组织财产权情形之一的，受害人有取得赔偿的权利：

……

（七）对扣留的货物、物品、运输工具或者其他财产不履行保管职责，严重不负责任，造成财物毁损、灭失的，但依法交由有关单位负责保管的情形除外；

（八）违法拒绝接受报关、核销等请求，拖延监管，故意刁难，或不履行其他法定义务，给公民、法人或者其他组织造成财产损失的；

……

（十）造成财产损害的其他违法行为。

当然，行政规章的遗憾就是其仅仅适用于某个行政系统、某个管理领域，而不易延伸至其他系统和领域。

2. 司法怠于履行职责致害赔偿的依据

（1）法律。

与行政领域相比，司法机关怠于履行职责的致害赔偿，不仅仅是缺少明文的法律规范作为依据，更是缺少可供能动解释的法律条款。究其原因，新旧国家赔偿法在肯定性列举行政赔偿范围的时候，都采纳了开放式结构，前引的两个兜底条款，也可以作为行政怠于履行职责致害赔偿的依据。而在肯定性列举司法赔偿范围的时候，新旧国家赔偿法都一律运用了封闭式结构。在既是单一法源、又是封闭式结构的法律规范体系之中，司法怠于履行职责的法律依据，只剩下"放纵他人以殴打、虐待等行为造成公民身体伤害或者死亡"的规定了。甚至，《国家赔偿法》第38条关于民事、行政司法赔偿范围的规定，即"违法采取对妨害诉讼的强制措施、保全措施或者对判决、裁定及其他生效法律文书执行错误"，在字面意义上也是指向积极作为的侵权损害,而非怠于履行职责的侵权损害。

(2) 司法解释。

一方面,法律本身对司法怠于履行职责致害赔偿问题的规定明显不足,另一方面,司法机关又必须应对现实生活中权利人因司法怠于履行职责致害而提出的赔偿请求。于是,司法解释发挥了更大的能动、突破作用。

首先,《民事、行政司法赔偿若干解释》(2016)规定的、明显属于司法怠于履行职责情形的是,在采取保全措施或者执行过程中,对查封、扣押、冻结的财产不履行监管职责,造成被保全财产毁损、灭失的。① 这是通过司法解释明确纳入国家赔偿范围的民事诉讼、行政诉讼中怠于履行职责情形。此外,虽非明文规定、但可资能动解释的条款,就是该解释第 2 条、第 3 条、第 4 条、第 5 条都有的最后一项兜底条款,即"其他违法情形"或"其他错误情形"。易言之,在采取对妨害诉讼的强制措施、保全措施、先予执行措施以及执行生效法律文书错误的过程中,凡是有法院怠于履行职责致害的其他情形的,也可通过对该条款的解释,纳入国家赔偿范围。

其次,《涉执行司法赔偿解释》第 2 条也列举了若干法院在执行过程中怠于履行职责的情形:发现被执行人有可供执行的财产,但故意拖延执行、不执行,或者应当依法恢复执行而不恢复的;对抵押、质押、留置、保留所有权等财产采取执行措施,未依法保护相关权利人优先受偿权的;对执行中查封、扣押、冻结的财产故意不履行或者怠于履行监管职责;对不宜长期保存或者易贬值的财产采取执行措施,未及时处理的;以及拍卖、变卖过程中依法应当评估而未评估,依法应当拍卖而未拍卖的。②

最后,《民事、行政司法赔偿若干解释》(2016)和《涉执行司法赔偿解释》的适用范围,都还只限于法院的司法赔偿领域。检察院、公安机关、看守所、监狱管理机关的怠于履行职责致害赔偿问题,并不能直接适用这些规定。但是,这些规定毕竟反映出司法机关怠于履行职责致害赔偿的可能情形和基本原理,至少是可以借鉴的。

(3) 行政规章。

通常,由于行政机关和司法机关各自有其管辖权,行政机关无权对司法赔偿问题作出规定。不过,有些行政机关在一定范围内还兼着行使部分司法职能,故其可以依据权限出台相关规则,如公安机关、司法行政机关。

在涉及司法怠于履行职责方面,《司法行政机关行政赔偿、刑事赔偿办法》第

---

① 《民事、行政司法赔偿若干解释》(2016)第 3 条第(六)项、第 5 条第(八)项。
② 详见本书第四章第三节。

5 条规定:"司法行政机关的监狱部门及其工作人员在行使职权时,有下列侵犯人身权情形之一的,应当予以刑事赔偿:……(二)殴打或者唆使、纵容他人殴打服刑人员,造成严重后果的……(四)对服刑期满的服刑人员无正当理由不予释放的……(六)其他违法行为造成服刑人员身体伤害或者死亡的。"其中,第(二)项的"纵容"他人殴打致害、第(四)项的期满不予释放,皆属怠于履行职责的情形,第(六)项或可成为吸收更多监狱部门怠于履行职责情形的依据。

可见,司法怠于履行职责致害赔偿的依据较为零散,且不像在行政领域那样有比较多的条款可供解释。《国家赔偿法》短时间内不可能再行修订,在司法怠于履行职责致害赔偿问题上,还得寄希望于实务的摸索和拓展。

三、怠于履行职责致害的因果关系

怠于履行职责是一种非常特殊的公务违法/过错行为,或者表现为什么都不做,或者表现为做得不及时,或者表现为做得不到位。因此,在有怠于履行职责情形的损害事件中,怠于履行职责虽然也有其单独成为致害原因的,但更多的是与其他致害原因并存,共同造成损害的发生或扩大。

1. 怠于履行职责直接致害的

这是指公务组织的怠于履行职责,直接造成受害人损失,而没有任何其他原因介入其中的情形。例如,政府没有按照合同约定,交付土地给使用者,却长期占用使用者已经支付的征地资金,同时造成被占用资金的银行利息损失。① 又如,政府没有履行生效判决,以至于受害人的工程款迟迟得不到清偿。② 在怠于履行职责造成损害的情形之中,直接致害的并不多见。

2. 与自然原因结合的

这是指受害人损害的发生或扩大,既有公务组织怠于履行职责的原因,也有自然界力量的原因。若公务组织在此情形中尽职尽责,即便有自然原因,该损失也不会发生或扩大,故怠于履行职责成为致害原因之一。不过,自然原因又可分为普通的自然原因和属于不可抗力的自然原因。前者如海关错误将案外人的汽车扣押,且疏于保管,任凭风吹、雨淋、日晒,在长年诉讼结束后,汽车的价值已经大大折损。后者如在洪水来临时,政府没有采取积极防范措施,以至于洪水冲垮堤坝,造成大面积的土地、房屋被淹,大量居民和村民流离失所。普通的自然原

---

① 参见"江苏大江国际经济实业公司与海口市人民政府不履行征用土地手续法定职责及行政赔偿纠纷上诉案"[(2005)琼行终字第 108 号]。

② 参见"无锡市第六建筑工程公司海南分公司与海口市人民政府等行政不作为及行政赔偿上诉案"[(2008)琼行终字第 75 号]。

因介入其中的情形,并不能成为国家减免责任的抗辩理由。属于不可抗力的自然原因导致损害发生的,国家可以此为据主张责任的减免。不过,洪水、地震、台风、海啸等的发生虽为人力不可抗拒,在性质上本属不可抗力,但在其发生后,公务组织是否能够尽心尽力地履行职责,避免损害的无谓扩大,至为关键。故不可抗力致害的,国家是否完全免责,也要视代表国家的公务组织是否在其中有怠于履行职责的情形。

3. 与受害人自身原因结合的

有的时候,受害人损害的发生或扩大,是由于受害人自身原因和公务组织怠于履行职责共同造成的。受害人自身原因可以分为两类情形:一是受害人自身的疾病;二是受害人自身的过错行为。前者如被羁押人在羁押场所生病,公务组织工作人员未及时采取治疗措施,以至于发生伤亡事件的。参见本章案例 5-3"赵仕英等诉秭归县公安局行政赔偿案"。后者如受害人骑摩托车在公路上堆放的猪粪上滑倒,接着被拖拉机碾压。该事故的发生,既有受害人自身的过失,也有交通局未及时清理猪粪、保障道路安全畅通的失职。参见第二章案例 2-2"李尚英等与广饶县交通局不履行法定职责行政赔偿上诉案"。无论是哪种情形,都需要根据受害人自身原因与公务组织怠于履行职责在造成损害发生或扩大方面的作用大小来划分损失的分担。其中,总是会有受害人"自担损失"的部分。

4. 与第三人过错侵权共同致害的

第三人过错侵权行为与公务组织的怠于履行职责相结合,也会共同导致受害人的损失发生或扩大。这种第三人过错与公务过错的结合,也需区分两类情形。

一是第三人过错侵权行为与公务组织的怠于履行职责形成共同过错侵权。例如,监狱工作人员甲与服刑人员乙商量好,在甲值班的时候,由乙给新进监狱的服刑人员丙一些"教训"。乙在殴打丙的时候,甲置若罔闻。此时,甲就与乙构成有意思联络的共同侵权。而甲的行为又符合《国家赔偿法》第 17 条第(四)项规定的"放纵他人以殴打、虐待等行为造成公民身体伤害或者死亡的"情形,显属怠于履行职责。

二是第三人过错侵权行为与公务组织的怠于履行职责形成无意思联络的数人侵权。例如,在"李尚英等与广饶县交通局不履行法定职责行政赔偿上诉案"中,造成受害人伤亡的原因有:受害人自己的过错;猪粪主人的过错;拖拉机车主的过错;以及交通局的怠于履行职责。这些原因之间并没有共同过错,而是分别实施的,只不过由于它们偶然地结合,共同造成了同一损害后果。

四、怠于履行职责致害赔偿责任的确定

怠于履行职责致害赔偿责任的确定,视不同情形的因果关系而有所不同。其中,怠于履行职责直接致害的、与自然原因共同致害的、与受害人自身原因共同致害的情形,责任确定相对容易;而与第三人过错侵权共同致害的,涉及第三人民事赔偿责任,责任确定较为棘手。

1. 直接致害的全部赔偿责任

怠于履行职责直接致害的,无其他原因介入其中,故国家应依照法定的赔偿范围(人身权损害、财产权损害或其他合法权益损害;财产损害或精神损害;直接损害或间接损害等)、赔偿方式和赔偿标准,承担全部赔偿责任。参见本章案例5-2"山西省晋城市畜牧局驻长治办事处与山西省长治市城乡建设局行政纠纷案"。①

2. 与自然原因或受害人自身原因相结合的部分赔偿责任

怠于履行职责与自然原因或受害人自身原因相结合,共同造成损害结果发生或扩大的,就需要根据怠于履行职责和自然原因或受害人自身原因在损害结果发生或扩大的各自作用力大小,来确定国家应予承担的赔偿责任之大小。在这两种情形下,受害人的损害不可能通过世俗的法律程序去追究"自然"或"天国"的责任,也不可能让受害人"自我究责"式地自己赔付自己,但是,在确定怠于履行职责的国家赔偿责任大小时,实际上的结果就是让"自然"或"受害人"分担了其中部分损失。不过,在多因一果的因果关系链条上,对不同原因作用力有多大的判断,就如同对因果关系是否存在的判断一样,含有价值倾向、价值选择的成分,赔偿请求审理者享有相当的裁量余地。参见本章案例5-3"赵仕英等诉秭归县公安局行政赔偿案"、第二章案例2-2"李尚英等与广饶县交通局不履行法定职责行政赔偿上诉案"。

3. 与第三人过错侵权共同致害的连带/按份/补充责任

怠于履行职责与第三人过错侵权共同致害的,有共同过错侵权和无意思联络的数人侵权两种情形。在不同情形下,国家与第三人之间的责任划分关系有所不同。

---

① 亦可参见前文提及的"江苏大江国际经济实业公司与海口市人民政府不履行征用土地手续法定职责及行政赔偿纠纷上诉案"[(2005)琼行终字第108号];"无锡市第六建筑工程公司海南分公司与海口市人民政府等行政不作为及行政赔偿上诉案"[(2008)琼行终字第75号]。

(1) 共同过错侵权的连带责任。

依普通侵权法原理,共同过错侵权是二人以上共同故意或者共同过失致人损害的侵权行为,共同侵权行为人对受害人的损失承担一个完整的连带责任。因此,当公务组织/人员怠于履行职责与第三人侵权形成共同侵权行为时,那么,国家就应与第三人承担连带责任。既然是连带责任,受害人在行使请求权时,就可以在单独请求国家、单独请求第三人或者同时请求国家和第三人承担赔偿责任这三个方案之中选择一个。①

连带责任的存在,是要让数个侵权人为其共同过错负责。在国家赔偿领域,连带责任或许还有更重要的意义,即保证受害人充分救济。因为,在私法领域,共同侵权人承担连带责任,也有可能因为侵权人不能赔偿、赔偿不足、下落不明或死亡等原因,而无法让受害人损失得到补救。而在国家赔偿领域,国家相比私人更具有财力保障,国家承担连带责任不仅要为其公务组织/人员与第三人的意思联络"买单",更是可以在第三人不能赔偿、赔偿不足、下落不明或死亡等情况下弥补受害人损失。

在国家与第三人承担连带责任的情况下,受害人无论是请求国家赔偿还是请求第三人赔偿,国家或第三人都应承担赔偿受害人全部损失的责任。不过,国家赔偿与民事侵权赔偿在范围、标准上存在差异。大致上,当前的民事侵权赔偿比国家赔偿范围更大一些,如民事侵权赔偿一般对间接损失赔偿予以认可,国家赔偿除法定可赔偿间接损失外,原则上只赔偿直接损失。受害人请求国家赔偿,得按国家赔偿法确定赔偿责任;而受害人请求第三人赔偿,得按侵权责任法确定应予赔偿的数额。受害人可以根据对两种救济结果的计算来进行选择。此外,连带责任对外承担整体责任,但对内,应依共同侵权行为人的过错程度和行为的原因力不同,对自己的责任份额负责。侵权人各自承担自己的责任份额,是连带责任的最终归属。当部分侵权人承担了超出自己责任份额以外的责任后,有权向没有承担相应责任份额的其他侵权人追偿。②

(2) 无意思联络数人侵权的按份责任或补充责任。

其实,怠于履行职责与第三人侵权构成共同侵权情形的,毕竟是少数。因为,公务组织与第三人很少会有通过怠于履行职责行为侵权的共同故意或过失,更多地会形成无意思联络的数人侵权。

---

① 我国《民法典》第178条第1款规定:"二人以上依法承担连带责任的,权利人有权请求部分或者全部连带责任人承担责任。"

② 参见杨立新:《侵权行为法专论》,高等教育出版社2005年版,第295—296页。我国《民法典》第178条第2款规定:"连带责任人的责任份额根据各自责任大小确定;难以确定责任大小的,平均承担责任。实际承担责任超过自己责任份额的连带责任人,有权向其他连带责任人追偿。"

无意思联络的数人侵权,也称无过错联系的共同致害,是指数个行为人事先既没有共同故意,也没有共同过失,只是由于行为在客观上的联系,而共同造成同一个损害结果。对于无意思联络的数人侵权,一般情况下,应该由各侵权人对各自的行为后果承担按份责任,而不是连带责任。既不能令部分侵权人负全部赔偿责任,同时,也不存在侵权人内部的追偿关系。① 因此,当公务组织/人员怠于履行职责与第三人侵权形成无意思联络数人侵权,而受害人请求国家赔偿时,通常情况下,国家赔偿请求的审理者,可以根据怠于履行职责的过错程度和原因力大小,确定国家应当承担的赔偿份额或比例。②《行政赔偿案件若干问题规定》(2022)第 23 条关于第三人提供虚假材料与行政机关未尽审慎审查义务相结合所致损害赔偿的规定,也体现了同样的按份责任原则。③

不过,无意思联络数人侵权的责任分担,不应绝对适用单一的按份责任。在普通侵权法上,凡是依法应当履行安全保障义务的管理人或者组织者,若其在第三人侵权造成损害的情况下没有尽到安全保障义务,就应该承担相应的补充责任。补充责任意味着,第三人因其直接侵害行为承担第一顺序的责任,安全保障义务人因其未履行安全保障义务承担第二顺序的责任。受害人应先请求第三人赔偿,在第三人不能赔偿、赔偿不足、下落不明或者死亡,请求权不能满足时,可再向安全保障义务人请求赔偿,以求损害尽可能得到补救。④

普通侵权法上的补充责任,可以考虑借鉴运用于特殊情形下的公务组织怠于履行职责与第三人侵权共同致害赔偿。在行政和司法领域,经常会出现被羁押人遭到其他同仓人殴打、虐待而伤亡的情形,实务中的做法倾向于由致害人负责赔偿,国家免于赔偿或国家承担适当的补偿责任。然而,被羁押人在羁押期间

---

① 参见杨立新:《侵权行为法专论》,高等教育出版社 2005 年版,第 303 页。

② 参见"最高人民法院、最高人民检察院公布 8 起刑事赔偿典型案例(2016 年)之八:滕德刚申请吉林省四平监狱违法不作为国家赔偿案"。该案典型意义在于:"监狱管理机关对其看管的服刑人员,具有法定的监管职责,如其怠于行使该职责,造成服刑人员的损害,即使损害系其他服刑人员的加害行为直接造成,监狱管理机关亦应就其不作为行为对造成损害结果所起的作用,结合其过错程度,承担一定比例的国家赔偿责任。"

③ 该条规定:"由于第三人提供虚假材料,导致行政机关作出的行政行为违法,造成公民、法人或者其他组织损害的,人民法院应当根据违法行政行为在损害发生和结果中的作用大小,确定行政机关承担相应的行政赔偿责任;行政机关已经尽到审慎审查义务的,不承担行政赔偿责任。"

④ 参见张新宝:《我国侵权责任法中的补充责任》,载《法学杂志》2010 年第 6 期;杨立新:《侵权行为法专论》,高等教育出版社 2005 年版,第 309—311 页。我国《民法典》第 1198 条规定:"宾馆、商场、银行、车站、机场、体育场馆、娱乐场所等经营场所、公共场所的经营者、管理者或者群众性活动的组织者,未尽到安全保障义务,造成他人损害的,应当承担侵权责任。因第三人的行为造成他人损害的,由第三人承担侵权责任;经营者、管理者或者组织者未尽到安全保障义务的,承担相应的补充责任。"第 1201 条规定:"无民事行为能力人或者限制民事行为能力人在幼儿园、学校或者其他教育机构学习、生活期间,受到幼儿园、学校或者其他教育机构以外的第三人人身损害的,由第三人承担侵权责任;幼儿园、学校或者其他教育机构未尽到管理职责的,承担相应的补充责任。幼儿园、学校或者其他教育机构承担补充责任后,可以向第三人追偿。"

的人身安全,理应得到羁押机构的保障。被羁押人及其亲属对于国家机关的这种安全保护职能往往寄予较高的期待。更何况,被羁押人的人身自由受到限制,其借助外物或空间防卫自身的能力也同样受到限制,而与被羁押人相处的同仓人之中很可能会有暴力倾向者。所有这些都意味着,公民受到羁押如同被置于更具危险的境地,羁押机构应当承担更多的安全保障义务和危险防范义务。因此,若发生受害人在羁押期间被同仓人殴打、虐待而伤亡的,而公务组织确有怠于履行职责情形的,国家就应该承担补充责任。[①] 由受害人先向致害第三人请求赔偿,若致害人能够完全赔偿,国家的补充责任就归于消灭;在致害人不能赔偿、赔偿不足或死亡的情况下,受害人可以就不足的部分请求国家赔偿。只不过,国家负责赔偿的部分也只限于依国家赔偿法规定的范围和标准、国家应予赔偿的。

必须说明的是,补充责任可以是对致害第三人赔偿不足部分进行全部赔偿,也可以是承担其中的部分。例如,《最高人民法院关于公安机关不履行、拖延履行法定职责如何承担行政赔偿责任问题的答复》(〔2011〕行他字第 24 号,2013 年 9 月 22 日发布)指出:"公民、法人或者其他组织人身、财产损失系第三人行为造成的,应当由第三人承担民事侵权赔偿责任;第三人民事赔偿不足、无力承担赔偿责任或者下落不明的,应当根据公安机关不履行、拖延履行法定职责行为在损害发生过程和结果中所起的作用等因素,判决其承担相应的行政赔偿责任。公安机关承担相应的赔偿责任后,可以向实施侵权行为的第三人追偿。"该答复并未规定公安机关承担补充全部不足的责任,而是要求其根据公安机关怠于履行职责对损害后果的作用力大小,来补充赔偿部分的不足。

综上所述,怠于履行职责致害赔偿责任的确定,应区分不同情形。尤其是在第三人侵害介入的情况下,同样应视情况而定,而不能仅适用单一的责任分担原则。无论是民事、国家赔偿选择救济原则[②],先穷尽民事、国家负责补充原则[③],还是当前国家赔偿实务基本上简单通行的按份原则[④],都不能放之四海而皆准。而在民事侵权赔偿责任和国家赔偿责任混合的情况下,出于经济和效率考虑,可以进行程序的合并[⑤]。

---

① 《行政赔偿案件若干问题规定》(2022)第 24 条规定:"由于第三人行为造成公民、法人或者其他组织损害的,应当由第三人依法承担侵权赔偿责任;第三人赔偿不足、无力承担赔偿责任或者下落不明,行政机关又未尽保护、监管、救助等法定义务的,人民法院应当根据行政机关未尽法定义务在损害发生和结果中的作用大小,确定其承担相应的行政赔偿责任。"该条规定可以适用于第三人致害、行政机关怠于履行职责的一般情形,但对于特殊场所被羁押人员的安全保障重视不足,没有考虑负责这些场所安全的公务组织的补充责任,是值得商榷的。
② 参见石佑启:《试析行政不作为的国家赔偿责任》,载《法商研究》1999 年第 1 期。
③ 参见周佑勇:《论行政不作为》,载罗豪才主编:《行政法论丛》(第 2 卷),法律出版社 1999 年版,第 275 页。
④ 参见曾珊:《松花江污染事件是否存在行政赔偿的法律困境》,载《法学》2006 年第 2 期。
⑤ 详见本书第六章第二节。

五、案例讨论

案例 5-1 黄勇与海南省儋州工商行政管理局不履行法定职责行政争议纠纷上诉案【(2008)海南行终字第 117 号】

1. 本案中,儋州市工商局作出了《设立登记不予受理通知书》,二审法院经审查后认定儋州市工商局没有履行其法定职责。二审法院的论理是怎样的?
2. 请以该案为例,探讨"怠于履行职责"概念中的作为义务是仅限于程序义务还是包括实体义务。

案例 5-2 山西省晋城市畜牧局驻长治办事处与山西省长治市城乡建设局行政纠纷案【(1995)行终字第 6 号】

1. 请结合本案一审法院判决对法律条文的适用情况,分析和讨论:行政怠于履行职责致害赔偿的现有法律依据是否周全?是否会给法律解释制造障碍?
2. 请结合第七章内容,讨论本案中山西省高级人民法院(一审法院)和最高人民法院(二审法院)在运用赔偿标准、计算赔偿数额方面的差异。

案例 5-3 赵仕英等诉秭归县公安局行政赔偿案①

本案一审判决和二审判决在确定死亡原因、分配责任方面有何不同?你倾向于同意哪个判决?抑或,你是否有不同于这两个判决的意见?

第二节 精神损害赔偿

思考

什么是精神损害?为什么应将精神损害赔偿纳入国家赔偿范围?精神损害赔偿的适用需符合什么特殊要件?精神损害赔偿数额应该如何确定?精神损害的国家赔偿是否可以适用或参照适用普通侵权法上有关精神损害赔偿的规则?

---

① 参见"北大法宝/司法案例"相关检索。

《国家赔偿法》(2010)作出了一项重大的变革举措,那就是终将精神损害赔偿纳入国家赔偿范围。该法第 35 条规定:"有本法第三条或者第十七条规定情形之一,致人精神损害的,应当在侵权行为影响的范围内,为受害人消除影响,恢复名誉,赔礼道歉;造成严重后果的,应当支付相应的精神损害抚慰金。"虽仅寥寥数语,却实现了自 1994 年《国家赔偿法》颁布前后公众盼望已久的进步。从侵权损害可划分为财产损害和非财产损害(精神损害)两种类型看[1],精神损害正式具有可赔偿性,无疑在损害结果维度上极大地拓展了国家赔偿范围。

一、精神损害和精神损害赔偿

1. 精神损害

(1) 精神损害的定义。

对于何谓精神损害,学理上的认识差异甚多。不同学者对精神损害的不同界定,与其对侵权法上损害的分类有关。例如,张新宝教授将损害分为财产损失、人身损害、非财产损失三类。财产损失又分为直接损失和间接损失;人身损害则包括死亡、伤残;而非财产损失有精神损害和社会评价的降低。因而,在其术语体系中,"精神损害是指受害人因为他人的侵害而产生的精神方面的痛苦、疼痛和严重的精神反常现象";精神损害只是非财产损害的一部分,不能与非财产损害画等号,因为名誉受损、死亡、伤残等非财产损害不属于精神损害。[2]

杨立新教授则认为损害事实分为两大类:一是对人身权利和利益的损害事实,二是对财产权利的损害事实。前者又最终表现为人格利益损害和身份利益损害,后者则表现为直接财产损失和间接财产损失。侵害自然人身体权、健康权、生命权所导致的人身损害,侵犯身份权所导致的身份利益损害,都会造成精神损害。故精神损害是指"对民事主体精神活动的损害。侵权行为侵害自然人、法人的人身权利以及具有特定纪念意义的物品,造成的自然人生理、心理上的精神活动和自然人、法人维护其精神利益的精神活动的破坏,最终导致精神痛苦和精神利益的丧失或减损。精神损害的最终表现形式,就是精神痛苦和精神利益的丧失或减损"。[3]

本书同意我国台湾地区曾世雄教授的两个观点。一是其对词句运用的基本

---

[1] 参见本书第三章第四节。
[2] 参见张新宝:《侵权责任法原理》,中国人民大学出版社 2005 年版,第 54 页、第 57—58、521 页。或许是笔误之故,张新宝教授在前文将死亡、伤残作为与非财产损失并列的人身损害表现形式,而在后文,又将它们作为非财产损害的表现形式。
[3] 参见杨立新:《侵权行为法专论》,高等教育出版社 2005 年版,第 97—100、372—373 页。

立场。我国台湾地区学界也有"非财产上之损害""精神上之损害""慰抚金之损害"的不同语词之用法,且也有认定它们之间有区别的,但曾世雄教授主张不必过分拘泥于词句,以免因辞害义,关键在于对非财产损害讨论以全部架构为重。二是其把非财产损害和精神损害在同义上混用的做法,即非财产损害与精神损害是等同的。①

因而,此处所言精神损害,即非财产损害,是指不能以金钱计算或衡量的、与财产增减无关的生理上或心理上的痛苦。依曾世雄教授的见解,精神损害有最广义、广义和狭义之分。最广义非财产损害除包括生理上或心理上之痛苦外,还包括比较低层次的不快或不适;广义非财产损害仅指生理上或心理上的痛苦,不包括比较低层次的不快或不适;而狭义非财产损害是指广义非财产损害之中符合侵权赔偿法要件、能够获得赔偿的部分。②

其实,财产损害和非财产损害(精神损害)只是现实损害结果的一种分类,它只是在逻辑上区分易用金钱计算的和不易用金钱计算的,从而在确定赔偿数额时运用不同标准。例如,侵犯自然人的身体,可造成受伤、致残和死亡三种结果。可是,从财产损害和非财产损害的分类观之,受伤、致残、死亡都会带来财产利益的损失(如医疗费、误工费、抚养费、丧葬费等)和非财产利益的损失(生理或心理上的痛苦)。

(2) 精神损害的特征。

如上界定的精神损害,至少有以下三个方面的特征:

第一,造成精神损害的侵权事因是多方面的。依照《最高人民法院关于确定民事侵权精神损害赔偿责任若干问题的解释》(2001年发布,2020年修正,法释〔2020〕17号,以下简称《民事精神损害赔偿解释》)第1条至第3条的规定,侵害自然人人身权益或者具有人身意义的特定物,严重侵害亲子关系或者近亲属间亲属关系的,侵害死者姓名、肖像、名誉、荣誉、隐私、遗体、遗骨等,都有可能造成精神损害。③

第二,精神损害的受害人包括自然人、法人和其他组织。从字面上看,"生理上或心理上的痛苦"应该是自然人才能感知的,法人和其他组织似乎不应有精神损害。不过,杨立新教授认为,精神损害包括精神痛苦与精神利益丧失,法人的精神损害不包括精神痛苦,而仅指精神利益丧失。精神利益包括人格利益和身份利益,是民事主体人格的基本利益所在,否认法人有精神损害,就等于否认法

---

① 参见曾世雄:《损害赔偿法原理》,中国政法大学出版社2001年版,第292—293页。
② 同上书,第294页。
③ 另参见张新宝:《侵权责任法原理》,中国人民大学出版社2005年版,第57页。

人的人格。①

曾世雄教授在承认法人有其权利能力和人格权,应当予以尊重和损害救济的同时,进一步认为法人其实也有精神痛苦。理由在二:一是精神损害或痛苦的认定应从客观说而非主观说,实际上受害人有无痛苦感受,在所不问。因为,即便是自然人人格权受到侵害,若其在受害后失去知觉或心神丧失,并不由此就失去精神损害赔偿请求权。二是法人人格权受侵害,其内部自然人也有可能发生痛苦感受,以内部自然人为"法人之机关或法人机关之配置,其痛苦感受即为法人之感受"。②

第三,并非所有的精神损害都具有可赔偿性。在精神损害应否赔偿问题上,曾经有过不同认识。虽然在世界范围内精神损害赔偿已经得到越来越多国家制度上的认可,但是,尚未有哪个国家承认,所有的精神损害都可以获得金钱赔偿。在这里,"所有的精神损害"意指两个方面:一是在损害后果维度上指向所有的生理上或心理上的不快、不适和痛苦;二是在受害人维度上指向所有受害人的精神损害。

2. 精神损害赔偿

(1) 精神损害赔偿的定义。

精神损害赔偿,是指侵权人以金钱赔偿的方式对受害人的精神损害进行救济。由此定义,"精神损害赔偿"与"精神损害救济"是两个不同的概念,前者可以为后者所涵盖,但后者的内涵与外延更为广泛。精神损害救济,既可以采取金钱赔偿的方式,构成精神损害赔偿,也可以采取非金钱赔偿的方式,如停止侵害、消除影响、恢复名誉、赔礼道歉等。

(2) 精神损害赔偿的特征。

一般地,我国现有的精神损害赔偿制度有以下特征:

第一,精神损害赔偿适用于精神损害较为严重的情形。

由于精神损害有最广义、广义和狭义之分,不仅比较低层次的不快或不适不适用精神损害赔偿,就连生理上或心理上的痛苦,也得视其是否严重而定精神损害赔偿是否适用。通常,精神损害后果并不严重(或称"轻微精神损害")的情形,适用停止侵害、消除影响、恢复名誉、赔礼道歉等救济方式,也可以弥补受害人精神上的痛苦。若侵权人造成的精神损害后果严重,仅靠上述方式难以比较充分地实现对受害人精神损害的填补,也难以起到惩戒和教育侵权人的作用,就应适

---

① 参见杨立新:《侵权行为法专论》,高等教育出版社 2005 年版,第 373 页。
② 参见曾世雄:《损害赔偿法原理》,中国政法大学出版社 2001 年版,第 294—295、336—337 页。

用精神损害赔偿。因此,在私法上,《民法典》第 1183 条第 1 款规定:"侵害自然人人身权益造成严重精神损害的,被侵权人有权请求精神损害赔偿。"在公法上,《国家赔偿法》第 35 条规定"造成严重后果的",支付相应的精神损害抚慰金。

第二,精神损害赔偿仅适用于自然人。

尽管在学理上,本书赞同法人或其他组织也具有法律人格,也有可能遭受精神损害的观点,但是,在我国的制度层面上,无论私法还是公法,精神损害赔偿都只适用于自然人。换言之,并非所有精神损害的受害人都可以得到金钱赔偿。《民事精神损害赔偿解释》第 4 条规定:"法人或者非法人组织以名誉权、荣誉权、名称权遭受侵害为由,向人民法院起诉请求精神损害赔偿的,人民法院不予支持。"《国家赔偿法》第 35 条规定适用精神损害赔偿的情形,是有该法第 3 条、第 17 条所列侵犯公民人身权情形之一的,也仅限于自然人。《最高人民法院关于审理国家赔偿案件确定精神损害赔偿责任适用法律若干问题的解释》(法释〔2021〕3 号,以下简称《国家精神损害赔偿解释》)第 1 条第 2 款也进一步明确:"法人或者非法人组织请求精神损害赔偿的,人民法院不予受理。"

第三,精神损害赔偿可适用于过错责任和无过错责任情形。

在私法上,我国法律和司法解释对此未作明确规定,但是,"考虑到司法解释是从受害人受到侵害的权利或利益的角度来界定精神损害赔偿民事责任方式适用范围的,因此加害行为的方式以及加害人的过错情况不是适用精神损害赔偿民事责任方式的要件"。① 在公法上,《国家赔偿法》第 35 条其实已经暗示可以适用于无过错责任情形,因为第 17 条第(二)项的错捕赔偿和第(三)项的再审改判无罪赔偿,都是无过错的侵权赔偿责任。②

二、精神损害国家赔偿的正当性

1. 精神损害国家赔偿否定说

在《国家赔偿法》(1994)起草过程中,精神损害是否进入国家赔偿范围,也曾经引起过主要由学者组成的起草小组的深入讨论。主导的认识是,精神损害虽然无形,又确实存在,并且在《民法通则》中已有规定,国家赔偿法不应从这个立场上退步。若精神损害达到相当严重的程度,国家就应予以适当赔偿。然而,最

---

① 张新宝:《侵权责任法原理》,中国人民大学出版社 2005 年版,第 525 页。
② 参见本书第二章第三节。

终的立法还是把精神损害赔偿排除在外了。①《国家赔偿法》(1994)第30条只是规定了赔偿义务机关造成受害人名誉权、荣誉权损害的,应当为受害人消除影响、恢复名誉、赔礼道歉,亦即承担非金钱赔偿的侵权责任。

之所以未采取金钱赔偿的方式,主要理由是:(1)对名誉权、荣誉权的损害虽然也会给受害人造成程度不同的间接财产损失,但此种损害不同于对财产权、人身权的损害,很难直接以财产赔偿的形式给以精确的补救;(2)对名誉权、荣誉权的损害程度难以精确测定,将此种损害换算为定额财产量则更为不易,从技术上也难于以财产赔偿的方式予以补救;(3)我国的财政负担能力有限,在国家赔偿制度确立初期也不宜将赔偿范围规定得过宽;(4)对名誉权、荣誉权的损害,是一种可复原性损害。造成损害的赔偿义务机关可以通过非财产救济的方式,在一定程度内为受害人恢复名誉、消除影响,实现补救。②

其实,精神损害国家赔偿的否定说,与我国法学界曾经在一般意义上反对精神损害赔偿的主流观点也有一定的关系。该观点主张:一则,人的生命、健康、人格尊严等不能用金钱来衡量,否则就会将精神利益庸俗化;二则,人的精神损害与财产损失不同,无法进行量化计算。直到1986年的《民法通则》,通过第120条才建立起十分有限的精神损害赔偿制度。③之所以言其有限,是因为受害人有权请求赔偿的,仅仅限于姓名权、肖像权、名誉权和荣誉权受到侵害的情形,对物质性人格权、身份权都没有给予精神损害赔偿的保护,对精神性人格权给予精神损害赔偿保护的范围也不够完善。④ 因此,在普通侵权法领域精神损害赔偿也还只是处于方兴未艾阶段的那个时候,想要在国家赔偿这一更加需要政治勇气进行探索的领域建立精神损害赔偿制度,的确是艰难的。

2. 精神损害国家赔偿肯定说

如前所述,早在《国家赔偿法》(1994)制定前后,就有主张国家应对国家机关侵权造成的精神损害予以赔偿的观点。精神损害赔偿制度被认为具有两个重要功能。一是填补损害的功能。对精神损害给予金钱赔偿,不能简单地被贬为精神利益的庸俗化。毕竟,受害人遭遇到精神损害后,若要实现填补其损害就好像

---

① 参见皮纯协、冯军主编:《国家赔偿法释论》(第三版),中国法制出版社2010年版,第56页。
② 同上书,第219—220页。
③ 参见张新宝:《侵权责任法原理》,中国人民大学出版社2005年版,第521页。我国《民法通则》(已失效)第120条规定:"公民的姓名权、肖像权、名誉权、荣誉权受到侵害的,有权要求停止侵害,恢复名誉、消除影响,赔礼道歉,并可以要求赔偿损失。"
④ 参见杨立新:《侵权行为法专论》,高等教育出版社2005年版,第376页。

事情没发生过那样的侵权法最理想目标,就得尽可能通过各种有利于身心健康的活动,如旅游、休闲、娱乐等,消除或者减轻受害人的精神痛苦。而在现实社会中,金钱赔偿毫无疑问可以使受害人享受到更多这样的活动。二是惩戒和教育功能。通过精神损害赔偿制度,侵权人侵害他人人格权利的,不仅需要为受害人付出的医疗费、误工费等财产损害承担赔偿责任,而且需要为受害人生理上或心理上的痛苦支付更多的金钱。这就是力图让侵权人承受更多成本或代价,来阻止或减少侵害人格权利行为的发生。①

随着民法领域一般人格权制度的演进,以及普通侵权法领域精神损害赔偿制度的相应跟进,尤其是 2001 年最高人民法院通过《民事精神损害赔偿解释》(2020 年修正),在精神损害赔偿的适用范围上实现了重大突破和发展,对国家赔偿领域确立精神损害赔偿的呼声日渐高涨。② 既然在私人之间的侵权行为都能实现精神损害赔偿,国家对人格权利的侵害造成精神损害的,就更没有理由不承担赔偿责任。一是法律平等原则要求国家和私人在精神损害赔偿责任承担上的平等,没有特别的正当理由可以让国家免于精神损害赔偿责任;二是现实生活中,国家机关及其工作人员行使公权力造成的精神损害程度,甚至要比私人侵权导致精神损害的更为严重,国家不予赔偿,不仅会使受害人难以得到更多的保障,更会使政治统治失去认同;三是早年国家财政能力有限的理由,已经在经济快速发展、国家和地方财政不断增长的背景下显得苍白无力。

时势的发展,最终注定了《国家赔偿法》于 2010 年向精神损害赔偿敞开了大门,精神损害赔偿正当与否的辩论,也就成为历史云烟。目前面临的更加重要的问题就是如何适用精神损害赔偿。

三、精神损害国家赔偿的适用

精神损害国家赔偿的适用,主要涉及两个方面的问题:第一,精神损害国家赔偿的构成要件,即满足哪些条件,精神损害赔偿的请求才能得以成立,才能获得赔偿请求决定者的认可;第二,精神损害国家赔偿责任大小的确定,即精神损害赔偿额如何计算。

1. 精神损害国家赔偿构成要件

精神损害的国家赔偿,当然也需满足国家赔偿责任构成的一般要件。但是,

---

① 参见张新宝:《侵权责任法原理》,中国人民大学出版社 2005 年版,第 522—523 页;曾世雄:《损害赔偿法原理》,中国政法大学出版社 2001 年版,第 391 页。

② 这种呼声也反映在越来越多的受害人在寻求国家赔偿的时候提出精神损害赔偿的请求,即便这些受害人可能明知精神损害赔偿并没有纳入 1994 年的国家赔偿法制度框架之中。参见本章案例 5-4"朱红蔚申请无罪逮捕赔偿案"。

针对这样一种特别的损害赔偿,《国家赔偿法》第 35 条给出了更加具体的、特殊的构成要件规则。根据该条规定,受害人必须满足特殊的侵权行为要件和损害结果要件,加之主体要件和因果关系要件的满足,其精神损害国家赔偿的请求才能得以成立。以下主要讨论侵权行为要件和损害结果要件。

(1) 有法定的侵犯人身权、造成精神损害的公务行为。

所谓法定的侵犯人身权、造成精神损害的公务行为,就是《国家赔偿法》第 3 条或者第 17 条规定的情形。第 3 条规定行政机关侵犯人身权的情形有:违法拘留或者违法采取限制公民人身自由的行政强制措施的;非法拘禁或者以其他方法非法剥夺公民人身自由的;以殴打、虐待等行为或者唆使、放纵他人以殴打、虐待等行为造成公民身体伤害或者死亡的;违法使用武器、警械造成公民身体伤害或者死亡的;造成公民身体伤害或者死亡的其他违法行为。第 17 条规定司法机关侵犯人身权情形的有:违反刑事诉讼法的规定对公民采取拘留措施的,或者依照刑事诉讼法规定的条件和程序对公民采取拘留措施,但是拘留时间超过刑事诉讼法规定的时限,其后决定撤销案件、不起诉或者判决宣告无罪终止追究刑事责任的;对公民采取逮捕措施后,决定撤销案件、不起诉或者判决宣告无罪终止追究刑事责任的;依照审判监督程序再审改判无罪,原判刑罚已经执行的;刑讯逼供或者以殴打、虐待等行为或者唆使、放纵他人以殴打、虐待等行为造成公民身体伤害或者死亡的;违法使用武器、警械造成公民身体伤害或者死亡的。①

不过,《国家赔偿法》在精神损害赔偿问题上还存在两个方面的不足。一方面,从侵害的权益角度看,相比民事精神损害赔偿制度,《国家赔偿法》所保护的与精神有关的权益之范围要狭窄得多。民事精神损害赔偿覆盖的与精神有关的权益包括:人身权益或者具有人身意义的特定物;亲子关系或者近亲属间的亲属关系;死者姓名、肖像、名誉、荣誉、隐私、遗体、遗骨等。而《国家赔偿法》仅仅涉及第 3 条、第 17 条规定的生命、健康、身体、自由权益。实践中,也有相当一部分公务行为,不是对生命、健康、身体、自由的侵害,也不是通过侵害生命、健康、身体、自由而造成精神损害,而是直接侵害其他人格权利导致精神损害。例如,公务组织/人员任意侵犯个人隐私、名誉、荣誉的。显然,若对《国家赔偿法》采取严格解释,并且依然严格区分精神损害的民事赔偿和国家赔偿,那么,国家对精神损害的赔偿范围还是相对有限的。

此外,与民事精神损害赔偿基本相同的是,侵犯财产权造成的精神损害(可以理解为属于广义的精神损害)不在国家赔偿范围之内,略有不同的是,民事精神损害赔偿扩大适用于具有人身意义的特定物的侵害。

---

① 详见本章第二节、第三节。

另一方面，从侵害的行为角度看，公务组织/人员侵犯人身权的情形，并非第3条、第17条所能覆盖的。尤其是在司法领域，第17条仅仅涉及刑事赔偿。而在民事、行政诉讼中，违法采取对妨害诉讼的强制措施（如司法拘留）的，司法人员以殴打、虐待等行为或者唆使、放纵他人以殴打、虐待等行为造成公民身体伤害或者死亡的，司法人员违法使用武器、警械造成公民身体伤害或者死亡的，已经属于司法赔偿范围。① 这些侵犯人身权的情形与第17条规定的情形有相当程度的相似性，其造成的精神损害也应予以赔偿。令人欣慰的是，《国家精神损害赔偿解释》实现了突破，第13条规定："人民法院审理国家赔偿法第三十八条所涉侵犯公民人身权的国家赔偿案件，以及作为赔偿义务机关审查处理国家赔偿案件，涉及精神损害赔偿的，参照本解释规定。"

（2）造成严重的精神损害后果。

精神损害有轻有重。《国家赔偿法》第3条、第17条所列侵权行为，肯定会给受害人的生理或心理造成程度不同的痛苦。对于轻微的精神损害，法律只要求给予非金钱赔偿的救济方式，即消除影响、恢复名誉、赔礼道歉；只在造成严重后果的情况下，国家才予精神损害赔偿。如前所述，在这一点上，与普通侵权法上的精神损害赔偿遵循同样原则。

实务中的问题在于如何认定严重的精神损害。无论是国家赔偿法还是普通侵权法，都没有给出明确的哪怕是相对明确的界定或列举。在理论上，严重精神损害是相对于轻微精神损害而言的，应综合损害的性质、程度、损害持续时间长短等各种因素进行判断。一般而言，终身性的精神损害、不可恢复的精神损害、物质性人格权（生命权、健康权、身体权等）的精神损害等属于严重精神损害；暂时性的、可恢复的精神损害、精神性人格权（姓名权、名称权、名誉权、肖像权、自由权、贞操权、隐私权、荣誉权等）的精神损害等属于轻微精神损害。② 但是，这并不是绝对的，关键还需要接受医学结论。此外，若是发生了因精神损害而自杀或自伤的情形，应该推定精神损害已经达到严重程度；否则，仍然要强调对严重精神损害的证明责任，是对受害人及其亲属的不公；只是，在具体赔偿额度的确定上，需要考虑公务侵权行为导致受害人自杀或自伤的盖然性问题。至于侵犯人身自由而"严重影响受害人正常的工作、生活，导致其精神极度痛苦的"，也属于造成严重后果的。参见本章案例5-4"朱红蔚申请无罪逮捕赔偿案"。

针对实践中关于"造成严重后果"的认识不一，《国家精神损害赔偿解释》第7

---

① 详见本书第四章第三节。
② 参见麻锦亮：《人身损害赔偿新制度新问题研究》，人民法院出版社2006年版，第617页。目前，国家赔偿法用精神损害赔偿来保护的精神性人格权，恐怕只限于自由权了。

条第1款给出了解决方案,其列举了以下四项属于造成严重后果的情形:无罪或者终止追究刑事责任的人被羁押六个月以上;受害人经鉴定为轻伤以上或者残疾;受害人经诊断、鉴定为精神障碍或者精神残疾,且与侵权行为存在关联;受害人名誉、荣誉、家庭、职业、教育等方面遭受严重损害,且与侵权行为存在关联。进一步,第7条第2款列举了四项可以认定"后果特别严重"的情形:受害人无罪被羁押十年以上;受害人死亡;受害人经鉴定为重伤或者残疾一至四级,且生活不能自理;受害人经诊断、鉴定为严重精神障碍或者精神残疾一至二级,生活不能自理,且与侵权行为存在关联的。"后果特别严重"的情形自然属于"造成严重后果"的范畴之内,也是对该构成要件的解释。

《行政赔偿案件若干问题规定》(2022)第26条也作了基本相似的规定,但在两项内容上又有了进一步的拓展。一项是"受害人被非法限制人身自由超过六个月",属于造成严重后果的情形;另一项是"受害人被限制人身自由十年以上",属于后果特别严重的情形。相比《国家精神损害赔偿解释》的相关规定,在期限上是一致的,但"受害人被非法限制人身自由"比"无罪或者终止追究刑事责任的人被羁押六个月以上","受害人被限制人身自由"比"受害人无罪被羁押",范围都更为广泛。

▶▶▶ 即时思考

《国家赔偿法》第35条规定的"造成严重后果的",指的是严重精神损害,还是也包括其他损害事件?公民甲被长期违法羁押,释放后回家自杀。甲的亲属提出精神损害赔偿请求。羁押机关以甲的亲属不能证明存在严重精神损害以及甲的自杀与违法羁押无关联为由进行抗辩。请问你如何看待羁押机关的抗辩?

2. 精神损害赔偿额的确定

如上所述,轻微精神损害的救济方式并不涉及金钱赔偿,而是消除影响、恢复名誉、赔礼道歉。至于赔偿义务机关如何履行这些责任,《国家赔偿法》并未明确,而《国家精神损害赔偿解释》填补了空白。首先,侵权行为致人精神损害的,应当为受害人消除影响、恢复名誉或者赔礼道歉;造成严重后果的,应当在支付精神损害抚慰金的同时,视案件具体情形,为受害人消除影响、恢复名誉或者赔礼道歉(第4条第1款)。也就是说,消除影响、恢复名誉或赔礼道歉是精神损害必然的责任承担,无论精神损害是否严重,是否需要支付赔偿金。其次,消除影响、恢复名誉和赔礼道歉是三种责任形式,它们可以单独适用,也可以合并适用,并应当与侵权行为的具体方式和造成的影响范围相当(第4条第2款)。再者,在什么范围内、以什么方式消除影响和恢复名誉,赔礼道歉又是具体由谁承担,法院可以组织赔偿请求人和赔偿义务机关进行协商。若协商不成,就由法院决定采用下列方式:在受害人住所地或者所在单位发布相关信息;在侵权行为直接影响范围内的媒体上予以报道;赔偿义务机关有关负责人向赔偿请求人赔礼道歉(第5条)。最后,决定为受害人消除影响、恢复名誉或者赔礼道歉的,应当明确载入决定主文;赔偿义务机关在决定作出前已为受害人消除影响、恢复名誉或者赔礼道歉,或者原侵权案件的纠正被媒体广泛报道,客观上已经起到消除影响、恢复名誉作用的,可以在决定书中予以说明(第6条)。

相比较消除影响、恢复名誉或者赔礼道歉,精神损害赔偿额的确定,是实务中最为棘手的。精神损害的本质是生理上或心理上的痛苦,具有浓厚的主观化色彩。受害人的痛苦程度本身就是主观的,可是,痛苦程度究竟如何,不仅涉及是否构成严重精神损害、需要予以赔偿的问题,也同样涉及如何计算赔偿数额的问题。因为,原则上,应该根据所受精神痛苦的大小来决定精神损害赔偿额,唯有如此,才能实现尽可能填补精神损害的救济功能。既然痛苦程度难以量化,精神损害赔偿额的确定也就比较困难了。

在域外,普通侵权法上的精神损害赔偿的计算原则有:酌定赔偿原则(根据具体情况酌定,没有统一赔偿标准)、比例赔偿原则(确定与有关医疗费的一定比例进行赔偿)、标准赔偿原则(恢复治疗期间每日赔偿标准)、固定赔偿原则(对于某些人身损害,制定固定的抚慰金赔偿表格,规定各种精神损害的固定的赔偿数额)、限额赔偿原则(在最高限额下酌定具体数额)。[①]

在我国,民事精神损害赔偿的计算基本上采用的是酌定原则。《民事精神损害赔偿解释》第5条给出了酌定赔偿数额时需要考虑的因素:"精神损害的赔偿数额根据以下因素确定:(一)侵权人的过错程度,但是法律另有规定的除外;(二)侵权行为的目的、手段方式、场合、行为方式等具体情节;(三)侵权行为所造成的后果;(四)侵权人的获利情况;(五)侵权人承担责任的经济能力;(六)受理诉讼法院所在地平均生活水平。"

显然,最高人民法院是从兼顾实现精神损害赔偿的救济抚慰功能与惩戒教育功能出发,提出这些考虑因素的。其中,(1)侵权人的过错程度(当然,法律规定无过错精神损害赔偿责任的情形除外),涉及侵权人主观恶性之大小,不同过错程度配以不同的精神损害赔偿额,能较好地发挥惩戒、教育功能,对填补损害而言倒是不那么重要。(2)侵权行为的手段目的、方式、场合、行为方式等具体情节不同,既可反映出侵害行为社会危害性大小的不同,也会给受害人带来不同的痛苦程度。

---

① 参见杨立新:《侵权行为法专论》,高等教育出版社2005年版,第380—381页。

救济抚慰与惩戒教育功能的实现,都要求在计算赔偿额时考虑之。(3)侵权行为造成的后果,更是与精神损害的大小有直接关联,理应考虑。(4)考虑侵权人获利情况的原因是,假如在侵权事件中获利的侵权人在支付精神损害赔偿金以后仍然有余利,那么,精神损害赔偿并不能起到惩戒、教育的作用,对受害人而言也难抚慰其心理痛苦。(5)在侵权人承担责任的经济能力是否应该作为考虑因素的问题上,有肯定说和否定说。肯定说认为,若拘泥于形式上的平等,有可能使富有的侵权人得不到惩戒,受害人也得不到应有的抚慰。否定说则强调不能以加害人的钱袋深浅决定赔偿额的多少。(6)考虑受诉法院所在地平均生活水平,主要是因为精神损害赔偿救济抚慰功能的实现,与受害人当地平均生活水平有关。[①]

《国家赔偿法》肯定了精神损害赔偿,却并未给出明确的计算方式和标准。精神损害的国家赔偿同样需要兼顾救济抚慰与惩戒教育之目的,不过,由于国家赔偿与普通侵权赔偿存在的差异性,还是有必要加以区别。其中,侵权人的过错程度、侵权行为的具体情节、侵权行为造成的后果等因素,还是可资借鉴的。然而,侵权人的获利情况、侵权人承担责任的经济能力,都不应该成为考虑因素。因为,行政机关、司法机关有《国家赔偿法》第3条、第17条侵犯人身权情形的,并不存在国家从中获利多少的问题;而且,尽管各地财政状况不一,国家赔偿的实际支付者也确实"有富有穷",但在理论上,作为侵权人的国家,其承担责任的经济能力被假定是基本一致的,更不存在富有的侵权人是否得到应有惩戒、教育的问题。

鉴于此,《国家精神损害赔偿解释》第9条列出了有相似也有不同的酌定因素:"精神损害抚慰金的具体数额,应当在兼顾社会发展整体水平的同时,参考下列因素合理确定:(一)精神受到损害以及造成严重后果的情况;(二)侵权行为的目的、手段、方式等具体情节;(三)侵权机关及其工作人员的违法、过错程度、原因力比例;(四)原错判罪名、刑罚轻重、羁押时间;(五)受害人的职业、影响范围;(六)纠错的事由以及过程;(七)其他应当考虑的因素。"

虽然上述因素为审理者提供了一些思考的方向,但毫无疑问,审理者的裁量权仍然是巨大的。因此,《国家精神损害赔偿解释》第8条、第10条又结合了限额赔偿原则、比例赔偿原则等。首先,最高限额。一般情况下,精神损害抚慰金应当在国家赔偿法第33条、第34条规定的人身自由赔偿金、生命健康赔偿金总额的50%以下(包括本数)酌定。其次,最高限额的例外。为充分体现公正原则,在精神损害后果特别严重的情况下,或者虽然不具有前文所引的该解释第7条第2款规定的情形,但是确有证据证明最高限额标准不足以抚慰的,可以在50%以上酌定。再者,最低限额。精神损害抚慰金的数额一般不少于1000元;数额

[①] 参见张新宝:《侵权责任法原理》,中国人民大学出版社2005年版,第528—529页。

在 1000 元以上的,以千为计数单位。最后,最低限额的例外。基于当事人意思自治原则,若赔偿请求人的请求事由的确符合精神损害赔偿构成要件,但其请求的精神损害抚慰金少于 1000 元的,法院应当向其释明最低限额标准。若赔偿请求人经过法院释明仍然不变更其请求的,法院可以按照其请求数额判决赔偿义务机关支付。

此外,虽然未写入《国家赔偿法》和《国家精神损害赔偿解释》,且似乎是不言自明的,但仍然需要在此提及的原则是平等原则。平等原则,简单地说,就是指同等情况同等对待、不同情况不同对待。精神损害的主观性较强,完全同等的情况或者大致同等的情况,几乎都是罕见的。不过,这并不意味着平等原则没有丝毫发挥作用的余地。平等原则至少意味着赔偿请求的决定者,尤其是管辖一方的地方法院,在其前后审理的精神损害国家赔偿案件中,尽可能保持同等对待。这样,才能在一定程度上对酌定原则起到限制作用,避免决定者的任意裁量。至于实践中的"以抚慰受害人,案结事了为原则"的做法①,是否符合此处所提的酌定原则、限额原则、平等原则,有商榷研讨之余地。

四、案例讨论

案例 5-4　朱红蔚申请无罪逮捕赔偿案【(2011)法委赔字第 4 号,指导案例 42 号】

最高人民法院赔偿决定指出,朱红蔚"正常的家庭生活和公司经营也因此受到影响,导致其精神极度痛苦,应认定精神损害后果严重"。请问:

1. "正常的家庭生活和公司经营受到影响"是否可以单独作为认定精神损害后果严重的理由?

2. 朱红蔚被刑事拘留时女儿未成年,且 2012 年抑郁症未愈,是否可以据此认定朱红蔚"精神损害后果严重"?

3. 法院决定有没有指出朱红蔚"精神极度痛苦"的事实?你认为法院的说理充分吗?

---

① 参见"李灵申请山东省嘉祥县人民法院重审无罪国家赔偿案"【(2011)济法委赔字第 1 号赔偿】(最高人民法院发布国家赔偿十大典型案例之十,《最高人民法院办公厅关于印发国家赔偿典型案例的通知》(2012 年 12 月 14 日,法办〔2012〕481 号))。

第三节 立法赔偿与公共设施赔偿问题

➕|思考

什么是立法赔偿?立法赔偿是否应当纳入国家赔偿范围?若承认立法赔偿的正当性,立法赔偿责任的成立要件应该有哪些?什么是公共设施致害赔偿?域外公共设施致害赔偿的制度与学说是怎样的?我国当前在公共设施致害是否纳入国家赔偿范围问题上的主要观点有哪些?当如何评价之?

从字面上看,立法机关行使职权的行为,当然也属于《国家赔偿法》第2条规定的"国家机关和国家机关工作人员行使职权"的范畴。的确,国家赔偿法在法律文本上并未明确指出,立法机关行使职权的行为造成损害的,是否应纳入国家赔偿的范围。不过,依照系统解释方法和历史解释方法,国家赔偿法并未在肯定性列举中承认立法机关致害赔偿的情形,而国家赔偿法的立法史也表明,该法在制定过程中曾经有过立法机关致害赔偿是否应在国家赔偿范围之内的争论,而立法者最终选择的是放弃肯定立法机关赔偿的主张。[①] 新的国家赔偿法也没有实现突破。因此,就当前制度之下,对于立法机关违法行使职权造成损害的情形,国家是不予赔偿的。

此外,现代国家的治理受福利国家理念影响甚深,凡是提供给公众使用的道路、桥梁、铁路、排水设施等,基本上都由国家负责建设和管理或者组织建设和管理。这些公共设施因为设置、管理上的欠缺,也容易致人损害。对此损害事件,国家是否承担赔偿责任?更确切地说,是必须将公共设施致害赔偿纳入国家赔偿法调整范围,国家承担公法意义上的赔偿责任,还是可以由普通侵权法予以解决?1994年《国家赔偿法》制定之时,立法者选择了后一种方案。《国家赔偿法草案说明》明确指出:"关于邮电、医院等国有企业、事业单位,桥梁、道路等国有公共设施,因设置、管理欠缺发生的赔偿问题,不属违法行使职权的问题,不纳入国家赔偿的范围。受害人可以依照民法通则等有关规定,向负责管理的企业、事业单位请求赔偿。"新的国家赔偿法依然延续了这样的立场。

[①] 参见皮纯协、冯军主编:《国家赔偿法释论》(第三版),中国法制出版社2010年版,第54页。

然而，由于受到有些国家或地区的国家赔偿制度肯定立法赔偿、公共设施赔偿的启发、激励，我国有不少学者力主把立法赔偿、公共设施赔偿纳入《国家赔偿法》的适用范围之中。本书专设一节对这两类赔偿涉及的主要问题略作讨论。

一、立法赔偿问题

1. 立法赔偿的界定和构成要件

由于立法赔偿并未在我国法律文本和制度之中得到确立，故对立法赔偿的界定，很难以现实的、本土的经验为基础。结合有些国家已经有的立法赔偿制度与学说，立法赔偿是指行使立法职权的代议机关，违法制定法律规范或怠于履行制定法律规范的职能，给公民、法人或者其他组织造成特定损害时，国家承担的赔偿责任。

据此界定，尽管不存在本土的制度经验，少数承认立法赔偿的国家之间也存在制度差异，但是，大体上，立法赔偿应当具备以下构成要件：

第一，国家负责赔偿的立法侵权行为的主体是代议机关。

代议机关在不同国家有不同的称谓，如"国会""议会""人民代表大会"等。通常地，在奉行民主法治原则的国家，代议机关因其由人民选举出来的代表组成，理论上有表达人民意志的正当性，从而被授予制定具有约束力的法律规范的职能。然而，由于现代行政国家的存在，国家机关中行使具有实体意义立法权的机关，已经不限于民选产生的代议机关，还包括了享有准立法权的行政机关。例如，在我国，根据《立法法》规定，行政法规和规章属于正式法律渊源，行政机关制定行政法规、规章也在行使立法职能，在学理上被统称为"行政立法"。为避免混淆，此处所言的"立法赔偿"，不包括有准立法权的行政机关违法制定行政立法或者怠于履行行政立法职能，造成公民、法人或其他组织特定损害，而由国家承担赔偿责任的情形。行政立法的作为或不作为，应该理解为属于"行政机关行使职权的行为"范畴，其造成损害是否由国家承担赔偿责任，应该作为行政赔偿范围问题来对待。①

也有学者认为立法赔偿是指因法律规范本身违法给特定公民造成特别损害时，国家承担的赔偿责任。而法律规范指的是实质意义上的立法，即具有普遍约

---

① 本书第四章第二节讨论行政赔偿的范围时提及，在制定规则行为（包括行政立法）致害赔偿是否纳入国家赔偿范围的问题上，存在许多观点。其中，否定说、有限肯定说都不主张在当下确立行政立法的赔偿责任。目前的制度，仍然在整体上排除制定规则行为致害的可赔偿性。

当然，立法、行政立法和其他行政规范性文件的制定，在性质上极其相似，除了制定主体不同以外，都是制定具有普遍适用效力的抽象规范。因此，此处有关立法赔偿的理论讨论，也有一些可资借鉴于行政立法领域，甚而延伸至其他行政规范性文件的制定领域。

束力的规范。按照其对立法赔偿的界定,立法侵权行为的主体包括国家代议机关、制定授权立法、自主立法或者规范性文件的行政机关、制定授权立法、自治立法的自治行政主体以及作出具有法律约束力文件的地方人民代表大会。① 对立法赔偿的这一见解,在国内较为罕见。

第二,国家负责赔偿的立法侵权行为是代议机关行使立法职权的行为。

从职权行为的实体性质观察,代议机关行使职权的行为并不都是立法行为,其至少可以分为三类:一是行使立法职权、制定法律规范的行为;二是行使任命和监督职权、对其他国家机关和国家机关工作人员进行任命和监督的行为;三是对其内部行使行政管理职权的行为。其中,代议机关对其他国家机关和国家机关工作人员的任命和监督行为,即便会对被监督者造成事实上的损害,如罢免、弹劾等对其他国家机关工作人员职位的不利影响、撤销其他国家机关的决定对被监督者威信的不利影响,也不会引起国家赔偿问题。因为,这是宪法安排的国家机关之间的政治监督,不涉及公民权益保障问题。

而代议机关行使行政管理职权的行为,在不同国家有不同的制度安排。例如,在法国,议会中的行政管理行为在传统上是不负赔偿责任的。但是,议会中的行政管理行为和议会的立法行为不同,性质和行政机关的管理行为一样。所以,1958年法国出台一个法令规定,国家必须对议会中的行政管理造成的损害负赔偿责任,主要由行政法院管辖,适用行政赔偿责任的一般原则。② 而在我国,人民代表大会及其常委会的内部管理活动,绝对不涉及国家赔偿问题。行政机关的内部行政行为,尚且在国家赔偿范围之外,更遑论在我国具有权力机关地位的人民代表大会及其常委会的内部管理行为。

因此,立法赔偿指向的立法侵权行为是代议机关履行立法职能的行为,包括积极的立法作为(制定法律规范)和消极的立法不作为(怠于履行制定法律规范的职能)。需要指出的是,这里的"制定"取其最广义,凡创制、废止、修改法律的行为,皆涵盖在内;而"法律规范"也取其广义,凡是代议机关制定的具有法律性质、有法律上约束力的规范,无论载体为何,都在其内涵与外延之内。

第三,国家负责赔偿的立法侵权行为应当是违法的。

代议机关制定法律规范造成特定公民、法人或者其他组织权益受损的,有可能是合法的,也有可能是违法的。代议机关制定法律规范只在违法的情况下,国家才应为其导致的特定损害承担赔偿责任。若是合法的、无过错的,从公共负担平等理论出发,确实需要对受到特定损害的公民、法人或者其他组织给予救济

---

① 参见高家伟:《国家赔偿法》,商务印书馆2004年版,第152—153页。
② 王名扬:《法国行政法》,中国政法大学出版社1997年版,第739页。

的，那么，也可以考虑给予立法补偿，但不是此处所言的"立法赔偿"。① 至于代议机关怠于履行制定法律规范职能的情形，其本身就具有违法性，无须再行区分。

当然，这里的"违法"也是取其广义，既包括违反宪法，也包括违反法律或法律的一般原则。通常，国家最高代议机关的立法侵权行为，存在的是违宪问题，而不是违法；地方代议机关的立法侵权行为，既有可能是违宪的，也有可能是违法的。

> **即时思考**
>
> 立法赔偿的归责原则应该适用违法原则、过错原则，还是违法且过错原则？有一种观点认为，法律违宪并不意味着制定法律的立法行为存在过错。② 确实，违宪审查机构宣布某个法律违宪，完全可能是因为社会价值观念发生变化所致。你如何看待这个观点？

第四，国家负责赔偿的立法侵权行为造成了特定损害。

从损害后果而言，国家负责赔偿的立法侵权行为应该是对公民、法人或者其他组织造成特定损害的。换言之，只对特定人或少数人发生的损害才能得到赔偿。而普遍性损害并不违反公共负担平等原则，不能得到赔偿。③ 如果对象是非特定的，那么，代议机关的立法即便是违宪的，其所造成的损失在理论上也应由全体公民共同承受，没有必要从全体公民纳税的国库中拨出款项来再分发给每一个公民。④ 对普遍性损害不予赔偿的另一个重要理由就是国家财政难以负担如此广泛的损害赔偿责任。⑤ 在有些国家（如法国），当国家立法没有过错时，损害不仅必须是特定的，而且还需是达到相当严重之程度。

---

① 在法国，最高行政法院 1938 年 1 月 14 日对 La Fleurette 案件的判决，被引为立法赔偿的典型案例。法院判决并没有认定立法是违法的，但确实造成了对原告特别严重的损失。参见本书第一章第三节。而在日本，其《国家赔偿法》第 1 条规定："行使国家或公共团体权力之公务员，就其执行职务，因故意或过失不法加害于他人者，国家或公共团体对此应负赔偿责任。"因此，学理上讨论立法赔偿时，一般以立法作为或不作为的违法性为要件。参见赵立新：《日本的"立法不作为"与违宪审查》，载曾宪义主编：《法律文化研究》（第三辑），中国人民大学出版社 2007 年版，第 170—182 页。可见，在不同国家，立法赔偿概念的含义有所不同。在我国，学理上对赔偿和补偿还是有所界分，尽管不是绝对的。

② 吴东镐：《中韩国家赔偿制度比较研究》，法律出版社 2008 年版，第 57 页。

③ 参见王名扬：《法国行政法》，中国政法大学出版社 1997 年版，第 738 页。

④ 参见王元朋：《国家立法赔偿的逻辑》，载《行政法学研究》2008 年第 2 期。

⑤ 在德国，尽管联邦最高法院承认立法赔偿的可能性，但也是极其谨慎，只认定违宪的措施立法、个案立法有可能产生赔偿责任，而否认影响广泛的正式法律、法规命令的违法赔偿。因为，职务责任适合于针对某个或者若干个公民的错误行为；而给有普遍影响的法律提供损害赔偿，可能造成大范围的、不可预测的后果，特别是国家财政。参见〔德〕毛雷尔：《行政法学总论》，高家伟译，法律出版社 2000 年版，第 648—649 页。

2. 立法赔偿的正当性

在世界范围内，很少有国家和地区承认立法赔偿。即便是在已经有立法赔偿制度经验的国家，如法国、日本，也是采取非常谨慎之态度。更何况，这些国家在传统上也是把代议机关的立法作为或不作为，放在国家赔偿范围之外的。形成这种制度状况的主要原因是来自观念上的。

例如，在法国，传统观点认为，公民因议会制定的法律而受到损失的，如果法律没有规定，国家就不负赔偿责任。其主要理据是：(1) 法律是国民的公意，是民族主权的直接表现，行使主权的行为不负责任；(2) 赔偿责任因过错而产生，法律不可能有过错；(3) 法院无权审查法律是否符合宪法，不能追究法律的责任；(4) 只有特定的损害才能产生赔偿责任，法律具有普遍性，不产生特定的损害。[1]

在日本，有观点认为，违宪法令是否改废应属统治行为而应委诸立法机关裁量，故向来被认为是政治责任而不是损害赔偿责任问题。[2] 在韩国，学界承认国家承担赔偿责任的行为中包括"立法行为"是可能的，但是，在现实中，立法赔偿又是不可行的，主要理由是：(1) 证明国会议员在立法行为中的过失是不可能的；(2) 立法行为反映的是一种政治判断，即立法要体现民意，而民意本身意味着价值的判断与选择，对于这种政治行为只能追究其政治责任，而不是适用法律责任；(3) 宪法裁判所可以判断法律违宪，但不评判立法行为本身，对于因法律违宪而造成的损害，可以采取两步走的方式：先通过宪法诉讼使法律违宪而无效，而后把争议点转到实施违宪的法律（行政或司法）所造成的损害是否应当赔偿的问题，即通过国家赔偿诉讼请求赔偿。[3]

我国《国家赔偿法》(1994) 起草时否定立法机关赔偿的主张有如下观念：(1) 各级人民代表大会是国家权力机关，并不具体行使行政和审判职权；(2) 全国人民代表大会是最高国家权力机关，全国人民代表大会及其常委会制定的法律代表全国各族人民意志，一切国家机关、企事业单位、社会团体和公民个人都须遵守；(3) 地方人民代表大会制定的地方性法规，如果与宪法、法律相抵触，在其未执行时，不产生损害赔偿问题，而在其得到地方政府的执行后造成损害的，可以通过行政赔偿得到救济；(4) 司法机关只是国家权力机关制定的法律的执行机关，无权审查立法机关的立法行为，也无权判令立法机关的立法赔偿责任；

---

[1] 参见王名扬：《法国行政法》，中国政法大学出版社 1997 年版，第 736—737 页。
[2] 参见杨福忠：《立法不作为问题研究》，知识出版社 2008 年版，第 185 页。
[3] 参见吴东镐：《中韩国家赔偿制度比较研究》，法律出版社 2008 年版，第 56—57 页。

(5) 各国确定立法机关赔偿责任的规定和判例还不是很多。①

不过,这些构成立法赔偿否定说的传统观念,或者已经遭到摒弃,或者正在日益受到挑战。

第一,主权不负责任论已经随着主权学说的变迁而逐渐衰弱,公共负担平等学说渐入人心。② 甚至有观点认为,真正的主权者是全体公民,真正的主权行为是立宪,而非立法,以立法之主权表达性质否认赔偿可能性并不具有说服力。③

第二,赔偿责任中的违法/过错要件,可以在具体情形中通过判断代议机关及其成员即议员是否有过错来满足。参见本章案例5-5"日本《麻风预防法》违宪国家赔偿诉讼案"。即便议员有言论、表决的自由,免受责任的追究,但是,在立法裁量压缩至零的情形下,还是有可能对立法作为或不作为是否构成违法/过错进行认定的。在日本,最高法院曾经判决,"国会议员的立法行为,除属于像立法的内容虽然违反宪法的单义性文字规定而国会依然进行该立法那样,难以易于设想的例外情况以外,在《国家赔偿法》第1条第1款规定的适用上,不接受违法的评价。"④这实际上意味着,日本最高法院即便不愿迈的步子太大,也承认在一些例外情况下,立法明显违反宪法羁束性规定的,是符合国家赔偿法规定的违法要件的。同样,即便大多数情况下立法行为是一种政治判断、价值选择,也不能排除立法作出宪法明显不允许其选择的可能性。所以,以法律违宪并不意味着立法行为是违法的或者是有过错的为由,或者以立法是政治判断为由,绝对免除立法赔偿责任,是难以成立的。

第三,因法律规范有普遍性而否认赔偿的可能性,的确有其合理之处。但是,现实生活中,法律规范对特定个人或少数人造成巨大损害的可能性,也是存在的。正是因为立法机关履行立法职能的行为,同样会造成个人或少数人正当权益受损,有时甚至可能是巨大的损害,尤其是立法怠惰、立法不作为导致少数人受损的情形,在历史上并不是零记录⑤,所以,才会有日益上涨的呼声要求引入

---

① 参见顾昂然:《新中国的诉讼、仲裁与国家赔偿制度》,法律出版社1996年版,第116页;皮纯协、冯军主编:《国家赔偿法释论》(第三版),中国法制出版社2010年版,第54页。
② 参见本书第一章第三节。
③ 参见王元朋:《国家立法赔偿的逻辑》,载《行政法学研究》2008年第2期。
④ 转引自〔日〕盐野宏:《行政救济法》,杨建顺译,北京大学出版社2008年版,第215—216页。
⑤ 在我国,虽然尚未出现对人民代表大会立法不作为的质疑,但对行政立法不作为的批评已经转化为诉讼行动。例如,2003年,南京市美亭化工厂厂长杨春庭状告南京市江宁区政府不按《南京市城市房屋拆迁管理办法》和国务院制定的《城市房屋拆迁管理条例》的规定及时修改江宁区政府1996年制定的《房屋拆迁管理办法》的立法不作为案;2005年,包头空难遇难者家属因赔偿额过低而状告原民航总局行政立法不作为案。参见薛581进:《首例"立法不作为"案被驳回起诉》,载《法制日报》2003年6月13日;赵凌:《空难最高限赔仅7万,为何一拖12年未曾改》,载《南方周末》2005年3月17日。只是受当前制度约束,这些起诉或者被不予受理、或者受理后被驳回起诉。

立法赔偿制度。

第四,立法侵权行为导致损害并不都是通过法律的实施(行政或司法)来实现的,认为在判定法律违宪之后,完全可以诉诸针对行政或司法的国家赔偿来寻求救济的观点是片面的。一则,有些法律颁布之后,部分人因自觉遵循该法律的义务性规定而受损。如在法国的 *La Fleurette* 案中,法律禁止销售使用奶油名称的商品,除非商品含有真正奶油,销售人造奶油的原告牛奶公司不得不停业。① 二则,立法不作为的侵权是因为代议机关没有及时制定、修改、废止法律规范,在理论上还有在立法作为之前没有任何法律规范可供行政或司法实施的可能性。在这两类情形中,不可能转化为针对行政或司法的国家赔偿。

第五,法院对代议机关制定的法律规范无权审查,只是一个技术性的制度安排问题,并不能由此否认代议机关立法侵权行为本身的应予赔偿性。权力制衡理论、反多数人暴政理论、保障人权理论、法治国家理论等,都不允许存在一个绝对至上的、不受宪法/法律制约的机构。既然有宪法/法律的制约,就得有实施宪法/法律、实施制约的机构,无论该机构是普通法院还是其他形式的机构。

第六,财政负担的考虑是必要的。然而,立法赔偿需要满足的条件是非常严格甚至是苛刻的,尤其是特定损害要件,足以阻遏大面积的、国家财政难以承受的立法赔偿。实践业已证明,像法国、日本等已经有立法赔偿实例的国家,产生赔偿的情况也是不多的。

二、公共设施致害赔偿问题

1. 公共设施的含义

如前所述,尽管在我国制度层面上已明确,公共设施致害只能依据普通侵权法寻求赔偿救济,而不作为国家赔偿问题对待,但学理上对此一直有所争议。为进一步分析各家观点之合理性,需首先对公共设施的内涵予以澄清。

(1)现行法律中的"公共设施"。

无论《民法典》《国家赔偿法》,还是《最高人民法院关于审理人身损害赔偿案件适用法律若干问题的解释》(2003年发布,2022年修正,法释〔2022〕14号,以下简称《人身损害赔偿解释》),都没有使用"公共设施"这一术语。《国家赔偿法草案说明》虽然使用了"国有公共设施"概念,但并未对其进行定义和解释。只是,在"国有公共设施"一词之前列举了"桥梁、道路等",作为描述性、示例性、非穷尽性的限定。

---

① 详见本书第一章第三节。

在全国人大及其常委会制定的、使用"公共设施"一词的法律之中①,也仅有《建筑法》《固体废物污染环境防治法》《治安管理处罚法》采取了与《国家赔偿法草案说明》类似的描述公共设施的方式。② 在这些法律之中,"公共设施"既有共性之处,也有差异。例如,《治安管理处罚法》第 37 条规定的路面井盖、照明等公共设施,是直接供公众使用的;第 33 条规定的公共设施有的是间接地供公众使用的,如电力电信设施、广播电视设施,有的则与公众使用无关,如水文监测、环境监测、地质监测设施。

因此,可以肯定,目前尚未有法律对"公共设施"概念作出权威、统一的界定。在讨论公共设施致害赔偿问题时,学者们基本上是借鉴域外制度和学说,对公共设施的内涵给予说明。

（2）学理上的"公共设施"。

在我国大陆地区,学理上,"公共设施"③"国有公共设施"④与"公有公共设施"⑤是混用的,使用频率最高的是公有公共设施。由于"国有""公有"会导致在所有权归属问题上的纠结,故本书还是倾向采纳"公共设施"这一术语。有关公共设施含义的争论,主要涉及以下问题:

首先,公共设施是否必须为国家或集体所有。"国有公共设施""公有公共设施"在字面上易形成一种认识,即公共设施归国家所有。但是,在日本、韩国,主

---

① 这些法律包括《人民武装警察法》(2020)、《固体废物污染环境防治法》(2020)、《土地管理法》(2019)、《建筑法》(2019)、《城乡规划法》(2019)、《劳动法》(2018)、《广告法》(2018)、《反恐怖主义法》(2018)、《公共文化服务保障法》(2016)、《广告法》(2015)、《治安管理处罚法》(2012)、《防震减灾法》(2008)、《公益事业捐赠法》(1999)等。

② 我国《治安管理处罚法》(2012)第 33 条规定:"有下列行为之一的,处十日以上十五日以下拘留:(一)盗窃、损毁油气管道设施、电力电信设施、广播电视设施、水利防汛工程设施或者水文监测、测量、气象测报、环境监测、地质监测、地震监测等公共设施的……"第 37 条规定:"有下列行为之一的,处五日以下拘留或者五百元以下罚款;情节严重的,处五日以上十日以下拘留,可以并处五百元以下罚款:……(三)盗窃、损毁路面井盖、照明等公共设施的。"《固体废物污染环境防治法》(2020)第 53 条规定:"从事城市新区开发、旧区改建和住宅小区开发建设、村镇建设的单位,以及机场、码头、车站、公园、商场、体育场馆等公共设施、场所的经营管理单位,应当按照国家有关环境卫生的规定,配套建设生活垃圾收集设施。"《建筑法》(2019)第 42 条规定:"有下列情形之一的,建设单位应当按照国家有关规定办理申请批准手续:……(二)可能损坏道路、管线、电力、邮电通讯等公共设施的……"

③ 参见杨小君:《国家赔偿法律问题研究》,北京大学出版社 2005 年版,第 48—56 页;高家伟:《国家赔偿法》,商务印书馆 2004 年版,第 159—162 页;吴东镐:《中韩国家赔偿制度比较研究》,法律出版社 2008 年版,第 180—204 页。

④ 参见《国家赔偿法草案说明》;杨立新、尹艳:《论国有公共设施设置或管理欠缺致害的行政赔偿责任》,载《中央政法管理干部学院学报》1994 年第 1 期;薛刚凌主编:《国家赔偿法教程》,中国政法大学出版社 1997 年版,第 95—96 页。

⑤ 参见马怀德、喻文光:《公有公共设施致害的国家赔偿》,载《法学研究》2000 年第 2 期;姚天冲、逄竹林、赵维众:《从"公路百慕大"谈我国公有公共设施的赔偿责任》,载《社会科学战线》2006 年第 4 期;解志勇、裴建饶:《浅析我国公有公共设施致害赔偿的法律性质与救济途径》,载《西南政法大学学报》2006 年第 4 期。

流观点皆主张公共设施的所有权归属并非关键。日本最高法院于1984年判决，公共营造物的设置、管理不需要有法律上的管理权乃至所有权等法律上的权利根据，只要存在行政主体事实上管理着的状态即可。① 韩国大法院于1995年判决，公共营造物"不仅包括国家或地方自治团体基于所有权、借贷权及其他权限进行管理的情形，也包括事实上进行管理的情形"。②

不过，在我国台湾地区，对公营事业机构设置或管理的公共设施，是否属于我们所理解的公有公共设施，学者之间的见解不一。依叶百修教授观点，如公营事业的性质属公用事业，且是以公法或公法组织方式为之的（如邮政局、铁路局），其设施就属公有公共设施；如公营事业的性质虽属公用事业，但是以私法或公司组织方式为之的（如电力公司、自来水公司），应仅其股份为公用财产，该公用事业使用的财产，属于私法人组织的公司所有，非政府的公用财产，此等财产设置或管理有欠缺致害的，受害人只能依民法请求赔偿；若公营事业是以营利为目的的，则无论其组织是采用公法组织方式（如"烟酒公卖局"），还是采用私法组织方式（如台湾中国钢铁公司），其设施并非供公共行政目的使用，不属于公有公共设施。③

这一讨论对我国大陆地区学理上研究公共设施的范围问题，亦有参考的裨益。《国家赔偿法草案说明》不仅提及"桥梁、道路等国有公共设施"，也提及"邮电、医院等国有企业、事业单位"，而且是分开的。显然，立法者尽管认为它们因设置、管理欠缺所致损害，都属于民法调整范围，但还是把这两种情形分别对待。在我国，桥梁、道路等公共设施的所有者、事实上的管理者各种各样，而国有企业、事业单位的组织目的以及方式也有不同类型，制度和学说上都还未像德国、日本等大陆法系国家那样，有公法社团、公营造物、公法财团、有部分权利能力的行政组织等概念，对各类主体进行必要的清理与合理的定位。④ 这无疑会给公共设施范围的厘定制造困难。⑤

其次，如何理解公共设施的"公共"。无论设施所有权归属，皆有可能成为公共设施，但前提不仅是行政主体⑥提供和管理，更重要的是该设施确实为一般公

---

① 参见〔日〕盐野宏：《行政救济法》，杨建顺译，北京大学出版社2008年版，第206页。
② 参见吴东镐：《中韩国家赔偿制度比较研究》，法律出版社2008年版，第192页。
③ 叶百修：《国家赔偿法》，载翁岳生编：《行政法》（下册），中国法制出版社2002年版，第1622—1623页。
④ 这方面的讨论不是很多，比较有意义的研究，参见葛云松：《法人与行政主体理论的再探讨——以公法人概念为重点》，载《中国法学》2007年第3期。
⑤ 有学者试图从我国实际情况出发，对国有企事业单位管理的设施进行分类，并对哪些可归入公共设施范围进行具体分析。参见马怀德主编：《完善国家赔偿立法基本问题研究》，北京大学出版社2008年版，第296—297页。
⑥ 这里的"行政主体"之意义，采大陆法系国家对其的基本界定，与我国的"行政主体"概念内涵不一致。关于它们之间的区别，参见本书第一章第一节。

众所使用。与此相关的问题有：第一，公共设施是否包括专供行政机关自身使用的设施。对此有肯定的，也有否定的。折中的观点认为，这些设施是否属于公共，应从实质上考量，若行政机关公务使用的设施，普通公众仍然有进入办理公务的机会，那么，其实质仍然属于多数民众使用，应该列为公共设施。第二，公共设施是否直接供公众使用。通说认为，公共设施应该是直接供一般公众、不特定多数人使用的。若并非为此目的而提供未垦地、国有林、矿山等的，不属于公共设施。其造成的损害赔偿，宜寻求民法上的救济。第三，公共设施是否已经设置完成、验收合格并已开放供公众使用。若正在施工，或者施工完成却尚未交付向公众开放使用，或者因修理等原因暂时封闭不供公众使用的，都不属于公共设施。其瑕疵损害不得请求国家赔偿，而只能诉诸民法救济。[1]

最后，如何理解公共设施的"设施"。设施，一般是指有体物及物的设备而言，不包括人的措施或行为和无形财产。诸如交通标志出现故障，交警未指挥交通；办公场所遭人放火烧毁等，都与设施的瑕疵无关。此外，一般认为，公共设施既包括不动产（桥梁、办公大楼），也包括动产（航空器、汽车、船舶等）。只是在特定的动产（如警犬、警马等动物）是否属于公共设施问题上，存有异议。公共设施不仅有人工设施（如道路、上下水道、发电设备、铁道等），还有自然设施（如海滨、河川等）。即使是临时性设施，如为了庆典搭建的看台，也属于公共设施。[2]

综上所述，"公共设施"是一个核心意义相对明确、边缘地带颇多争议的概念，且具有浓厚的地方性知识之色彩。尽管如此，为研究与交流之必要，本书论及公共设施致害赔偿问题时，取公共设施之核心意义对其进行界定，即公共设施系指行政主体为了公共目的设置或者管理的，供一般公众使用的一切有体物或物的设备。[3]

2. 公共设施致害赔偿的构成要件

在把公共设施致害赔偿纳入国家赔偿范围的国家或地区，公共设施致害赔偿是与公务人员行使职权行为致害赔偿并列，作为两种相对独立的赔偿类型来对待的。这从日本、韩国相关文本的规定之中可以窥知。由是，公共设施致害赔偿，有其不同于公务人员行为致害赔偿的特殊的构成要件。以下有关构成要件

---

[1] 参见叶百修：《国家赔偿法》，载翁岳生编：《行政法》（下册），中国法制出版社2002年版，第1623—1625页。

[2] 同上书，第1626—1627页；〔日〕盐野宏：《行政救济法》，杨建顺译，北京大学出版社2008年版，第226—227页；吴东镐：《中韩国家赔偿制度比较研究》，法律出版社2008年版，第192—193页。

[3] 参见马怀德主编：《完善国家赔偿立法基本问题研究》，北京大学出版社2008年版，第269页；叶百修：《国家赔偿法》，载翁岳生编：《行政法》（下册），中国法制出版社2002年版，第1627页；吴东镐：《中韩国家赔偿制度比较研究》，法律出版社2008年版，第193页。

的论述,主要以这些国家的制度与学说为基础。

(1) 导致损害的须是公共设施。

在日本、韩国,对应的概念是"公共营造物"。尽管存在术语上的差异,但构成要件之一必须是公共设施致害,这一点是共通的。至于哪些在公共设施范围之内,哪些不在,则不同国家,既有相似之处,也有差异。即便在同一国家,学者、实务之间都难免有争议。前已述及,不再赘论。

(2) 公共设施存在设置或管理上的瑕疵[①]。

设置是指公共设施在付诸公众使用前从设计到建造的整个过程,包括设计、建造、施工、装设等。管理是指公共设施付诸公众使用后,为维持公共设施发挥预定功能以及维持可供运作的状态而进行的保存、利用、维护、修缮等行为。由于在受害人眼中,公共设施的瑕疵究属设置上的还是管理上的,难以区分,故有观点主张,请求权人只需证明公共设施有瑕疵即可。在我国台湾地区,即便是主张区分的,也只是因为有可能出现公共设施的设置发生在相关规定施行之前,而管理瑕疵发生在其施行之后的情形。[②] 换言之,依法不溯及既往原则,在相关规定实施前,公共设施设置即便有瑕疵,也不能适用相关规定;因而,在相关规定实施后,若有损害事件发生,唯有追究管理是否存在瑕疵,方可决定是否可适用相关规定。

至于如何认定设置或管理的瑕疵问题,学理上向有主观说、客观说和折中说三种主张。主观说认为,瑕疵是指公共设施的设置或管理主体怠于履行确保安全的义务或者防止事故发生的义务,而不是指公共设施本身缺乏安全性。按照主观说,即使公共设施自身存在缺陷致使他人受害的,如果管理者没有违反注意义务,那么,国家赔偿责任就不成立。换言之,在公共设施致害赔偿问题上,主观说是坚持了过错责任。

客观说则主张,瑕疵是指公共设施本身欠缺通常应具备的客观上的安全性。依据该说,公共设施设置或管理是否有瑕疵,就其客观状况进行判断即可,无需考虑公共设施的设置或者管理主体是否违反注意义务,是否在主观上存有故意或过失。显然,其倾向于公共设施致害赔偿的无过错责任。

从保护受害人角度看,客观说比主观说让国家承担更重的责任。然而,折中说并不是在二者之间寻求一个中间或中庸的立场,它甚至比客观说对国家提出了更高的要求。折中说认为,客观说纯粹是从公共设施的物理缺陷来归责,但

[①] 我国台湾地区的相关规定所用术语为"欠缺"。
[②] 参见叶百修:《国家赔偿法》,载翁岳生编:《行政法》(下册),中国法制出版社 2002 年版,第 1630—1631 页。

是，当公共设施本身无缺陷，而是因管理主体有疏忽导致事故时，追究责任就会出现困难。例如，在出现大雾天气时，道路本身不存在物理缺陷，但道路管理者负有确保车辆安全通行的注意义务，如果管理者没有采取警告措施而发生损害时，仍应该产生国家赔偿责任。所以，折中说主张，瑕疵不仅包括公共设施本身欠缺客观上应具备的安全性，也包括设置或管理主体违反确保安全义务或防止事故发生义务。[①] 当然，折中说并不主张客观因素和主观因素必须同时兼备，若果如此，其反而提升了受害人请求国家赔偿的门槛。其实，它的原意似乎是首先判断公共设施的客观安全性，如因其不具备而导致损害，国家赔偿责任即告成立，无须再行考察设置或管理主体有否违背安全保障义务；如公共设施客观安全性具备情况下仍然发生损害，还应检视设置或管理主体是否尽了应尽的安全保障义务，若没有尽其注意义务，国家赔偿责任依然成立。在此意义上，有韩国学者宁愿称其为"合并说"而不是"折中说"。[②]

比较三种学说，更多学者倾向接受客观说，主要理由是：第一，国家赔偿法规定公共设施有瑕疵或有欠缺，而不是规定设置或管理主体有故意或过失，从而把公共设施致害赔偿单列，与公务人员行使职权行为致害赔偿并行。这表明其不再强调设置或管理主体是否存有主观过错，而是采取立足于危险责任的无过错主义立场。主观说不能脱出过错主义的窠臼，有违立法精神与原意。第二，若要考察设置或管理主体是否有故意或过失，就会要求受害人对此负举证责任，对受害人而言显然是不利的。第三，若从有无违反安全保障义务或事故防范义务来判断是否存在瑕疵，那么，赔偿请求的决定者必然要在决定中确立义务内容。但是，公共设施设置或管理主体的设置或管理方法较多，有较大的裁量权，由决定者确定其义务具体内容，有违常理。[③] 第四，折中说（或者合并说）在判断瑕疵时也要考虑主观因素，与国家赔偿法立法原意相悖，与主观说事实上没有什么不同[④]，而且，其过分扩大国家赔偿责任。[⑤]

客观说虽然在学者中颇有影响，但并没有得到司法实务的完全支持。细察日本、韩国的公共设施致害赔偿实例，可以发现法院探索和奉行的是真正意义上的折中说，而非上述主观说、客观说或合并说。在日本，最高法院于 1984 年指出，瑕疵"是指营造物欠缺通常应该具有的安全性，具有对他人带来危害的危险

---

① 参见叶百修：《国家赔偿法》，载翁岳生编：《行政法》（下册），中国法制出版社 2002 年版，第 1631 页；马怀德主编：《完善国家赔偿立法基本问题研究》，北京大学出版社 2008 年版，第 298—299 页；吴东镐：《中韩国家赔偿制度比较研究》，法律出版社 2008 年版，第 193—195 页。
② 参见吴东镐：《中韩国家赔偿制度比较研究》，法律出版社 2008 年版，第 195 页。
③ 参见叶百修：《国家赔偿法》，载翁岳生编：《行政法》（下册），中国法制出版社 2002 年版，第 1633 页。
④ 参见马怀德主编：《完善国家赔偿立法基本问题研究》，北京大学出版社 2008 年版，第 299 页。
⑤ 参见吴东镐：《中韩国家赔偿制度比较研究》，法律出版社 2008 年版，第 196 页。

性的状态","关于相关瑕疵的存在与否,应该综合考虑该营造物的构造、用法、场所的环境及利用状况等诸般情况,具体地、个别地予以判断"。这个立场看上去与客观说无异,丝毫未提及设置或管理主体的主观因素。可是,具体问题具体分析的个别主义判断方法,在结合案情进一步应用时,对管理作用的考虑或隐或现地出现在若干判例之中。有些判例表明:"即使道路客观上欠缺安全性,在没有余暇采取安全策略的情况下,视为不存在道路管理的瑕疵";而在因连降暴雨而发生旅游巴士遇泥石流坠落的"飞驒川事件"中,判例显示,"针对集中暴雨的灾害是可以预测到的,却没有采取事前规制等必要的措施这一点,承认了管理的瑕疵"。与道路瑕疵相比,河川瑕疵的判断,更加注意河川作为自然危险物与道路的不同,更加注意河川管理本身及对水害赔偿的财政负担,故"并不是依据物的性质和状况来判断管理的瑕疵,而是将行政和财政管理计划是否具有合理性作为判断的重要因素"。①

在韩国,在因路面结冰而发生事故的案件中②,大法院 1994 年的判决指出:"公共营造物的设置或管理上的瑕疵是指由于公共营造物的设置及管理中存在不当之处所造成的营造物本身欠缺通常应具备的安全性的状态。如果说道路的地下所铺设的上水道管(由地方自治团体管理)因出现裂缝导致大量的水流到路面,并造成路面大面积结冰,那么,道路实际上处于欠缺安全性的状态,即存在设置或管理上的瑕疵。"法院同时还指出:"因公共营造物的设置或管理上的瑕疵而产生的赔偿责任是无过失责任。"这一判决与客观说的立场是一致的。然而,在 2004 年的一个案件中,大法院又判决道:"这里所说的欠缺安全性的状态(也就是对他人造成危害的危险状态),不仅包括因构成该营造物的物质设施本身存在物理、外形上的缺陷,对其利用者造成危害的危险情形,也包括用于公共目的的营造物因其利用状态及程度超出一定限度,而对第三人造成社会通常观念上不能承受的损害的情形。至于是否属于社会通常观念上不能承受的损害,应综合考虑该营造物的公共属性、被害的内容和程度、为防止其损害(管理者)所作出的努力程度等因素而作出判断。"其中,管理者的努力程度等因素,已经明显透露出对公共设施管理者履行义务状况的考察。③

通过上述介绍的域外地区的司法实务可以了解到,由于在"国家赔偿法"中,有关公共设施致害赔偿的规定,有着不同于公务员行为致害赔偿规则的独特修辞,所以,对于公共设施设置或管理上的瑕疵,一般是从公共设施的客观状况去

---

① 参见〔日〕盐野宏:《行政救济法》,杨建顺译,北京大学出版社 2008 年版,第 227—232 页。
② 韩国井州市某条道路地下铺设的上水道管因出现裂缝导致大量的水流到路面,并造成大面积结冰。不知情的出租车司机开车行驶此地段,车突然滑出行车道,与对面驶来的货车相撞,导致司机死亡。
③ 参见吴东镐:《中韩国家赔偿制度比较研究》,法律出版社 2008 年版,第 196—197 页。

认定其是否具有安全性，而不问设置或管理主体是否存在主观过错。然而，若完全单纯从物的性质和状况来判断，丝毫不顾及设置或管理主体在确保安全、避免损害发生方面的主观努力程度，也会给国家财政造成重大负担。更何况，公共设施的形态、性质、所处自然条件、社会条件、设置或管理主体等都具有多样性，以千篇一律、绝对的无过错责任适用之，似有削足适履之嫌。

不过，客观说的主张者仍然有其应对之策。一种策略是落脚于因果关系，主张不应当将公共设施管理者的注意义务或有关公共设施的诸般条件作为判断瑕疵的标准，而应当将其作为瑕疵与损害之间因果关系问题来把握。也就是说，虽然公共设施存在客观缺陷，但它属于已超出管理者通常管理范围的天灾或处于无法短时间内予以恢复的状态时，就认定公共设施的瑕疵与损害之间不存在因果关系。① 亦即，损害非瑕疵所致，而是瑕疵以外的难以避免或克服的原因所致。另一种策略与此相关，但定位于免责事由，即这种难以避免或克服的原因，又会被解释为不可抗力，从而作为特殊情况下的免责事由来考虑。② 通过这样的应对之策，客观说一方面努力坚持公共设施致害赔偿的无过错责任（不考虑过错要件），从而与公务员行为致害赔偿的过错责任相对，另一方面又极力避免单纯的客观安全性考虑给国家财政可能造成的过重负担。

▶▶▶ 即时思考

1. 以上主观说、客观说、合并说、折中说，你倾向于何说？

2. 以上各说虽各有论理，但实际应用的结果可能是一致的。也有韩国学者认为，主观说、客观说在公共营造物瑕疵的判断上并无实质差别。③ 你是否同意这一看法？

3. 折中说主张在判断设置或管理瑕疵时，就应考虑设置者、管理者履行义务的状况；客观说纯以公共设施本身物理、结构上的安全性作为标准，而把设置者、管理者虽尽其应尽注意义务、仍然难以避免损害发生的情形，视为瑕疵与损害之间因果关系不成立，或者视为不可抗力，你是否认同？

(1) 从因果关系理论看，客观说既已承认有客观瑕疵存在，该瑕疵就与损害结果有相当因果关系，因为，若非此通常安全性之缺乏，损害结果通常不会发生。这是否意味着客观说的这一主张存在自相矛盾之处？

(2) 依不可抗力理论，不可抗力有自然原因不可抗力和社会原因不可抗力，

---

① 参见吴东镐：《中韩国家赔偿制度比较研究》，法律出版社 2008 年版，第 195 页。
② 参见马怀德主编：《完善国家赔偿立法基本问题研究》，北京大学出版社 2008 年版，第 302—303 页。
③ 参见〔韩〕洪准亨：《行政救济法》，Hanul Academy，2001 年版，第 151 页。转引自吴东镐：《中韩国家赔偿制度比较研究》，法律出版社 2008 年版，第 195 页。

其都应具备不可预见、不可避免并不能克服的条件。只是,自然原因不可抗力强调客观性,不包括任何人为因素;社会原因不可抗力(如战争、武装冲突)强调原因的社会性,但也不包括当事人过错、第三人过错、国家公权力过错。① 在公共设施致害赔偿的情形中,设置或管理的瑕疵,很有可能是受害人或第三人过错所致,而设置者、管理者不可能及时修复,从而导致损害发生。将此情形也视为不可抗力,是否合适?②

公共设施致害赔偿的构成要件,除上述两项外,还有另外两项,即造成损害、公共设施设置或管理瑕疵与损害之间有因果关系。因后两项与国家赔偿一般构成要件同类项相比,几无特殊性可言,故不再多费笔墨。

3. 公共设施致害赔偿责任的追究

公共设施致害赔偿的责任追究,主要涉及四个问题:免责事由;赔偿当事人;追偿制度;以及与公务员行为致害赔偿责任之间的关系。

(1) 免责事由。

在免责事由方面,公共设施致害赔偿与公务员行为致害赔偿有相似之处,也有不同。例如,受害人过错、第三人过错、不可抗力等,是两类赔偿共享的免责事由。而正当防卫、紧急避险、受害人同意,一般是不会发生在公共设施因设置或管理瑕疵而致损害的情形之中的;在公共设施致害赔偿上引起争议的预算不足事由,通常也不会在公务员行为致害赔偿情形之中出现。为凸显特殊性,此处重点讨论预算不足事由。

预算不足事由,就是以造成公共设施设置或管理瑕疵的原因是预算不足为由,请求赔偿责任的豁免。对于此事由可否让国家免责的问题,有肯定说与否定说两种见解。肯定说的理由是:如果因为真正不得已的情事导致设施有瑕疵,而且,以国家人力、物力,仍然无法期待其改善,赔偿责任就可以免除;如果确因预算不足导致设置或管理有瑕疵,也可以未列预算或没有列足预算的立法措施违法为由,提起国家赔偿。否定说的理由是:根据国家赔偿法的立法精神,公共设施设置或管理瑕疵的判断采客观说,凡公共设施存在瑕疵,即应赔偿,预算不足不得作为国家免责的事由;以立法不作为请求国家赔偿,在实务上颇为困难,毕竟,立法机关是否编列预算,乃政治判断和统治行为范畴;预算是否充足,是国家

---

① 参见张新宝:《侵权责任法原理》,中国人民大学出版社 2005 年版,第 129—130 页。
② 叶百修教授持肯定态度。"至所称客观之外力,不以自然力为限,尚包括损害系因第三人之行为所致者在内。惟因第三人之行为致公有公共设施发生设置或管理上之欠缺时,须以该第三人之行为与欠缺之发生间,时间极为短促,以致无法修护或采取应变之措施为限,始足当之。"叶百修:《国家赔偿法》,载翁岳生编:《行政法》(下册),中国法制出版社 2002 年版,第 1640 页。

内部编列的问题,而公共设施的瑕疵是客观存在的事实,如果国家可以任意以预算不足为由要求免责,人民权益就无法得到充分保障。①

在公共设施瑕疵判断上持折中说的学者,也有否定预算不足为免责事由的。其认为,预算不足固然与维护公共设施是否有瑕疵有关,但瑕疵的认定应考虑设置或管理者有无尽防止危险与损害发生义务。防止措施包括足以防止危险损害发生的各种临时性、明显性与及时性措施,如警告标志、栅栏、照明设备等。此等措施所需费用有限,与预算编列无关。纵使地方议会删除设置或管理公共设施的必要预算,致使公共设施有瑕疵,也不能以预算不足为由主张免责。②

显然,否定说相比较而言更为可取,只是其也具有相对性,不能绝对地一概而论。毕竟,公共设施的范围十分广泛,有些公共设施,如河川,要达到必要的安全性,是需要巨额开支的。日本也有学者承认,在修缮河川问题上,判断管理的瑕疵,应将行政和财政管理计划是否具有合理性作为判断的重要因素。③ 依其观点的逻辑,若预算合理,但仍不足以使公共设施达致安全性的,就不能构成公共设施管理瑕疵,国家赔偿责任就不能成立。因此,我国大陆地区也有学者主张,"在确实存在以国家的人力与物力仍然无法改善的情况下,应当承认这种免责事由,否则有可能破坏正常的公共管理活动,并带来一些附加的成本"。④

(2) 赔偿当事人。

公共设施致害赔偿的当事人,就是指赔偿请求权人和赔偿义务机关。赔偿请求权人主要有两类:一是公共设施的直接利用者;二是受公共设施瑕疵影响的直接利用者以外的第三人。公共设施归一般公众使用,使用者因其设置或管理瑕疵而遭受损害的,即有权提请国家赔偿。在这一点上没有疑义。然而,有的时候,公共设施在与其直接利用者的关系上没有瑕疵,却给直接利用者以外的、公共设施的相邻权人带来噪音、震动、大气污染等损害。例如,在日本,机场、新干线、高速公路等公共设施给周围居民造成损害,居民因此追究国家赔偿责任的情形,日益增多。法院判决也越来越多地承认这些相邻权人的赔偿请求权。⑤

公共设施致害赔偿义务机关就是指公共设施的设置或管理机关。原则上,设置有瑕疵的,以设置机关为赔偿义务机关;管理有瑕疵的,以管理机关为赔偿义务机关。如果设置或管理都有瑕疵,或者无法判明原因的,设置机关与管理机

---

① 同上书,第1638—1638页。
② 参见董保城、湛中乐:《国家责任法——兼论大陆地区行政补偿与行政赔偿》,元照出版公司2005年版,第179页。
③ 参见〔日〕盐野宏:《行政救济法》,杨建顺译,北京大学出版社2008年版,第230页。
④ 马怀德主编:《完善国家赔偿立法基本问题研究》,北京大学出版社2008年版,第303—304页。
⑤ 参见同上书,第304—305页;〔日〕盐野宏:《行政救济法》,杨建顺译,北京大学出版社2008年版,第232页。

关都是赔偿义务机关,他们与受害人之间形成一种不真正连带责任,受害人可以对其中之一或二者,同时或先后,请求全部或部分损害赔偿。①

不过,日本、韩国的国家赔偿法规定了受害人还可以向公共设施的事业费用承担者请求赔偿。若设置、管理主体同时也是费用承担者,则不存在这种情形。若设置、管理主体与费用承担者不一致,例如,指定区间内国道的设置、管理者是国家,但地方也会负担一部分费用,这时,受害人还有权向费用负担者提起损害赔偿。在这种情形下,为便于救济,受害人可以行使选择请求权。而已经向受害人赔偿损害的当事者,可以在其内部关系上向有赔偿损害责任的当事者(主要指设置或管理者)行使追偿权。②

(3) 追偿制度。

追偿制度,又称求偿制度,是公共设施致害赔偿义务机关在履行赔偿责任之后,向对造成公共设施设置或管理瑕疵负有责任的人进行追偿或求偿。有可能使公共设施设置或管理发生瑕疵的人,包括设计人、承揽人、占有人(如造成桥梁损坏的汽车占有人)、第三人(如在道路上放置障碍物的人)以及公共设施管理机关的公务员等在内。赔偿义务机关行使追偿权的要件是:赔偿义务机关对受害人已经实际履行赔偿责任;赔偿义务机关向有证据证明其行为与设施欠缺通常安全性有因果关系的人进行追偿;被追偿之人有过错行为,如果属于公务员,应该具备故意或重大过失;追偿权在法定期间内行使。③

(4) 与公务员行为致害赔偿的关系。

在日本、韩国等国家,公共设施致害赔偿与公务员行为致害赔偿同属国家赔偿范围之内,只是二者在诸多方面存在不同。原理上,公务员行为致害赔偿的侵权行为主体是公务员,责任成立以故意或过失作为责任成立要件,须有违法执行职务或怠于执行职务的违法性。而公共设施赔偿责任肇因于物(公共设施)的侵害,责任基础是无过错主义,只需公共设施设置或管理有瑕疵,而不问设施本身或设置、管理行为是否合法。

然而,公共设施致害赔偿与公务员行为致害赔偿还有可能发生竞合。如果公共设施设置或管理机构的工作人员不是公务员,那么,二者不会发生竞合问题。如果设置或管理机构的工作人员是公务员,又因为公务员违法行使权力或

---

① 参见叶百修:《国家赔偿法》,载翁岳生编:《行政法》(下册),中国法制出版社 2002 年版,第 1644—1645 页。
② 参见〔日〕盐野宏:《行政救济法》,杨建顺译,北京大学出版社 2008 年版,第 235—238 页;吴东镐:《中韩国家赔偿制度比较研究》,法律出版社 2008 年版,第 200—201 页。
③ 参见叶百修:《国家赔偿法》,载翁岳生编:《行政法》(下册),中国法制出版社 2002 年版,第 1656—1658 页;施茂林:《公共设施与国家赔偿责任》,大伟书局 1982 年版,第 122—123 页。

怠于履行职责，导致公共设施的设置或管理有瑕疵，进而造成损害的，二者之间就有竞合的问题。例如，政府有关部门负有建设道路及维护交通往来安全的义务，若其在挖路建排水沟时，没有保持路面适于安全通行的状态或防止行人、自行车、汽车陷于可能危险的设备标志，就属于怠于履行职责的情形。由此，也使公共设施欠缺通常的安全性。假如发生行人车辆的损害事故，就有适用公务员行为致害赔偿还是适用公共设施致害赔偿的问题。对此，这些国家或地区皆承认受害人有选择请求权。若选择前者，赔偿请求的成立需以公务员的过错为要件；若选择后者，在理论上，不需要过错为其要件，更容易认定责任。①

4. 公共设施致害赔偿：私法还是公法

在我国《国家赔偿法》没有吸收公共设施致害赔偿的背景下，以上内容主要是介绍其他国家或地区的制度与理论，间或掺杂我国学者的零星见解。然唯有如此，方能对公共设施致害的国家赔偿制度有一概要的认识，也方能在此基础上，进一步讨论我国立法者、学者始终争议的一个基本问题，即公共设施致害赔偿，是否非要纳入国家赔偿法的调整范围不可？或者，更准确地说是，公共设施的致害，是否要采取日本、韩国等国家的国家赔偿法救济模式，而不是现在的普通侵权法救济模式？在这个问题上，迄今为止已经出现四种观点。

第一种观点积极主张采取国家赔偿法救济模式，即把公共设施致害赔偿全面纳入国家赔偿范围。在此称其为"公法说"。其理由归纳起来，主要围绕着两个方面展开：一是公共设施致害赔偿的性质；二是当前普通侵权赔偿模式的功能。

就公共设施致害赔偿的性质而言，公法说的基本逻辑是：(1) 公共设施是国家福利行政、给付行政的一项重要内容，属于国家公共行政的职能或作用。(2) 由此，公共设施设置、管理者与利用者之间不是平等民事法律关系，而是公法上的公共设施利用关系。尽管很多设施以特许、合同或委托的方式交由具备资格、能力的企事业单位或其他组织管理、维护，也收取一定的费用，但该费用是非营利性的规费，目的是为了养护、修缮公共设施，不能由此改变其法律关系的性质。(3) 进而，在公法、私法二元区分（包括但不限于公法上赔偿和私法上赔偿的区分）较为明确的国家，以公法约束公共设施的设置管理，相应地，以特殊的国家赔偿法规则对待公共设施致害赔偿，是符合制度传统和公私法二元制国家发展趋势的，也是可以充分利用我国现有的国家赔偿制度资源，防止在普通侵权法体系内创造特殊规则可能造成的判决不统一及对普通侵权法逻辑的破坏。

---

① 参见施茂林：《公共设施与国家赔偿责任》，大伟书局 1982 年版，第 164—167 页；〔日〕盐野宏：《行政救济法》，杨建顺译，北京大学出版社 2008 年版，第 233 页。

就当前普通侵权赔偿模式的功能而言,公法说认为:(1)普通侵权法的适用范围不能涵盖公共设施致害的所有情形,如河川、自然景观等公共设施致害。①(2)普通侵权法上的过错责任原则,不利于保护受害人的权益。在公共设施致害赔偿中适用过错责任原则,会加重受害人在举证责任方面的负担,而且,公共设施设置或管理者若能证明自己没有过错,受害人的损失只能完全由自己承担,这是极其不公的。(3)以普通侵权法应对公共设施致害赔偿问题,赔偿请求的审理者受私法规范的思维方式之影响,往往忽略公共管理责任的因素,也由此会使国家对公共设施的设置管理行为"从公法向私法逃遁"。②

第二种观点对公法说提出了批评和质疑,认为至少在目前现行的制度条件下,公共设施致害赔偿依循普通侵权法而不纳入国家赔偿范围,是更加务实的姿态。此处称其为"私法说"。私法说的主要理由是:(1)在世界范围内,除了日本、韩国等少数国家和地区外,并不存在将公共设施纳入独立的国家赔偿法调整范围的"通行做法和发展趋势"。即便是在公法和私法二元划分的德国,国家赔偿的请求权依据仍然还是德国《民法典》第 839 条和德国《基本法》第 34 条。(2)从我国的国家赔偿制度发展来看,"首先是确认国家对私经济活动和包括公共设施致害在内的非权力作用的赔偿责任,然后才确认国家对于行使公权力造成的损害也要负赔偿责任。"言下之意,对公共设施致害的赔偿,也是国家赔偿责任(广义的),只是私法意义上的国家责任或者国家的民事责任,不能由此得出国家对公共设施致害不负责任的结论。(3)民事赔偿与国家赔偿并没有天然的优劣之分,公共设施损害赔偿并不是在普通侵权法中就必然受到更多限制,一旦纳入国家赔偿法就能脱胎换骨。具体而言,民法没有全面涉及公共设施,的确有漏洞,但这个问题可以通过修改民法来解决,并不一定非得将公共设施致害纳入国家赔偿范围不可;从国外立法例和判例看,公共设施致害赔偿的归责原则并非严格的无过错原则,而我国民法采取过错推定原则,不见得非要修改不可;根据现行的国家赔偿与民事赔偿的范围和标准,受害人可能获得的民事赔偿数额要高于国家赔偿数额,民事赔偿显然是更有利的选择。(4)当前,公共设施的设置与管理是复杂多样的。很多公共工程是地方政府自筹资金建设并管理,与国家并

---

① 我国《民法通则》(2009)第 126 条规定:"建筑物或者其他设施以及建筑物上的搁置物、悬挂物发生倒塌、脱落、坠落造成他人损害的,它的所有人或者管理人应当承担民事责任,但能够证明自己没有过错的除外。"

② 关于公法说的这些见解,参见杨立新、尹艳:《论国有公共设施设置或管理欠缺致害的行政赔偿责任》,载《中央政法管理干部学院学报》1994 年第 1 期;马怀德、喻文光:《公有公共设施致害的国家赔偿》,载《法学研究》2000 年第 2 期;黄文忠:《公有公共设施国家赔偿制度的立法探讨》,载《行政与法》2004 年第 4 期;马怀德主编:《完善国家赔偿立法基本问题研究》,北京大学出版社 2008 年版,第 286—294 页;吴东镐:《中韩国家赔偿制度比较研究》,法律出版社 2008 年版,第 184—189 页。

无关系。公共设施的设置、管理很多是由公司或事业单位进行的,资金来源和运转也完全脱离了国家财政。而且,绝大部分的公共设施管理者都是以自己的名义与第三者发生法律关系,用行政委托来解释并不恰当。而即便存在行政特许,受特许人也多是自负盈亏。如果受特许人赚钱归自己,赔偿由国家掏腰包,这并不公平。综合以上考虑,私法说并未绝对排斥公共设施国家赔偿的可能性,而是强调公共设施致害赔偿的公法与私法之争,关键在于哪一种方式更能与我国的相关制度相协调,哪一种方式更能为受害人提供充分有效的保护。如果民法规则已足以提供这种救济,就没有必要仅为体现"现代行政的实质"而人为地设计一套特殊规则。①

第三种观点在原理上承认公法说,却基于对现实的一些考虑,认为若不能对国家赔偿制度进行必要的改革和完善,还是暂时放在民事赔偿责任中更为实际些。此处称其为"理想公法说、务实私法说",或者更加简练一些,称为"妥协的公法说"。看上去,该说与私法说在结论上都倾向于维持现状、保留公共设施致害的民事赔偿制度,但是,该说在原理上还是认同公法说的:(1)在现代的行政国家、福利国家之中,国家职能、政府职能已不限于传统的权力作用,为社会、公众提供服务与福祉的非权力作用日渐增强。公共设施以及其中反映出的公共服务职能的特殊性,是适用公法调整的根本原因。(2)非权力行政不一定都是私人活动,不一定都是民事性质的关系。非权力行政仍然是行政活动,有其特殊的性质,完全用民事法律规则去调整并不合适。(3)由于国家财政的保障,有了国家赔偿至少不会出现赔偿无力的情况,所以,从理论原则上讲,作为国家赔偿的公共设施致害赔偿责任,更有利于保护受害人的合法权利。不过,该说也承认,在当前,国家赔偿标准比民事赔偿标准更低,而在国家赔偿义务机关拒不履行法院裁判的情况下,法律上没有强制措施可供采用。因此,国家赔偿标准应当按照民事赔偿标准实行,国家赔偿制度应该有足够的措施来保障国家赔偿决定或判决的有效执行。如果做不到这两点,还是应采取公共设施致害的民事赔偿责任模式。如果能够在这些方面完善,应当将公共设施致害赔偿纳入国家赔偿范围,彻底理顺法律关系。②

第四种观点在原理上承认私法说,但主张在某些情况下,公共设施致害赔偿应该考虑适用国家赔偿法。由于其承认公共设施的国家赔偿是有限制的赔偿,是例外的赔偿,故此处称其为"有例外的私法说"。该说认为,我国公共设施范围

---

① 参见周云帆:《也谈公有公共设施的损害赔偿——与马怀德、喻文光先生商榷》,载《西南民族学院学报(哲学社会科学版)》2002 年第 6 期。
② 参见杨小君:《国家赔偿法律问题研究》,北京大学出版社 2005 年版,第 51—56 页。

十分广泛,占有、使用、管理这类设施的绝大部分为国家机关和国营企事业单位。同时,公共设施一般都由有关管理单位独立管理、经营,自负盈亏。因此,因公共设施管理或设置欠缺受到损害,受害人可依照私法获得民事赔偿。但是,以下两种情况,可以适用国家赔偿法:一是公共设施不是由企事业单位管理,而是由国家机关管理,在国家机关或国家机关工作人员违法执行职务中使公民、法人或其他组织合法权益受损的情形;二是自主经营、自负盈亏、责任自负的国有企业,对公共设施的经营管理造成巨大损失,该企业根本无法承受的特殊情形。①

综观以上各说,皆有其合理之处,但也存在论证有待进一步深入的问题。其实,"公法说""私法说"和"妥协的公法说",都忽略了"有例外的私法说"反映的现实。"有例外的私法说"虽发表时间较早,有些论述已时过境迁,但其提出适用国家赔偿法的第一种情况,在实践中的确存在。参见第二章案例2-2"李尚英等与广饶县交通局不履行法定职责行政赔偿上诉案"、第四章案例4-4"安溪正浩印刷有限公司诉安溪县人民政府等不履行开闸泄洪管理职责并请求行政赔偿案"。而且,前述域外关于公共设施致害赔偿与公务员行为致害赔偿发生竞合的情形表明,若公共设施的设置或管理瑕疵由设置或管理机构的公务员过错所致,那么,受害人也可以选择以公务员行为致害为由提请国家赔偿。在我国当前的制度语境中,"有例外的私法说"无意之中折射出这种竞合情形下的一个选择。换言之,在我国,实际上存在公共设施致害赔偿的选择请求权。当出现公共设施致害的情形时,受害人既可选择普通侵权法救济途径,也可选择国家赔偿法救济途径。参见本章案例5-7"田开秀、田宇诉五峰土家族自治县建设与环境保护局人身损害赔偿案"。选择后者的前提是:公共设施设置或管理的主体是国家赔偿法上明确规定的行政机关或法律法规授权的组织;请求国家赔偿以设置或管理主体违法行使职权造成损害为由,可以《国家赔偿法》第3条第(五)项"造成公民身体伤害或者死亡的其他违法行为"和/或第4条第(四)项"造成财产损害的其他违法行为"为依据。当然,选择哪一种救济途径,就得受到现行制度下该救济途径优劣的有利或不利影响。至于"有例外的私法说"提出的适用国家赔偿法的第二种情况,在实践中,或许会存在,但其并没有法律依据,更多时候是国家或地方政府兼顾事态平息和损害救济的一种政策。

由此,公共设施致害赔偿的公法与私法之争,首先必须建立在对当前现实的准确描述基础上。这个现实就是,公共设施设置或管理造成损害的,存在两种赔偿请求路径,多数情形下以普通侵权责任法为依据提出赔偿请求,但只要符合现行国家赔偿法关于行政赔偿的规则,受害人也可选择提出国家赔偿请求。在此

---

① 参见杨临萍:《国家赔偿范围探讨》,载《中国社会科学院研究生院学报》1994年第4期。

姑且称其为"私法为主、公法为辅模式"。无论是"公法说",还是"私法说""妥协的公法说",都分享一个共同的假定,即公共设施致害赔偿一律在国家赔偿法调整范围之外,完全是由普通侵权法予以调整。而这个假定实际上与"私法为主、公法为辅模式"的现实有出入。

进而,公共设施致害赔偿究竟是采取公法模式还是私法模式?是要改变现状、将公共设施致害赔偿纳入国家赔偿法范围,还是在当前维持现状?哪一种制度安排更有利于对受害人的救济,也同时更有利于促进国家利用、调动各方资源,提供和保障良好公共设施?哪一种制度安排不会出现或较少出现国家"逃遁至私法"、公共设施设置或管理主体责任不明、公共设施瑕疵屡见不鲜的现象?诸如此类的问题,也都应在充分、深入研讨现下"私法为主、公法为辅模式"优劣及其潜在的完善、提升空间的基础上,得到更具信服力的解答。尤其是,普通侵权法的规则与知识资源应得到充分的运用,这是当前研究普遍存在的不足之处。《国家赔偿法》既然仍然采取了维持现状的立场,至少反映出,在行政法学界有较多学者支持的"公法说",并未真正说服立法者。这也给以后的研究,提出了更为艰巨的任务与挑战。

三、案例讨论

案例 5-5　日本《麻风预防法》违宪国家赔偿诉讼案[①]

1. 日本熊本地方法院是如何认定厚生大臣、国会议员存在国家赔偿法上的违法性和过错的?你能从中抽象出认定高级政务类行政官员、代议机关成员是否有违法、过错的一般性方法吗?

2. 以上引文中,熊本地方法院用"至迟自××年以后""最迟自××年起"达四次之多,这些时间节点的确定对判断立法不作为有何意义?

3. 在代议机关没有及时废止法律的情况下,认定高级政务类行政官员在实施法律方面存在违法性和过错,是否合理、适当?

4. 大规模损害赔偿请求的存在,是否应该成为立法免责的理由之一?熊本地方法院是如何在技术上处理大规模损害赔偿请求诉讼的?

案例 5-6　田珍等诉泰山风景名胜区管理委员会案【(2000)泰民终字第 752 号】

1. 本案事故起因是暴雨之中的山石滚落,《民法通则》第 126 条(以及在该案

[①] 朱芒:《立法、行政的不作为与国家赔偿责任——日本麻风预防法违宪国家赔偿诉讼》,未刊文,感谢作者赐稿赠阅。

发生以后出台《侵权责任法》第十一章"物件损害责任"下属的条款）都不具有可适用性。法院适用了侵权责任的一般性条款，即《民法通则》第 106 条第 2 款（"公民、法人由于过错侵害国家的、集体的财产，侵害他人财产、人身的，应当承担民事责任"）。我国《民法典》第 1165 条第 1 款规定，"行为人因过错侵害他人民事权益造成损害的，应当承担侵权责任"。其也是侵权责任的一般性条款。依本案法院适用法律的方法，前文所述"公法说"关于普通侵权法无法覆盖所有公共设施致害情形的主张，是否成立？

2. 有学者批评此案适用《民法通则》第 106 条第 2 款规定的过错责任原则，不符合域外通行的公共设施致害赔偿无过错责任原则。① 结合本节介绍的域外情况，你如何看待这一观点？

案例 5-7　田开秀、田宇诉五峰土家族自治县建设与环境保护局人身损害赔偿案【(2003)五民初字第 645 号，(2004)宜民终字第 565 号】

1. 本案一审法院认为："根据当事人意思自治原则，原告有权选择民事赔偿诉讼，也可以要求行政赔偿。"二审法院对此没有明确表态，只是肯定适用《民法通则》相关规定并无不当。而在"解说"部分之中，法官强调国有公共设施致害赔偿应当由民事侵权法调整。你是赞成一审法院的意见，还是"解说"法官的意见？

2. 本案适用《民法通则》第 126 条规定的过错推定原则，在举证责任配置方面，被告应举证证明自己没有过错。结合本节介绍的域外公共设施致害赔偿瑕疵判断理论，你认为，过错推定原则在公共设施致害赔偿领域中适用是否合理？

案例 5-8　江宁县东山镇副业公司与江苏省南京机场高速公路管理处损害赔偿纠纷上诉案(《最高人民法院公报》2000 年第 1 期)

1. 本案高速公路管理处收取车辆通行费，是一种行政管理行为，还是民事合同缔约行为？

2. 二审法院在判决中提及高速公路管理处应履行《公路法》(1997)第 43 条规定的义务。该法条原文是："各级地方人民政府应当采取措施，加强对公路的保护。县级以上地方人民政府交通主管部门应当认真履行职责，依法做好公路保护工作，并努力采用科学的管理方法和先进的技术手段，提高公路管理水平，逐步完善公路服务设施，保障公路的完好、安全和畅通。"请问：该条规定的是县级以上地方政府交通主管机关的职责，由此认定高速公路管理处负有"保障公路完好、安全、畅通"的职责和义务，合适吗？

---

① 参见马怀德主编：《完善国家赔偿立法基本问题研究》，北京大学出版社 2008 年版，第 288—289 页。

3. 本案肇事起因是高速公路上出现的一块雨布,二审法院认为:"以南京机场高速公路的现代化条件,足以保证高速公路管理处能够对路面异常情况及时发现并清除。"法院没有为这一认定提供更多说明,但依照常理,你是否认为高速公路管理处有能力随时随地发现路面异常情况?无论是按普通侵权法原理,还是按本节介绍的域外公共设施致害国家赔偿的原理,要求公共设施管理者随时发现并清除障碍物,是否合理?

4. 有观点认为,若适用公共设施致害国家赔偿的无过错归责原则,无论高速公路管理处是否已经尽其注意义务,只要造成损害,即承担赔偿责任。你是否赞同之?

5. 本章案例5-6、案例5-7、案例5-8都是通过普通侵权法途径解决公共设施致害赔偿问题,请在对比第二章案例2-2的基础上,探讨我国公共设施致害赔偿制度现状及其利弊。

相关案例(第五章)

第六章　国家赔偿的程序

　　第一节　国家赔偿的当事人
　　第二节　行政赔偿的程序
　　第三节　司法赔偿的程序
　　第四节　时效、执行和追偿

◆ [重点问题]

1. 国家赔偿请求人和国家赔偿义务机关如何确定？

2. 行政赔偿程序的模式是什么？单独提起的行政赔偿程序具体环节包括哪些？《国家赔偿法》(2010)对其有何改革？

3. 司法赔偿程序的模式是什么？司法赔偿程序具体环节包括哪些？《国家赔偿法》(2010)对其有何改革？

4. 国家赔偿的时效、执行和追偿制度是怎样的？《国家赔偿法》(2010)对其有何改革？

◆ [基本原理]

1. 什么是国家赔偿请求人？什么是国家赔偿义务机关？

2. 什么是行政赔偿一并提起程序？什么是行政赔偿单独提起程序？行政赔偿单独提起程序的具体环节有哪些？

3. 行政赔偿的共同赔偿程序有什么基本特点？有哪些尚待解决的问题？

4. 司法赔偿程序的具体环节有哪些？

5. 什么是国家赔偿时效？什么是国家赔偿执行？什么是国家追偿？现行的国家赔偿时效、执行和追偿制度是怎样的？

第一节 国家赔偿的当事人

✚ | 思考

什么是国家赔偿请求人？国家赔偿请求人的确定有哪些具体规则？什么是国家赔偿义务机关？国家赔偿义务机关的职能和性质是什么？国家赔偿义务机关的设定原则是什么？行政赔偿义务机关、司法赔偿义务机关的确定有哪些具体规则？

在我国,学理普遍认为国家是承担国家赔偿责任的主体。① 由此,在理论上,国家赔偿法律关系的当事人,应该由作为一方的国家与作为另一方的国家赔偿请求人构成。然而,国家毕竟只是具有法律拟制的人格。在对国家赔偿请求人提出的请求进行答辩、向国家赔偿权利人履行赔偿义务的时候,都需要国家的代理人出场。《国家赔偿法》第2条第2款规定:"本法规定的赔偿义务机关,应当依照本法及时履行赔偿义务。"这就是赔偿义务机关制度存在的理论与法律依据。所以,在国家赔偿的法律关系中,国家赔偿请求人和国家赔偿义务机关是两造当事人。

一、国家赔偿请求人

1. 国家赔偿请求人的概念

国家赔偿请求人,是指认为其合法权益或者其所继受的个人或组织的合法权益受到公务组织和人员公权力行为的侵害,以自己的名义依法提出国家赔偿请求的个人或者组织。国家赔偿请求人具有如下特点:

(1) 认为其自身的合法权益或者其所继受的个人或组织的合法权益遭遇侵害。一般情况下,请求人应该是受害人本身,而不能是为他人受到的损害请求国家赔偿。只有在受害人出现特殊情形之下,如自然人死亡、法人或者其他组织终止,请求权才可依法转移,由法定的继受人行使。当然,请求人主张受到侵害的权益究竟是否其自身的或者其所继受的个人或组织的,需在请求审理之后才能作出判断。只要请求人在提出请求时,有初步证据显示,公务组织职权行为所涉权益有可能是其自身或其继受的个人或组织所有,该请求就应予以受理。若事后判断公务组织职权行为所涉权益并非其自身或其继受的个人或组织所有,可否认其具有请求人资格。参见本章案例6-1"东风武汉汽车贸易公司申请确认(2000)汉经初字第031号民事裁定、(2001)汉经执字第002号通知、(2001)汉经执字第02-2号民事裁定违法查封、执行案外人财产纠纷案"。

(2) 合法权益受到公务组织和人员公权力行为的侵害。正因为是国家赔偿请求人,而不是普通的侵权赔偿请求人,其合法权益的受损当然源于公务组织和人员的公权力行为。受到私人行为侵害,或者受到公务组织和人员的私法行为侵害的,都不能成为国家赔偿请求人。

(3) 以自己的名义提起国家赔偿请求。凡是以他人的名义、而非自己名义

---

① 在属于大陆法系的德国、日本等国家和地区,理论上明确区分作为独立行政主体类型的国家、地方团体与其他公法人,国家赔偿责任的主体也就包括国家、地方团体与其他公法人。参见本书第一章第一节。

向赔偿义务机关提出赔偿请求的人,都不是国家赔偿请求人。例如,国家赔偿请求人的代理人,就是代表受害人、以受害人名义提出请求的。

(4) 国家赔偿请求人包括个人和组织。个人有作为自然人的公民和外国人;组织有法人、其他组织以及外国企业和组织。

2. 国家赔偿请求人的类型

根据《国家赔偿法》第 6 条、第 20 条、第 40 条的规定,国家赔偿请求人大体上分为一般请求人和继受请求人两类:

(1) 一般请求人。

一般请求人是指其自身合法权益遭遇侵害、依法提起国家赔偿请求的个人或组织,是较为常见的请求人类型,包括:

① 公民,即具有中国国籍的自然人。

② 法人,即依法成立的、有必要的财产或者经费、有自己的名称、组织机构和场所、独立享有民事权利和承担民事义务的组织。法人包括营利法人、非营利法人、特别法人等。①

③ 其他组织,即依法成立的、没有取得法人资格的组织。

④ 外国人、外国企业和组织。合法权益被公权力行为侵害的外国人、外国企业和组织,也有权提出国家赔偿请求。但是,我国实行的是对等保护原则。如果外国人、外国企业和组织的所属国对我国公民、法人和其他组织要求该国国家赔偿的权利不予保护或者限制的,我国将同等对待。

(2) 继受请求人。

继受请求人是指其所继受的个人或组织的合法权益遭遇侵害,以自己名义依法提出国家赔偿请求的个人或者组织。只有在个人死亡或者组织终止的情况下,继受请求人才能依法提出国家赔偿请求。继受请求人包括:

① 受害的自然人死亡的,其继承人、其他有扶养关系的人。

《国家赔偿法》第 6 条第 2 款规定:"受害的公民死亡,其继承人和其他有扶养关系的亲属有权要求赔偿。"《行政赔偿案件若干问题规定》(2022)第 7 条第 1 款的规定略有不同,"受害的公民死亡,其继承人和其他有抚养关系的人有权提起行政赔偿诉讼"。也就是说,只要与死者有扶养关系的,无论是否亲属,皆可以作为继受请求人。

关于继承人。根据我国《民法典》的规定,继承有法定继承和遗嘱继承之分,继承人或者依据法律规定或者依据合法有效的遗嘱,享有继承权。法定继承的

---

① 参见《民法典》第 57 条、第 76 条、第 87 条、第 96 条。

情况下,继承人包括第一顺序继承人(配偶、子女、父母)和第二顺序继承人(兄弟姐妹、祖父母、外祖父母)。其中,子女包括婚生子女、非婚生子女、养子女和有扶养关系的继子女;父母包括生父母、养父母和有扶养关系的继父母;兄弟姐妹包括同父母的兄弟姐妹、同父异母或者同母异父的兄弟姐妹、养兄弟姐妹、有扶养关系的继兄弟姐妹。被继承人的子女先于被继承人死亡的,由被继承人的子女的晚辈直系血亲(如被继承人的孙子女、外孙子女、曾孙子女、外曾孙子女)代位继承。另外,根据《民法典》颁布之前的《最高人民法院关于贯彻执行〈中华人民共和国继承法〉若干问题的意见》(1985),继承人如故意杀害被继承人、为争夺遗产而杀害其他继承人、遗弃被继承人、虐待被继承人情节严重以及伪造、篡改或者销毁遗嘱情节严重,将依法丧失继承权,也就丧失了作为继承人提出国家赔偿请求的资格。

关于其他有扶养关系的人。这包括有扶养关系的亲属、死者生前扶养的无劳动能力的人以及其他有扶养关系的人。有扶养关系的亲属主要是指继承人以外的、依靠受害人扶养的无劳动能力的亲属,或者是继承人以外的对死者扶养较多的亲属。首先,这里的扶养关系是广义的,包括赡养(晚辈对长辈)、抚养(长辈对晚辈)和狭义的扶养(同辈分亲属之间)。① 其次,这里的扶养关系包括法定的扶养关系和事实上的扶养关系,从而保护事实上依靠受害人扶养、但又与受害人没有法律上扶养关系的、生活无靠的亲属。再次,亲属包括血亲和姻亲,法律没有对亲属与受害人的远近关系作出明确限定。死者生前扶养的、与死亡的受害人没有亲属关系的、且确实没有劳动能力的人,也可以请求国家赔偿,从而保障其生存权,避免因为职务侵权行为而突然生活无着。② 除这两种情形外,依据《行政赔偿案件若干问题规定》(2022)第 7 条第 1 款,其他与死者存在扶养关系的人也可以成为继受请求人。

② 受害的法人或者其他组织终止的,其权利承受人。

受害的法人或其他组织终止,有许多种原因,诸如撤销、注销、变更、兼并、分立、解散等。但凡有承受原法人或者其他组织权利的新的法人或者其他组织甚至个人,皆可以自己的名义请求国家赔偿。《国家赔偿法》(1994)第 6 条第 3 款规定:"受害的法人或者其他组织终止,承受其权利的法人或者其他组织有

---

① 有观点称,对有赡养关系的人可以成为赔偿请求人未作出明确规定,是《国家赔偿法》的缺陷。参见马怀德主编:《完善国家赔偿立法基本问题研究》,北京大学出版社 2008 年版,第 144 页。
② 以上关于自然人死亡后的继受请求人的论述,参见张新宝:《国家赔偿的若干民法问题》,载《法商研究》1995 年第 5 期;皮纯协、冯军主编:《国家赔偿法释论》(第三版),中国法制出版社 2010 年版,第 125 页;薛刚凌主编:《国家赔偿法教程》,中国政法大学出版社 1998 年版,第 171,247 页;周友军、麻锦亮:《国家赔偿法教程》,中国人民大学出版社 2008 年版,第 108—109 页。

权要求赔偿。"换言之,依照旧法,受害的法人或者其他组织终止的,可以成为国家赔偿请求人的只能是承受权利的新的法人或者其他组织。然而,法人或者其他组织终止的,承受其权利的也有可能是自然人。如公司终止,权利承受人是自然人股东或自然人债权人;个人合伙终止,权利承受人是自然人。① 因此,新法以"权利承受人"概念概括称之,更为准确。必须指出的是,受害法人或者其他组织终止后的权利承受应当依法完成,否则,国家赔偿请求资格就不能有效转移。参见本章案例 6-2"开封市隆发房地产有限公司与开封市人民政府行政诉讼案"。

3. 国家赔偿请求人确定的其他问题

(1) 公务人员是否可以成为国家赔偿请求人。

公务组织的工作人员若受到公权力职务行为的侵害,需根据侵权行为的性质以及该公务人员被侵害时的法律地位,确定其能否成为国家赔偿请求人。若公务人员认为公务组织对其作出的惩戒、调动等处理决定侵犯其权益,那么,公务组织的处理决定是内部管理行为,在现行的制度之下,公务人员无权提请国家赔偿。② 然而,若公务人员是以普通公民的身份出现而遭受侵害的,那么,其仍然可以成为国家赔偿请求人。

(2) 公务组织是否可以成为国家赔偿请求人。

国家机关、法律法规授权的组织在履行公共职能、行使公共权力的时候,是公法上的公权力主体,一般不会受到其他公权力主体的侵害。然而,公务组织也有可能与普通个人或组织一样,处于民事主体、行政相对人或者诉讼当事人地位,也会受到来自公权力主体职务行为的侵害。例如,法院错误采取强制措施,导致行政机关遭受损害,或者,甲机关违法责令乙机关停止建设职工住宅楼,乙机关的权益由此受到侵害。在此类情形中,公务组织可以成为国家赔偿请求人。"至如行政机关立于财产权主体地位,与私人受同一法律关系之规范时,该行政机关亦得为国家赔偿之请求权人。"③ 参见第五章案例 5-2"山西省晋城市畜牧局驻长治办事处与山西省长治市城乡建设局行政纠纷案"。

(3) 近亲属是否可以成为精神损害国家赔偿请求人。

《国家赔偿法》第 35 条承认了精神损害赔偿,也确定了精神损害赔偿适用的情形,即出现该法第 3 条、第 17 条规定情形之一、致人精神损害并造成严重后果的。行政机关、刑事司法机关在行使职权过程中侵犯人身权的行为,造成人身权

---

① 参见张新宝:《国家赔偿的若干民法问题》,载《法商研究》1995 年第 5 期。
② 参见本书第四章第二节。
③ 参见叶百修:《国家赔偿法》,载翁岳生编:《行政法》(下册),中国法制出版社 2002 年版,第 1642 页。

直接被侵犯的受害人生理或心理上的痛苦,且后果严重的,那么,精神损害国家赔偿请求权自然属于该受害人。这一点毋庸置疑。然而,一方面,人身权直接被侵犯的受害人有死亡的可能性,而在理论上,死者谈不上有生理或心理上的痛苦,而真正遭遇精神痛苦的,是其近亲属;另一方面,在现实生活中,即便人身权直接被侵犯的受害人没有死亡,精神损害也并不仅仅止于直接受害人,因受害人遭遇公权力侵害而使近亲属同样承受心理痛苦的,也屡见不鲜。那么,近亲属是否也能提出精神损害赔偿请求呢?对此,《国家赔偿法》未予明确。

《最高人民法院关于确定民事侵权精神损害赔偿责任若干问题的解释》第1条、第2条、第3条的规定,在民事精神损害赔偿领域,特定情形下,近亲属是有权请求精神损害赔偿的。[①] 在我国的民事审判实务中,也有法院承认,同一侵权行为之下,不仅受害人有权请求精神损害赔偿,其近亲属因为受害人受到侵害而遭受精神损害的也有权请求赔偿。参见第五章案例5-6"田珍等诉泰山风景名胜区管理委员会案"。在此案中,不仅直接受到滚石伤害的田珍获得了精神损害赔偿[②],田珍的父亲田浩月也得到了精神损害赔偿。国家赔偿实务中,死者近亲属请求精神损害赔偿的,也得到认可。

因此,尽管《国家赔偿法》没有对精神损害赔偿请求人作出特殊规定,但应该认为:第一,有该法第3条、第17条规定情形之一,造成自然人死亡的,其近亲属有权请求精神损害赔偿。在此情形下的精神损害赔偿请求人范围,参照普通侵权法以近亲属为宜,不宜按照《国家赔偿法》第6条第2款规定,扩大到有扶养关系的近亲属以及死者生前抚养的无劳动能力的人。[③] 第二,虽未造成自然人死亡,但自然人受到伤害的程度已经达到十分严重的情况,以至于在通常情形下都会令其近亲属遭受精神痛苦的,也应给予近亲属以精神损害赔偿请求权。

(4)受害人死亡的,为其支出医疗费、丧葬费等合理费用的人是否可以成为国家赔偿请求人。

我国《民法典》第1181条第2款规定,"被侵权人死亡的,支付被侵权人医疗费、丧葬费等合理费用的人有权请求侵权人赔偿费用,但侵权人已经支付该费用的除外"。这就意味着,无论支付医疗费、丧葬费的人是否是死者的近亲属,其都可以

---

① 详见本书第五章第二节。
② 一审判决直接判给田珍精神损失费,二审判决改判为残疾赔偿金,但法院认为,残疾赔偿金具有精神损失费的性质,"残疾赔偿金设立的目的是为了弥补消费者在消费过程中人身遭受到伤害而带来的身心痛苦,因而具有精神抚慰性,与原审判决中精神损失的赔偿具备同性质的功能,可适用法律有明确规定的残疾赔偿金给予赔偿"。
③ 在《国家赔偿法》修订之前,即有学者认为在国家赔偿法未来改革引入精神损害赔偿的基础上,精神损害赔偿请求人可以适度地扩大至与直接侵害对象有赡养、抚养和扶养关系的近亲属。参见马怀德主编:《完善国家赔偿立法基本问题研究》,北京大学出版社2008年版,第149—151页。

请求赔偿。这样的规定无疑是为了更好地保护那些有着善良德行、与死者并无亲属关系、却乐意帮助他人的人。在国家赔偿领域，也应借鉴此制度，若受害人因被公权力职务行为侵害而死亡的，支付受害人医疗费、丧葬费等合理费用的人，也可以请求国家赔偿。《行政赔偿案件若干问题规定》(2022)对此予以了明确，该司法解释第7条第2款规定："受害的公民死亡，支付受害公民医疗费、丧葬费等合理费用的人可以依法提起行政赔偿诉讼。"可以认为，合理费用支付人获得了国家赔偿请求人地位。当然，若国家已经支付该费用给受害人的继受请求人的，支付合理费用的人可以向继受请求人求偿。

(5) 债权受让人是否可以成为国家赔偿请求人。

前文已经提及，依据《国家赔偿法》规定，只有在个人死亡或者组织终止的情况下，才会出现国家赔偿的继受请求人。然而，实践中还有一种债权转让的情形，转让债权的个人或组织并不一定死亡或终止，但其基于债权所享有的国家赔偿请求权，也应该随着债权转让一并由受让人获得。否则，对受让人是不公平的。例如，在民事诉讼过程中，生效法律文书确认的权利人甲对法院采取保全措施的财产享有债权，在进入执行程序前，甲将此债权合法转让给乙，但是，若法院在执行该财产时出现错误造成乙的债权无法实现，乙作为债权受让人应当有权申请国家赔偿。《涉执行司法赔偿解释》第3条对此种情形作出了肯定："原债权人转让债权的，其基于债权申请国家赔偿的权利随之转移，但根据债权性质、当事人约定或者法律规定不得转让的除外。"但书所规定的三种除外情形其实就是《民法典》第545条规定的债权不得转让的情形。

《民法典》

第545条 债权人可以将债权的全部或者部分转让给第三人，但是有下列情形之一的除外：

(一) 根据债权性质不得转让；

(二) 按照当事人约定不得转让；

(三) 依照法律规定不得转让。

二、国家赔偿义务机关

1. 国家赔偿义务机关的概念

(1) 赔偿义务机关的职能与性质。

若要对国家赔偿义务机关概念作一准确、到位的界定，首先须了解赔偿义务机关的职能与性质。"赔偿义务机关"一词主要目的就是为了方便受害人请求"国家赔偿"。由于国家是抽象的实体,受害人只能向代表国家的机关提出国家赔偿请求,但国家设立的机关形形色色、各种各样,法律若不能给出明示,受害人难以从中选择合适的索赔对象,机关也不愿主动承揽受害人的赔偿请求而经常会相互推诿。

鉴于"赔偿义务机关"一词比较准确地指明了国家赔偿关系中承担义务的一方当事人,对索赔的个人和组织,对承担赔偿义务的机关以至对立法和理论探讨都较为明确、方便,所以,我国的《国家赔偿法》(1994)吸收、采纳了该词。[1]

而且,《国家赔偿法》(1994)给了赔偿义务机关一个完整的责任主体地位,从受理、确认、决定,到支付赔偿费用、追偿等各个环节,赔偿义务机关承担起全面履行赔偿义务的角色。有学者称其为集侵权机关、赔偿请求受理机关、赔偿决定机关、赔偿责任履行机关和赔偿责任追偿机关于一身。[2] 虽然法律明确规定,赔偿费用列入各级财政,但是,国务院 1995 年制定的《国家赔偿费用管理办法》[3]第 7 条规定:"国家赔偿费用由赔偿义务机关先从本单位预算经费和留归本单位使用的资金中支付,支付后再向同级财政机关申请核拨。"由于赔偿义务机关普遍存在对国家赔偿的抵触情绪以及"家丑不外扬"的心态,这种"先支付后核拨"的制度,实际上造成了赔偿义务机关宁愿从自己的机关经费之中独立支付赔偿费用,也不愿向财政机关申请核拨的现象。[4]

2010 年《国家赔偿法》的修改,有意改变"先支付后核拨"的制度。其第 37 条第 3 款规定:"赔偿义务机关应当自收到支付赔偿金申请之日起七日内,依照预算管理权限向有关的财政部门提出支付申请。财政部门应当自收到支付申请之日起十五日内支付赔偿金。"另外,新法还取消了原来的国家赔偿确认程序,增加了协商程序。[5] 这意味着,尽管赔偿义务机关仍然在履行赔偿义务方面占据主导地位,有权办理受理、协商、决定等事项,但已经不再是侵权情形的确认主体和赔偿费用的先行支付主体。

(2) 国家赔偿义务机关概念的界定。

由于国家赔偿义务机关的职能与性质,在修订前后的《国家赔偿法》之间有所不同,因此,对国家赔偿义务机关这一概念的界定,需要注意其中发生的变化。

在修法之前,有的学者称"赔偿义务机关是指对特定赔偿案件具体履行接受赔偿请求、支付赔偿费用、参加赔偿诉讼等义务的机关"。[6] 有的称"赔偿义务机关是

---

[1] 应松年主编:《国家赔偿法研究》,法律出版社 1995 年版,第 133、207 页。
[2] 同上书,第 155 页。
[3] 该办法已经为《国家赔偿费用管理条例》(2011 年 1 月 17 日,国务院令第 589 号)宣布废止。
[4] 参见杨小君:《国家赔偿法律问题研究》,北京大学出版社 2005 年版,第 324 页。
[5] 详见本章第二节、第三节。
[6] 应松年主编:《国家赔偿法研究》,法律出版社 1995 年版,第 133 页。

指代表国家赔偿责任主体履行赔偿责任(支付赔偿费用)的机关"。① 有的称"行政赔偿义务机关,是指代表国家履行行政赔偿义务的行政机关或法律、法规授权组织","司法赔偿义务机关是国家赔偿法确定的接受赔偿请求人的请求并对赔偿事由进行审查和作出赔偿决定、代表国家承担赔偿义务的司法机关"。② 显然,这些定义倾向于将赔偿义务机关描述为全面办理国家赔偿事项、尤其是代表国家实质性地履行赔偿义务的主体。

不过,《国家赔偿法》(2010)作出了上述制度调整之后,国家赔偿义务机关概念之界定,也需相应地予以变化。特别是,应当取消多数学者概念描述中的"支付赔偿费用"或"代表国家履行赔偿义务"等内容,否则,就会偏离新法确立的主要由财政部门支付赔偿费用、赔偿义务机关转为支付的制度。所以,在本书中,国家赔偿义务机关是指接受与办理国家赔偿请求、以赔偿被请求人身份参加赔偿案件审理、代表国家履行返还财产、恢复原状等赔偿义务的国家机关或法律法规授权的组织。

依此定义,首先,国家赔偿义务机关负责接受与办理国家赔偿请求,包括受理赔偿请求、听取请求人意见、与请求人协商、作出是否赔偿决定、受理请求人的支付申请、向财政部门提出支付申请等,但不再负责先行支付赔偿费用。其次,在国家赔偿先行处理程序、行政赔偿复议、行政赔偿诉讼、司法赔偿的复议、司法赔偿的法院审理等不同类型的赔偿案件审理程序之中,以国家赔偿被请求人的身份参加③、代表国家进行必要的质证、辩论等,并接受有权机关作出的决定或裁判。再者,就具体赔偿义务而言,赔偿义务机关主要履行的义务是返还财产、恢复原状,以及在收到财政部门支付的赔偿费用后,向赔偿请求人转为支付。最后,国家赔偿义务机关有国家机关和法律法规授权的组织两大类型。法律法规授权的组织通常是行政赔偿义务机关。

2. 国家赔偿义务机关的设定原则

《国家赔偿法》(1994)在设定国家赔偿义务机关的时候,主要遵循了以下三

---

① 高家伟:《国家赔偿法》,商务印书馆 2004 年版,第 183 页。
② 刘嗣元、石佑启、朱最新编著:《国家赔偿法要论》(第二版),北京大学出版社 2010 年版,第 199、267 页。
③ 在不同程序环节之中,这种国家赔偿被请求人身份的称谓是不同的。例如,在行政赔偿复议中,是"被申请人";在行政赔偿诉讼一审程序之中,是"被告";在行政赔偿诉讼二审程序之中,是"上诉人"或者"被上诉人";在行政赔偿诉讼再审程序之中,是"申诉人"或者"被申诉人";在国家赔偿先行处理程序、司法赔偿案件的复议或法院审理之中,是"赔偿义务机关"。

项原则[①]：

(1) 谁侵权谁为赔偿义务机关原则。

这是"谁侵权谁负责"原则的衍化，又称为侵权机关与赔偿义务机关一元化设置原则。由实施侵权行为的机关为赔偿义务机关，被认为主要基于以下考虑：其一，在处理国家赔偿请求时，实施侵权行为的机关对其职权行为是否违法、是否造成损害、造成损害大小等，最易通过调查取证进行了解，从而有利于其提出相应的抗辩，也有利于其与受害人进行协商，可以有效率地处理赔偿请求。其二，可以借此督促国家机关依法行使公权力。侵权机关作为赔偿义务机关，直接面对国家赔偿请求，直接面对败诉的风险或结果，且必须付出相应的时间、精力、金钱等成本去处理国家赔偿请求事宜。这些都可以反向督促赔偿义务机关在行使公权力时做到依法办事。其三，也便于赔偿请求人寻求国家赔偿。通常情况下，侵权机关与受害人在物理空间上相距较近，由侵权机关作为赔偿义务机关，方便受害人提起国家赔偿请求，保障其获得救济的权利。其四，也无须像有些国家那样，另设专门的负责处理国家赔偿事项的机构，有利于机构精简和成本节省。

当然，赔偿义务机关的设定，主要目的是在程序上有一个方便赔偿请求人提出赔偿请求、对该请求进行必要处理、参加赔偿案件审理的机关。因此，更为严格、准确地说，作为赔偿义务机关的，并非一定实施了侵权行为。是否实施了侵权行为，还需有权机关依法定程序作出生效决定或裁判以后，才能最终定论。

(2) 独立行使公权力的主体为赔偿义务机关原则。

又被称为"职权主义原则"，或者，在行政赔偿领域，系"行政主体作为赔偿义务机关原则"。谁侵权、谁负责，只是确立了遴选赔偿义务机关的一项重要原则，上述该原则背后的考虑也是有其合理之处。不过，在实践中，侵权者的形态是多样化的，其或许是机构、组织，或许是具体工作人员。简单地以作出侵权行为的机构、组织或者工作人员所在的机构、组织为侵权机关，亦即作为赔偿义务机关，也忽略了该机构、组织是否在法律上有独立地位代表国家对外表示国家意思、与人民发生权利义务关系的问题。因此，《国家赔偿法》(1994)在设定赔偿义务机关时，还遵循了独立行使公权力主体作为赔偿义务机关的原则。也就是说，在法律上，有权以自己名义独立行使职权、并能承担相应后果的机关或组织，才可因其职权行为引起国家赔偿请求，而成为赔偿义务机关。

[①] 以下内容参考应松年主编：《国家赔偿法研究》，法律出版社 1995 年版，第 133—134 页；薛刚凌主编：《国家赔偿法教程》，中国政法大学出版社 1998 年版，第 173—174、249—250 页；高家伟《国家赔偿法》，商务印书馆 2004 年版，第 186 页；马怀德主编：《完善国家赔偿立法基本问题研究》，北京大学出版社 2008 年版，第 154—156 页；周友军、麻锦亮：《国家赔偿法教程》，中国人民大学出版社 2008 年版，第 114 页。

这个原则在行政赔偿领域显得尤为重要。相比较而言,履行司法职能的公安、安全、检察院、法院、看守所、监狱管理机关等机关,多能以自己名义独立行使职权;而履行公共行政职能的组织更加地多种多样,行政委托的情形比比皆是。行政法学理上较早时候即已研讨、确立行政主体理论,且在《行政诉讼法》中得以体现。尽管该理论有其先天不足之处,但毕竟为立法提供了引导。故而,国家赔偿法的立法者也就沿用了该理论,在行政赔偿领域,明确由行政主体作为赔偿义务机关。

(3)从办理国家赔偿请求的便利角度确定赔偿义务机关原则。

上述第(1)项原则,已经有便利国家赔偿请求办理的考虑,无论是方便赔偿义务机关处理,还是方便赔偿请求人提出请求、获得救济。然而,国家赔偿法对赔偿义务机关的设定,并不单纯考虑谁侵权、谁负责。甚至,有的时候,便利原则压倒了谁侵权、谁负责原则。例如,新法和旧法都有一条同样的赔偿义务机关规则,即"再审改判无罪的,作出原生效判决的人民法院为赔偿义务机关"。其实,在再审改判无罪的情形中,很有可能是一连串的错误造成了侵权,如违法拘留、错误逮捕、错误判决,但是,法律并没有依据谁侵权、谁负责原则,把拘留机关、逮捕机关和审判机关作为共同赔偿义务机关。其目的是明显的。此时,如果规定所有侵权机关为赔偿义务机关,会使赔偿程序复杂烦琐,机关之间为规避或减轻责任而彼此推诿的现象不可避免,不利于受害人求偿。

对于法律的这种制度安排,学说上有两种解释。第一种解释认为这是采取"侵权责任后置原则"或"吸收原则",即当数个司法机关都有侵权行为时,由最后一个作出终局司法决定的机关作为赔偿义务机关。这样,可避免赔偿义务机关众多、赔偿程序复杂、受害人救济困难的弊病,也可加重法律赋予其司法决定权机关的"把关"责任。[①] 第二种解释认为这是采取"责任递进转嫁原则",即在诉讼过程中,虽然在最初的司法机关及其工作人员的行为中,有错误发生,但是随着诉讼程序的递进,该错误在后继的司法机关并未得到纠正,而当事人因此所受损害亦随之递增。在这种情况下,因早先错误造成当事人损害的责任应当一并转嫁到最后作出错误决定或判决的机关。采用这种处理办法,方便受害人索赔是其出发点,同时,从理论上说,责任递进转嫁亦是合理的。因为,在诉讼程序中,后继的司法机关对前一机关的诉讼活动依法都有审查、审理和决定、判决的权力,如果后继司法机关能够真正切实履行职权,一般是可以避免错误的延续和当事人损害扩大的。将责任转嫁至最后作出决定或者判决机关,是因为其履行职权不当。[②]

---

① 参见陈春龙:《中国司法赔偿实务操作与理论探讨》,法律出版社 2002 年版,第 304 页。
② 参见房绍坤、丁乐超、苗生明:《国家赔偿法原理与实务》,北京大学出版社 1998 年版,第 226 页。

第一种解释只是重申了侵权责任后置或吸收的制度安排,并没有充分说明其正当性。① 相较之下,第二种解释阐述了让后继司法机关作为赔偿义务机关的两个理由:一是方便受害人索赔;二是追究后继司法机关怠于履行监督、审查职能的责任。虽然前一理由是更重要的,但后一理由也显示了对"谁侵权、谁负责"的适当考虑。后继司法机关的侵权,不仅仅意味着其自身作出错误决定或判决,也意味着其同时没有履行好监督、审查职能。

不过,"侵权责任后置原则"或"吸收原则",抑或"责任递进转嫁原则"都不是绝对的。在复杂案件中,确定赔偿义务机关应该对《国家赔偿法》第 21 条的四款规定进行系统解释。参见本章案例 6-3"汪崇余、杭州华娱文化艺术有限公司申请无罪赔偿申诉审查决定书案"。

3. 行政赔偿义务机关

根据现行《国家赔偿法》第 7 条、第 8 条的规定②,行政赔偿义务机关的确定有以下几种情形:

(1) 行政机关。

一般情况下,行政机关及其工作人员行使行政职权侵犯个人和组织合法权益造成损害的,该行政机关是赔偿义务机关。需要注意的是,这里的行政机关是指执行公务的工作人员的职权所属机关,而不一定是工作人员所隶属的行政机关。即关键不是组织上的隶属关系,而是职务委托关系。③ 因为,现实中,工作人员可能有借调等情况。若两个以上行政机关共同行使行政职权时侵犯个人和组织合法权益造成损害的,那么,共同行使行政职权的行政机关为共同赔偿义务机关。

---

① 该解释在最高人民法院、最高人民检察院发布的刑事赔偿典型案例中得到了认可。参见"最高人民法院、最高人民检察院公布 8 起刑事赔偿典型案例(2016 年)之一:程锡华申请大观区人民法院再审无罪国家赔偿案","典型意义:本案是关于赔偿义务机关后置设定的案件。本案中,安庆市中级人民法院赔偿委员会作出决定时,仅评价免予刑事处罚未实际侵犯程锡华人身自由权,未对前期的拘留、逮捕羁押行为进行评价,不符合国家赔偿法第二十一条确定的后置吸收赔偿原则。安徽省人民检察院依法提出监督意见,安徽省高级人民法院赔偿委员会依法纠正原违法不当的赔偿决定,维护了赔偿请求人程锡华的合法权益"。

② 第 7 条规定:"行政机关及其工作人员行使行政职权侵犯公民、法人和其他组织的合法权益造成损害的,该行政机关为赔偿义务机关。两个以上行政机关共同行使行政职权时侵犯公民、法人和其他组织的合法权益造成损害的,共同行使行政职权的行政机关为共同赔偿义务机关。法律、法规授权的组织在行使授予的行政权力时侵犯公民、法人和其他组织的合法权益造成损害的,被授权的组织为赔偿义务机关。受行政机关委托的组织或者个人在行使受委托的行政权力时侵犯公民、法人和其他组织的合法权益造成损害的,委托的行政机关为赔偿义务机关。赔偿义务机关被撤销的,继续行使其职权的行政机关为赔偿义务机关;没有继续行使其职权的行政机关的,撤销该赔偿义务机关的行政机关为赔偿义务机关。"第 8 条规定:"经复议机关复议的,最初造成侵权行为的行政机关为赔偿义务机关,但复议机关的复议决定加重损害的,复议机关对加重的部分履行赔偿义务。"

③ 高家伟:《国家赔偿法》,商务印书馆 2004 年版,第 187 页。

应当注意的是,《国家赔偿法》第 10 条明确规定共同赔偿义务机关承担连带责任,即"赔偿请求人可以向共同赔偿义务机关中的任何一个赔偿义务机关要求赔偿,该赔偿义务机关应当先予赔偿"。因此,第 7 条规定的"两个以上行政机关共同行使行政职权时侵犯公民、法人和其他组织的合法权益造成损害的",应该理解为是共同过错侵权(如依法由两个以上行政机关共同作出某个决定或采取某项措施),而不是在联合执法名义下的分别侵权(如工商部门公务人员和卫生部门公务人员联合执法,分别以小摊贩没有办理工商执照和卫生许可证为由进行罚款),也不是容易混淆的无意思联络的数人侵权(如交通管理机关违法扣押了甲的汽车,在扣押期间疏于管理,风吹雨淋,汽车受损较大;后来,海关又以该汽车是走私车为由,从交通管理机关处取走汽车并决定没收、拍卖,拍卖价款远低于汽车被扣时的价值,从而导致甲的财产损失)。共同过错侵权,侵权机关承担连带责任;共同执法名义下的分别侵权,则由不同侵权机关分别承担责任;而无意思联络的数人侵权,则由不同侵权机关承担按份责任,根据不同侵权机关在造成同一损害过程中的过错大小、作用力大小来确定;[①]难以确定责任大小的,平均承担责任。[②]

另外,需要指出的是,在强制执行程序中,依法向法院申请对已经作出的行政行为进行强制执行的行政机关,也可能成为赔偿义务机关。《行政赔偿案件若干问题规定》(2022)第 9 条规定:"行政机关依据行政诉讼法第九十七条的规定申请人民法院强制执行其行政行为,因据以强制执行的行政行为违法而发生行政赔偿诉讼的,申请强制执行的行政机关为被告。"换言之,在此种情形中,虽然直接实施强制执行的是法院,但如果是因为据以强制执行的行政行为本身违法而发生行政赔偿诉讼,赔偿义务机关不是法院,而是申请强制执行的行政机关。若据以强制执行的行政行为本身不违法,而是法院在实施强制执行过程中出现违法侵权问题,则赔偿义务机关应当是法院。

(2) 法律、法规、规章授权的组织。

在公共行政领域,并非只是行政机关履行行政职能。若法律、法规、规章授

[①] 关于共同过错侵权和无意思联络数人侵权的区别,参见本书第五章第一节。无意思联络数人侵权并不一定都是承担按份责任。我国《民法典》第 1170 条规定:"二人以上分别实施侵权行为造成同一损害,每个人的侵权行为都足以造成全部损害的,行为人承担连带责任。"据此,在有些特殊情形下,无意思联络的数人侵权也会承担连带责任,但条件是每个人的侵权行为都足以造成全部损害。《行政赔偿案件若干问题规定》(2022)第 22 条第 1 款也有类似规定:"两个以上行政机关分别实施违法行政行为造成同一损害,每个行政机关的违法行为都足以造成全部损害的,各个行政机关承担连带赔偿责任。"

[②] 《民法典》第 177 条规定:"二人以上依法承担按份责任,能够确定责任大小的,各自承担相应的责任;难以确定责任大小的,平均承担责任。"《行政赔偿案件若干问题规定》(2022)第 22 条第 2 款规定:"两个以上行政机关分别实施违法行政行为造成同一损害的,人民法院应当根据其违法行政行为在损害发生和结果中的作用大小,确定各自承担相应的行政赔偿责任;难以确定责任大小的,平均承担责任。"

权的组织在行使行政权力时侵犯个人和组织合法权益造成损害,被授权的组织为赔偿义务机关。①

(3) 委托的行政机关。

现实中,行政机关时常委托其他组织或者个人代为行使一定的行政职能,受委托组织或者个人的行为后果由委托的行政机关承担。因此,受行政机关委托的组织或者个人在行使受委托的行政权力时侵犯个人、组织合法权益造成损害的,委托的行政机关为赔偿义务机关。这里,"受委托的组织"取其最广义,既有非行政机关的组织,也有行政机关根据管理需要设置的临时机构、派出机构等。临时机构、派出机构在没有法律、法规授权的情况下,只能以设置机关的名义行使职权,可理解为属于"受委托的组织"范畴。法院在司法实务中对"推定委托"的认定,值得关注。参见案例 3-2 "许水云诉金华市婺城区人民政府房屋行政强制及行政赔偿案"。

(4) 行政复议机关。

行政相对人对造成合法权益损害的行政行为不服,依法可以提起复议申请。复议机关审理、作出决定后,行政赔偿义务机关当视复议决定而定:

① 复议决定维持原行政行为或驳回复议请求的,毫无疑问,致害的仍然是原行政行为。② 若事后经法院认定原行政行为确实违法、侵权,应该由最初造成侵权行为的行政机关为赔偿义务机关。

② 复议机关作出撤销、变更或者确认违法决定,意味着复议机关已经矫正或确认原来的违法行为。在此情形下,由原来违法行为造成的损害,还是应该由最初造成侵权行为的行政机关为赔偿义务机关。

③ 有的时候,复议决定还会加重损害。例如,原行政处罚决定罚款 100 元,复议机关作出变更原行政处罚、改为罚款 200 元的决定。若事后经法院裁判确认复议机关加重损害的决定违法,那么,复议机关对加重的部分履行赔偿义务。由此,原行政行为的作出机关和行政复议机关皆为行政赔偿义务机关。在涉及此种情形的行政赔偿诉讼中,复议机关和原行政行为机关原则上为共同被告,但赔偿请求人可以仅对其中之一提起赔偿诉讼,法院可以将未被起诉的机关追加为第三人。《行政赔偿案件若干问题规定》(2022)第 9 条规定:"原行政行为造成

---

① 关于法律、法规、规章授权的组织,参见本书第三章第二节。
② 复议机关在维持原行政行为或驳回复议请求的情形下,也有可能出现"隐性"的加重损害后果。例如,原行政行为是责令停产停业、吊销许可证和执照等,由于复议机关的维持或驳回决定未能及时改变这些违法行为,使得损害处于存续状态,损害也在不断加大。不过,责令停产停业、吊销许可证和执照等依然是原机关所作,复议机关的维持或驳回决定只是没有适时地停止损害加大,而损害的持续和加大仍然是因为原来行政行为的存在所致。因此,以最初作出侵权行为的机关为赔偿义务机关是适宜的。

赔偿请求人损害,复议决定加重损害的,复议机关与原行政行为机关为共同被告。赔偿请求人坚持对作出原行政行为机关或者复议机关提起行政赔偿诉讼,以被起诉的机关为被告,未被起诉的机关追加为第三人。"

(5) 原赔偿义务机关被撤销后的赔偿义务机关。

机构改革难免撤销或者合并某些行政机关。赔偿义务机关被撤销的,由继续行使其职权的行政机关为赔偿义务机关。若没有继续行使其职权的行政机关,那么,撤销该赔偿义务机关的行政机关为赔偿义务机关。

▶▶▶ 即时思考

1. 若赔偿义务机关由人民代表大会或其常委会撤销,且没有继续行使其职权的行政机关的,应该由哪个机关为赔偿义务机关?

2. 修订前后的《国家赔偿法》关于原赔偿义务机关撤销后赔偿义务机关如何确定的问题,都是明确规定于行政赔偿领域,而在司法赔偿领域未作规定。你是否认为在司法赔偿领域可适用类似规则?

(6) 作出批准决定的上级行政机关。

造成侵害事实的行政行为,是经上级行政机关批准的,此时,赔偿义务机关如何确定,修订前后的国家赔偿法都未给予明示。不过,《适用行政诉讼法解释》第19条规定:"当事人不服经上级行政机关批准的行政行为,向人民法院提起诉讼的,以在对外发生法律效力的文书上署名的机关为被告。"既然在行政诉讼中,作出批准决定的上级行政机关应当作为被告,那么,为保持程序法上的一致性,在接受、办理赔偿请求和参加赔偿案件审理方面,也应该由上级行政机关作为赔偿义务机关,同时,也符合谁侵权、谁负责的原则。①

4. 司法赔偿义务机关

根据现行《国家赔偿法》第21条、第38条的规定②,司法赔偿义务机关的确

---

① 参见刘嗣元、石佑启、朱最新编著:《国家赔偿法要论》(第二版),北京大学出版社2010年版,第209页。

② 第21条规定:"行使侦查、检察、审判职权的机关以及看守所、监狱管理机关及其工作人员在行使职权时侵犯公民、法人和其他组织的合法权益造成损害的,该机关为赔偿义务机关。对公民采取拘留措施,依照本法的规定应当给予国家赔偿的,作出拘留决定的机关为赔偿义务机关。对公民采取逮捕措施后决定撤销案件、不起诉或者判决宣告无罪的,作出逮捕决定的机关为赔偿义务机关。再审改判无罪的,作出原生效判决的人民法院为赔偿义务机关。二审改判无罪,以及二审发回重审后作无罪处理的,作出一审有罪判决的人民法院为赔偿义务机关。"第38条规定:"人民法院在民事诉讼、行政诉讼过程中,违法采取对妨害诉讼的强制措施、保全措施或者对判决、裁定及其他生效法律文书执行错误,造成损害的,赔偿请求人要求赔偿的程序,适用本法刑事赔偿程序的规定。"

定有以下几种情形：

（1）违法采取拘留措施的机关。

违反刑事诉讼法的规定对公民采取拘留措施的，或者依照刑事诉讼法规定的条件和程序对公民采取拘留措施，但是拘留时间超过刑事诉讼法规定的时限，其后决定撤销案件、不起诉或者判决宣告无罪终止追究刑事责任的，被拘留的公民有权请求赔偿。在此情形下，作出拘留决定的机关为赔偿义务机关。

（2）作出错误逮捕决定的机关。

对公民采取逮捕措施后，只要决定撤销案件、不起诉或者判决宣告无罪终止追究刑事责任的，无论逮捕措施作出时是否符合法定条件，被逮捕的公民都有权请求赔偿。此时，作出逮捕决定的机关为赔偿义务机关。这个赔偿义务机关的确定，可解释为采取了前述的"责任递进转嫁原则"。即便在逮捕之前已有拘留，无论拘留是否违法，也不再由拘留机关和逮捕机关同时作为赔偿义务机关。而批准逮捕与提起公诉不是同一检察院的，由作出逮捕决定的检察院作为赔偿义务机关。① 参见第四章案例4-5"王华英请求晋江市人民检察院错误逮捕国家赔偿案"。

（3）作出错误的一审有罪判决的法院。

一审法院作出有罪判决以后，二审法院改判无罪的，或者二审法院发回重审后作无罪处理的，实际上意味着刑事诉讼的被告在法律上是无罪的。其先前受到的人身权、财产权侵害，国家应予赔偿。而赔偿义务机关就是作出一审有罪判决的法院。

所谓二审法院发回重审后作无罪处理的，主要有以下情形：二审法院发回重审后，一审法院改判无罪；二审法院发回重审，一审法院在重新审理期间退回检察院补充侦查，检察院作出不起诉决定或者撤销案件决定的；二审法院发回重审，一审法院在重新审理期间，检察院要求撤回起诉，法院裁定准许撤诉后，检察院作出不起诉决定或者撤销案件决定的。

（4）作出错误的原生效判决的法院。

刑事有罪判决生效后，经审判监督程序再审改判无罪的，原先被判有罪、人身权、财产权受到先前刑事司法行为侵害的，有权请求国家赔偿。此时，作出原生效判决的法院为赔偿义务机关。根据《最高人民法院关于人民法院执行〈中华人民共和国国家赔偿法〉几个问题的解释》（法发〔1996〕15号）第5条的规定，作出原生效判决的法院有两种情形：原一审法院作出判决后，被告人没有上诉，检察院没有抗诉，判决发生法律效力的，原一审法院为赔偿义务机关；被告人上诉

---

① 参见《国家赔偿法实施座谈会纪要》第11条。

或者检察院抗诉,原二审法院维持一审判决或者对一审法院判决予以改判的,原二审法院为赔偿义务机关。此外,虽无司法解释的规定,但可以合理推出的另外两种情形是:原生效的死缓判决由高级人民法院核准的,该高级人民法院为赔偿义务机关;原生效的死刑判决由最高人民法院核准的,最高人民法院为赔偿义务机关。①

(5)其他情形中实施侵权行为的刑事司法机关。

除了以上法律特别规定的情形以外,凡是行使侦查、检察、审判职权的机关以及看守所、监狱管理机关及其工作人员在行使职权时侵犯个人、组织合法权益造成损害的,该机关为赔偿义务机关。例如,采取拘留措施的机关,对被拘留人实施了刑讯逼供,该侵权行为造成的损害,应由拘留机关作为赔偿义务机关。即便此后有逮捕或判决,也不适用"责任递进转嫁原则",仍然遵循"谁侵权、谁为赔偿义务机关原则"。

(6)在民事、行政诉讼中实施侵权行为的法院。

在民事诉讼、行政诉讼过程中,违法采取对妨害诉讼的强制措施、保全措施或者对判决、裁定及其他生效法律文书执行错误,造成损害的,依据"谁侵权、谁负责"的原则,自然由违法采取强制措施、保全措施及执行错误的法院为赔偿义务机关。即便两个法院可能在行使职权过程中造成同一受害人同一标的物的损失,但也应是各自行为的侵权,分清各自的责任,而不是连带责任。参见第四章案例4-9"艾尔肯肖吾东因财产被错误执行请求司法赔偿案"。另外,根据委托原理,《涉执行司法赔偿解释》第4条规定,人民法院将查封、扣押、冻结等事项委托其他人民法院执行的,公民、法人和其他组织认为错误执行行为造成损害申请赔偿的,委托法院为赔偿义务机关。

实践中,容易引发争议的是,法院执行生效法律文书,应执行申请人的申请,向有关单位(如不动产登记机构)发出协助执行通知书(如协助查封不动产),但有关单位工作人员疏忽,没有切实地协助执行,最终导致执行申请人权益受损的(如本应被查封、被执行的不动产转移给善意第三人)。在此情形中,因协助执行单位没有履行(包括及时履行、全面履行)协助执行义务而导致的损害赔偿,究竟是国家赔偿,还是普通侵权赔偿?赔偿义务机关是法院还是协助执行单位?

有一种观点认为,由于法院在发出协助执行通知书以后,没有能力和条件适时监督协助执行单位的执行情况,根据"谁侵权、谁负责"的原理,协助执行单位

---

① 参见刘嗣元、石佑启、朱最新编著:《国家赔偿法要论》(第二版),北京大学出版社2010年版,第269页。

应当为其工作人员的疏忽承担法律责任。执行申请人应该向协助执行单位直接请求赔偿。另一种观点则认为,对于执行申请人而言,其是与法院发生执行法律关系。并不是在每一个执行案件中,申请人都确切地知道协助执行单位是谁、以及法院何时发出协助执行通知书。法院与协助执行单位实际存在委托关系,若受委托的协助执行单位没有履行协助执行义务,应当首先由法院作为国家赔偿义务机关,再由法院向协助执行单位进行追偿。

前一观点的合理之处是:第一,考虑法院很难监督协助执行单位履行协助执行义务的现实;第二,执行申请人直接以协助执行单位为赔偿请求对象,也不会给执行申请人造成更多的不便。但其值得商榷的地方,也是后一观点的合理之处是:第一,法院执行是国家公权力的行使,无论协助执行单位是其他公权力机构(如不动产登记机构),还是私主体(如商业银行),都是在接受法院委托、协助国家公权力的行使。第二,若执行申请人直接对协助执行的私主体提出请求赔偿,是无法走国家赔偿途径的,那就会产生国家赔偿与普通侵权赔偿的混淆。后一观点将此情形中出现的侵权赔偿定位于国家赔偿,是符合法理的。第三,对协助执行单位履行协助执行义务情况的监督,可以通过一些制度和技术手段加以弥补或改进。① 故本书倾向于后一观点。

三、案例讨论

案例 6-1 东风武汉汽车贸易公司申请确认(2000)汉经初字第 031 号民事裁定、(2001)汉经执字第 002 号通知、(2001)汉经执字第 02-2 号民事裁定违法查封、执行案外人财产纠纷案【(2005)汉确字第 001 号】

1. 法院认为本案申请人汽贸公司对(2000)汉经初字第 031 号民事裁定不具有国家赔偿请求人资格。你是否同意?

2. 法院认为:"即使被查封的车辆确属汽贸公司所有,按照《中华人民共和国民事诉讼法》第二百一十四条的规定,对已被执行的财产,应由人民法院作出裁定,责令取得财产的人返还。只有在执行回转不能实现的前提下,汽贸公司才会有实际损失。"你是否同意?

案例 6-2 开封市隆发房地产有限公司与开封市人民政府行政诉讼案【(1999)行终字第 5 号】

1. 尽管隆发公司主张其已经"兼并"豫东公司,但河南省高级人民法院和最

---

① 关于这一问题的讨论,感谢山东省东平县人民法院刘万金法官的提问以及部分法官的参与。

高人民法院都否认了其原告主体资格。为什么？两家法院的论理是否完全一致？

2. 这是一起关于行政诉讼原告资格转移的案件，其本身并未涉及国家赔偿。但请注意法院的论理，并思考其在国家赔偿请求人资格转移问题上的适用性。

案例 6-3 汪崇余、杭州华娱文化艺术有限公司申请无罪赔偿申诉审查决定书案【(2016)最高法委赔监 145 号】(《最高人民法院公报》2017 年第 9 期)

1. 东阳市公安局在侦查阶段追缴发还给横店影视公司的款项，当事人若请求赔偿，赔偿义务机关应该是谁？法律依据是什么？

2. 东阳市人民法院在执行生效刑事判决过程中发还给横店影视公司的款项，当事人若请求赔偿，赔偿义务机关应该是谁？法律依据是什么？

第二节　行政赔偿的程序

> **思考**
>
> 什么是行政赔偿程序？行政赔偿程序的"双轨制"是什么？其意义何在？行政赔偿的一并提起程序是指什么？行政赔偿的单独提起程序是指什么？有哪些环节？新的国家赔偿法在这些环节上有什么制度创新？共同赔偿义务机关处理行政赔偿请求的程序有什么基本特点？又有哪些问题有待解决？

一、行政赔偿程序概述

行政赔偿程序，是指行政赔偿请求人提出行政赔偿请求，行政赔偿义务机关处理行政赔偿请求或者/以及行政复议机关、法院解决行政赔偿争端的步骤、方式、顺序和时限。根据《国家赔偿法》第 9 条的规定，行政赔偿程序实行"先行政、后诉讼的程序"（以下简称"单独提起程序"或"先行处理的程序"）和"行政复议或诉讼一并提起程序"（以下简称"一并提起程序"）并存的模式。通俗地说，行政赔偿程序实施"双轨制"。

可见，从性质上看，行政赔偿程序既有行政程序，包括单独提起程序之中的赔偿义务机关先行处理程序、行政赔偿复议程序以及行政复议一并提起行政赔偿请求程序；也有司法程序，包括单独提起程序之中的行政赔偿诉讼程序和行政诉讼一并提起行政赔偿请求程序。

《国家赔偿法》

第9条　赔偿义务机关有本法第三条、第四条规定情形之一的，应当给予赔偿。

赔偿请求人要求赔偿，应当先向赔偿义务机关提出，也可以在申请行政复议或者提起行政诉讼时一并提出。

双轨制的存在，意味着受害人可以在单独提起程序和一并提起程序之间进行选择。受害人是否在复议或者诉讼中一并提起行政赔偿请求，完全基于当事人意思自治的原则，由其自己决定。受害人若希望更加及时地解决争端、实现救济，通常就会在复议或者诉讼中一并提出赔偿请求。受害人若有意先在复议或诉讼中解决行政行为合法性问题，或者因为疏忽而没有在复议或诉讼中请求赔偿，[①]那么，在其拿到可以认定为行政行为违法侵权的复议决定或法院裁判（如撤销、变更、确认违法、责令履行法定职责等）之后，也可以再行单独向赔偿义务机关请求赔偿。又或者，受害人有意先与赔偿义务机关（亦即侵权行为作出机关）打交道，而不想直接诉诸复议或诉讼，与赔偿义务机关形成比较激烈的对立，受害人也可以不经复议或诉讼，直接依单独提起程序请求赔偿。

一并提起程序，另有《行政复议法》《行政复议法实施条例》《行政诉讼法》以及相关的司法解释，给予明确、细致的规定。故而，《国家赔偿法》并未提供更多的规则。本书也将集中笔墨于特殊的单独提起程序。

二、单独提起程序的含义和优点

所谓单独提起程序，实际上是先行政、后诉讼的程序，又称先行处理的程序，是指行政赔偿请求人先行直接向行政赔偿义务机关提出单独的行政赔偿请求，在请求未得到满足的情况下，再向法院提起行政赔偿诉讼，由法院对其请求予以处理的程序。

单独提起程序是相对于一并提起程序而言的。个人或组织认为行政行为侵

[①] 根据《行政赔偿案件若干问题规定》(2022)第14条第1款("原告提起行政诉讼时未一并提起行政赔偿诉讼，人民法院审查认为可能存在行政赔偿的，应当告知原告可以一并提起行政赔偿诉讼。")，当事人在行政诉讼中的疏忽会有法院予以提醒。当然，根据当事人意思自治原则，原告是否一并提起行政赔偿诉讼请求，由其自己决定。

犯其合法权益而提起行政复议或者行政诉讼的,可以在请求复议机关或法院撤销、变更该行政行为,或者请求确认该行政行为违法,或者请求被申请复议或被诉的行政机关履行法定职责的同时,就其受到的损害一并提出赔偿请求。[①] 这就是一并提起程序。《行政赔偿案件若干问题规定》(2022)第 13 条第 1 款还指出了一并提起程序的一种特殊情形:"行政行为未被确认为违法,公民、法人或者其他组织提起行政赔偿诉讼的,人民法院应当视为提起行政诉讼时一并提起行政赔偿诉讼。"据此,若个人或组织就未被确认为违法的行政行为提起行政赔偿诉讼的,法院应当将其纳入一并提起程序之中。

但是,若行政行为已被确认为违法,个人或组织只能先向行政赔偿义务机关提出行政赔偿请求,由行政赔偿义务机关先行处理,请求人若不服处理结果,可以再提起行政赔偿诉讼。这就是单独提起程序或先行处理程序。根据《行政赔偿案件若干问题规定》(2022)第 18 条规定,"行政行为被有权机关依照法定程序撤销、变更、确认违法或无效,或者实施行政行为的行政机关工作人员因该行为被生效法律文书或监察机关政务处分确认为渎职、滥用职权的,属于本规定所称的行政行为被确认为违法的情形。"

这里,有权机关通常是指:(1) 行政行为作出机关;(2) 行政行为作出机关的上级机关;(3) 行政复议机关;(4) 法院。生效法律文书的内容通常包括:(1) 撤销行政行为;(2) 变更行政行为;(3) 责令履行法定职责;(4) 确认行政行为违法。获得这些生效法律文书的途径通常有:(1) 向行政行为作出机关或其上级机关提出复查或申诉;(2) 向行政复议机关提起行政复议,但未一并提出赔偿请求;(3) 向法院提起行政诉讼,但未一并提出赔偿请求;(4) 行政行为作出机关或上级机关主动检查或发现。换言之,赔偿请求人若通过上述途径,从上述有权机关那里,得到有着上述内容的生效决定或裁判,此时,行政行为的违法性就已确定。而个人或组织认为该违法行为造成自己权益受损、自己应该获得赔偿的,受害人就只能(也只需)向行政赔偿义务机关先行提出单独的行政赔偿请求。而《行政赔偿案件若干问题规定》(2022)显然又增加了一种特殊的行政行为确认违法的情形,即"实施行政行为的行政机关工作人员因该行为被生效法律文书或监察机关政务处分确认为渎职、滥用职权的"。这意味着,即便行政行为本身并未被生效法律文书如上所述直接确认为违法,行政机关工作人员因为实施该行为

[①] 根据《行政赔偿案件若干问题规定》(2022)第 14 条第 2 款的规定,当事人在诉讼过程中一并提起行政赔偿请求的,需视其在什么环节或阶段提出而予以不同的处理。第一,原告在第一审庭审终结前提起行政赔偿诉讼,符合起诉条件的,人民法院应当依法受理;第二,原告在第一审庭审终结后、宣判前提起行政赔偿诉讼的,是否准许由人民法院决定;第三,原告在第二审程序或者再审程序中提出行政赔偿请求的,人民法院可以组织各方调解;调解不成的,告知其另行起诉。

而被确认为渎职、滥用职权的,也是对行政行为违法的一种间接确认。

单独提起程序的设计,主要考虑其具有以下优点:第一,单独提起程序以行政处理先行,比司法程序更为简单,可以使受害人与行政机关都免受诉讼之累,有利于行政赔偿争议的迅速解决;第二,赔偿请求在行政处理过程中得到解决,也可以减少诉讼,减轻法院处理行政赔偿案件的负担;第三,体现对赔偿义务机关的尊重和信任,使其有机会主动纠错、采取补救措施;第四,单独提起程序客观上迫使行政机关先行自我检查、复核,加强对其工作人员的监督、考核,促进行政机关的依法行政。① 单独提起程序的缺点是:若赔偿请求人尚未经行政复议、行政诉讼或其他程序,获得对争议行政行为的违法性予以认定的生效决定或裁判,又与赔偿义务机关进行旷日持久的交涉,容易耽误行政复议申请期限或行政诉讼起诉期限,故赔偿请求人需谨慎对待,以免因此造成行政复议或行政诉讼途径的阻塞。

三、 单独提起程序的具体环节

1. 申请②

(1) 申请期限

根据《国家赔偿法》第 39 条,赔偿请求人请求国家赔偿的时效为两年,自其知道或者应当知道国家机关及其工作人员行使职权时的行为侵犯其人身权、财产权之日起计算,但被羁押等限制人身自由期间不计算在内。据此,《行政赔偿案件若干问题规定》(2022)第 15 条也规定:"公民、法人或者其他组织应当自知道或者应当知道行政行为侵犯其合法权益之日起两年内,向赔偿义务机关申请行政赔偿。"

(2) 书面申请及相关材料。

赔偿请求人向赔偿义务机关提出赔偿请求,应当递交申请书。申请书应当载明下列事项:① 受害人的姓名、性别、年龄、工作单位和住所,法人或者其他组织的名称、住所和法定代表人或者主要负责人的姓名、职务;② 具体的要求、事实根据和理由;③ 申请的年、月、日。其中,"赔偿要求"主要指是要求恢复原状、返还财产还是金钱赔偿,若是金钱赔偿,请求赔偿的数额是多少等与赔偿方式、项目、数额有关的具体请求。赔偿请求人可以根据受到的不同损害,同时提出数项赔偿要求。由于单独提起程序既可以先经过复查、申诉、复议或诉讼,也可以

---

① 参见皮纯协、冯军主编:《国家赔偿法释论》(第三版),中国法制出版社 2010 年版,第 137—138 页;刘嗣元、石佑启、朱最新编著:《国家赔偿法要论》(第二版),北京大学出版社 2010 年版,第 196 页。

② 参见《国家赔偿法》(2010)第 11 条、第 12 条第 1 款、第 2 款、第 3 款。

未经这些程序直接向赔偿义务机关提出,也由于新国家赔偿法明确取消了确认环节,因此,在直接向赔偿义务机关单独提出赔偿请求的情形下,请求人还可以在申请书中附带提出撤销、变更、确认违法、履行法定职责等要求。

"事实根据"是指赔偿义务机关及其工作人员侵权行为的事实和受害人遭受损害的事实。事实根据通常需要相应的证据材料予以证明。因此,请求人在申请书中除了描述侵权事实和损害事实的基本情况以外,还应该提供与赔偿要求相配套的初步证据材料,如赔偿义务机关作出的决定书、身体受损的医院诊断书和医疗费收据、财产受损的修复费用票据、死亡证明书、死亡开支的丧葬费、与死者有扶养关系的人的基本情况等。"理由"若与"事实根据"相区别的话,更多地是指赔偿请求人认为赔偿义务机关应对其损失进行赔偿的法律依据。

当然,赔偿请求人并不一定要在申请阶段即履行其必须履行的举证责任。由于是行政先行处理程序,只要初步证据证明有存在侵权行为和损害结果的可能性,赔偿义务机关就有义务对相关事实进行调查,从而为其作出是否赔偿、赔偿多少的决定获取充分、确凿的证据。

(3) 申请书的代书或口头申请。

赔偿请求人书写申请书确有困难的,还可以委托他人代为书写;也可以口头申请,由赔偿义务机关记入笔录。毫无疑问,无论是托人书写还是赔偿义务机关记入笔录,仍然是以赔偿请求人的名义提出赔偿请求,因此,赔偿请求人应该在他人代写的申请书或者赔偿义务机关的笔录上签字确认或者盖章,在请求人不会写字或没有能力写字、也没有印章的特殊情况下,可以考虑加摁手印。

(4) 继受请求人与受害人关系的证明。

赔偿请求人若不是受害人本人的,应当说明与受害人的关系,并提供相应证明。这里指的并非提交赔偿申请书的人与受害人不一致的情形。法律虽然要求赔偿请求应以书面方式进行,但没有要求必须由赔偿请求人本人向赔偿义务机关递交申请书。并且,法律也未要求非得到赔偿义务机关办公场所当面递交赔偿申请书不可。因此,赔偿请求人不是受害人本人的情形,就是指在赔偿申请书上以自己名义提出赔偿请求的不是受到侵权行为损害的个人或组织的情形,就是指法定的个人死亡、组织终止后请求权资格转移的情形。为此,受害人是自然人死亡的,赔偿请求人必须说明其是死者的继承人、其他有扶养关系的亲属以及死者生前抚养的无劳动能力的人;受害人是组织终止的,赔偿请求人必须说明其是权利承受人。[①]

---

① 详见本章第一节。

2. 受理[①]

（1）收讫凭证。

递交申请书有多种方式。赔偿请求人到赔偿义务机关办公场所当面递交申请书的，赔偿义务机关应当当场出具加盖本行政机关专用印章并注明收讫日期的书面凭证。《国家赔偿法》的这一新规，旨在为计算时间提供方便，防止和减少赔偿义务机关久拖不决，尤其是以没有收到申请书为由久拖不决。根据该法第13条第1款规定，赔偿义务机关自收到申请之日起2个月内，应当作出是否赔偿的决定。收讫凭证可以作为赔偿义务机关收到申请的证据，收讫凭证上的日期就可以作为计算决定期限的起点。

《国家赔偿法》没有规定赔偿请求人提出申请的其他方式，以及在这些方式之下，赔偿义务机关是否要出具收讫凭证。不过，既然该法承认有"当面递交申请书的"情形，就隐含有对以其他方式递交申请书的认可之意，只是未予明确其他方式为何。《行政许可法》第29条第3款规定："行政许可申请可以通过信函、电报、电传、传真、电子数据交换和电子邮件等方式提出。"《行政复议法实施条例》第18条规定："申请人书面申请行政复议的，可以采取当面递交、邮寄或者传真等方式提出行政复议申请。有条件的行政复议机构可以接受以电子邮件形式提出的行政复议申请。"可见，现代通信技术的发达，已经在行政机关受理许可申请、复议申请制度上体现出来。从便利原则出发，赔偿请求人应该也至少可以通过邮寄、传真、电报、电传的方式递交申请。此时，赔偿请求人应当保留相应的凭证，以便在发生赔偿义务机关是否收到申请的争议时作为证据提供。

（2）告知补正。

收到赔偿申请书之后，赔偿义务机关可以对申请材料是否齐全进行审查。如果申请材料不齐全的，赔偿义务机关应当当场或者在5日内一次性告知赔偿请求人需要补正的全部内容。首先，赔偿义务机关在受理阶段，仅仅审查申请材料是否齐全，尤其是申诉书应当载明的事项是否完整，而不对请求人是否有赔偿请求权、请求事项是否在赔偿范围之内、请求赔偿的损害是否由本机关及其工作人员或本机关委托的个人或组织造成等事项进行审查。这些事项可在受理之后，由赔偿义务机关处理赔偿请求时进行——审查，凡不符合国家赔偿法规定、赔偿请求不能成立的，赔偿义务机关可以作出不予赔偿的决定。《国家赔偿法》除了规定告知补正以外，没有授权赔偿义务机关决定受理或不予受理。

[①] 参见《国家赔偿法》第12条第4款。

▶▶▶ 即时思考

有学者认为,赔偿义务机关应当审查申请是否符合要求赔偿的条件、申请书的形式和内容是否符合要求、申请人要求赔偿的损害是否确系由本行政机关及其工作人员或受本机关委托的组织和个人违法行为造成以及申请赔偿的损害是否属于法定赔偿范围之内。所有这些要求都达到的,则应受理。如果申请人不具有请求权,应告知由有请求权的人来申请;如果申请人已经丧失请求权的,应告知其不予受理及原因。① 你是否同意这一见解?

其次,针对申请材料不齐全的,赔偿义务机关可当场告知需要补正的全部内容,也可在收到申请书之日起 5 日内一次性告知需要补正的全部内容。这一新的规定旨在减少赔偿义务机关有意拖延、给赔偿请求申请人制造来回奔波麻烦的可能性。

3. 决定②

(1) 听取意见。

赔偿义务机关在作出赔偿决定之前,应当充分听取赔偿请求人的意见。这是旧国家赔偿法之中没有的规则,是正当程序原则要求的体现。以往,有些行政机关在自定的行政赔偿办法之中,也规定了听取意见的程序。例如,《海关行政赔偿办法》(2003)第 25 条规定:"赔偿案件审理原则上采用书面审查的办法。赔偿请求人提出要求或者赔偿主管部门认为有必要时,可以向有关组织和人员调查情况,听取赔偿请求人、第三人的意见。"但是,这样的程序显然是基于赔偿义务机关自由裁量的,而不是法定必须遵循的。《国家赔偿法》(2010)已经明确听取意见为必经程序。

从字面上看,《国家赔偿法》仅仅规定"作出赔偿决定"应当听取意见,而没有明确赔偿义务机关作出不予赔偿决定之前,是否也要听取意见。然而,正当程序原则的核心含义是"任何人在受到不利影响之前都要被听取意见"。因此,《国家赔偿法》确立的听取意见规则,如果应该适用于"作出赔偿决定"的情形,那么,"作出不予赔偿决定"的情形就更应适用了。听取意见的形式可以是多种多样的,非正式的谈话、协商和正式的听证等,都可以采用。

(2) 协商。

赔偿义务机关在作出赔偿决定之前,还可以与赔偿请求人就赔偿方式、赔偿项目和赔偿数额依照《国家赔偿法》第四章的规定进行协商。据此,第一,赔偿义务机关可以在收到赔偿申请书之后,与赔偿请求人就赔偿问题进行协商,而无须

---

① 参见皮纯协、冯军主编:《国家赔偿法释论》(第三版),中国法制出版社 2010 年版,第 145 页。
② 参见《国家赔偿法》(2010)第 13 条第 1 款。

采取唯一的由赔偿义务机关单方决定的方式。

第二,赔偿义务机关与赔偿请求人的协商,与听取赔偿请求人的意见,并不完全相同。听取意见原则上还是单向的,即便有意见的交换,最终的决定者仍然是赔偿义务机关。协商的本质是双向的,不仅包括意见的交换,更重要的是,最终决定的内容实际上是赔偿义务机关与赔偿请求人达成共识后形成的。

第三,协商必须在法定的范围之内进行,在赔偿方式、赔偿项目、赔偿数额等问题上,赔偿义务机关不能超出法律的明确规定与赔偿请求人协商。赔偿义务机关与赔偿请求人的协商,是公权力主体与私权利主体之间进行的,既有平等自愿的性质,又涉及公共利益。原则上,赔偿义务机关只允许在法律给其裁量的空间内,与赔偿请求人"讨价还价"。赔偿义务机关一方面不能像私法上的侵权主体那样,但凭其意思自治即可,另一方面也不能利用公权力主体的地位,强迫赔偿请求人接受不合理的约定。

第四,协商的结果仍然是"赔偿决定"的形式,而不是"赔偿协议"的形式。新法明确认可了旧法虽未规定、现实中却较为流行的"协商",但是,并未进一步认可现实中大量存在的"赔偿协议"这种形式。《国家赔偿法》第 13 条第 2 款、第 3 款规定,赔偿义务机关在听取意见和协商后,可以作出赔偿决定或不予赔偿决定,却没有明白地授权赔偿义务机关可以与赔偿请求人签订赔偿协议。由此,即便是赔偿义务机关与赔偿请求人经过协商以后作出的赔偿决定,赔偿请求人仍然可以依法提起诉讼。

▶▶▶▶ 即时思考

国家赔偿法在允许赔偿义务机关与赔偿请求人进行协商的基础上,是否应当引入赔偿协议制度?

观点 1 若赔偿义务机关与赔偿请求人协商后作出的决定,赔偿请求人仍然有权提起诉讼,就会给赔偿请求人的无端反复制造机会,赔偿义务机关也会失去进行协商的兴趣与动力。因此,应该引入赔偿协议制度,只要赔偿协议不存在违法情形,其就是有效的,赔偿请求人不能再提起行政赔偿诉讼。赔偿请求人若再起诉,只能以赔偿协议明显违法为由,请求撤销或变更赔偿协议①,或者起诉赔偿义务机关拒绝履行协议。

---

① 杨小君教授曾建议我国《国家赔偿法》增加赔偿协议条款,规定赔偿权利人与赔偿义务机关可以自愿对赔偿事项进行协商,达成赔偿协议。有下列情形之一的,赔偿协议无效:以胁迫手段订立协议;明显损害对方权益;恶意串通,损害他人利益;以合法形式掩盖非法目的;超越赔偿义务机关职权范围或者为赔偿权利人设定无法律根据的义务;违反法律、行政法规的强制性规定。赔偿协议的当事人和其他利害关系人可以向赔偿义务机关所在地的人民法院提起诉讼,请求撤销或者变更赔偿协议。参见杨小君:《国家赔偿法律问题研究》,北京大学出版社 2005 年版,第 190—195、356 页。不过,其并未明确提出除了请求撤销或变更赔偿协议外不得再提起行政赔偿诉讼的建议。

观点 2 现实中,赔偿义务机关以威逼利诱方式或者其他非法方式,与赔偿请求人达成所谓的"赔偿协议",并不少见。若规定赔偿协议形成后,赔偿请求人不得再行提起行政赔偿诉讼,赔偿请求人的权利并不能得到充分保障,赔偿义务机关的责任也没有得到真正的追究。其实,既然允许赔偿协议当事人或其他利害关系人起诉请求撤销或变更赔偿协议,也就不可能在很大程度上防止赔偿请求人反复。而真正在平等、自愿协商基础上形成的赔偿决定,赔偿请求人也不会无端去提起诉讼。故没有必要规定赔偿协议制度。

你倾向于哪一种观点?

(3) 决定种类和期限。

赔偿义务机关经过听取意见、协商等程序环节后,审查认为赔偿请求人的赔偿请求或者赔偿请求人在协商后形成的新的赔偿请求符合国家赔偿法规定,就可以作出赔偿决定。相反,若审查认为赔偿请求人的赔偿请求不符合法律规定,包括赔偿请求人没有请求权或丧失请求权,赔偿请求的事实依据不存在或证据不充分,收到赔偿请求的机关并非适格的赔偿义务机关,请求赔偿的项目不在国家赔偿范围之内,赔偿义务机关的行为与损害之间没有因果关系等,赔偿义务机关可以作出不予赔偿决定。因此,决定有赔偿决定和不予赔偿决定两类。赔偿决定或不予赔偿决定,都应当在收到申请之日起 2 个月内作出,时间计算起点就是收到申请的日期。

虽然《国家赔偿法》未作明确规定,但赔偿处理期间通常会存在需要中止的情形。赔偿处理期间的中止,是指在赔偿义务机关收到申请之日后、作出是否赔偿决定之前,因出现需要中断处理的特定事由,赔偿处理期间中止计算,从特定事由消除之日起,处理期间继续计算的制度。例如:

《海关行政赔偿办法》

第 35 条第 1 款 赔偿义务机关应当自受理赔偿申请之日起两个月内依法作出赔偿或者不予赔偿的决定。但有下列情形之一的,期间中止,从中止期间的原因消除之日起,赔偿义务机关作出决定的期间继续计算:

(一) 赔偿请求人死亡,需要等待其继承人或其他有扶养关系的亲属以及死者生前扶养的无劳动能力的人表明是否参加赔偿案件处理的;

(二) 作为赔偿请求人的法人或者其他组织终止,需要等待其权利承受人的确定以及其权利承受人表明是否参加赔偿案件处理的;

(三) 赔偿请求人丧失行为能力,尚未确定其法定代理人或指定代理人的;

（四）赔偿请求人因不可抗拒的事由,不能参加赔偿案件处理的;

（五）需要依据司法机关,其他行政机关、组织的决定或者结论作出决定的;

（六）其他应当中止的情形。

《国家赔偿法》同样未作明确规定的,还有赔偿处理的终止情形。赔偿处理的终止,是指在赔偿义务机关收到申请之日后、作出是否赔偿决定之前,出现了使赔偿处理不可能进行或没有必要继续进行的情形,赔偿义务机关决定结束赔偿处理的制度。例如：

《海关行政赔偿办法》

第 31 条　在赔偿义务机关受理赔偿申请之后,赔偿决定作出之前,有下列情形之一的,应当终止赔偿案件审理,制作《行政赔偿案件终止决定书》,并送达赔偿请求人、第三人：

（一）赔偿请求人申请撤回赔偿申请的;

（二）发现在受理赔偿申请之前赔偿请求人已向复议机关申请复议或者已向人民法院提起行政诉讼,并且复议机关或人民法院已经依法受理的;

（三）有其他应当终止的情形的。

其他应当终止的情形包括：作为赔偿请求人的公民死亡,没有继承人或者其他有扶养关系的亲属以及其生前扶养的无劳动能力的人,或者这些人员放弃赔偿请求权利的;作为赔偿请求人的法人或者其他组织终止,没有权利承受人或者权利承受人放弃赔偿请求权利的;等等。

4. 送达与说明理由[①]

（1）送达。

《国家赔偿法》要求赔偿义务机关在作出决定之日起 10 日内送达赔偿决定或不予赔偿决定。联系上述 2 个月的决定期限,赔偿请求人实际收到赔偿决定或不予赔偿决定的最迟时间,是在赔偿义务机关收到赔偿申请书之日起的 2 个月又 10 日。法律没有规定送达方式,但依据一般法理,《民事诉讼法》针对不同情形下采取不同送达方式的规则是可资赔偿义务机关借鉴的,包括直接送达（交付送达）、留置送达、委托送达、邮寄送达、转交送达、公告送达等。

（2）说明理由。

《国家赔偿法》规定,赔偿义务机关作出不予赔偿决定的,应当说明不予赔偿

[①] 参见《国家赔偿法》(2010)第 13 条第 2 款、第 3 款。

的理由。这也是正当程序原则的体现。一方面,赔偿请求人有可能被赔偿义务机关的理由说服,不再继续坚持其原来的赔偿请求;另一方面,赔偿请求人若不服不予赔偿决定,也可以在下一个诉讼环节,对赔偿义务机关的理由有针对性地提出反驳意见,以继续主张其赔偿请求。

不过,《国家赔偿法》仅仅把说明理由的程序要求适用于不予赔偿决定,值得商榷。其实,赔偿义务机关作出赔偿决定,也同样需要说明理由。一则,说明理由就是阐明行政机关所作决定的事实依据和法律依据,以证成其决定的合法性、合理性。无论是赔偿决定,还是不予赔偿决定,都需要赔偿义务机关说明理由支持。二则,《国家赔偿法》第 13 条第 3 款的措辞容易给人以说明理由与不予赔偿决定是分离的印象①,然而,说明理由应该成为决定书内容的一部分,赔偿决定书或不予赔偿决定书都应有相应事实依据和法律依据的内容。三则,即便是赔偿决定,也有可能不是完全满足赔偿请求人提出的赔偿请求的,部分赔偿请求成立、部分赔偿请求不成立的情形较为常见。因此,在赔偿决定中,也会有不予赔偿的内容,不可能在是否说明理由问题上,对赔偿内容和不予赔偿内容再作严格区分。四则,实践中,有些赔偿义务机关情愿付钱,也不愿意承认自己有错误,以规避责任追究。若在赔偿决定书中只写明赔偿方式、项目和数额,而对事实依据、法律依据不作哪怕最简单的说明,不利于对赔偿义务机关的监督。最后,依据《国家赔偿法》规定,有关财政部门成为支付赔偿费用的责任主体。赔偿决定书中不说明理由,显然无法使财政部门获得支付赔偿费用的充分理据。

5. 提起诉讼②或者提起复议和/或诉讼

以上是单独提起程序之中行政先行处理阶段的必备的具体环节。经过行政先行处理阶段后,会出现两种结果:一是赔偿请求人对赔偿义务机关的处理感到满意,就进入到下文将要提及的支付赔偿金环节;二是赔偿请求人不满意赔偿义务机关的不作决定、不予赔偿决定或者赔偿决定,可以选择向法院提起诉讼,或者选择向复议机关提起复议,对复议决定不服的,再向法院起诉。

《行政赔偿案件若干问题规定》(2022)第 3 条规定:"赔偿请求人不服赔偿义务机关下列行为的,可以依法提起行政赔偿诉讼:(一)确定赔偿方式、项目、数额的行政赔偿决定;(二)不予赔偿决定;(三)逾期不作出赔偿决定;(四)其他有关行政赔偿的行为。"据此,赔偿请求人直接提起诉讼的可能情形主要有:

---

① 该款规定:"赔偿义务机关决定不予赔偿的,应当自作出决定之日起十日内书面通知赔偿请求人,并说明不予赔偿的理由。"
② 参见《国家赔偿法》第 14 条。

(1) 对赔偿义务机关逾期未作是否赔偿决定不服。

赔偿义务机关自收到赔偿申请书之日起 2 个月内, 既未作出赔偿决定, 也未作出不予赔偿决定。赔偿请求人可以自 2 个月期限届满之日起 3 个月内, 向法院提起行政赔偿诉讼。①《国家赔偿法》规定在当场递交申请书的情况下赔偿义务机关必须出具收讫凭证, 这就为计算赔偿义务机关的决定期限提供了证据。至于以其他方式提交申请书的, 赔偿请求人除了保留必要的凭证以外, 也应采取适当方式了解赔偿义务机关是否收到申请, 从而有利于掌握赔偿义务机关决定期限的起算点。

实践中, 赔偿义务机关也许不会对赔偿请求人不理不睬, 而是与之进行马拉松式的协商、谈判, 有可能会在 2 个月规定期限届满以后, 还继续与赔偿请求人商谈。此时, 赔偿请求人会面临继续协商、可能超过起诉期限而失去诉讼机会的风险。由于《国家赔偿法》没有像《民法典》那样确立时效中断制度②, 因此, 赔偿请求人需慎重对待这种情形, 以免逾期无法再行诉讼。

(2) 对赔偿义务机关不予赔偿的决定不服。

赔偿义务机关经过审查, 认为赔偿请求依法不成立的, 可以作出不予赔偿的决定。赔偿请求人对此不服, 可以依据《国家赔偿法》第 14 条第 2 款的规定, 自赔偿义务机关作出不予赔偿决定之日起 3 个月内提起行政赔偿诉讼。

不过, 该条款关于"自赔偿义务机关作出赔偿或者不予赔偿决定之日起三个月内, 向人民法院提起诉讼"的内容, 存在着疑问。若从字面上看, 3 个月起诉期限的起算点是赔偿义务机关作出决定之日。但是, 根据该法第 13 条第 2 款、第 3 款, 赔偿义务机关可以在作出决定之日起 10 日内送达赔偿请求人。可见, 赔偿义务机关的决定之日与赔偿请求人的实际知道决定之日有着出入。若严格按字面意义, 以赔偿义务机关的决定之日为起诉期限起算点, 那么, 赔偿请求人在实际知道该决定之后提起诉讼的期限, 会少于 3 个月。

因此, 应该参照《行政诉讼法》(2017) 第 46 条的规定③, 一般情况下, 3 个月的起诉期限从"知道"或"应当知道"赔偿义务机关的不予赔偿决定之日起计算。

(3) 对赔偿义务机关作出的赔偿决定有异议。

赔偿义务机关在听取意见和/或协商的基础上, 对赔偿申请进行审查之后,

---

① 《行政赔偿案件若干问题规定》(2022) 第 15 条规定:"赔偿义务机关在收到赔偿申请之日起两个月内未作出赔偿决定的, 公民、法人或者其他组织可以依照行政诉讼法有关规定提起行政赔偿诉讼。"

② 我国《民法典》第 195 条规定:"有下列情形之一的, 诉讼时效中断, 从中断、有关程序终结时起, 诉讼时效期间重新计算:(一) 权利人向义务人提出履行请求;(二) 义务人同意履行义务;(三) 权利人提起诉讼或者申请仲裁;(四) 与提起诉讼或者申请仲裁具有同等效力的其他情形。"

③ 该条规定:"公民、法人或者其他组织直接向人民法院提起诉讼的, 应当自知道或者应当知道作出行政行为之日起六个月内提出。法律另有规定的除外。"

认为应当予以赔偿的,可以作出赔偿决定。然而,赔偿请求人可能对赔偿方式、项目、数额仍然有异议,其可以依据《国家赔偿法》第14条第2款的规定,在赔偿义务机关作出赔偿决定之日起3个月内提起行政赔偿诉讼。其中,对"赔偿方式"的异议应作广义理解,不仅仅涉及在国家赔偿法规定的支付赔偿金、返还财产、恢复原状这三种方式之间进行选择的问题,而且还涉及支付赔偿金的期限、次数、恢复原状的具体方案等问题。至于上文提及的3个月起算点的问题,在对赔偿决定有异议提起诉讼的情形中也存在。

赔偿请求人在上述三类情形中提起行政赔偿诉讼之后,即按《行政诉讼法》《适用行政诉讼法解释》《行政赔偿案件若干问题规定》(2022)等规定的诉讼程序进行。《国家赔偿法》第15条对行政赔偿诉讼中的举证责任配置问题作出了新的规定:"人民法院审理行政赔偿案件,赔偿请求人和赔偿义务机关对自己提出的主张,应当提供证据。赔偿义务机关采取行政拘留或者限制人身自由的强制措施期间,被限制人身自由的人死亡或者丧失行为能力的,赔偿义务机关的行为与被限制人身自由的人的死亡或者丧失行为能力是否存在因果关系,赔偿义务机关应当提供证据。"其中,特殊情形下的举证责任倒置规则,对于保护受害人权利、保障其获得救济,是非常必要和重要的,只不过仍然留有缺憾。① 值得一提的是,修订前后的《国家赔偿法》都未对赔偿义务机关先行处理后赔偿请求人是否可以提起行政复议作出规定。在原理上,既然法律未明确禁止提起行政复议,赔偿请求人对赔偿义务机关不作为或者处理决定不服,就可以依照《行政复议法》提起行政复议。因此,在单独提起程序之中,经过赔偿义务机关先行处理阶段,赔偿请求人既可以选择直接提起赔偿诉讼,也可以先选择复议、对复议决定不服再行起诉。选择后者的,可按照《行政复议法》《行政诉讼法》规定的程序进行。②

对行政复议决定不服再行起诉的,需要注意特殊的起诉期限规则。根据《行政赔偿案件若干问题规定》(2022)第17条规定,有两种情形下的规则。一种情形是:行政复议决定有行政赔偿内容,且告知当事人起诉期限的,那么,当事人应当自行政复议决定送达之日起15日内提起行政赔偿诉讼;另一种情形是:有行

---

① 详见本书第三章第五节。
② 实务中,已有这样的选择救济制度。例如,《海关行政赔偿办法》第35条第2款规定:"赔偿义务机关违反上述规定逾期不作出决定的,赔偿请求人可以自期间届满之日起六十日内向赔偿义务机关的上一级海关申请行政复议,赔偿请求人对不予赔偿的决定或对赔偿数额、赔偿方式等有异议的,可以自收到决定书之日起六十日内向赔偿义务机关的上一级海关申请行政复议;赔偿请求人也可以自期间届满之日或者收到决定书之日起三个月内向人民法院提起诉讼。"《民航行政机关行政赔偿办法》第31条第2款规定:"赔偿义务机关违反上述规定逾期不作出决定的,赔偿请求人可以自期间届满之日起六十日内向赔偿义务机关的上一级民航行政机关申请行政复议;赔偿请求人对不予赔偿的决定或对赔偿数额、赔偿方式等有异议的,可以自收到决定书之日起六十日内向赔偿义务机关的上一级民航行政机关申请行政复议;赔偿请求人也可以自期间届满之日或者收到决定书之日起三个月内向人民法院提起诉讼。"

政赔偿内容的行政复议决定未告知起诉期限的,当事人应当自知道或者应当知道起诉期限之日起 15 日内提起行政赔偿诉讼,但从知道或者应当知道行政复议决定内容之日起最长不得超过一年。

此外,提起行政赔偿诉讼或者提起行政复议和/或行政诉讼程序,并非单独提起程序的最后一个环节。无论是单独提起程序,还是一并提起程序,作为国家赔偿程序的最后环节应该是"国家赔偿的执行"。只不过因其同样是司法赔偿程序的最后环节,将于本章第四节论及。

四、共同赔偿程序

1. 共同赔偿程序基本特点

共同赔偿程序不是单独提起程序之中一个独立的程序环节,而是因为涉及共同赔偿义务机关而有其特殊性的一系列程序。《国家赔偿法》在第 10 条对此只有非常简单的规定:"赔偿请求人可以向共同赔偿义务机关中的任何一个赔偿义务机关要求赔偿,该赔偿义务机关应当先予赔偿。"《行政赔偿案件若干问题规定》(2022)第 8 条则规定:"两个以上行政机关共同实施侵权行为造成损害的,共同侵权行政机关为共同被告。赔偿请求人坚持对其中一个或者几个侵权机关提起行政赔偿诉讼,以被诉的机关为被告,未被起诉的机关追加为第三人。"

根据上述两个条款,共同赔偿义务机关承担的责任在性质上属于连带责任。进而,共同赔偿程序的基本特点是:

(1) 申请和受理。

若赔偿请求人向其中任何一个行政赔偿义务机关提出部分或全部赔偿请求,收到赔偿申请书的行政赔偿义务机关不得以赔偿请求人未同时向其他共同赔偿义务机关请求为由而拒绝受理,也不得以此为由拒绝或者拖延作出是否赔偿的决定。

(2) 决定。

若赔偿请求人提出的全部赔偿请求依法是成立的,受理行政赔偿请求的赔偿义务机关不得仅仅就其认为自己应当负责的部分进行赔偿,而必须先行赔偿。待赔偿后,可以要求其他有责任的赔偿义务机关负担相应的赔偿费用。

(3) 行政赔偿诉讼。

赔偿请求人若以共同赔偿义务机关之中的一个或者数个赔偿义务机关为被告提起行政赔偿诉讼,就由被诉的一个或者数个赔偿义务机关作为被告。若赔偿请求人将全体共同赔偿义务机关列为被告起诉,自无疑问;若赔偿请求人只是将其中一部分共同赔偿义务机关列为被告,法院不能追加其他赔偿义务机关为共同被告。因为，唯有如此，方能符合连带责任的基本原理，即权利人可以向任何一个或数个连带责任人请求履行全部债务，被请求的连带责任人应当先行清偿全部债务。《国家赔偿法》第 10 条也体现了该原理。否则，法院坚持追加其他赔偿义务机关为共同被告，就会侵犯赔偿请求人的意思自治，增加赔偿请求人的讼累。因此，《行政赔偿案件若干问题规定》(2022)纠正了此前最高人民法院于 1997 年发布的司法解释中以诉讼请求是否可分来决定是否追加其他赔偿义务机关为共同被告的做法。①

2. 共同赔偿程序尚待解决的问题

以上基于《国家赔偿法》第 10 条、《行政赔偿案件若干问题规定》(2022)第 8 条的规定对共同赔偿程序基本特点的描述，大体上还是原则性的，其基础在于普通侵权法上的连带责任原理。不过，由于国家侵权赔偿责任的特殊性，共同赔偿程序仍然留有一些值得研讨的问题。

(1) 申请和受理。

赔偿请求人向任何一个共同赔偿义务机关提出赔偿申请，收到申请的机关应当受理，自不待言。然而，赔偿请求人也有可能向数个或全体共同赔偿义务机关先后或同时提出赔偿请求，此时，是所有收到申请的机关都要受理呢，还是应该另定特殊的受理规则？

所有收到申请的机关都要受理的方案，显然是不合适的，会带来一系列问题。例如，若赔偿请求人是先后提出赔偿请求的，赔偿决定期限是按先受理者的受理时间还是按后受理者的受理时间为起算点？这又涉及不同受理机关是分别作出决定还是共同作出决定？如果是分别作出决定，可以不考虑按哪个受理时间为计算赔偿决定期限的起算点，但是，决定内容或许会有冲突，后续程序环节也会出现复杂性，如赔偿请求人若对这些决定不服，是不是得一一起诉？如果是共同作出决定，或许可以避免决定内容冲突问题和后续程序问题，但是，在所有收到申请的机关都受理的情况下，共同作出决定意味着后受理的赔偿义务机关的决定期限被缩短了。

因此，实践中，有些行政部门或地方，针对赔偿请求人向数个或全体共同赔偿义务机关先后或同时提出赔偿请求的情形，规定了特殊的受理规则。

第一，赔偿请求人先后提出赔偿请求的，多数做法是由先收到申请的机关受

---

① 《最高人民法院关于审理行政赔偿案件若干问题的规定》(法发[1997]10 号)第 17 条规定："两个以上行政机关共同侵权，赔偿请求人对其中一个或者数个侵权机关提起行政赔偿诉讼，若诉讼请求系可分之诉，被诉的一个或者数个侵权机关被告；若诉讼请求系不可分之诉，由人民法院依法追加其他侵权机关为共同被告。"

理。类似于诉讼中原告向两个以上有管辖权的法院提起诉讼、由最先收到起诉状的法院管辖。例如，《海关行政赔偿办法》第33条第1款、《民航行政机关行政赔偿办法》第29条第1款有完全一样的规定："赔偿请求人向共同赔偿义务机关要求赔偿的,最先收到赔偿申请的赔偿义务机关为赔偿案件的办理机关。"

不过,也有更为特殊的规定的。例如,《重庆市行政赔偿实施办法》(1995)第14条第2款、第3款规定："赔偿请求人向数个或全体共同赔偿机关申请赔偿,由赔偿申请书排列第一的机关按第十三条规定处理。不负组织责任的共同赔偿义务机关受理申请后,应当将申请移送负组织责任的共同赔偿义务机关审理,并通知赔偿请求人。"也就是说,原则上,由赔偿申请书上排列第一的机关受理;但是,若能分清共同赔偿义务机关中谁负组织责任的,那就由不负组织责任的受理机关移送负组织责任的机关审理。如此特殊的规定,更多考虑共同赔偿义务机关之间的责任划分,而不像"先收到先受理"规则,更多考虑方便赔偿请求人请求连带责任。

第二,赔偿请求人同时提出赔偿请求的情形,虽然在实践中并不多见,但也不是没有这种可能性。《辽宁省实施〈中华人民共和国国家赔偿法〉若干规定》[①]第15条对此有专门规定："……(二)赔偿请求人同时向两个以上机关提出,属于同级行政机关的,由本级政府指定其中的一个机关受理;属于上下级行政机关的,由上级行政机关受理;属于行政机关与法律、法规授权的组织之间的,由行政机关受理。"这些规则确有可取之处。

(2)决定。

在普通侵权法领域,权利人可以出于各种考虑,选择一个或数个而不是全体连带责任人作为起诉对象,被诉的连带责任人不得不首先接受法院裁判,履行全部债务责任。履行之后,再向其他未被诉的连带责任人要求分担责任。在国家赔偿领域,承担连带责任的共同赔偿义务机关在原理上也应受类似规则规范,《国家赔偿法》第10条即对此有所体现。但是,两个以上行政机关共同侵权的,毕竟涉及法律对不同机关职权、程序、责任等的不同规定,涉及不同机关对侵权与否、赔偿与否、赔偿多少等问题上的不同认识,涉及机关与机关之间的平级关系或上下级关系,更有可能涉及不同的财政部门支付赔偿金。因而,若由依法受理的赔偿义务机关单独作出是否赔偿、赔偿多少的决定,在以后要求其他共同赔偿义务机关分担赔偿费用的时候,难免会出现分歧、扯皮等现象。

于是,有些地方或部门对共同赔偿程序中的决定环节进行了一些有意义的

[①] 该规定虽然已经由《辽宁省人民代表大会常务委员会关于废止部分地方性法规的决定》(2014年9月26日)宣布废止,但曾经有的规则可资研究。

探索：

一种方式是，在作出决定之前，由受理申请的赔偿义务机关与其他共同赔偿义务机关进行协商。例如，《海关行政赔偿办法》第 33 条第 2 款、《民航行政机关行政赔偿办法》第 29 条第 2 款中有完全相同的内容："办理机关收到赔偿申请后，应当将赔偿申请书副本送达其他赔偿义务机关，经与其他赔偿义务机关取得一致意见后，依法作出赔偿或者不予赔偿决定，并制作决定书。"

另一种方式是，受理申请的赔偿义务机关与其他共同赔偿义务机关共同作出决定。例如，《海关行政赔偿办法》第 33 条第 2 款中规定："决定赔偿的，同时开具赔偿金额分割单。决定书和赔偿金额分割单应当由共同赔偿义务机关签章确认。共同赔偿义务机关不能取得一致意见的，由共同赔偿义务机关报请它们的共同上级海关作出决定。"《民航行政机关行政赔偿办法》第 29 条第 2 款也有基本相似的规定："决定赔偿的，同时开具赔偿金额分割单。决定书和赔偿金额分割单应当由共同赔偿义务机关签章确认。共同赔偿义务机关不能取得一致意见的，由共同赔偿义务机关报请它们的共同上级民航行政机关作出决定。"

无论是决定前的共同协商，还是共同作出决定，都是为了尽可能避免决定后的矛盾与分歧，这样的程序环节无疑是有益的。不过，这毕竟是共同赔偿义务机关之间的关系事宜，赔偿请求人对此无须关注，也不应受共同协商或决定程序的不利影响。换言之，受理申请的赔偿义务机关仍然应当在法定期限内作出是否赔偿、（若赔偿）如何赔偿、赔偿多少等决定，仍然应当对全部的赔偿责任作出决定，而不能以需要共同协商、共同决定为由逾期不作决定，或者只决定受理申请的赔偿义务机关认为自己应当承担的责任。

（3）追偿的协商。

连带责任人在履行全部债务责任后，可再向其他未被诉的连带责任人要求分担责任。在普通侵权法上，这是连带责任人的追偿权。在国家赔偿领域，若受理申请的赔偿义务机关不是与其他共同赔偿义务机关共同作出决定的，那么，其作出的赔偿决定涉及赔偿责任分担的，在事后往往需与其他共同赔偿义务机关协商解决。例如，《威海市行政机关处理国家赔偿案件暂行办法》（威政发〔1997〕4 号）第 7 条规定："两个以上机关为共同赔偿义务机关的，受害人可向其中任何一个机关要求赔偿，该赔偿义务机关应先予赔偿，然后与其他共同侵权机关分清责任，共同分担赔偿义务。"第 23 条规定："两个以上共同赔偿义务机关对赔偿责任的分担有异议的，应协商解决，协商不成的，由同级政府法制机构提出意见，报同级政府批准。"

综上，这些例举的规则，旨在应对共同赔偿程序中更为具体的、细微的操作层面问题，这些问题是由于国家赔偿责任的特殊性而产生的。《国家赔偿法》对共同赔偿责任的原则性规定,并没有深入触及它们,更无法给出统一的答案。而以上规则毕竟是部门性或地方性的,在部门或地方有其适用性,也对其他部门或地方有启示、借鉴意义,但毕竟尚未形成全国普遍适用的制度。因此,这些规则所考虑的问题,还有待共同赔偿程序制度日后予以解决。

五、民事、行政赔偿合并解决程序

共同赔偿程序是适用于存在共同赔偿义务机关的情形。在行政赔偿领域,还可能存在民事侵权赔偿和行政侵权赔偿并存的情形。此类情形通常指的是,在同一个损害结果上,既有私法上的民事侵权行为的原因,也有公法上的行政侵权行为的原因。而这两类行为之间,可能有共同的故意,也可能是无意思联络的。前文论及怠于履行职责致害赔偿责任的确定时,已经对此予以描述。① 尽管民事、行政赔偿的并存并不仅限于涉及行政怠于履行职责的情境。例如,《最高人民法院关于审理行政许可案件若干问题的规定》(法释〔2009〕20号,以下简称"《审理行政许可案件若干规定》")第13条第1款中规定:"被告在实施行政许可过程中,与他人恶意串通共同违法侵犯原告合法权益的,应当承担连带赔偿责任;被告与他人违法侵犯原告合法权益的,应当根据其违法行为在损害发生过程和结果中所起作用等因素,确定被告的行政赔偿责任。"《行政赔偿案件若干问题规定》(2022)第21条第1款进一步对行政机关与第三人承担连带责任的情形做了一般性规定:"行政机关及其工作人员与第三人恶意串通作出的违法行政行为,造成公民、法人或者其他组织人身权、财产权等合法权益实际损害的,应当承担连带赔偿责任。"

由于我国采民事诉讼和行政诉讼两分的程序制度,民事、行政赔偿并存情形带来的主要程序问题是:在民事侵权诉讼之中,是否可以一并解决行政赔偿问题?反之,在行政赔偿诉讼之中,是否可以一并解决民事赔偿问题?对此,《国家赔偿法》未给出明确答案。但是,《行政诉讼法》(2017)第61条提供了在行政诉讼中合并解决民事争议的路径。该条规定:"在涉及行政许可、登记、征收、征用和行政机关对民事争议所作的裁决的行政诉讼中,当事人申请一并解决相关民事争议的,人民法院可以一并审理。"其中,"民事争议"自然可以解释为包括涉及民事赔偿的争议。然而,该条的适用情形还是有所局限,没有覆盖到怠于履行职责可能发生的更广的领域。

在司法实务中,《审理行政许可案件若干规定》给出的在行政赔偿诉讼中一

---

① 参见本书第五章第一节。

并解决民事赔偿问题的思路①,还是被认为应该得到参照,并延伸至其他类型的案件中。例如,在"黄玉河诉图们市林业局行政赔偿案"中,原告的损失是由第三人的失火过错和被告林业局的履职重大过错共同造成的。尽管原告未在行政诉讼中对第三人一并提出赔偿请求,但在案件审理过程中,法官们还是就"如果原告对侵权的第三人一并提出赔偿请求,人民法院应如何处理"的假设问题,进行了讨论,并出现了两种不同观点。一种观点坚持"原告与侵权的第三人之间存在的是侵权民事法律关系,应当通过民事诉讼另行解决";另一种观点认为,从诉讼经济的角度,可以参照《审理行政许可案件若干规定》确立的"一并解决有关民事赔偿问题"的原则,将其作为法院"处理类似纠纷的一个参考依据"。而第二种观点为审理法院所肯定。更进一步,最高人民法院行政审判庭在编纂行政审判案例时,认可了由此案演绎出的一个裁判要旨:"行政赔偿案件中,在行政机关与侵权的第三人存在混合过错的情形下,人民法院可以根据原告的诉请对侵权第三人的责任一并作出判决。"②《行政赔偿案件若干问题规定》(2022)第 20 条也规定:"在涉及行政许可、登记、征收、征用和行政机关对民事争议所作的裁决的行政案件中,原告提起行政赔偿诉讼的同时,有关当事人申请一并解决相关民事争议的,人民法院可以一并审理。"这里的民事争议应该包括(虽然不限于)行政机关以外的第三人侵权造成的民事赔偿争议。

如果基于诉讼经济的考虑,在行政诉讼中合并审理和解决民事赔偿问题的思路是可行的,那么,在民事诉讼中合并审理和解决行政赔偿问题,也未尝不可。尽管目前还没有直接明确给出方案的或可资参考的司法解释或案例,但是,在民事、行政赔偿并存情形中,逻辑上是存在一种可能性的,即权利人对民事侵权主体提起民事赔偿诉讼的同时,一并要求行政赔偿义务机关承担赔偿责任。当然,在合并审理和解决的时候,需要认真对待诉讼法和实体法的分别适用。

六、思考与讨论

1. 依公共选择理论,政府与个人的行为类似,都可以从理性人、经济人假定出发去理解其动因。换言之,虽然传统政治学理论给出了政府为公共利益而存在的假定,但实践中,政府行动经常会出于自己利益的考虑。行政赔偿单独提起程序,以行政赔偿义务机关先行处理为第一环节,有提升救济效率、减少当事人

---

① 该规定第 13 条第 2 款明确指出:"在行政许可案件中,当事人请求一并解决有关民事赔偿问题的,人民法院可以合并审理。"

② 参见李洪广:《行政审判案件中混合过错情形下的责任划分——黄玉河诉图们市林业局行政赔偿案(第 159 号案例)》,载最高人民法院行政审判庭编:《中国行政审判案例》(第 4 卷),中国法制出版社 2012 年版,第 204—209 页。当然,就案例中未曾真正处理的假设问题,演绎出裁判要旨的做法,并不妥当。

讼累和法院负担、督促赔偿义务机关依法行政等合理考虑。只是，这些设想的优点并没有充分实现，行政赔偿义务机关难免对赔偿请求推三阻四。你认为，在制度上，如何才能尽量减少行政赔偿义务机关先行处理程序的弊端？

2. 在普通侵权法上，任何连带责任人应权利人的请求，需先行履行全部债务责任，而后可要求其他连带责任人分担。至于连带责任人之间是否协商、如何协商、先履行的责任人如何向其他责任人追偿等，法律甚少规定其中的程序。而在国家赔偿法领域，共同赔偿程序成了需要细致规范的事项。你认为是否存在这种差异？如果存在，为什么会有此差异？假如你是立法者，你会如何考虑共同赔偿程序的设计？

第三节 司法赔偿的程序

思考

什么是司法赔偿程序？如何理解司法赔偿程序的"单轨制"？司法赔偿程序的具体环节有哪些？现行的司法赔偿程序还存在什么问题？

一、司法赔偿程序的含义和模式

司法赔偿程序，是指司法赔偿请求人提出司法赔偿请求，司法赔偿义务机关处理司法赔偿请求、复议机关或者/以及法院赔偿委员会解决司法赔偿争端的步骤、方式、顺序和时限。

《国家赔偿法》对司法赔偿程序的规定，主要体现在第三章"刑事赔偿"中的第三节"赔偿程序"部分。另外，该法第 38 条规定："人民法院在民事诉讼、行政诉讼过程中，违法采取对妨害诉讼的强制措施、保全措施或者对判决、裁定及其他生效法律文书执行错误，造成损害的，赔偿请求人要求赔偿的程序，适用本法刑事赔偿程序的规定。"因此，民事、行政诉讼司法赔偿的程序是与刑事赔偿程序一致的。

司法赔偿程序大致上由司法赔偿义务机关先行处理程序、复议机关的复议程序、法院赔偿委员会的司法审理程序、申诉或重新审查程序四个环节依次构成。法院以外的其他司法机关为赔偿义务机关的司法赔偿请求,最多会经历这四个环节;法院为赔偿义务机关的司法赔偿请求,最多会经历上述除复议程序以外的三个环节。参见"图 6.1 司法赔偿基本流程"。当然,广义的司法赔偿程序,也与行政赔偿程序一样,包括国家赔偿的执行和追偿。①

可见,与行政赔偿程序实行单独提起程序和一并提起程序共存的双轨制模式不同,司法赔偿程序采取的可谓单轨制模式。赔偿请求人提出司法赔偿请求、寻求司法赔偿救济,没有别的程序可供选择,只能按上述主要的程序环节依次进行。因此,司法赔偿程序本身设计得是否合理,直接关系司法侵权行为的受害人是否能够有效、快捷地获得其应有的国家赔偿。

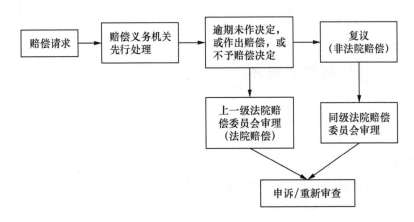

图 6.1　司法赔偿基本流程

二、司法赔偿程序的具体环节②

1. 赔偿义务机关先行处理程序③

(1) 申请与受理。

赔偿请求人要求司法赔偿的,应当首先向赔偿义务机关提出;根据受到的不同损害,可以同时提出数项赔偿要求。赔偿请求人应当递交载明法定事项的赔偿申请书,书写申请书确有困难的,可以委托他人代书;也可以口头申请,由赔偿

---

① 详见本章第四节。
② 司法赔偿程序具体环节中与行政赔偿程序存在的基本一致之处,本部分不再具体说明和评价。请参考本章第二节。
③ 参见《国家赔偿法》第 22 条第 2 款、第 3 款、第 23 条。

义务机关记入笔录,由赔偿请求人签名或者盖章。① 赔偿请求人不是受害人本人的,应当说明与受害人的关系,并提供相应证明。赔偿请求人当面递交申请书的,赔偿义务机关应当当场出具加盖本行政机关专用印章并注明收讫日期的书面凭证。赔偿请求人以邮寄等形式提出赔偿申请的,收到申请的赔偿义务机关应当及时登记审查。② 申请材料不齐全的,赔偿义务机关应当当场或者在5日内一次性告知赔偿请求人需要补正的全部内容。

赔偿请求人请求刑事赔偿的,应当在刑事诉讼程序终结后提出赔偿请求③;赔偿请求人请求民事、行政司法赔偿的,应当在民事、行政诉讼程序或者执行程序终结后提出赔偿请求。④

实践中,刑事诉讼程序的终结通常有正式的撤销案件决定、不起诉决定以及宣告无罪判决等法律文书为依据。但是,也存在刑事司法机关没有作出任何正式的终结刑事诉讼程序法律文书,以至于难以判断程序是否终结的情形。为充分保障当事人及时获得救济的权利,应当结合具体情形,对刑事诉讼程序是否终结予以认定。

例如,当事人因涉嫌故意伤害罪先后被公安局刑事拘留、检察院批准逮捕,检察院提起公诉后又撤回起诉,公安局向检察院申请撤回案件,之后对当事人变更强制措施为取保候审。时隔一年多以后,当事人请求国家赔偿。作为赔偿义务机关的检察院以公安机关尚未撤销案件、刑事诉讼程序尚未终结为由,不予立案。作为复议机关的检察院认为,根据《人民检察院刑事诉讼规则(试行)》第459条的规定⑤,检察院以"事实、证据有变化"为由撤回起诉,应当在撤回起诉后30日以内对当事人作出不起诉决定。检察院逾期没有作出不起诉决定,可视为刑

---

① 参见《人民检察院国家赔偿工作规定》(高检发〔2010〕29号)第6条。
② 参见《最高人民法院关于国家赔偿案件立案工作的规定》(法释〔2012〕1号)第3条第2款。
③ 也有例外情形。《最高人民法院关于适用〈中华人民共和国国家赔偿法〉若干问题的解释(一)》(法释〔2011〕4号,2011年2月28日发布,2011年3月18日实施,以下简称"《适用国家赔偿法解释(一)》")第7条规定:"赔偿请求人认为行使侦查、检察、审判职权的机关以及看守所、监狱管理机关及其工作人员在行使职权时有修正的国家赔偿法第十七条第(一)(二)(三)项、第十八条规定情形的,应当在刑事诉讼程序终结后提出赔偿请求,但下列情形除外:(一)赔偿请求人有证据证明其与尚未终结的刑事案件无关的;(二)刑事案件被害人依刑事诉讼法第一百九十八条的规定,以财产未返还或者认为返还的财产受到损害而要求赔偿的。"其中,第(二)项规定的《刑事诉讼法》第198条已经为新的《刑事诉讼法》(2018)第245条所取代。
《刑事诉讼法》(2018)第245条第1款规定:"公安机关、人民检察院和人民法院对查封、扣押、冻结的犯罪嫌疑人、被告人的财物及其孳息,应当妥善保管,以供核查,并制作清单,随案移送。任何单位和个人不得挪用或者自行处理。对被害人的合法财产,应当及时返还。对违禁品或者不宜长期保存的物品,应当依照国家有关规定处理。"
④ 《适用国家赔偿法解释(一)》第8条规定:"赔偿请求人认为人民法院有修正的国家赔偿法第三十八条规定情形的,应当在民事、行政诉讼程序或者执行程序终结后提出赔偿请求,但人民法院已依法撤销对妨害诉讼采取的强制措施的情形除外。"
⑤ 该规则已经为《人民检察院刑事诉讼规则》(2019)所取代,相应的条款是第424条。

事诉讼程序已经终结。①

又如,当事人因涉嫌故意杀人罪被刑事拘留、逮捕,四次被判处死刑、缓期二年执行,但均被二审法院撤销原判,发回重审。在第四次重审期间,检察机关撤回起诉获得准许后,又将案件退回公安机关补充侦查,公安机关随后将当事人释放并变更强制措施为监视居住,监视居住期满后也未再采取强制措施。从保护公民合法权益的宗旨出发,重审期间法院准许检察机关撤回起诉、此后检察机关长达数年未重新起诉的情况,应认定为对当事人的刑事诉讼程序已经终结,当事人有权申请国家赔偿。②

至于民事、行政司法赔偿请求所需的执行程序终结,主要是指民事诉讼、行政诉讼执行程序的终结。《行政诉讼法》(2017)对执行终结未作细致规定,《民事诉讼法》(2021)第64条则列举了法院裁定终结执行的情形。③《民事诉讼法解释》(2020)第519条还规定了法院裁定终结本次执行程序的制度,实践中常被称为"终本执行"。④ 因此,执行程序的终结包括终结执行和终本执行两种情形。

将执行程序终结作为请求错误执行司法赔偿的条件,主要考虑是,一般情况下,执行程序终结后,才能确定错误执行行为给当事人造成的损失数额,才能避免执行程序和赔偿程序之间的并存交叉,也才能对赔偿案件在穷尽其他救济措施后进行终局性的审查处理。但是,这并不是绝对的。在人民法院执行行为长期无任何进展、也不可能再有进展,被执行人实际上已经彻底丧失清偿能力,申请执行人等已因错误执行行为遭受无法挽回的损失的情况下,应当允许错误执行的受害人提出国家赔偿申请。否则,有错误执行行为的法院只要不作出执行程序终结的结论,国家赔偿程序就不能启动,这与国家赔偿法以及司法解释制定的初衷是背道而驰的。参见本章案例6-4"丹东益阳投资有限公司申请丹东市中级人民法院错误执行赔偿案"。

结合司法实践,《涉执行司法赔偿解释》对执行程序终结后申请赔偿的规则

---

① 参见"最高人民法院、最高人民检察院公布8起刑事赔偿典型案例(2016年)之三:朱升机申请徐闻县人民检察院无罪逮捕国家赔偿案"。

② 参见"最高人民法院、最高人民检察院公布8起刑事赔偿典型案例(2016年)之四:胡电杰申请濮阳市中级人民法院重审无罪国家赔偿案"。类似情形的,还请参见"最高人民法院发布国家赔偿十大典型案例之九:熊仲祥申请四川省乐山市中级人民法院重审无罪国家赔偿案"(《最高人民法院办公厅关于印发国家赔偿典型案例的通知》2012年12月14日,法办〔2012〕481号)。

③ 该条规定:"有下列情形之一的,人民法院裁定终结执行:(一)申请人撤销申请的;(二)据以执行的法律文书被撤销的;(三)作为被执行人的公民死亡,无遗产可供执行,又无义务承担人的;(四)追索赡养费、扶养费、抚养费案件的权利人死亡的;(五)作为被执行人的公民因生活困难无力偿还借款,无收入来源,又丧失劳动能力的;(六)人民法院认为应当终结执行的其他情形。"

④ 该条规定:"经过财产调查未发现可供执行的财产,在申请执行人签字确认或者执行法院组成合议庭审查核实并经院长批准后,可以裁定终结本次执行程序。"

的例外情形作出了规定。该解释第 5 条指出:"公民、法人和其他组织申请错误执行赔偿,应当在执行程序终结后提出,终结前提出的不予受理。但有下列情形之一,且无法在相关诉讼程序或者执行程序中予以补救的除外:(一)罚款、拘留等强制措施已被依法撤销,或者实施过程中造成人身伤害的;(二)被执行的财产经诉讼程序依法确认不属于被执行人,或者人民法院生效法律文书已确认执行行为违法;(三)自立案执行之日起超过五年,且已裁定终结本次执行程序,被执行人已无可供执行财产的;(四)在执行程序终结前可以申请赔偿的其他情形。"其中,第(三)项解决了实践中终本执行以后多长时间可以提起赔偿申请的问题。当然,该项规定是否完全合理,仍有商榷的空间。

上述解释第 5 条所列出的各项除外情形,需要在实务中厘清它们之间的区分,尤其是涉及终本执行的情况。参见本章案例 6-5"周烨申请娄底市中级人民法院错误执行国家赔偿案"。在此案中,娄底市中级人民法院已经针对原错误执行行为,作出新的执行裁定予以纠正,并责令原申请执行人返回其从原错误执行中所获不当得利。这并非民事诉讼法规定的执行回转,而是属于人民法院生效法律文书已确认执行行为违法的情形。受害人因原错误执行所受损害已经无法在相关诉讼或者执行程序中予以补救的,受害人就可以申请国家赔偿,不受该执行纠正程序应当完全终结的限制。娄底市中级人民法院对执行纠正程序裁定终结本次执行,并据此以执行程序尚未终结为由,驳回周烨的赔偿申请。该驳回决定并没有得到湖南省高级人民法院的支持,后者作出的国家赔偿决定具有典型意义地划分了上述解释第 5 条第(二)项与第(三)项的适用情形。

此外,司法执行过程中,公民、法人和其他组织可能会依法提出执行异议、复议或者执行监督程序。在此情形下,若执行程序已经终结,但当事人提出的申请还在审查之中,则不宜受理和审理关于错误执行的国家赔偿申请。因此,《涉执行司法赔偿解释》第 6 条第 1 款规定:"公民、法人和其他组织在其提出的执行异议、复议或者执行监督程序审查期间,就相关执行措施或者强制措施申请赔偿的,人民法院不予受理,已经受理的予以驳回,并告知其在上述程序终结后可以依照本解释第五条的规定依法提出赔偿申请。"

(2)立案。

《国家赔偿法》没有规定"立案"环节,但出于有效利用司法资源的考虑,最高人民法院和最高人民检察院都出台司法解释,对赔偿义务机关先行处理程序中的立案,给出了明确的规则。立案的条件大体相同,主要包括:① 赔偿请求人具备法定的资格或条件;② 本院是赔偿义务机关;③ 属于既定的应予国家赔偿的情形;④ 有具体的申请事项和理由(最高人民法院解释)或者请求赔偿的材料齐备(最高人民检察院解释);⑤ 在国家赔偿的请求赔偿时效内(最高人民检察院解释)。①

　　人民法院自收到申请之日起7日内审查决定是否立案,决定立案的,人民法院应当在立案之日起5日内向赔偿请求人送达受理案件通知书。决定不予受理的,应当在作出决定之日起10日内送达赔偿请求人。② 人民检察院自收到申请之日起5日内,不仅要审查决定是否立案,而且要将决定送达赔偿请求人;决定立案的,送达《刑事赔偿立案通知书》;认为不符合立案条件的,应当根据不同情况予以处理,并填写和送达《审查刑事赔偿申请通知书》,说明理由。③

▶▶▶ **即时思考**

　　《国家赔偿法》并未明确"立案"环节,而且,最高人民法院、最高人民检察院上述司法解释所列不予立案的情形,似乎皆可作为不予赔偿决定的理由。司法解释如此规定,是否有必要?是否存在背离《国家赔偿法》的问题?

　　实践中,在赔偿义务机关与赔偿请求人的互动过程中,可能会遭遇赔偿请求人就是否提出赔偿申请犹豫或反复的情形。在原则上,只要赔偿请求人最后作出的赔偿请求选择,符合法定的条件,按照法定的程序,就应该受理和立案。对此,《国家赔偿法实施座谈会纪要》提供了正确的指引④,也可供其他赔偿义务机关参考。

　　(3) 决定。

　　司法赔偿义务机关应当自收到赔偿请求人的申请之日起2个月内,作出是否赔偿的决定。与对行政赔偿先行处理程序的改革完全相同,《国家赔偿法》也在司法赔偿义务机关的先行处理程序之中新增了听取意见、协商、送达、说明理由等程序要求。司法赔偿义务机关作出赔偿决定,应当充分听取赔偿请求人的意见⑤,并可以与赔偿请求人就赔偿方式、赔偿项目和赔偿数额进行协商。赔偿

---

　　① 参见《最高人民法院关于国家赔偿案件立案工作的规定》第4条、《人民检察院国家赔偿工作规定》第8条。

　　② 参见《最高人民法院关于国家赔偿案件立案工作的规定》第9条。

　　③ 参见《人民检察院国家赔偿工作规定》第9条、第10条。

　　④ 《国家赔偿法实施座谈会纪要》第1条:"人民法院办理自赔案件,决定准予赔偿请求人撤回赔偿申请,赔偿请求人收到该决定书后,在国家赔偿法第三十九条规定的时效内又向作为赔偿义务机关的人民法院提出赔偿申请,且有证据证明其撤回赔偿的申请确属违背真实意思表示或者有其他正当理由的,人民法院应予受理。"第3条:"赔偿请求人在刑事诉讼程序结束前书面承诺放弃请求国家赔偿的权利,其后在国家赔偿法第三十九条规定的时效内又向作为赔偿义务机关的人民法院提出赔偿申请,收到申请的人民法院应当依照《最高人民法院关于国家赔偿案件立案工作的规定》(以下简称《赔偿立案规定》)予以审查立案。"

　　⑤ 《国家赔偿法实施座谈会纪要》第9条指出:"案件争议较大或者案情疑难、复杂的,人民法院可以组织赔偿请求人、原案件承办人以及其他相关人员进行听证。听证是一种程序更为正式的听取意见。"赔偿

义务机关决定赔偿的,应当制作赔偿决定书,并自作出决定之日起 10 日内送达赔偿请求人。司法赔偿义务机关决定不予赔偿的,应当自作出决定之日起 10 日内书面通知赔偿请求人,并说明不予赔偿的理由。

2. 非法院赔偿的复议程序①

赔偿请求人向司法赔偿义务机关提出赔偿请求后,司法赔偿义务机关的处理可能会有三种情形:不作决定、不予赔偿决定或者赔偿决定。无论哪种情形,若赔偿义务机关不是法院的,赔偿请求人不服,可以向赔偿义务机关的上一级机关申请复议。②

对赔偿义务机关在规定期限内未作出是否赔偿决定不服的,赔偿请求人可以自期限届满之日起 30 日内申请复议。对赔偿义务机关不予赔偿的决定不服的,或者对赔偿义务机关作出的赔偿决定所确定的赔偿方式、项目、数额有异议的,赔偿请求人可以自赔偿义务机关作出赔偿或者不予赔偿决定之日起 30 内申请复议。复议机关应当自收到复议申请之日起 2 个月内作出决定。

复议决定的内容不受赔偿义务机关原先不作为或原先决定的制约。赔偿义务机关逾期未作决定的,复议机关可在认定事实、适用法律的基础上,径直作出赔偿决定或不予赔偿决定。赔偿义务机关作出不予赔偿决定或赔偿决定的,复议机关既可以维持赔偿义务机关的原决定,也可以撤销原决定而重新作出决定,或者改变原决定。③ 复议机关作出决定以后,也应以适当方式送达赔偿请求人。

赔偿请求人不服复议决定的,可以在收到复议决定之日起 30 日内向复议机关所在地的同级人民法院赔偿委员会申请作出赔偿决定;复议机关逾期不作决定的,赔偿请求人可以自期限届满之日起 30 日内向复议机关所在地的同级人民

---

① 参见《国家赔偿法》第 24 条第 1 款、第 2 款、第 25 条第 1 款。有学者建议废除司法赔偿复议程序,参见马怀德主编:《完善国家赔偿立法基本问题研究》,北京大学出版社 2008 年版,第 247 页;周友军、麻锦亮:《国家赔偿法教程》,中国人民大学出版社 2008 年版,第 293 页。《国家赔偿法》的修法者显然没有接受之。但是,从《国家赔偿法》增设申诉和重新审查程序看,司法赔偿程序明显叠床架屋,复议程序是否非要保留,的确值得商榷。

② 如上所述,《人民检察院国家赔偿工作规定》创设了"立案"环节,而且,针对不符合立案条件的,会给赔偿请求人送达《审查刑事赔偿申请通知书》。但是,该规定没有明确,赔偿请求人是否可以就该不予立案的通知书提请复议。本书认为,姑且不论"立案"环节本身的必要性、合理性,依照权利救济原理,对于检察院的此类通知书,赔偿请求人不服,可以申请复议。

③ 参见皮纯协、冯军主编:《国家赔偿法释论》(第三版),中国法制出版社 2010 年版,第 196 页。《人民检察院国家赔偿工作规定》第 25 条规定:"复议赔偿案件,应当根据不同情形分别作出决定:(一) 原决定事实清楚,适用法律正确,赔偿方式、项目、数额适当的,予以维持;(二) 原决定认定事实或适用法律错误的,予以纠正,赔偿方式、项目、数额不当的,予以变更;(三) 赔偿义务机关逾期未作出决定的,依法作出决定。"

法院赔偿委员会申请作出赔偿决定。①

3. 司法审理程序②

司法审理程序是指法院赔偿委员会依法对赔偿请求人的赔偿申请进行审理并作出相应决定的程序。在司法赔偿领域，司法审理程序比起赔偿义务机关先行处理程序和复议程序，具备更强的相对中立性，对司法赔偿决定公正、有效的作出，也就有着更加重要的作用。以下根据《国家赔偿法》《最高人民法院关于人民法院赔偿委员会审理国家赔偿案件程序的规定》（法释〔2011〕6号，以下简称"《法院赔偿委员会审理程序规定》"）《国家赔偿法实施座谈会纪要》以及《最高人民法院关于人民法院赔偿委员会适用质证程序审理国家赔偿案件的规定》（法释〔2013〕27号，以下简称"《法院赔偿委员会质证程序规定》"）的规定，梳理司法审理程序的基本要素。

(1) 审理机构。

在司法审理程序中，对赔偿请求人申请进行审理并作出决定的机构，是法院赔偿委员会。法院赔偿委员会是在中级以上的人民法院设立，由3名以上审判员组成，组成人员的人数应当为单数。赔偿委员会作赔偿决定，实行少数服从多数的原则。赔偿委员会半数以上委员的意见为赔偿委员会的决定意见。《法院赔偿委员会审理程序规定》第15条又规定："赔偿委员会认为重大、疑难的案件，应报请院长提交审判委员会讨论决定。审判委员会的决定，赔偿委员会应当执行。"

>>>> **即时思考**

根据《国家赔偿法》的规定，司法审理程序之中的审理、决定机构是法院赔偿委员会，而司法解释授权审判委员会对重大、疑难案件作实质性终局权威决定。司法解释如此规定是否合法或适当？

(2) 审理程序的适用情形。

赔偿请求人非经赔偿义务机关先行处理程序，是不能向法院赔偿委员会提

---

① 根据"最高人民法院发布国家赔偿十大典型案例之四：程显民、程宇、曹世艳、杨桂兰申请辽宁省丹东市公安局刑讯逼供致死国家赔偿案"（《最高人民法院办公厅关于印发国家赔偿典型案例的通知》，2012年12月14日，法办〔2012〕481号），若复议机关逾期不作决定，且没有告知赔偿请求人诉权的，赔偿请求人逾期提出的赔偿申请，法院也应受理。"复议机关受理案件后，逾期不作出决定，也未告知赔偿请求人诉权，即复议机关逾期不作决定的，赔偿请求人可以向复议机关所在地的同级人民法院赔偿委员会申请作出赔偿决定，由此造成赔偿请求人逾期申请赔偿，其过错在于复议机关，不能因为复议机关的过错剥夺赔偿请求人的诉权。"

② 参见《国家赔偿法》第24条第3款、第25条第2款、第26条、第27条、第28条、第29条。

出赔偿申请的。因赔偿义务机关的不同,法院赔偿委员会的司法审理程序的适用情形也有所不同。

第一,法院为赔偿义务机关的,在法院对赔偿请求逾期未作出是否赔偿决定的情况下,或者在法院对赔偿请求已经作出赔偿或不予赔偿决定的情况下,赔偿请求人对法院的不作决定、不予赔偿决定不服或者对赔偿决定有异议,可以向作为赔偿义务机关的法院的上一级法院赔偿委员会申请作出赔偿决定。法院逾期不作决定的,从规定期限(2个月)届满之日起30日内,向上一级法院赔偿委员会申请赔偿;法院作出不予赔偿决定或赔偿决定的,自赔偿或者不予赔偿决定作出之日起30日内,向上一级法院赔偿委员会申请赔偿。

第二,侦查、检察机关、看守所、监狱管理机关等为赔偿义务机关的,必须在赔偿义务机关先行处理程序之后,再经过复议程序,对复议机关逾期不作决定不服或者对复议机关已经作出的决定不服,赔偿请求人可以向复议机关所在地的同级法院赔偿委员会申请作出赔偿决定。复议机关逾期不作决定的,从规定期限(2个月)届满之日起30日内,向法院赔偿委员会申请赔偿;复议机关作出决定的,可以在收到复议决定之日起30日内向法院赔偿委员会申请赔偿。

(3)立案。

赔偿请求人提出赔偿申请,应当符合《国家赔偿法》第6条规定的请求权人资格要件。此外,赔偿请求人还应当向法院赔偿委员会提供必要的法律文书、证明材料,尤其是:赔偿义务机关作出的赔偿或者不予赔偿决定书;赔偿义务机关是侦查、检察机关或者看守所、监狱管理机关的,应当提供这些机关的上一级机关作出的复议决定书;赔偿义务机关或复议机关逾期未作决定的,应当提供赔偿义务机关对赔偿申请的收讫凭证等相关证明材料;行使侦查、检察、审判职权的机关在赔偿申请所涉案件的刑事诉讼程序、民事诉讼程序、行政诉讼程序、执行程序中作出的法律文书;赔偿义务机关职权行为侵犯赔偿请求人合法权益造成损害的证明材料;等等。

法院赔偿委员会收到赔偿申请后,应当在7日内决定是否立案;申请材料不齐全的,应当在5日内一次性告知赔偿请求人需要补正的全部内容;收到赔偿申请的时间自收到补正材料之日起计算。经过对赔偿申请的审查,法院赔偿委员会认为赔偿申请符合条件的,应当立案;认为不符合条件的,应当决定不予受理;立案后发现不符合条件的,可以决定驳回申请。

法院办理自赔案件,与赔偿请求人达成协议,但未在规定期限内作出国家赔偿决定书的,或者作出国家赔偿决定书后,赔偿请求人反悔的,赔偿请求人皆可依照《国家赔偿法》第24条规定向上一级法院赔偿委员会提出赔偿申请,收到申请的法院应当审查立案。

立案后,在法院赔偿委员会作出决定之前,赔偿请求人可以申请撤回赔偿申请,赔偿委员会应当依法审查并作出是否准许的决定。赔偿委员会决定准予赔偿请求人撤回赔偿申请,赔偿请求人收到该决定书后又向法院赔偿委员会申请作出赔偿决定的,收到申请的法院应当审查处理。

(4)审理。

法院赔偿委员会决定立案后,应当指定1名审判员负责具体承办。承办审判员应当查清事实并写出审理报告,提请赔偿委员会讨论决定。赔偿委员会作出赔偿决定,应当有3名以上审判员参加,按照少数服从多数原则作出决定。法院的审判人员、书记员、翻译人员、鉴定人、勘验人应当回避的情形有:是本案赔偿请求人或代理人的近亲属;与本案有利害关系;与本案有其他关系,可能影响对案件公正审理的。赔偿请求人和赔偿义务机关有权以书面或者口头方式申请回避。

《国家赔偿法》第27条规定:"人民法院赔偿委员会处理赔偿请求,采取书面审查的办法。必要时,可以向有关单位和人员调查情况、收集证据。赔偿请求人与赔偿义务机关对损害事实及因果关系有争议的,赔偿委员会可以听取赔偿请求人和赔偿义务机关的陈述和申辩,并可以进行质证。"据此,人民法院赔偿委员会的审理首先考虑采取书面审查的方法。在仅凭书面材料无法确切认定与赔偿请求有关的事实情况时,法院赔偿委员会可以向有关单位和人员进一步调查情况、收集证据,可以通知赔偿请求人、赔偿义务机关和复议机关的有关人员或者相关证人提供证据,并进行质证(详见下文"证据规则"部分)。

(5)协商。

赔偿委员会审理赔偿案件,可以遵循自愿和合法的原则,组织赔偿义务机关与赔偿请求人就赔偿方式、项目和数额进行协商。赔偿请求人、赔偿义务机关一方或者双方不愿协商,或者协商不成的,赔偿委员会应当及时作出决定。赔偿请求人和赔偿义务机关经协商达成协议的,赔偿委员会审查确认后应当制作国家赔偿决定书,并撤销原赔偿决定、复议决定。

(6)证据规则。

法院赔偿委员会审理国家赔偿案件,主要遵循以下三项证据规则:

第一,一般情况下的"谁主张谁举证"。通常,法院赔偿委员会审理赔偿请求,应按"谁主张谁举证"原则分配举证责任。赔偿请求人、赔偿义务机关对自己提出的主张或者反驳对方主张所依据的事实有责任提供证据加以证明。没有证据或者证据不足以证明其事实主张的,由负有举证责任的一方承担不利后果。

第二,赔偿义务机关承担举证责任的特别规则。存在下列待证事实或情形的,由赔偿义务机关承担举证责任:① 赔偿义务机关行为的合法性;② 赔偿义务机关无过错;③ 因赔偿义务机关过错致使赔偿请求人不能证明的待证事实;[①]④ 赔偿义务机关行为与被羁押人在羁押期间伤亡不存在因果关系[②];⑤ 存在法定免责情形;⑥ 赔偿请求超过法定时效;⑦ 具有其他抗辩事由。

第三,有争议的应当质证。存在下列情形之一的,赔偿委员会可以组织赔偿请求人和赔偿义务机关(必要时,还包括国家赔偿复议机关)进行质证:① 对侵权事实、损害后果及因果关系有争议的;② 对是否属于《国家赔偿法》第19条规定的国家不承担赔偿责任的情形有争议的;③ 对赔偿方式、项目或者数额有争议的;④ 赔偿委员会认为应当质证的其他情形。

质证应当公开举行,除非涉及国家秘密、个人隐私、法律另有规定以及一方当事人提出不公开质证申请、对方表示同意的。赔偿委员会应当指定审判员组织质证,并在质证3日前通知赔偿请求人、赔偿义务机关和其他质证参与人。必要时,赔偿委员会可以通知赔偿义务机关实施原职权行为的工作人员或者其他利害关系人到场接受询问。赔偿委员会决定公开质证的,应当在质证3日前公告案由、赔偿请求人和赔偿义务机关的名称,以及质证的时间、地点。

对于证据较多或者疑难复杂的案件,赔偿委员会可以组织赔偿请求人、赔偿义务机关在质证前交换证据,明确争议焦点,并将交换证据的情况记录在卷。赔偿请求人、赔偿义务机关在证据交换过程中没有争议并记录在卷的证据,经审判员在质证中说明后,可以作为认定案件事实的依据。适用质证程序审理国家赔偿案件,未经质证的证据不得作为认定案件事实的依据,除非法律、司法解释另有规定。[③]

由于质证程序适用于赔偿请求人和赔偿义务机关之间有争议的绝大多数情形,可以想见,法院赔偿委员会的审理程序已经基本上遵循言辞辩论的原则,有助于克服纯粹书面审理的局限。

(7) 决定。

首先,关于决定内容。法院赔偿委员会对赔偿案件进行审理后,应当分别不同情形依法作出不同的决定:第一,赔偿义务机关的决定或者复议机关的复议决定认定事实清楚,适用法律正确的,依法予以维持;第二,赔偿义务机关的决定、复议机关的复议决定认定事实清楚,但适用法律错误的,依法重新决定;第三,赔

[①] 《涉执行司法赔偿解释》第9条第1款对此亦有体现:"赔偿请求人应当对其主张的损害负举证责任。但因赔偿义务机关未列清单、列举不详等过错致使赔偿请求人无法就损害举证的,应当由赔偿义务机关对上述事实承担举证责任。"

[②] 详见本书第三章第五节。

[③] 关于质证的更详细规则,参见《法院赔偿委员会质证程序规定》。

偿义务机关的决定、复议机关的复议决定认定事实不清、证据不足的,查清事实后依法重新决定;第四,赔偿义务机关、复议机关逾期未作决定的,查清事实后依法作出决定。赔偿委员会重新决定的,应当撤销原赔偿决定、复议决定。

其次,关于决定书。赔偿委员会审理案件作出的决定,应当制作国家赔偿决定书,加盖人民法院印章,载明以下事项:赔偿请求人的基本情况,赔偿义务机关、复议机关的名称及其法定代表人;赔偿请求人申请事项,赔偿义务机关的决定、复议机关的复议决定情况;赔偿委员会认定的事实及依据;决定的理由与法律依据;决定内容。赔偿委员会决定为受害人消除影响,恢复名誉,赔礼道歉的,应写入国家赔偿决定书的决定主文。

最后,关于决定期限。赔偿委员会应当自收到赔偿申请之日起3个月内作出是否赔偿的决定。属于疑难、复杂、重大案件的,经本院院长批准,可以延长3个月。

(8) 送达。

法院应当采取合法、适当的送达方式,将赔偿委员会决定书分别送达赔偿请求人、赔偿义务机关和复议机关。

4. 申诉和重新审查程序①

由于法院赔偿委员会对司法赔偿案件的审理属于"一审终审",为尽量减少错误决定对赔偿请求人或赔偿义务机关造成的不利影响,《国家赔偿法》设置了申诉和重新审查程序。

(1) 申诉。

有权对法院赔偿委员会所作决定提出申诉的,包括赔偿请求人和赔偿义务机关。赔偿请求人或赔偿义务机关认为赔偿委员会决定确有错误的,可以向上一级人民法院赔偿委员会提出申诉。换言之,复议机关并非合适的申诉人。

(2) 重新审查。

重新审查程序与申诉程序有一定的关联。上一级法院赔偿委员会在处理申诉过程中,认为下级法院赔偿委员会决定确有错误的,可以启动重新审查程序。然而,重新审查程序并非全部由申诉推动,作出赔偿决定的法院、上级法院、作为法律监督机关的检察院也有可能发现原赔偿委员会决定的错误。因此,重新审查程序主要有以下两种情形:

第一,因申诉或法院自我检查,发现原赔偿委员会决定违反国家赔偿法的。

---

① 参见《国家赔偿法》第30条。

申诉是由赔偿请求人或赔偿义务机关向上一级法院赔偿委员会提出的。法院的自我检查则包括原赔偿委员会所属本院和上级法院的检查。在此情形下发现原赔偿委员会决定确有违法的,由原赔偿委员会的本院院长决定重新审查,或者上级法院指令重新审查,原赔偿委员会应当自决定或指令作出之日起2个月内重新审查并依法作出决定。此外,作出原赔偿委员会决定的法院的上一级法院赔偿委员会,也可以直接审查并作出决定。

第二,因检察院监督,发现原赔偿委员会决定违反国家赔偿法的。

在宪法上,各级检察院是法律监督机关。由于法院赔偿委员会设置在中级以上人民法院,因此,《国家赔偿法》实际上是授权最高人民检察院和省、自治区、直辖市人民检察院对法院赔偿委员会决定进行监督。最高人民检察院对各级人民法院赔偿委员会作出的决定,省、自治区、直辖市人民检察院对中级人民法院赔偿委员会作出的决定,发现违反国家赔偿法规定的,可以向同级法院赔偿委员会提出意见,同级法院赔偿委员会应当在收到意见之日起2个月内重新审查并依法作出决定。

更具体而言,① 最高人民检察院对中级人民法院、高级人民法院或最高人民法院的赔偿委员会作出的决定,发现违法的,可以向最高人民法院赔偿委员会提出意见,由最高人民法院赔偿委员会重新审查并作出决定;② 省、自治区、直辖市人民检察院对中级人民法院赔偿委员会作出的决定,发现违法的,可以向高级人民法院赔偿委员会提出意见,由高级人民法院赔偿委员会重新审查并作出决定。

三、思考与讨论

1. 与本章第二节"六、思考与讨论"部分的第1个问题类似,在制度上,如何才能尽量减少司法赔偿义务机关先行处理程序的弊端?

2. 司法赔偿程序"单轨制"与行政赔偿程序"双轨制"比较,存在怎样的功能优劣?有学者主张,将司法赔偿先行处理程序改造为选择性程序,即赔偿请求人可以向赔偿义务机关申请赔偿,也可以直接向法院赔偿委员会提出赔偿请求。① 你如何看待这一见解?

3. 请结合《国家赔偿法》和其他相关司法解释,分析现行的司法赔偿程序还存在什么不足?

---

① 参见马怀德主编:《完善国家赔偿立法基本问题研究》,北京大学出版社2008年版,第242页。

四、案例讨论

案例 6-4　丹东益阳投资有限公司申请丹东市中级人民法院错误执行赔偿案【(2018)最高法委赔提 3 号】(《最高人民法院公报》2019 年第 2 期,指导案例 116 号)

1. 丹东中院的解除查封行为是错误的执行行为吗？
2. 本案裁判摘要指出:"对于人民法院确有错误执行行为,确已造成损害,被执行人毫无清偿能力、也不可能再有清偿能力的案件,即使执行程序尚未终结,也可以进行国家赔偿。"这可否认为是对一般情况下执行程序终结作为错误执行国家赔偿请求提起的条件之例外？
3. 你认为终结本次执行是不是执行程序的终结？为什么？

案例 6-5　周烨申请娄底市中级人民法院错误执行国家赔偿案【(2020)湘委赔 7 号】

1. 你是否认为湖南省高院在此案中的赔偿决定,可以为《涉执行司法赔偿解释》第 5 条第(三)项和第(四)项的适用,提供如下裁判要旨？

> 人民法院生效法律文书已经确认执行行为违法,受害人因该执行行为所受损害已无法在相关诉讼程序或者执行程序中予以补救的,受害人可以申请国家赔偿,而无论人民法院为纠正原错误执行行为启动的执行程序在受害人申请时是否终结。

2. 若娄底中院履行了国家赔偿义务以后,发现在错误执行中不当得利的申请执行人有财产可供执行,是否可以裁定恢复已经被裁定终结本次执行的执行程序,并将申请执行人的财产执行归于国库？这一执行的基础是否可以理解为国家赔偿义务机关享有追偿权？

第四节　时效、执行和追偿

思考

什么是国家赔偿时效？国家赔偿时效与国家赔偿程序期间有何不同？《国

家赔偿法》对国家赔偿时效有何改革？什么是国家赔偿的执行？《国家赔偿法》确立了什么样的赔偿金支付制度？其意义何在？什么是国家赔偿的强制执行？国家赔偿强制执行制度的现状如何？会面临什么样的挑战？什么是国家追偿？国家追偿的基本制度有哪些？

国家赔偿的时效，涉及国家赔偿请求人行使其国家赔偿请求权的有效期间。国家赔偿的执行，则关系生效的国家赔偿决定书、判决书、调解书的落实，关系公权力侵权行为的受害人真正获得权利救济。国家追偿则是赔偿义务机关依法要求因故意或重大过失造成损害事件发生的公务人员承担部分或全部赔偿费用。这三项制度都是广义的国家赔偿程序应有的内容。因其是行政赔偿、司法赔偿共通的制度，故由本节统一叙之。

一、国家赔偿时效

1. 国家赔偿时效的概念

在法律领域，时效是指一定的事实状态持续经过一定时间而产生一定法律后果的制度。因此，时效不是一个简单的时间概念，而是由事实状态、时间和法律后果诸要素构成的一种制度。当一种事实状态经历一定时间后，就会产生权利义务关系设立、变更或消灭的后果。时效与当事人意志无关，在性质上属于法律事实。时效有取得时效和消灭时效之分。取得时效是指占有他人的财产、行使一定的权利持续达一定期间，即由此而取得其权利的法律事实。消灭时效是指在一定期间内不行使权利，致使其请求权消灭的法律事实。①

国家赔偿时效属于消灭时效的一种，是指国家赔偿权利人在法定期间内不行使其权利即丧失依照一定的法律程序请求国家有权机关强制赔偿义务机关履行赔偿义务的权利的制度。国家赔偿时效概念有以下含义：

（1）国家赔偿时效是请求时效，而非诉讼时效。国家赔偿时效与诉讼时效在原理上有许多共通之处，都属于消灭时效。但是，诉讼时效是指权利人在法定期间内不行使权利而丧失在诉讼程序中请求法院给予其法律保护的权利的制度。诉讼时效与诉讼程序有着密不可分的联系。而国家赔偿请求权的行使，并非一定要通过诉讼程序。如前所述，行政赔偿请求人可以在行政复议、行政诉讼中一并提起赔偿请求，也可以在单独提起程序之中（包括赔偿义务机关先行处理程序和先行处理后的行政赔偿复议程序／行政赔偿诉讼程序）行使其请求权。司法赔偿请求人应当在以赔偿义务机关先行处理为第一环节的程序中（包括先行

---

① 参见王泽鉴：《民法总则（增订版）》，中国政法大学出版社 2001 年版，第 516 页。

处理后的复议程序、司法审理程序、申诉/重新审查程序)行使赔偿请求权。总之,国家赔偿请求程序不宜在性质上简单笼统地归为诉讼程序,故国家赔偿时效也不宜归入诉讼时效,以请求时效称之较为妥当。①

(2)国家赔偿时效完成后消灭的是国家赔偿请求权,而不是国家赔偿权利本身。依私法上消灭时效的原理,权利人在法定期间内不行使权利,丧失的是请求权,而不是权利本身。也就是说,权利人若在法定期间届满后请求国家机关保护其权利,义务人可以时效已经完成为由提出抗辩。然而,请求权丧失并不意味着权利人不再享有权利。若时效完成后,权利人不经国家机关而向义务人提出履行义务的请求,义务人又愿意向权利人履行义务,权利人由此所得到的利益并非不当得利。国家赔偿时效也是如此。法定期间届满后,若赔偿义务机关自愿履行赔偿义务,国家赔偿请求人得到的赔偿金是正当的。②

(3)国家赔偿时效有单独提起国家赔偿请求的时效,也有一并提起国家赔偿请求的时效。《国家赔偿法》第 39 条第 1 款规定:"赔偿请求人请求国家赔偿的时效为两年,自其知道或者应当知道国家机关及其工作人员行使职权时的行为侵犯其人身权、财产权之日起计算,但被羁押等限制人身自由期间不计算在内。在申请行政复议或者提起行政诉讼时一并提出赔偿请求的,适用行政复议法、行政诉讼法有关时效的规定。"据此,国家赔偿时效可分为两类:一是单独提起国家赔偿请求的时效;二是在申请行政复议或提起行政诉讼时一并提出国家赔偿请求的时效。前者可称为国家赔偿一般时效,后者则可称为国家赔偿特别时效。也就是说,在一般情况下,赔偿请求人可以自知道或者应当知道公权力行为侵犯其权益之日起 2 年内,请求国家赔偿。然而,赔偿请求人若想通过特别的行政复议程序或行政诉讼程序一并提起国家赔偿请求,那么,其请求时效就得与行政复议或行政诉讼时效保持一致,形成国家赔偿特别时效。

(4)国家赔偿时效是请求时效,与国家赔偿程序期间不同。在私法上,诉讼时效与诉讼期间是有区别的。诉讼时效已如前述。诉讼期间则是指法院、当事人和其他诉讼参与人单独或会合实施或完成某种诉讼行为所必须遵守的时间。③诉讼时效与诉讼期间在性质上相似,都表现为一定时间,且这一定时间的经过都能导致一定的法律后果。但是,二者的主要区别在于:第一,诉讼时效发生在争议系属于法院前,而诉讼期间发生在争议系属于法院后,且伴随诉讼程序而展

---

① 参见应松年主编:《国家赔偿法研究》,法律出版社 1995 年版,第 242—244 页;房绍坤、毕可志编著:《国家赔偿法学》(第二版),北京大学出版社 2011 年版,第 293 页。有学者坚持认为国家赔偿程序属于司法程序,国家赔偿时效为诉讼时效。参见周友军、麻锦亮:《国家赔偿法教程》,中国人民大学出版社 2008 年版,第 116 页。

② 在这个问题上有争论,详见下文关于国家赔偿时效效力的学说。

③ 参见江伟主编:《民事诉讼法》(第三版),中国人民大学出版社 2011 年版,第 217 页。

开。第二,诉讼时效的客体主要是实体法上的请求权,强调实体权利,是对权利主体——潜在的诉讼当事人——的约束,而诉讼期间的客体主要是程序上的权利和义务,是对诉讼参与人和法院共同的约束。第三,起算方式、时间长短不同。诉讼时效一般从权利人能行使请求权之日算起,包括节假日在内,且以日、年计算,一般来说比较长。期间以规定之次日算起,计算方式有时、日、月、年,且不包括节假日,诉讼期间一般较短。第四,对于诉讼时效,法院一般不得主动援引时效规定,须经当事人主张后才能援引,诉讼期间则当然由法院判断之。①

由于国家赔偿时效的性质是请求时效,故在此以"国家赔偿程序期间"作为概念工具,讨论国家赔偿请求程序中的期间与国家赔偿时效之不同。如前所述,国家赔偿的请求程序大体上有三类:行政赔偿单独提起程序;行政赔偿一并提起程序;司法赔偿程序。依据国家赔偿法、行政诉讼法、行政复议法及相关司法解释,这些程序的进行、每个程序环节之间,都需要遵循一定的时间。然而,这些不同的时间,其法律意义是不同的。

一类时间即国家赔偿请求时效。例如,上引《国家赔偿法》第 39 条第 1 款规定意味着,赔偿请求人单独提起国家赔偿请求的时效一般为 2 年。《行政复议法》第 9 条规定意味着,赔偿请求人在申请行政复议同时一并提出行政赔偿请求的时效为知道被申请复议的行政行为之日起 60 日(法律规定超过 60 日的除外),否则,赔偿请求人就丧失了通过行政复议程序请求行政赔偿的权利了。②《行政诉讼法》第 46 条规定意味着,在一般情况下,赔偿请求人在提起行政诉讼同时一并提出行政赔偿请求的时效为知道该行政行为之日起 6 个月(法律另有规定的除外),否则,赔偿请求人也就丧失了通过行政诉讼程序请求行政赔偿的权利。③ 但是,赔偿请求人丧失通过行政复议程序或行政诉讼程序一并请求行政赔偿的权利,并不等于其丧失通过单独提起程序请求国家赔偿的权利。只要在《国家赔偿法》规定的 2 年时效内,赔偿请求人仍然可以单独提起行政赔偿请求。

另一类时间就应理解为国家赔偿程序期间,而非国家赔偿时效。例如,《国家赔偿法》第 24 条规定:"赔偿义务机关在规定期限内未作出是否赔偿的决定,赔偿请求人可以自期限届满之日起 30 日内向赔偿义务机关的上一级机关申请复议。赔偿请求人对赔偿的方式、项目、数额有异议的,或者赔偿义务机关作出不予赔偿决定的,赔偿请求人可以自赔偿义务机关作出赔偿或者不予赔偿决定之日起 30 日内,向赔偿义务机关的上一级机关申请复议。"第 25 条第 2 款规定:

---

① 参见杨玲娜:《民事诉讼期间制度研究》,武汉大学 2004 年硕士学位论文。
② 该条第 1 款规定:"公民、法人或者其他组织认为具体行政行为侵犯其合法权益的,可以自知道该具体行政行为之日起六十日内提出行政复议申请;但是法律规定的申请期限超过六十日的除外。"
③ 该条第 1 款规定:"公民、法人或者其他组织直接向人民法院提起诉讼的,应当自知道或者应当知道作出行政行为之日起六个月内提出。法律另有规定的除外。"

"赔偿请求人不服复议决定的,可以在收到复议决定之日起30日内向复议机关所在地的同级人民法院赔偿委员会申请作出赔偿决定;复议机关逾期不作决定的,赔偿请求人可以自期限届满之日起30日内向复议机关所在地的同级人民法院赔偿委员会申请作出赔偿决定。"司法赔偿程序之中的这些期限,与国家赔偿时效无关,在性质上属于国家赔偿程序期间,类似于诉讼期间。在经过赔偿义务机关先行处理程序之后,超过申请复议期限或申请赔偿委员会审理期限,赔偿请求人即丧失继续进行司法赔偿程序的权利。若赔偿义务机关或复议机关已经作出赔偿决定或不予赔偿决定,这就意味着决定发生了法律效力。决定生效后,赔偿请求人丧失的是程序权利,其既不能继续司法赔偿程序的下一环节,也不能以同一事实同一理由重新请求国家赔偿(依据一事不再理原则)。但是,假定出现这样一种情形:有权机关发现赔偿义务机关或复议机关的生效决定错误,并撤销该决定,但未作出新的决定。那么,只要还在国家赔偿法规定的2年时效之内,赔偿请求人已经不再受生效决定的约束,仍然有权再次提起赔偿请求。这就是国家赔偿时效与国家赔偿程序期间的区别所在。① 参照诉讼期间理论,国家赔偿程序期间当然不限于以上所举的两例,也不限于赔偿请求人需要遵循的期限,它是国家赔偿程序所有参加人(包括复议机关、法院)都应遵循的期限。

2. 国家赔偿时效的计算

一并提起国家赔偿请求的时效,由行政复议法和行政诉讼法另行予以规定,在此不予论述。这里需要说明的是《国家赔偿法》第39条第1款规定的单独提起国家赔偿请求时效的计算。

(1) 起算点。

《国家赔偿法》以知道或者应当知道公务行为侵犯权益之日作为时效起算点。如此,既可以与行政复议或行政诉讼一并提起赔偿请求时效起算点保持基本一致,不至于出现同为国家赔偿时效却有不同计算起点的问题,又可以在侵权行为发生之日起一段合理的时间后消灭赔偿请求权,从而尊重和保护在此期间内已经形成的、稳定的法律关系和秩序。由于国家赔偿确认程序已经被新法废除,不必担心侵权行为发生以后的2年时间过短、赔偿请求人在赔偿义务机关拒不确认的情况下超过时效而丧失赔偿请求权。

《最高人民法院关于审理司法赔偿案件适用请求时效制度若干问题的解释》(法释[2023]2号,2023年6月1日起施行,以下简称"《司法赔偿请求时效解释》")结合司法实践中暴露出来的问题,对请求时效的起算点又分别不同情形给

---

① 有学者将《国家赔偿法》上的许多期限规定,解释为特殊的诉讼时效,如申请复议的时效、申请赔偿决定的时效和行政赔偿诉讼时效等,有欠妥当。参见周友军、麻锦亮:《国家赔偿法教程》,中国人民大学出版社2008年版,第116—117页。

出了更为细致的规定。

第一,根据《司法赔偿请求时效解释》第1条第2款,赔偿请求人知道侵权行为时,相关诉讼程序或者执行程序尚未终结的,请求时效期间自该诉讼程序或者执行程序终结之日起计算,除非该解释另有特别规定。这就意味着,虽然一般情况下,赔偿请求时效起算点是从赔偿请求人知道或者应当知道公务行为侵犯权益之日,但是,在司法过程中,公务行为侵权发生之时(如违法拘留、违法采取保全措施、错误执行等),相关诉讼程序或者执行程序有可能尚未终结。若此时,受害人请求国家赔偿,不仅可能因为人身自由受到限制,不利于其展开寻求国家赔偿的活动,更重要的是,可能侵权行为尚未最终完成,其所受损害尚未最终确定,也不利于其提出具体确定的赔偿请求。当然,相关诉讼程序或者执行程序终结之日作为起算点也有例外。以下就是在不同情形中关于如何确定相关诉讼程序或者执行程序终结的具体规则,以及相应的例外规则。

第二,《司法赔偿请求时效解释》针对赔偿请求人以人身权受到侵犯为由申请刑事赔偿的情形,区分人身自由限制和身体伤害或死亡,对起算点作出了不同的规定。

① 人身自由限制。

根据《司法赔偿请求时效解释》第2条第1款,赔偿请求人依照《国家赔偿法》第17条第(一)(二)(三)项规定申请赔偿的,请求时效期间自其收到决定撤销案件、终止侦查、不起诉或者判决宣告无罪等终止追究刑事责任或者再审改判无罪的法律文书之日起计算。换言之,当此情形,相关诉讼程序终结之日,就是赔偿请求人收到这些生效法律文书之日。

然而,实践中,赔偿义务机关也有可能不作出终止追究刑事责任的法律文书。在此情形下,显然不能要求赔偿请求人一直等待法律文书。《司法赔偿请求时效解释》第2条第2款就明确了,只要符合《最高人民法院、最高人民检察院关于办理刑事赔偿案件适用法律若干问题的解释》第2条规定情形,赔偿请求人就可以申请赔偿。①

---

① 《最高人民法院、最高人民检察院关于办理刑事赔偿案件适用法律若干问题的解释》(法释[2015]24号,2016年1月1日起施行,以下简称"《刑事赔偿适用解释》")第2条第1款规定:"解除、撤销拘留或者逮捕措施后虽尚未撤销案件、作出不起诉决定或者判决宣告无罪,但是符合下列情形之一的,属于国家赔偿法第十七条第一项、第二项规定的终止追究刑事责任:(一)办案机关决定对犯罪嫌疑人终止侦查的;(二)解除、撤销取保候审、监视居住、拘留、逮捕措施后,办案机关超过一年未移送起诉、作出不起诉决定或者撤销案件的;(三)取保候审、监视居住法定期限届满后,办案机关超过一年未移送起诉、作出不起诉决定或者撤销案件的;(四)人民检察院撤回起诉超过三十日未作出不起诉决定的;(五)人民法院决定按撤诉处理后超过三十日,人民检察院未作出不起诉决定的;(六)人民法院准许刑事自诉案件自诉人撤诉的,或者人民法院决定对刑事自诉案件按撤诉处理的。"

② 身体伤害或死亡。

根据《司法赔偿请求时效解释》第 3 条,赔偿请求人依照国家赔偿法第 17 条第(四)(五)项规定申请赔偿的,请求时效期间自其知道或者应当知道损害结果之日起计算;损害结果当时不能确定的,自损害结果确定之日起计算。这仍然是遵循以损害最终确定作为起算时点的原则。《国家赔偿法》第 17 条第(四)(五)项列出的公务侵权行为有刑讯逼供、殴打、虐待、违法使用武器、警械等,这些行为发生之时,身体伤害或死亡的损害结果可能即时产生,也可能延后才会发生。延后发生的,从损害结果确定之日起计算,无疑是更有利于赔偿请求人获得完全救济的。

第三,《司法赔偿请求时效解释》针对赔偿请求人以财产权受到侵犯为由申请刑事赔偿的情形,区分违法采取刑事强制措施和再审改判无罪,对起算点作出了不同规定。

① 对财产违法采取刑事强制措施。

根据《司法赔偿请求时效解释》第 4 条第 1 款,赔偿请求人依照《国家赔偿法》第 18 条第(一)项规定申请赔偿的,请求时效期间自其收到刑事诉讼程序或者执行程序终结的法律文书之日起计算,但是刑事诉讼程序或者执行程序终结之后办案机关对涉案财物尚未处理完毕的,请求时效期间自赔偿请求人知道或者应当知道其财产权受到侵犯之日起计算。《国家赔偿法》第 18 条第(一)项规定的侵犯财产权的行为有违法查封、扣押、冻结、追缴等。这些行为发生之时,也可能刑事诉讼程序或者执行程序尚未终结,故请求时效起算点是赔偿请求人收到相关程序终结的法律文书之日。然而,实践中,即便相关程序终结文书已经作出,办案机关还可能对涉案财物没有处理完毕,也就是,财产权实际受到侵犯之日可能在收到相关程序终结文书之后,按照损害结果最终确定原则,以赔偿请求人知道或者应当知道财产权受到侵犯之日为起算点。

与之前人身自由限制情形类似,办案机关也可能不作出刑事诉讼程序或者执行程序终结的法律文书。当此情形,根据《司法赔偿请求时效解释》第 4 条第 2 款,只要符合《刑事赔偿适用解释》第 3 条规定情形的,赔偿请求人即可申请赔偿。[①]

[①] 《刑事赔偿适用解释》第 3 条第 1 款规定:"对财产采取查封、扣押、冻结、追缴等措施后,有下列情形之一,且办案机关未依法解除查封、扣押、冻结措施或者返还财产的,属于国家赔偿法第十八条规定的侵犯财产权:(一)赔偿请求人有证据证明财产与尚未终结的刑事案件无关,经审查属实的;(二)终止侦查、撤销案件、不起诉、判决宣告无罪终止追究刑事责任的;(三)采取取保候审、监视居住、拘留或者逮捕措施,在解除、撤销强制措施或者强制措施法定期限届满后超过一年未移送起诉、作出不起诉决定或者撤销案件的;(四)未采取取保候审、监视居住、拘留或者逮捕措施,立案后超过两年未移送起诉、作出不起诉决定或者撤销案件的;(五)人民检察院撤回起诉超过三十日未作出不起诉决定的;(六)人民法院决定按撤诉处理后超过三十日,人民检察院未作出不起诉决定的;(七)对生效裁决没有处理的财产或者对该财产违法进行其他处理的。"

② 再审改判无罪,原判罚金、没收财产已经执行。

《国家赔偿法》第 18 条第(二)项规定,依照审判监督程序再审改判无罪,原判罚金、没收财产已经执行的,受害人有取得赔偿的权利。在此情形中,再审改判的生效判决是确定存在的。故《司法赔偿请求时效解释》第 4 条第 3 款规定,赔偿请求人依照《国家赔偿法》第 18 条第(二)项规定申请赔偿的,请求时效期间自赔偿请求人收到生效再审刑事裁判文书之日起计算。

第四,关于民事、行政司法赔偿请求时效期间的起算,《司法赔偿请求时效解释》第 5 条第 1 款首先规定请求时效期间自赔偿请求人收到民事、行政诉讼程序或者执行程序终结的法律文书之日起计算。但是,该款也给出了两个除外情形:一是罚款、拘留等强制措施已被依法撤销的,请求时效期间自赔偿请求人收到撤销决定之日起计算;二是在民事、行政诉讼过程中,有殴打、虐待或者唆使、放纵他人殴打、虐待等行为,以及违法使用武器、警械,造成公民人身损害的,请求时效期间的计算适用该解释第 3 条的规定,即与前述刑事赔偿领域的类似情形,采用相同的计算规则。

《司法赔偿请求时效解释》也同样考虑到了法院不作出民事、行政诉讼程序或者执行程序终结的法律文书的情形,于第 5 条第 2 款规定,当此情形,请求时效期间自赔偿请求人知道或者应当知道其人身权或者财产权受到侵犯之日起计算。

(2) 限制人身自由期间、寻求救济期间和必经的诉讼、执行程序期间不计算在内。

考虑到赔偿请求人有可能在侵权行为发生以后,长期被限制人身自由,无法自主、充分地行使赔偿请求权。因此,《国家赔偿法》明确规定"被羁押等限制人身自由期间不计算在内"。例如,甲于 2000 年 5 月 10 日被羁押,2000 年 8 月 24 日被错判为有罪,服刑 10 年以后,于 2010 年 5 月 10 日释放。甲的国家赔偿请求时效就应从 2010 年 5 月 10 日起计算至 2012 年 5 月 10 日,而不是从 2000 年 5 月 10 日计算至 2002 年 5 月 10 日。《司法赔偿请求时效解释》第 6 条第 1 款也再次重申了这个规定。

根据《司法赔偿请求时效解释》第 6 条第 2 款,赔偿请求人依照法律法规规定的程序向相关机关申请确认职权行为违法或者寻求救济的期间,不计算在请求时效期间内,但是相关机关已经明确告知赔偿请求人应当依法申请国家赔偿的除外。这是考虑到,有的时候,赔偿请求人并不知道可以依法申请国家赔偿,而是向相关机关申请确认侵权行为违法或者寻求对其所受损害的救济,若将此期间计算在内,对赔偿请求人显然是不利的。然而,这样的不计算的前提是赔偿请求人对国家赔偿途径不知情。在相关机关明确告知赔偿请求人应当依照法定程序申请国家赔偿的情况下,若赔偿请求人仍然一味寻求国家赔偿以外的救济途径,而无视赔偿请求时效,其寻求救济的期间就应计算在内了。

另外,如前所述,《司法赔偿请求时效解释》基本上把赔偿请求人知道侵权行为时相关诉讼程序或者执行程序尚未终结的情形下请求时效期间的起算点定位于该诉讼程序或者执行程序终结之日。由此,相关诉讼、执行程序期间显然是不计入赔偿请求时效的。①

(3) 赔偿请求人长期不知侵权行为的情形。

现实生活中,也有可能出现赔偿请求人长期不知侵权行为发生的情形。例如,甲与乙是兄弟,甲定居在国外,将其收藏的珍贵名画长年委托乙保管。1998年2月2日,乙因犯受贿罪被判服刑10年,法院同时判决没收其个人财产,包括该幅名画。乙一直未与甲联系此事。直到10年以后刑满释放,乙才于2008年6月10日电话告知甲。依据国家赔偿时效起算点的规定,甲知道其权益受到侵害之日为2008年6月10日,故其在2010年6月10日之前仍然可以提起国家赔偿请求。换言之,《国家赔偿法》(2010)并未确立侵权行为发生之后一段时间内不行使请求权,无论受害人是否知道侵权行为,该请求权亦告消灭的制度。

其实,《行政诉讼法》第46条第2款规定:"因不动产提起诉讼的案件自行政行为作出之日起超过二十年,其他案件自行政行为作出之日起超过五年提起诉讼的,人民法院不予受理。"从法律关系和秩序的稳定性考虑,从法律之间的协调一致考虑,国家赔偿法是否也有必要确立此类期限,值得研究。

3. 国家赔偿时效的中止

国家赔偿时效的中止是指国家赔偿时效期间在进行过程中,因发生法定事由而阻碍国家赔偿请求人行使请求权,时效的计算暂时停止,待法定事由消除后,时效继续进行的制度。《国家赔偿法》第39条第2款规定:"赔偿请求人在赔偿请求时效的最后6个月内,因不可抗力或者其他障碍不能行使请求权的,时效中止。从中止时效的原因消除之日起,赔偿请求时效期间继续计算。"

由此,国家赔偿时效中止的条件是:(1) 因不可抗力或者其他障碍不能行使赔偿请求权。不可抗力即指不能预见、不能避免、不能克服的客观情况。其他障碍,是指不可抗力以外的使赔偿请求人无法行使请求权的客观情况。例如,赔偿请求人是无民事行为能力人或者限制民事行为能力人,又没有法定代理人的,或者法定代理人死亡、丧失民事行为能力、丧失代理权的。② (2) 时效已经开始进行,且已进入到最后6个月,而不可抗力或其他障碍于此时出现。若客观障碍出

---

① 亦可参见《适用国家赔偿法解释(一)》第7条、第8条;《国家赔偿法实施座谈会纪要》第20条。
② 参见《司法赔偿请求时效解释》第7条第1款。

现在最后 6 个月之前,或者出现在时效期间届满以后,国家赔偿时效都不得中止。

按照《国家赔偿法》第 39 条第 2 款的规定,国家赔偿时效中止条件出现后,该时效即停止计算,自法定事由消除之日起,赔偿时效继续计算,中止前已经进行的时效期间应计算在内。例如,受害人自知道公务行为侵犯其财产权之日起,一直没有提出赔偿请求,过了 1 年 8 个月后,当地又发生地震,1 个月以后当地的生活、工作秩序才恢复正常,那么,该受害人自生活、工作秩序恢复正常后尚余 4 个月期间行使请求权。然而,国家赔偿法的这一规定,借鉴了以往《民法通则》关于诉讼时效中止的内容。① 而《民法通则》的诉讼时效中止规则已经被《民法总则》修改,并且,《民法典》也是延续了《民法总则》的规定。② 因此,《司法赔偿请求时效解释》参考了《民法典》,于第 7 条第 2 款规定:"自中止时效的原因消除之日起满六个月,请求时效期间届满。"按此规定,在上述拟制的事例中,受害人自生活、工作秩序恢复正常后,仍然有 6 个月期间行使请求权。值得指出的是,《司法赔偿请求时效解释》的适用范围是限于司法赔偿的,而《国家赔偿法》第 39 条第 2 款是适用于所有国家赔偿的。因此,一方面,在实践中,行政赔偿时效中止也应该参照《司法赔偿请求时效解释》,另一方面,未来国家赔偿法应当进行相应的修改。

时效中止与时效中断不同。时效中断是指时效期间进行过程之中,因法定事由出现而使已经进行的时效归于无效,时效期间重新开始计算。根据《民法典》第 195 条的规定,诉讼时效的中断事由包括权利人向义务人提出履行请求、义务人同意履行义务、权利人提起诉讼或者申请仲裁以及与提起诉讼或者申请仲裁具有同等效力的其他情形。而新旧国家赔偿法都未规定国家赔偿时效中断制度。有学者指出,由于国家赔偿时效是请求时效而非诉讼时效,诉讼时效中断事由不宜规定到国家赔偿之中。③ 换言之,在私法领域,权利人向义务人主张权利,诉讼时效即告中断。而在国家赔偿领域,国家赔偿请求人向赔偿义务机关主张权利,实际上就是提出赔偿请求,此时重要的不是国家赔偿时效中断与否的问题,而是该请求本身是否在国家赔偿时效之内。

4. 国家赔偿时效的效力

国家赔偿时效的效力是指时效期间届满以后产生的法律后果,包括对赔偿

---

① 失效前的《民法通则》第 139 条规定:"在诉讼时效期间的最后六个月内,因不可抗力或者其他障碍不能行使请求权的,诉讼时效中止。从中止时效的原因消除之日起,诉讼时效期间继续计算。"
② 《民法典》第 194 条第 2 款规定:"自中止时效的原因消除之日起满六个月,诉讼时效期间届满。"
③ 参见应松年主编:《国家赔偿法研究》,法律出版社 1995 年版,第 247 页。

请求人的效力和对赔偿义务机关的效力。如何看待国家赔偿时效的效力,可借鉴诉讼时效效力学说。

关于诉讼时效对权利人的效力,有两种主要的学说:(1)胜诉权消灭说。即时效届满后权利人的实体权利仍然存在,并不消灭,但发生义务人抗辩权(在此意义上该学说也可称抗辩权发生说)。若义务人以时效届满为由拒绝履行义务,法院不能裁判强制义务人履行义务。然而,义务人自愿履行义务的,权利人因此所得利益是正当的,应予保护。(2)实体权利消灭说。即时效届满后权利人的实体权利归于消灭。若义务人履行给付义务的,权利人所得构成不当得利,义务人可再请求返还。

关于诉讼时效对义务人的效力,也有两种主要的学说:(1)义务人行使抗辩权才能取得时效利益。若义务人没有以时效届满为由行使抗辩权,司法机关不得依职权主动援引时效驳回权利人的起诉。(2)义务人直接依法律规定取得时效利益。若义务人未提出时效抗辩,司法机关也可主动援引时效,实现义务人的利益。实务界一般采用后说。但有学者主张,诉讼时效制度的根本意义在于产生义务人的法定抗辩权,故以前一种学说为宜。①

国家赔偿法学理上,也存在胜诉权消灭说(或抗辩权发生说)与实体权利消灭说之间的争论。前者认为,国家赔偿时效完成后,国家可以拒绝赔偿,但其仍然履行赔偿义务的,就不能再以不知道时效为由请求返还;后者认为,国家赔偿时效完成后,公法上的权利本身即应消灭,行政机关与法院处理有关案件,应依职权调查,时效完成后国家给付的赔偿,赔偿请求人受领就构成公法上的不当得利。在我国台湾地区,学者通说支持抗辩权发生说。②

在我国大陆地区,多数学者也主张时效届满、实体权利仍然存在、赔偿义务机关自愿履行受害人有权接受赔偿的观点。③ 不过,关于赔偿时效对赔偿义务机关的效力问题,论者明确观点的不多。法律上和实务中,更多采用的是赔偿义务机关直接依法律规定取得时效利益的立场。也就是说,即便赔偿义务机关没有提出时效抗辩,国家赔偿请求的审理机关都可依职权援引时效规定,对赔偿请求不予受理或者予以驳回。

《司法赔偿请求时效解释》的出台,意味着司法赔偿请求时效的效力已经基本倾向于借鉴诉讼时效效力学说中的胜诉权消灭说(或抗辩权发生说)。根据该

---

① 参见刘凯湘:《民法总论》(第三版),北京大学出版社 2011 年版,第 373—374 页。
② 参见叶百修:《国家赔偿法》,载翁岳生编:《行政法》(下册),中国法制出版社 2002 年版,第 1661 页。
③ 参见应松年主编:《国家赔偿法研究》,法律出版社 1995 年版,第 244—245 页;房绍坤、毕可志编著:《国家赔偿法学》(第二版),北京大学出版社 2011 年版,第 297 页;周友军、麻锦亮:《国家赔偿法教程》,中国人民大学出版社 2008 年版,第 118—119 页。

解释第 8 条、第 9 条、第 10 条的规定,第一,请求时效期间届满的,赔偿义务机关可以提出不予赔偿的抗辩,即抗辩权得以产生。第二,请求时效期间届满,赔偿义务机关同意赔偿或者予以赔偿后,又以请求时效期间届满为由提出抗辩或者要求赔偿请求人返还赔偿金的,人民法院赔偿委员会不予支持。换言之,赔偿义务机关起初没有行使抗辩权,而同意赔偿或已经赔偿的,之后就没有权利又提出抗辩或者要求赔偿请求人返还国家赔偿。第三,赔偿义务机关以请求时效期间届满为由抗辩,应当在人民法院赔偿委员会作出国家赔偿决定前提出。赔偿义务机关未按此时间要求提出抗辩,又以请求时效期间届满为由申诉的,人民法院赔偿委员会不予支持。第四,人民法院赔偿委员会审理国家赔偿案件,不得主动适用请求时效的规定。亦即,赔偿义务机关不能再像以往那样当然取得时效利益,其不抗辩的,法院不得径直以请求时效期间届满为由驳回赔偿请求。

二、 国家赔偿执行

国家赔偿的执行,是指生效的载明国家赔偿项目、方式、数额等内容的判决书、复议决定书、赔偿决定书或调解书的自行履行或强制履行的制度。自动履行主要是承担赔偿义务的机关自行履行生效的国家赔偿法律文书,使其内容得以实现;强制履行是指承担赔偿义务的机关拒不履行或拖延履行或部分履行生效的国家赔偿法律文书的,由有权机关强制其履行或全部履行。由于国家赔偿的方式主要有返还财产、恢复原状和支付赔偿金,国家赔偿的自行履行当然也都涉及之。只是,相比较而言,赔偿金的支付较为常见,故下文重点讨论国家赔偿自行履行中的支付赔偿金程序以及国家赔偿的强制执行。

1. 赔偿金的支付

赔偿金的支付,属于国家赔偿执行程序的一部分,关系到生效的国家赔偿法律文书的落实以及受害人权利的切实保障。根据《国家赔偿法》第 37 条以及《国家赔偿费用管理条例》(2011)的规定,原则上,赔偿决定可以由赔偿义务机关、行政复议机关、司法赔偿复议机关、法院等主体作出,但赔偿义务机关不履行直接支付赔偿金的职能,而是由财政部门负责支付。具体而言,赔偿金的支付程序如下:

(1) 赔偿请求人的申请。即赔偿请求人凭生效的判决书、复议决定书、赔偿决定书或者调解书,向赔偿义务机关申请支付赔偿金。判决书是在行政赔偿诉讼(无论是行政诉讼一并提起赔偿请求程序,还是单独提起程序之中的赔偿诉讼环节)之中由法院作出。复议决定书包括行政复议决定书和司法赔偿复议决定书,前者是在行政复议一并提起赔偿请求程序中由行政复议机关作出,或者在行政赔偿单独提起程序中由行政复议机关作出,后者是在司法赔偿复议程序中由司法赔偿复议机关作出。赔偿决定书可以由赔偿义务机关作出,也可以由法院赔偿委员会作出。根据《行政诉讼法》(2017)第60条第1款规定,行政赔偿可以调解,故调解书也是在行政赔偿诉讼之中由法院制作。这些法律文书一旦生效,赔偿请求人即可以此为据,向赔偿义务机关提出赔偿金支付申请。赔偿请求人申请时还需提交其身份证明。

(2)赔偿义务机关的受理。赔偿义务机关收到赔偿请求人申请材料,有三种受理的情形:第一,赔偿请求人申请材料真实、有效、完整的,赔偿义务机关收到申请材料之日即为受理,并应当书面通知赔偿请求人。第二,赔偿请求人申请材料不完整的,赔偿义务机关应当当场或者在3个工作日内一次性告知赔偿请求人需要补正的全部材料。赔偿请求人补正材料的,赔偿义务机关收到补正材料之日即为受理。第三,赔偿义务机关在收到申请材料之日起3个工作日内,未告知需要补正材料的,赔偿义务机关收到申请材料之日即为受理。申请材料虚假、无效,赔偿义务机关决定不予受理的,应当书面通知赔偿请求人并说明理由。赔偿请求人对赔偿义务机关不予受理决定有异议的,可以自收到书面通知之日起10日内向赔偿义务机关的上一级机关申请复核。上一级机关应当自收到复核申请之日起5个工作日内作出决定。上一级机关认为不予受理决定错误的,应当自作出复核决定之日起3个工作日内通知赔偿义务机关受理,并告知赔偿请求人。赔偿义务机关应当在收到通知后立即受理。上一级机关维持不予受理决定的,应当自作出复核决定之日起3个工作日内书面通知赔偿请求人并说明理由。

(3)赔偿义务机关向财政部门的支付申请。在上述已经受理或视为受理的情形中,赔偿义务机关应当自受理赔偿请求人支付申请之日起7日内,依照预算管理权限向有关财政部门提出书面支付申请,并提交材料,包括:赔偿请求人请求支付国家赔偿费用的申请;生效的判决书、复议决定书、赔偿决定书或者调解书;赔偿请求人的身份证明。

(4)财政部门的支付。财政部门收到赔偿义务机关的申请后,应当根据不同情况分别作出处理:① 申请的国家赔偿费用依照预算管理权限不属于本财政部门支付的,应当在3个工作日内退回申请材料,并书面通知赔偿义务机关向有管理权限的财政部门申请;② 申请材料符合要求的,收到申请即为受理,并书面通知赔偿义务机关;③ 申请材料不符合要求的,应当在3个工作日内一次性告知赔偿义务机关需要补正的全部材料。赔偿义务机关应当在5个工作日内按照要求提交全部补正材料,财政部门收到补正材料即为受理。财政部门应当自受理或视为受理之日起15日内,按照预算和财政国库管理的有关规定支付国家赔偿费用,自支付之日起3个工作日内告知赔偿义务机关、赔偿请求人。财政部门发现赔偿项目、计算标准违反国家赔偿法规定的,应当提交作出赔偿决定的机关或者其上级机关依法处理、追究有关人员的责任。

2. 国家赔偿的强制执行

在学理上,国家赔偿的强制执行,是指载明国家赔偿项目、方式、数额等内容的判决书、复议决定书、赔偿决定书或调解书生效以后,承担赔偿义务的机关拒不履行或拖延履行或部分履行赔偿义务的,由有权机关强制其履行或全部履行的制度。

《国家赔偿法》修订之前,国家赔偿的强制执行制度并不完善,实务中常会出现赔偿义务机关不履行、拖延履行或部分履行而得不到纠正的情形。而2010年修订的《国家赔偿法》,除了赔偿义务机关尚需承担恢复原状、返还财产的赔偿义务之外,赔偿金的支付义务是由财政部门承担的。财政部门直接支付赔偿金,或许会缓解赔偿义务机关经费不足、难以支付或不愿支付的问题,减少拒赔、少赔、缓赔现象,提高赔付效率。然而,若财政部门未在法定期限内履行支付义务,似乎也存在强制执行的必要。尽管根据《国家赔偿费用管理条例》第13条第(三)项的规定,赔偿义务机关、财政部门及其工作人员不依法支付国家赔偿费用的,对其可以依照《财政违法行为处罚处分条例》进行处理、处分,构成犯罪的,可以依法追究刑事责任,但是,毕竟没有明确的规则,为强制执行赔偿义务机关和财政部门的赔偿义务提供依据。

三、国家追偿

1. 概念、性质和意义

(1) 广义和狭义的国家追偿。

国家追偿,又称国家求偿,有广义和狭义两种理解。广义的国家追偿,是指国家向国家赔偿请求人履行赔偿责任以后,依法要求对损害发生具有过错的组织或者人员承担部分或全部赔偿责任的制度。依广义说,国家追偿不仅包括国家赔偿法明确规定的对有故意或重大过失公务人员或受委托组织的追偿,而且包括对其他共同赔偿义务机关的追偿和对有过错第三人的追偿。[1]

狭义的国家追偿,则是指国家向国家赔偿请求人履行赔偿责任以后,由赔偿义务机关代表国家要求对损害发生具有故意或重大过失的公务人员或受委托组织承担部分或全部赔偿责任的制度。狭义说仅仅指向国家赔偿法明确规定的向有责任公务人员或受委托组织的追偿。《国家赔偿法》第16条规定:"赔偿义务

---

[1] 参见高家伟:《国家赔偿法》,商务印书馆2004年版,第279—284页。

机关赔偿损失后,应当责令有故意或者重大过失的工作人员或者受委托的组织或者个人承担部分或者全部赔偿费用。"这是行政追偿的依据。第 31 条规定:"赔偿义务机关赔偿后,应当向有下列情形之一的工作人员追偿部分或者全部赔偿费用:(一)有本法第十七条第四项、第五项规定情形的;(二)在处理案件中有贪污受贿,徇私舞弊,枉法裁判行为的。"这是司法追偿的依据。广义和狭义两种理解在不同语境下皆有其意义,本书下文探讨的内容仅限于狭义的国家追偿。

(2)国家追偿的性质。

关于国家追偿的性质,存在不同的见解。代表性的学说有:

① 请求返还不当得利。此说认为,公务人员职务侵权行为造成损害的,应由公务人员自身承担赔偿责任。为了保障受害人及时充分地获得救济,由国家首先代替公务人员进行赔偿。公务人员由此得以免除其受害人赔付的责任,这属于一种无法律上原因而受利益,同时致国家受到损害,构成了不当得利。国家可以对公务人员请求不当得利的返还。

② 代位第三人求偿。此说认为,受害人原本对公务人员享有损害赔偿请求权,国家在对受害人作出赔偿后,自然可以以自己的名义代位行使受害人对公务人员的损害赔偿请求权。

③ 请求债务不履行损害赔偿。此说认为,公务人员是代表国家执行公务,其行使职权行为的后果应当由国家来承担。不过,公务人员与国家之间存在契约关系,公务人员负有谨慎、忠心履行职务的义务,违反该义务而致人损害,就属于债务不履行。国家就此可以对公务人员请求因债务不履行的损害赔偿。[①]

④ 对公务人员实施内部惩戒。此说认为,国家赔偿是国家对受害人承担责任;追偿则是公务人员对国家和国家机关承担责任,是公务人员因不履行法定义务所承担的责任。追偿更接近于国家对公务人员的一种不同于行政处分的惩戒,采取了金钱给付的形式。[②]

⑤ 对公务人员追究内部独立的法律责任。此说认为,追偿责任的基础是国家与被追偿人之间的特别权力关系。其在法律上不是民事责任,也不是行政处分。由于法律对追偿数额没有规定确定标准,追偿责任也不具有惩罚性,不是一种惩戒责任。其不归属于其他法律责任形式,而是由国家追偿权产生的一种独

[①] 参见应松年主编:《国家赔偿法研究》,法律出版社 1995 年版,第 139 页;皮纯协、冯军主编:《国家赔偿法释论》(第三版),中国法制出版社 2010 年版,第 153 页;马怀德主编:《国家赔偿法学》,中国政法大学出版社 2001 年版,第 271 页;高家伟:《国家赔偿法》,商务印书馆 2004 年版,第 285 页;周友军、麻锦亮:《国家赔偿法教程》,中国人民大学出版社 2008 年版,第 122—123 页。

[②] 参见应松年主编:《国家赔偿法研究》,法律出版社 1995 年版,第 140 页。

立法律责任。①

　　以上各说皆有其可取之处,选择何种学说,与对国家赔偿责任性质的认识有密切关联②,也涉及对国家和公务人员之间关系的认识。这在不同国家或地区、不同论者身上会有不同的选择结果。其实,上述第①②种学说主要建基于国家代位责任说。由于把国家赔偿责任全部解释为国家代位责任,已经不符合保护公务人员履职积极性的需要和国家在特殊情形下承担无过错责任的需要,因此,第①②种学说若要在逻辑上自洽,更为准确的表达似乎是:若公务人员有故意或重大过失致害的,原本属于公务人员自己责任,国家只是代位履行赔偿责任,故可对公务人员请求不当得利返还或代替受害人向公务人员求偿;若公务人员仅有轻微过失或无过错致害的,赔偿责任即属国家自己责任,国家不得追偿。这般论理在相当程度上也是可以成立的。

　　然而,公务人员轻微过失,毕竟也是过错,在理论上,国家当然也要求公务人员不得犯有此类过失、造成公民损害。以过错是否轻微,划分国家代位责任与国家自己责任,也有其难以一以贯之、完全融通之处。实际上,认为公务人员行使公权力职务行为造成侵害,是公务人员自己过错所致,原本应由其自己承担责任,国家只是代替其向受害人赔偿的观念,仍然隐含着"国王不能为非""主权者不会违法""国家不负责任"等观念遗产。③ 在我国,通说并不支持代位责任说,一般认为公务人员履行公职是代表国家,其后果由国家担负,国家赔偿责任是国家自己责任。鉴于此,上述第①②种学说很难为我国学界、实务界所接受。

　　至于第③种学说涉及对国家与公务人员之间关系的认识。在我国,至少在现今,公务人员与国家或国家机关之间的法律关系,并不像有些学者认为的那样属于"劳动合同关系"④,而是一种特别权力关系。因契约产生债务不履行损害赔偿责任,更接近于理论拟制,而不是现实反映。

　　第④⑤种学说比较符合我国公务人员与国家或国家机关之间关系现状,二者之间的差别主要在于是否承认追偿责任为惩戒责任。以法律没有规定确定的追偿标准为由否认其具有惩戒性质,似难成立。但是,追偿制度的设计目的,既有惩戒、督促公务人员或受委托组织更好履职的用意,也有平衡国家财政的用

---

① 参见皮纯协、冯军主编:《国家赔偿法释论》(第三版),中国法制出版社 2010 年版,第 153 页;高家伟:《国家赔偿法》,商务印书馆 2004 年版,第 285 页。
② 参见本书第一章第二节。
③ 参见董保城、湛中乐:《国家责任法——兼论大陆地区行政补偿与行政赔偿》,元照出版公司 2005 年版,第 185 页。
④ 参见周友军、麻锦亮:《国家赔偿法教程》,中国人民大学出版社 2008 年版,第 123 页。

意。从这一角度看,追偿又不宜简单列为惩戒。因此,追偿似可理解为国家对有重大过错造成损害的公务人员或受委托组织追究一种兼具惩戒和弥补财政性质的独立责任。

(3) 国家追偿的意义。

国家追偿的意义,就是国家追偿可能发挥的作用,亦即国家追偿存在的正当性。正是因为国家向受害人承担赔偿责任制度的存在,受害人可以获得及时、充分的救济,公务人员或受委托组织也不必担心动辄赔偿而在履行公共职务时束手束脚。然而,完全由国家为公权力行为致害"买单",对于在损害事件中有故意或重大过失的公务人员或受委托组织就是一种放纵,不利于督促其依法办事、尽职尽责;对于国家财政或全体纳税人而言又是过分的负担,人民为此也会产生对国家公权力的不信任和埋怨;毕竟,人民委托公务组织及其人员办理公共事务,即便能够容忍轻微过失,也不能过多容忍重大公务过错。

因此,国家追偿的意义有四个方面:其一,对有重大过错的公务人员或受委托组织实施惩戒,督促其更加尽心尽职,防止以后类似过错的发生;其二,追回部分国家赔偿费用,减轻国家财政负担;其三,维系人民对国家公权力的信任和纳税的积极性;其四,以国家追偿对公务人员或受委托组织整体实施威慑,抑制可能会发生的重大过错侵权行为。

2. 国家追偿的当事人

(1) 行政追偿的当事人。

根据《国家赔偿法》第 16 条,行政追偿的追偿人是行政赔偿义务机关,包括以下几种情形:① 行政机关工作人员违法行使职权造成损害、引起赔偿的,与该工作人员有职务委托关系的行政机关为追偿人;② 法律法规授权组织的工作人员行使职权造成损害、引起赔偿的,该组织是追偿人;③ 受行政机关委托的组织或个人违法行使受委托的职权造成损害、引起赔偿的,委托的行政机关为追偿人。[①] 行政追偿的被追偿人是在国家赔偿的损害事件中有故意或重大过失的行使公共行政职权的人员或组织,包括:① 行政机关的工作人员;② 法律法规授权组织的工作人员;③ 受委托行使职权的组织或个人。

> **即时思考**
>
> 对于通过少数服从多数程序作出的集体决定造成损害、引起赔偿的,是否存

[①] 参见姜明安主编:《行政法与行政诉讼法》(第六版),北京大学出版社、高等教育出版社 2015 年版,第 605 页。

在国家追偿的可能性？若有,应该向谁追偿？①

(2) 司法追偿的当事人。

根据《国家赔偿法》第31条,司法追偿的追偿人就是依法履行司法赔偿义务的机关,包括：① 行使侦查职权的公安、安全等机关；② 行使检察职权的检察院；③ 行使审判职权的法院；④ 看守所；⑤ 监狱管理机关。

司法追偿的被追偿人是指在国家赔偿的损害事件中有故意或重大过失的行使司法职权的人员,即在上述司法赔偿义务机关中对外履行司法职能的人员。但是,与行政追偿的被追偿人不同,国家赔偿法并没有规定司法追偿的被追偿人包括组织。

3. 国家追偿的条件和时效

(1) 国家追偿的条件。

国家赔偿义务机关行使追偿权,应当具备以下两个条件：

第一,有关的财政部门已经向赔偿请求人支付了赔偿金。如前所述,依据新的国家赔偿法规定,赔偿义务机关虽仍然需要办理和应对赔偿请求人提出的请求,但在国家赔偿法律文书生效之后,支付赔偿金的机关则是有关财政部门。在财政部门履行支付义务之前,赔偿义务机关还不能行使追偿权；赔偿金支付之后,赔偿义务机关方能决定对依法有责任的人员或组织实施追偿。

第二,被追偿人符合法律规定的要件。行政追偿的被追偿人必须是在行政侵权损害事件中有故意或重大过失的公务人员或者受委托组织。亦即,公务人员或受委托组织在主观上的重大过错,是行政追偿的条件。司法追偿的被追偿人必须具备下列情形之一：① 刑讯逼供或者以殴打、虐待等行为或者唆使、放纵他人以殴打、虐待等行为造成公民身体伤害或者死亡的；② 违法使用武器、警械造成公民身体伤害或者死亡的；③ 在处理案件中有贪污受贿,徇私舞弊,枉法裁判行为的。

(2) 国家追偿的时效。

我国修订前后的《国家赔偿法》都未对国家追偿规定时效限制。然而,不受时效限制的追偿权,会令被追偿人产生权益的不安全感,会使赔偿义务机关与其之间的工作关系和工作秩序不能保持稳定。因此,从督促国家赔偿义务机关行使追偿权、保护被追偿人的权益、维系稳定的工作关系和秩序考虑,有必要规定

---

① 参见应松年主编：《国家赔偿法研究》,法律出版社1995年版,第143—144页；叶百修：《国家赔偿法》,载翁岳生主编：《行政法》(下册),中国法制出版社2002年版,第1655页；马怀德主编：《完善国家赔偿立法基本问题研究》,北京大学出版社2008年版,第178页。

国家追偿时效。有学者认为,国家追偿在性质上属于一种请求权,其时效可参照国家赔偿请求时效,规定为 2 年。① 也有学者认为,国家追偿是在国家机关内部进行,追偿权较易实现,时效应短于受害人向国家请求赔偿的期限,从国家机关赔偿受害人损失之日起 6 个月内实行追偿。②

4. 国家追偿的范围和标准

依国家赔偿法,赔偿义务机关可以要求有责任的公务人员或受委托组织负担部分或全部赔偿费用。但是,法律未明确追偿的范围和具体标准。在法理上,国家行使追偿权,确定追偿金额时,应考虑以下原则:

(1) 追偿的范围,以已经支付的损害赔偿金额(包括赔偿金及恢复原状、返还财产所需费用)为限。在赔偿案件处理过程中,赔偿义务机关支付的诉讼费用等不应列入追偿范围。追偿范围的确定,还应考虑是否存在其他共同赔偿义务机关的过错、第三人的过错。已经支付的赔偿金,若包含有其他共同赔偿义务机关应支付的赔偿额度或者第三人应当承担的赔偿额度,这些赔偿金额也不应列入追偿范围。

(2) 追偿金额的大小,应符合比例原则,既要与过错程度相适应,也要考虑被追偿公务人员的薪金收入。追偿金的执行只能涉及有责任的公务人员的个人薪金和津贴,不能涉及其他个人财产和其家庭财产。同时,应该允许追偿金的分期支付。③ 对受委托组织的追偿,同样需要考虑受委托组织的过错大小及其负担能力。追偿金的总额和分期支付额度应该有最高限度为宜。

(3) 对按上级命令、决定办事的公务人员,原则上不应实施追偿。若公务人员执行公务时,认为上级的决定或者命令有错误的,可以向上级提出改正或者撤销该决定或者命令的意见。上级不改变该决定或者命令,或者要求立即执行的,公务人员执行该决定或者命令造成损害的,执行的后果由上级负责,公务人员不承担责任,也就不能对其实施追偿。但是,若公务人员执行明显违法的决定或者命令造成损害的,还是应当依法承担相应的责任。④ 鉴于上下级存在的命令—服从关系和秩序,可在相当程度上减轻甚至免除其追偿责任,主要的追偿对象应当

---

① 参见马怀德主编:《完善国家赔偿立法基本问题研究》,北京大学出版社 2008 年版,第 179 页;周友军、麻锦亮:《国家赔偿法教程》,中国人民大学出版社 2008 年版,第 124 页。
② 参见金立琪、彭万林、朱思东:《国家赔偿法原理》,中国广播电视出版社 1990 年版,第 175 页。
③ 参见皮纯协、冯军主编:《国家赔偿法释论》(第三版),中国法制出版社 2010 年版,第 158 页。
④ 《公务员法》(2018)第 60 条规定:"公务员执行公务时,认为上级的决定或者命令有错误的,可以向上级提出改正或者撤销该决定或者命令的意见;上级不改变该决定或者命令,或者要求立即执行的,公务员应当执行该决定或者命令,执行的后果由上级负责,公务员不承担责任;但是,公务员执行明显违法的决定或者命令的,应当依法承担相应的责任。"

是该公务人员的上级。①

5. 国家追偿的程序

在我国,对于国家追偿的程序,国家赔偿法亦未作明确规定。由于国家追偿所涉国家或国家赔偿义务机关与公务人员或受委托组织之间的关系,基本上属于内部管理关系,因此,追偿程序的设计和完善,主要目的是为了保障被追偿人的正当权益。在原理上,国家追偿程序包括追偿决定作出程序和追偿救济程序。在决定程序中,应赋予被追偿人基本的程序权利,如申辩和陈述权、要求查清案件事实的权利、获得告知的权利、要求说明理由的权利以及要求回避的权利等;也可以考虑与被追偿人进行协商。在救济程序中,应允许被追偿人向有关机关提起申诉。②

《公务员法》可适用于在行政机关、法院、检察院等国家机关和执政党机关、参政党机关以及公共社会团体中履行公职、纳入国家行政编制、由国家财政负担工资福利的工作人员。该法规定的公务员惩戒基本程序和公务员申诉、控告基本程序,应该可以参照用于国家追偿。例如:

《公务员法》(2018)

第63条 对公务员的处分,应当事实清楚、证据确凿、定性准确、处理恰当、程序合法、手续完备。

公务员违纪违法的,应当由处分决定机关决定对公务员违纪违法的情况进行调查,并将调查认定的事实以及拟给予处分的依据告知公务员本人。公务员有权进行陈述和申辩;处分决定机关不得因公务员申辩而加重处分。

第95条 公务员对涉及本人的下列人事处理不服的,可以自知道该人事处理之日起三十日内向原处理机关申请复核;对复核结果不服的,可以自接到复核决定之日起十五日内,按照规定向同级公务员主管部门或者作出该人事处理的机关的上一级机关提出申诉;也可以不经复核,自知道该人事处理之日起三十日内直接提出申诉……

第96条第1款 原处理机关应当自接到复核申请书后的三十日内作出复核决定,并以书面形式告知申请人。受理公务员申诉的机关应当自受理之日起六十日内作出处理决定;案情复杂的,可以适当延长,但是延长时间不得超过三十日。

第98条 公务员认为机关及其领导人员侵犯其合法权益的,可以依法

---

① 参见应松年主编:《国家赔偿法研究》,法律出版社1995年版,第143页;马怀德主编:《完善国家赔偿立法基本问题研究》,北京大学出版社2008年版,第178页。

② 参见马怀德主编:《完善国家赔偿立法基本问题研究》,北京大学出版社2008年版,第179—180页。

向上级机关或者监察机关提出控告。受理控告的机关应当按照规定及时处理。

当然,国家追偿的被追偿人不仅仅指《公务员法》上规定的公务员,还包括法律法规授权组织的工作人员、受委托组织的工作人员以及受委托的组织。《公务员法》规定的程序,不可能完全照搬用于对这些人员的追偿。国家追偿程序难以由统一的立法予以规范。实务中,只要坚持正当程序原则,就能兼顾追偿权的有效行使和被追偿人的权益保障。

四、思考与讨论

1. 对比我国《国家赔偿法》修订前后国家赔偿时效制度、国家赔偿执行制度之不同,理解现行法律改革的目的,探讨尚未解决的问题。

2. 《国家赔偿法》关于国家追偿制度基本未作变动。财政部门履行赔偿金支付义务制度的确立,对追偿制度或许会有影响,但不足以形成重大变革。国家追偿的现实如何?该制度的目标或意义是否在实务中得到较为充分的实现?若实务中较少真正实现国家追偿,这有什么弊害?是否有更有效的可替换制度?①

相关案例(第六章)

---

① 参见本书第一章第四节关于国家赔偿与公务人员赔偿之间关系的讨论。

第七章　国家赔偿的方式和标准

第一节　国家赔偿的方式
第二节　国家赔偿的标准

◆ [重点问题]

1. 根据我国的国家赔偿法,国家赔偿的方式有哪些?它们各自的适用范围和适用条件是什么?

2. 如何认识我国国家赔偿法确立的赔偿标准?为什么与普通侵权法上的损害赔偿标准有较大不同?

◆ [基本原理]

1. 什么是国家赔偿方式?国家赔偿的方式有哪些?
2. 什么是金钱赔偿?什么是恢复原状?什么是返还财产?它们的适用范围、条件是什么?
3. 什么是国家赔偿标准?国家赔偿标准有哪些类型?
4. 侵犯人身权的赔偿标准具体有哪些?
5. 侵犯财产权的赔偿标准具体有哪些?

第一节 国家赔偿的方式

✚ | 思考

什么是国家赔偿方式?国家赔偿方式与国家侵权责任方式有何异同?国家赔偿法关于赔偿方式的立法原则是什么?什么是金钱赔偿?什么是恢复原状?什么是返还财产?这三种国家赔偿方式的利弊各是什么?这三种赔偿方式的适用范围、适用条件及其他适用规则是什么?在适用方面,它们之间的关系是怎样的?

一、国家赔偿方式概述

1. 国家赔偿方式的概念

国家赔偿方式,是指国家承担或履行赔偿责任的具体方法或形式。① 依普通

---

① 还有一种观点认为,国家赔偿方式就是国家侵权责任的方式,即国家对自己的侵权行为用什么样的责任方式承担法律后果。参见应松年主编:《国家赔偿法研究》,法律出版社1995年版,第223页;房绍坤、丁乐超、苗生明:《国家赔偿法原理与实务》,北京大学出版社1998年版,第247—248页。此观点将国家赔偿责任与国家侵权责任完全混同,并非通说。

侵权法原理，赔偿多是指以支付一定数额金钱的方式对受害人损害予以救济。至于停止侵害、排除妨碍、消除危险、返还财产、恢复原状、消除影响、恢复名誉、赔礼道歉等，一般都归属于侵权责任方式，而非侵权赔偿方式。[1] 但是，在我国的国家赔偿法上，国家赔偿的方式包括支付赔偿金、返还财产和恢复原状。《国家赔偿法》第 32 条规定："国家赔偿以支付赔偿金为主要方式。能够返还财产或者恢复原状的，予以返还财产或者恢复原状。"[2]学理通说也支持这样的理解。[3]

在《国家赔偿法》修订之前，学界对《国家赔偿法》(1994) 第 30 条规定的"消除影响""恢复名誉""赔礼道歉"等方式性质，认识有所不一。一种理解认为这些也是国家赔偿的方式，是国家侵犯公民、法人名誉权和荣誉权所应承担的赔偿方式，亦即精神赔偿的方式。[4] 另外一种理解认为这些是国家承担侵权责任的其他方式，或者是精神补救责任方式，而不宜确定为"赔偿方式"。[5] 后者逐渐成为学理上的共识。[6]

值得一提的是，《国家赔偿法》将在原法中属于"第五章 其他规定"内容的第 30 条移到"第四章 赔偿方式和计算标准"之下成为现行法的第 35 条，并修改为："有本法第三条或者第十七条规定情形之一，致人精神损害的，应当在侵权行为影响的范围内，为受害人消除影响，恢复名誉，赔礼道歉；造成严重后果的，应当支付相应的精神损害抚慰金。"这样的修改不应理解为立法者将消除影响、恢复名誉、赔礼道歉重新明确为赔偿方式了。由于该条是现行国家赔偿法吸纳精神损害赔偿的唯一依据，因此，其中关于精神损害抚慰金的内容，才是修法者将其在法律文本中的位置进行调整的关键原因。至于与精神损害赔偿密切相关的精神损害救济的其他责任方式，也就作为同一条款内容，共同置于现行法的第四章之中。

2. 国家赔偿方式的主辅之分和优先次序

如上所述，修订前后的《国家赔偿法》都将金钱赔偿、返还财产、恢复原状作

---

[1] 参见张新宝：《侵权责任法原理》，中国人民大学出版社 2005 年版，第 465—467 页。
[2] 《国家赔偿法》(1994) 第 25 条规定与之完全一样。
[3] 参见本书第一章第一节。
[4] 参见薛刚凌主编：《国家赔偿法教程》，中国政法大学出版社 1998 年版，第 112—115 页；陈春龙：《中国司法赔偿实务操作与理论探讨》，法律出版社 2002 年版，第 381 页；房绍坤、丁乐超、苗生明：《国家赔偿法原理与实务》，北京大学出版社 1998 年版，第 247—249 页。
[5] 参见马怀德主编：《国家赔偿法学》，中国政法大学出版社 2001 年版，第 253 页；高家伟：《国家赔偿法》，商务印书馆 2004 年版，第 244 页。
[6] 参见姜明安主编：《行政法与行政诉讼法》（第六版），北京大学出版社、高等教育出版社 2015 年版，第 587 页；刘嗣元、石佑启、朱最新编著：《国家赔偿法要论》（第二版），北京大学出版社 2010 年版，第 98—99 页。

为国家赔偿的三种主要方式。不过,在《国家赔偿法》(1994)的立法过程中,对国家赔偿以何种方式为主、何种方式为辅的问题,曾经有两种不同的意见。一种意见认为,国家赔偿应以金钱赔偿为原则,以恢复原状为例外。若国家赔偿以恢复原状为原则,国家机关将因此承担诸多不必要的工作,造成人力、物力的浪费,还会影响国家机关正常的管理活动和效率。另一种意见认为,国家赔偿应当是全面赔偿,目标在于恢复受损害的合法权益,我国的传统和现有体制决定了恢复原状比金钱赔偿更适于填补受害人损失、恢复其合法权益,如恢复工作、职务、工资级别、户口、住房等往往比金钱赔偿更实际、更重要。因此,以恢复原状为主要赔偿方式更有利于保护受害人。

最终,立法采用了以金钱赔偿为主、以其他赔偿方式为辅的原则。其主要考虑是:(1)保证国家机关的正常公务。具体而言,国家赔偿力求做到便捷易行,经济实用,避免引起人力、物力的浪费,导致国家机关工作人员花费过多时间、精力而贻误公务。(2)满足受害人的实际需求。恢复原状虽然可以让受害人权益得以恢复到损害发生之前的状况,但许多时候,恢复原状要么十分困难、不易让受害人尽快地得到救济,要么并非受害人自身所愿意。而金钱赔偿的广泛适用性,可保证受害人迅速得到与其所受损害相当的赔偿。①

不过,以金钱赔偿为主,并不意味着但凡需要国家赔偿的,皆以金钱赔偿为优先考虑。之所以以金钱赔偿为主或为原则,一是因为侵犯人身权造成的财产损失(如医疗费、丧葬费等)以及非财产损失(即生理或心理上的痛苦),是无法以返还财产、恢复原状的方式予以弥补的,二是因为也有相当一部分侵犯财产权造成的财产损害(如拆除厂房、打死名贵宠犬),无法或难以用返还财产、恢复原状的方式进行弥补。然而,在侵犯财产权造成的财产损害可以用返还财产、恢复原状方式予以弥补、且较少成本投入的情况下,还是应当以这两种方式为优先,而不能径直用金钱赔偿。故《国家赔偿法》第32条规定:"能够返还财产或者恢复原状的,予以返还财产或者恢复原状。"可见,即便国家赔偿方式以金钱赔偿为主、返还财产和恢复原状为辅,在金钱赔偿、返还财产、恢复原状三种方式之间,也并无绝对的优先适用次序。② 适用哪种方式,皆需以国家赔偿方式设定之目的为标尺进行衡量,即哪种方式既能迅捷地给受害人以救济,又能使国家机关尽可

---

① 参见皮纯协、冯军主编:《国家赔偿法释论》(第三版),中国法制出版社2010年版,第207—208页;姜明安主编:《行政法与行政诉讼法》(第六版),北京大学出版社、高等教育出版社2015年版,第691页;刘嗣元、石佑启、朱最新编著:《国家赔偿法要论》(第二版),北京大学出版社2010年版,第88—89页。显然,在《国家赔偿法》(1994)制定过程中的讨论,采用的是广义的恢复原状。关于恢复原状的含义,详见下文。因国家赔偿法上的恢复原状属于狭义范畴,故下文在广义上使用恢复原状一词时,皆以"恢复原状(广义)"指称。

② 参见高家伟:《国家赔偿法》,商务印书馆2004年版,第245页。

能少地承担赔偿方式本身带来的成本。

二、金钱赔偿

1. 金钱赔偿的利弊

金钱赔偿,又称支付赔偿金,是以给付金钱的方式填补受害人的权益所蒙受的损失。金钱赔偿的方式有弊有利。

(1) 金钱赔偿的弊端。

金钱赔偿是在对损失进行评估、计算的基础上给付受害人可让其用来弥补损失的相当额度的货币。这里隐含着对损失价值的判断和对货币价值的判断。两种判断需尽量客观化,才能实现同等情况同等对待的法制统一。但是,价值本身就不是纯客观的,同样一件事物对不同人而言其价值完全可能是不同的。由此角度观察,金钱赔偿有其无法克服的弊端:

第一,与损害救济的最高指导原则相距甚远。

损害救济的最高指导原则是通过救济使受害人处于如同损害事故未曾发生的状态之中。然而,金钱与受损之物往往是两种明显不同的物品,以金钱代替受损之物,如用金钱赔偿被违法拆除的房子,会使受害人处于损害事故确曾发生的状态之中。因而,金钱赔偿所发生的效果与损害救济最高指导原则,有相当的距离。

第二,贬抑正义的形象。

正义关乎是与非、正确与错误、公平与不公平、道德与不道德等的判断,正义代表着"是""正确""公平""道德"等。财富与正义则是两回事。财富代表着一种事实状态,与是非曲直没有关联。以金钱赔偿侵权行为造成的损害,隐含着表示:用财富匡复正义,以金钱解决是非曲直问题,进而,会让人产生正义可以用金钱实现的感受。如此,或多或少会有损正义形象。[①]

(2) 金钱赔偿的益处。

在普通侵权法原理上,侵权责任的承担方式主要有两种:一为金钱赔偿;二为恢复原状(广义)。金钱赔偿的上述弊端,主要是相对于恢复原状(广义)而言的。其隐含的假定是,恢复原状更接近损害救济的最高指导原则,且不会有金钱可以摆平一切的不公平之感。但是,首先需要为金钱赔偿辩护的是,损害救济的最高指导原则在大多数情形中是无法真正实现的。有些时候,采取恢复原状(广义)方式,如非法没收财产、但很快予以返还,的确可以让受害人感受不到损害的

---

① 参见曾世雄:《损害赔偿法原理》,中国政法大学出版社2001年版,第151页。

发生。甚至,有时还会让受害人有一种未受损害反而无形获利的安慰或欣喜,如旧电视机被砸坏、买了同样品牌的新电视机予以赔偿。然而,任何损害既已发生,事实状态就已经不可逆转,恢复到损害未发生时其实是一种拟制。即便采取恢复原状(广义)方式,使某些损害的填补能够让受害人的受损权益达到原先情状,也无法完全抹平已经造成的损失。例如,新汽车在扣押期间被撞坏,虽事后予以维修,似乎焕然一新,但其市场价值已经贬损。而当受损之物有某种精神利益成分在内的情况下,就更是难以通过简单的恢复原状即可抹平精神损害。哪怕这种精神损害尚未严重到需要给予精神损害抚慰金的程度,也不会让受害人轻易地从损害事件中摆脱出来,仿佛损害未发生一般。

既然恢复原状(广义)方式也不见得能在所有情形下实现损害救济的最高原则,那么,对于金钱赔偿,更应该看重的是其相比较恢复原状(广义)而言的益处。换言之,正因为恢复原状(广义)方式在许多情形下是不可能的或者是极其困难的,金钱赔偿才显示出其很强的适应性:

第一,恢复原状(广义)不可为的情形。

恢复原状不可为的情形主要有:受损权益涉及唯一特定物、且该物已经灭失的,赔偿义务机关既不可能返还或修缮返还,也不可能购买替代物赔偿;受损权益涉及人身(生命、身体、健康)损害的,死者不能复生,治疗也不能使伤者完全恢复如初;受损权益涉及精神上痛苦的,更是无形损失,在财产损害上可发挥作用的恢复原状(广义),于此实是无用武之地。

第二,恢复原状(广义)难为的情形。

在有些情形下,恢复原状是可能的但明显存在重大困难或者耗费巨大成本。例如,房屋被违法拆除,重建房屋以恢复原状是可能的,但对于国家机关而言,往往存在费时费力、影响正常公务的问题,即便委托给他人建造,也有可能出现新建房屋如何与旧房进行价值换算、新建房屋是否需要按旧房样式建造、房屋建造的委托是否需要招投标等一系列复杂问题。与其如此,按相当于新建房屋的同等价值以金钱赔偿,对赔偿义务机关而言无疑是更佳的选择。

2. 金钱赔偿的适用

根据《国家赔偿法》第33条至第36条,支付赔偿金方式的适用范围如下:(1)侵犯人身自由造成损害的;(2)侵犯生命、健康造成损害的;(3)侵犯人身权造成严重精神损害的;(4)违法查封、扣押、冻结财产造成财产灭失,或者造成损坏又不能恢复原状的;(5)应当返还的财产损坏又不能恢复原状的;(6)应当返还的财产灭失的;(7)财产已经变卖且变卖价款明显低于财产价值的;(8)吊销许可证和执照、责令停产停业造成停产停业期间必要的经常性费用开支损失的;

(9)对金钱财产采取措施(包括罚款、罚金、追缴、没收、冻结等)造成银行同期存款利息损失的;(10)其他侵害财产权造成直接损失的。其适用范围之广,亦可反映"国家赔偿以支付赔偿金为主要方式"的立法原则。

依现行国家赔偿法,赔偿金的支付已经由赔偿义务机关转移到财政部门,不再涉及赔偿义务机关先行支付、后申请核拨的问题。只是,国家赔偿费用预算与支付管理的具体办法,法律都未予明确。

三、恢复原状

1. 广义和狭义的恢复原状

在普通侵权法上,恢复原状有广义和狭义之分。广义的恢复原状,是指重建受害人蒙受损失的权益的原貌,如同损害事故未曾发生一般。[①] 如财产修复、返还财产、恢复名誉等,都属于广义的恢复原状。[②]

狭义的恢复原状,可依照我国《民法典》关于民事责任方式、侵权责任方式的规则予以理解。《民法典》第179条规定的民事责任方式有:停止侵害;排除妨碍;消除危险;返还财产;恢复原状;修理、重作、更换;继续履行;赔偿损失;支付违约金;消除影响、恢复名誉;赔礼道歉。其中,既有违约责任方式,也有侵权责任方式。据此可见,第一,狭义的恢复原状仅适用于侵犯财产的情形,而不适用于侵犯人身自由、生命健康和精神权益的情形。第二,狭义的恢复原状适用于财产受到损坏的情形。财产如能原物返还,则应返还财产;既不能返还原物,又不能恢复其原有形状、性能等的,则应以金钱赔偿损失。第三,狭义的恢复原状与返还财产、恢复名誉等都是专门的责任方式。返还财产、恢复名誉等虽可以视为在广义的恢复原状范畴之内,但既然已经单列为专门责任方式的,就不宜再纳入恢复原状之中。由此,普通侵权法学理通说认为,狭义的恢复原状是指财产受到损坏后对财产进行修复使其回归到财产未受损坏前的状态。[③]

在国家赔偿法学理上,对恢复原状含义的认识更趋复杂。[④] 不过,第一,既然《国家赔偿法》把返还财产、解除强制措施同恢复原状并列[⑤],消除影响、恢复名誉

[①] 参见曾世雄:《损害赔偿法原理》,中国政法大学出版社2001年版,第148页。
[②] 参见张新宝:《侵权责任法原理》,中国人民大学出版社2005年版,第466页。
[③] 参见杨立新主编:《侵权行为法》,复旦大学出版社2007年版,第155—156页。
[④] 有学者列举出国家赔偿法学理上对"恢复原状"的6种定义。参见高家伟:《国家赔偿法》,商务印书馆2004年版,第250—251页。
[⑤] 《国家赔偿法》第36条规定:"侵犯公民、法人和其他组织的财产权造成损害的,按照下列规定处理……(二)查封、扣押、冻结财产的,解除对财产的查封、扣押、冻结,造成财产损坏或者灭失的,依照本条第三项、第四项的规定赔偿;(三)应当返还的财产损坏的,能够恢复原状的恢复原状,不能恢复原状的,按照损害程度给付相应的赔偿金;(四)应当返还的财产灭失的,给付相应的赔偿金;……"

也单列为其他的国家侵权责任方式,这些同样能使原有权益状态得以恢复的责任方式,就不宜包含在恢复原状之中;第二,既然《国家赔偿法》第 36 条明确恢复原状适用于侵犯财产权造成财产损坏的情形,那么,侵犯人身权利、精神权利的情形,不宜采用恢复原状的责任方式;第三,恢复工作、职务、工资级别、住房、户口等财产性权益,对受害人而言也是使其恢复到原有权益状态,但是,这些措施是纠正原来侵权行为(如再审改判无罪)之后各有关单位应当完成的恢复性善后工作,并不通过国家赔偿途径解决①,不能与国家赔偿方式混淆。最高人民法院也屡次批复,明确单位补发工资与国家赔偿的性质不同。②

综上,《国家赔偿法》规定的恢复原状,也应属于狭义范畴,是指国家机关的行为侵害个人或组织财产造成损坏,对财产进行修复使其回归到财产未受损坏前的状态。③ 这样,国家赔偿法与普通侵权法所用恢复原状之含义基本一致。

2. 恢复原状的适用

根据《国家赔偿法》第 36 条,恢复原状适用情形较为明确的有:(1) 违法查封、扣押、冻结财产造成财产损坏又能恢复原状的;(2) 应当返还的财产损坏又能恢复原状的。实务中,不少房屋被拆除的受害人向法院请求赔偿义务机关恢复原状,但是,法院通常认为被拆除房屋属全物灭失,已不具有恢复原状的可能性。④

其实,恢复原状方式的适用,并不应该仅仅限于上述两种情形。原则上,符合下列条件的,皆可适用恢复原状:(1) 受到侵害的是非货币形式的、非无形财产的财物。诸如罚款、罚金、追缴或没收金钱等,都不能适用恢复原状;侵犯无形财产(知识产权)造成损坏的,也不能适用恢复原状。(2) 受侵害财产被损坏。若受侵害财产完全灭失的,则不适用恢复原状。(3) 有恢复原状的可能。亦即被损坏财产有修复的可能。(4) 有恢复原状的必要,有无修复的必要,应从社会

---

① 例如,原劳动部于 1997 年所发《劳动部办公厅关于企业职工被错判宣告无罪释放后,是否应恢复与企业的劳动关系等有关问题的复函》(劳办发[1997]40 号)指出:"关于企业职工被错判,宣告无罪释放后,企业是否应与其恢复劳动关系,补发工资问题。我们认为,职工于《国家赔偿法》实施以前被判犯罪,后经司法机关改判无罪的,如企业仅因其被判刑而解除劳动关系的,企业应恢复与该职工的劳动关系,并按照原劳动人事部《关于受处分人员的工资待遇问题给天津市劳动局的复文》(劳人薪局[1985]第 12 号)的规定,恢复其原工资待遇,并补发在押期间的工资。"认为这些也应规定在国家赔偿法之中,属于恢复原状方式适用对象的观点,参见应松年主编:《国家赔偿法研究》,法律出版社 1995 年版,第 228 页;房绍坤、丁乐超、苗生明:《国家赔偿法原理与实务》,北京大学出版社 1998 年版,第 254—255 页。
② 参见《最高人民法院赔偿委员会关于补发工资后仍需进行国家赔偿的批复》([1999]赔他字第 20 号)、《最高人民法院赔偿委员会关于国家赔偿不应扣除已补发工资的批复》([1999]赔他字第 23 号)、《最高人民法院赔偿委员会关于李勇申请国家赔偿一案的批复》([1999]赔他字第 30 号)。与本书相同观点的,参见马怀德主编:《完善国家赔偿立法基本问题研究》,北京大学出版社 2008 年版,第 318 页。
③ 参见薛刚凌主编:《国家赔偿法教程》,中国政法大学出版社 1998 年版,第 111 页。
④ 参见"莫树坤诉湖州市城乡建设委员会房屋拆迁行政赔偿案"[浙江省湖州市城郊人民法院(1999)城郊行初字第 34 号]。

效益、经济效益、所有人需要等诸因素综合考虑。如果修复财产在社会经济效益上是不划算的,或者所有人已经不再需要,则不宜采用恢复原状的方式。(5) 不得影响正常公务活动。恢复原状在操作上不仅需要了解财产损坏前后的性能、状态等,还要花费一定的人力、物力、时间,若由此对国家机关正常公务活动产生不利影响,就不宜采用恢复原状的方式。

有观点认为,恢复原状的适用还得符合"不产生违法后果"的条件。① 原则上这是毋庸置疑的,但现实中,若恢复原状的结果是具有违法性的,那么,逻辑上这就意味着被损坏的财产本身是不合法的,即便国家机关有违法,也不符合赔偿要件之一,即被损害的须是合法权益。②

恢复原状在适用时,除了需要考虑与返还财产、金钱赔偿之间的"转用"原则(能够返还财产的返还财产;财产损坏的,能恢复原状的恢复原状,不能恢复原状的给予金钱赔偿),也还需要考虑与返还财产、金钱赔偿之间的"并用"问题。例如,若返还财产不单单指返还原物的话,那么,恢复原状必然是与返还财物并用的,只是恢复原状以后返还的是经过修复的财产。更重要的是,恢复原状的结果可能有两种情形。一种结果是被修复的财产因修复本身升值。如一台旧机器被修复后,因零部件比以往的好,其性能更好,价值不降反升。此时,原则上,赔偿义务机关不得向赔偿请求人再要求以支付金钱的方式返还上升的价值部分。因为,若市场上已没有旧款部件而不得不使用新款部件时,赔偿义务机关即便给予金钱赔偿,也需考虑赔偿请求人自行修复所处的市场环境。另外一种结果就是被修复的财产价值下降。例如,扣押的汽车被撞坏,赔偿义务机关出钱修理后将车返还。虽然被修复的汽车在性能、状态上已经恢复如初,但是,该汽车的市场价值已经大大减损。于此,赔偿义务机关除恢复原状外,还应支付相应的赔偿金。这就是恢复原状与金钱赔偿的并用情形。

四、返还财产

1. 返还财产的含义

在日常生活中,返还财产是指返还一切具有价值的金钱、物资、房屋、土地等有形财产,包括返还原物和返还替代的种类物。物有特定物和种类物之分。特定物是有自身单独特征、不能由其他物所代替的物;种类物是可以用品种、数量、质量、规格等确定、且可以被具有相同特征和价值的物所替代的物。返还特定物必然是返还原物;返还种类物,则既可能是原物,也有可能是替代的种类物(包括

---

① 参见房绍坤、丁乐超、苗生明:《国家赔偿法原理与实务》,北京大学出版社1998年版,第254页。
② 参见本书第三章第四节。

金钱)。金钱是最常见的种类物,而返还金钱通常是返还同等数额的货币,而较少返还原来从受害人那里获取的货币本身。

国家赔偿法上"返还财产"的含义,略微狭窄一些,通常是指返还原物或者金钱。《国家赔偿法》第 36 条第(一)项规定:"处罚款、罚金、追缴、没收财产或者违法征收、征用财产的,返还财产";第(三)项规定:"应当返还的财产损坏的,能够恢复原状的恢复原状,不能恢复原状的,按照损害程度给付相应的赔偿金";第(四)项规定:"应当返还的财产灭失的,给付相应的赔偿金。"由这些规则的内在逻辑可以探知:第一,返还金钱(例如罚款、罚金)属于返还财产是毫无疑问的①;第二,返还金钱形式以外的原物(包括特定物、种类物)属于返还财产也是当然的;第三,当原物损坏的,可用恢复原状或支付赔偿金方式赔偿,但是,当原物灭失的,若原物是特定物,自然只能以支付赔偿金方式赔偿,若原物是种类物,立法者并没有让赔偿义务机关去寻找或购买替代的种类物来返还,而是与特定物灭失一样,以支付赔偿金方式赔偿。综合观之,相比日常生活中的返还财产,国家赔偿法规定的返还财产之意义略微狭窄一些,其基本上排除了返还替代的种类物的可能性。或许,立法者认为,赔偿义务机关支付赔偿金,比寻找或购买替代的种类物,更为简便易行,不至于付出额外的时间、精力和其他成本。

2. 返还财产的适用

原理上,返还财产适用于违法侵占受害人财产的情形。根据《国家赔偿法》第 36 条的规定,这些情形包括:(1) 处以罚款、没收财产等行政处罚的;(2) 处以罚金、没收财产等刑罚的;(3) 采取没收违禁品和犯罪用具以及追缴违法所得的;(4) 征收、征用财物的;(5) 采取查封、扣押、冻结财产措施的;(6) 变卖或者拍卖财产的。返还财产是向财产的合法权益人返还;合法权益人为夫妻的,可以向其中的任何一方全部返还。②

若被侵占财产是金钱的,如罚款、罚金、没收或追缴钱款、变卖或者拍卖财产获取价款等,返还财产的适用不存在疑难问题。因为,作为一种特别的种类物,金钱的替代是最易操作的,没有任何额外的成本。此外,返还金钱虽然与支付赔偿金在表面上是相似的,但是,支付赔偿金需要在评估和计算损失的基础上按一定标准进行,而返还金钱无须如此,只要悉数返还即可。在返还变卖财产所得的价款时,有可能出现变卖所得价款明显低于财产价值、返还的价款明显不足以弥补财产所有人损失的情况,这就需要对财产所有人损失进行估算,在损失额内扣

---

① 有观点认为,金钱的返还实际上不是返还而是赔付,返还只能适用于物,而且是特定物才能返还。参见杨小君:《国家赔偿法律问题研究》,北京大学出版社 2005 年版,第 163 页。

② 参见"张牧申请国家赔偿案"[(2012)法委赔字第 1 号,《最高人民法院公报》2014 年第 6 期]。

除已返还价款后支付剩余的相应赔偿金。不过,这是返还财产与支付赔偿金"并用"的情形,损失估算也是支付赔偿金所需,而非返还财产所需。

若被侵占财产是非金钱形式的物品,返还财产的适用就应判断具体情形是否属于"能够返还财产"。具体而言,判断需要考虑的因素有:(1)原物是否遭受损坏。若已遭受损坏,损坏部分应恢复原状,而后返还已经修复的财物;若不能恢复原状,则支付赔偿金。(2)原物是否灭失。若灭失,则支付赔偿金。(3)原物是否已经变卖或拍卖。若已变卖或拍卖,则返还变卖或拍卖价款。(4)原物既未灭失也未损坏的,则需权衡返还原物是否简单易行、成本适宜;或者是否影响国家公务活动的正常进行;或者是否损害善意第三人的合法权益。① 若返还原物操作困难、成本太高,或者对公务活动造成不利影响,或者损害善意第三人的利益,那就不宜适用返还原物方式,而应改用支付赔偿金。例如,受害人服刑10年以后被再审改判无罪,但原先被没收的房屋早已用作国家机关办公场所多年,返还房屋不利于国家公务,受害人也无意要回。又或者,该房屋已经由国家机关处理,奖励给对国家作出重大贡献的个人,返还房屋无疑会损害第三人的利益。②

返还财产的适用,除了考虑与支付赔偿金在不同情形下的"转用"以外,也同样需注意与支付赔偿金的"并用"问题。特别是,不能简单地以返还财产方式,掩盖了受害人因财产被违法侵占期间所遭遇的其他损失。例如,《国家赔偿法》第36条第(七)项规定:"返还执行的罚款或者罚金、追缴或者没收的金钱,解除冻结的存款或者汇款的,应当支付银行同期存款利息。"这就是立法者考虑到在返还金钱之外赔偿受害人的利息损失。再如,违法扣押汽车多年,待返还汽车时,汽车价值已经折损。此时,就不能简单地返还汽车了事,尚需赔偿汽车价值的实际损失。参见本章案例7-1"阿不都克尤木·阿不都热依木诉吐尔尕特海关扣押行政强制措施案"。

▶▶▶ 即时思考

有的观点之所以认为金钱的返还不属于返还财产,而属于赔付,主要是考虑返还的本义是返还金钱的本数,而无法包括其中发生的利息。请问:

1. 在原理上,你是否同意这一观点?
2. 《国家赔偿法》第36条第(七)项规定:"返还执行的罚款或者罚金、追缴或

---

① 原物经过变卖或拍卖而返还价款,有保护善意第三人的考虑。但原物也有可能不是经过变卖、拍卖,而是通过其他合法、正当的方式转移给善意第三人。

② 参见房绍坤、丁乐超、苗生明:《国家赔偿法原理与实务》,北京大学出版社1998年版,第253—255页;高家伟:《国家赔偿法》,商务印书馆2004年版,第248页;马怀德主编:《完善国家赔偿立法基本问题研究》,北京大学出版社2008年版,第316—319页。

者没收的金钱,解除冻结的存款或者汇款的,应当支付银行同期存款利息。"如何结合这个规定回答第 1 个问题?

此外,《国家赔偿法》虽然已经确定由财政部门承担将支付赔偿金的职责,但是,返还财产、恢复原状的赔偿义务,还是得由赔偿义务机关履行。赔偿义务机关不得以涉案财产已经上缴财政为由不予返还。①

五、案例讨论

案例 7-1　阿不都克尤木·阿不都热依木诉吐尔尕特海关扣押行政强制措施案【新疆维吾尔自治区高级人民法院,(2007)新行终字第 17 号】②

1. 从本案判决出发,讨论返还财产时财产价值受损需要支付相应赔偿金的情形。

2. 假设在另外一种情形中,公安机关违法扣押车辆,导致车上承运货物没有及时转运,车主向货主支付赔偿款,公安机关返还车辆和车上承运货物后,车主认为返还原物已不能恢复原来的承运状态和价值,因而,除返还财产外,还应赔偿其向货主支付的赔偿款。③ 你认为车主的赔偿主张有法律依据吗?合理吗?

3. 请结合本章第二节内容,评论一审法院、二审法院在计算赔偿额时的不同。

第二节　国家赔偿的标准

✚ 思考

什么是国家赔偿标准?国家赔偿标准与国家赔偿范围是什么关系?国家赔

---

① 参见"最高人民法院、最高人民检察院公布 8 起刑事赔偿典型案例(2016 年)之五:杨素琴、王有申申请辽中县人民检察院刑事违法扣押国家赔偿案"。"典型意义"……本案检察机关以收缴的财产已上缴税务机关为由不予返还,理由不能成立。
② 参见海关总署政策法规司编:《海关行政复议诉讼案例选》(十),非公开出版,第 520—527 页。
③ 参考"林庆章等诉泉州市公安局交通警察支队直属高速公路大队违法扣押财产行政赔偿案"[福建省泉州市中级人民法院],"北大法宝/司法案例"数据库未提供裁判文号。

偿标准有哪些类型？我国国家赔偿法原则上采取的是什么赔偿标准？侵犯人身权的赔偿标准具体有哪些？侵犯财产权的赔偿标准具体有哪些？

一、国家赔偿标准概述

1. 国家赔偿标准的概念

（1）定义。

国家赔偿标准，又称国家赔偿计算标准，是指国家赔偿法确立的计算损害大小、确定赔偿金额所依循的准则或依据。[①] 公权力侵权损害事件中，受害人遭遇的损害类型和大小不一，按照什么准则对应予赔偿的损害进行计算，并在此计算基础上确定赔偿金额，直接关系受害人得到的赔偿金多少和救济的充分程度如何。因此，在国家赔偿法上，赔偿标准与赔偿范围一样，具有非常重要的实体法意义。

由于我国国家赔偿法和学理都认同国家赔偿方式包括支付赔偿金、返还财产、恢复原状，因此，更为准确地说，国家赔偿标准应该是国家金钱赔偿标准。易言之，国家赔偿标准仅对金钱赔偿方式有意义；单纯的返还财产、恢复原状不存在计算标准问题。返还金钱或者原物、狭义的恢复原状（修复财物）都与计算标准无关。只是在返还财产、恢复原状与支付赔偿金并用的时候，才会因为赔偿金额的确定而运用计算标准。

（2）国家赔偿标准与范围。

国家赔偿的标准与范围是两个不可分割又略有差异的概念。"国家赔偿范围"概念的提出，欲解决以下问题：国家对哪几类原因（包括行为和物）造成的损害负赔偿责任？国家要对哪几类损失负责赔偿？[②] 而"国家赔偿标准"概念的问题意识是：依据什么准则或尺度来计算国家应当负责赔偿的损害之大小、确定赔偿额之多少？因此，二者之间是有差别的。

然而，它们又是不可分割的。国家赔偿的范围，大致上给出了国家赔偿标准得以有效适用的空间。例如，立法赔偿目前不在国家赔偿范围之内，就不存在如何计算立法侵权造成的损害大小以及如何确定赔偿金额的问题。而精神损害纳入国家赔偿范围之内，就需要考虑如何计算精神损害的大小、给予多少精神损害抚慰金的问题。反之，国家赔偿的标准，又往往决定了国家赔偿的深度范围究竟

---

① 类似的定义，参见房绍坤、丁乐超、苗生明：《国家赔偿法原理与实务》，北京大学出版社1998年版，第260页。

② 参见本书第四章第一节。

有多大。例如,对侵犯公民人身自由的赔偿,或者对因身体伤害而误工的赔偿,每日赔偿金是按国家的职工日平均工资计算,还是按受害人本人在羁押或受伤前的日平均工资收入计算,其结果是不一样的,也就意味着国家赔偿范围的实际大小是不同的。

换言之,国家赔偿法对"国家赔偿范围"的规定,采取的方式是对损害原因和损害结果进行类型化处理,在广度上解决哪几类侵害原因(包括公权力行为的类型和作为物的公共设施)造成的哪几类损失结果,国家应负责赔偿。不过,这只是根据原因和结果的种类对国家赔偿范围进行了大致的厘定,并未具体延伸到在某种可赔偿的损害层面上的深度范围。而国家赔偿法对"国家赔偿标准"的规定,无非是要解决,在国家应当予以赔偿的财产和非财产损害方面,应该用什么准则来计算这些损害的大小、确定赔偿金额的多少问题。这些标准意味着赔偿额的大小,而赔偿额的大小也就意味着赔偿的深度范围之大小。

而且,在《国家赔偿法》的法律文本中,有关国家赔偿计算标准的规则,也常含有性质上属于国家赔偿范围的内容。例如,《国家赔偿法》第34条规定的医疗费、护理费、误工减少的收入、残疾生活辅助器具费、康复费、继续治疗费用等项目,既可以理解为在确定身体伤害或致残的损失大小、赔偿金额多少时所需计算的项目,也可以理解为国家应予赔偿的项目范围。再如,第35条对精神损害赔偿的规定,其实并未给出如何计算精神损害大小、确定精神损害抚慰金额度的准则,倒是成为精神损害纳入国家赔偿范围的法律依据。①

(3)主观计算与客观计算。

主观计算与客观计算是普通侵权法学理上的概念,但其触及的问题,也是国家赔偿法确定国家赔偿计算标准时所面临和必须应对的。在说明主观计算与客观计算的含义之前,须先对损害的构成因素作一分类。损害的构成因素可分为普通因素(客观因素)和特别因素(主观因素)。普通因素是指损害事件中不因受害人不同而不同的因素。也就是说,如果该损害事件并非发生在当前受害人身上而是发生在他人身上时,其中的普通因素也会与发生在当前受害人身上的一样。特别因素则是指损害事件中因受害人不同而不同的因素。换言之,如果该损害事件并非发生在当前受害人身上而是发生在他人身上时,其中的特别因素会与发生在当前受害人身上的不同。以如此分类为基础,计算损害时若仅仅考虑普通因素的,就属于客观计算,若同时考虑普通因素和特别因素的,则属于主观计算。②

例如,国家机关违法羁押甲、乙、丙,剥夺了他们的人身自由,其人身自由损

---

① 《国家精神损害赔偿解释》给出了精神损害赔偿计算标准。参见本书第五章第二节。
② 参见曾世雄:《损害赔偿法原理》,中国政法大学出版社2001年版,第161—164页。

害的计算与甲、乙、丙是何人、工资是多少等没有任何关系,因为每个人的人身自由价值是相等的,不会因人而异。自由损害赔偿的计算根据的是羁押日期和固定的每日赔偿金。这种计算就是客观计算。然而,甲、乙、丙被羁押而造成误工,其误工减少的收入完全可能是不同的。假设误工减少的收入不是按固定的每日赔偿金来计算,而是按每个人不同的实际工资收入来计算,那么,这种计算就是主观计算。

较为常见的特别因素有三类:第一,受害人与第三人的关系。例如,甲与乙之间订立承运契约,未按时运送,甲应赔偿乙损失。但是,甲的交通工具却在运送过程中被国家机关违法扣押。甲的交通工具被扣押所致的直接损失,是普通因素,但是,甲与乙契约的存在,可能使甲的损害范围扩大,且该契约是否存在因人而异,所以是特别因素。第二,受害人的经济状况或社会地位。例如,人身自由被侵犯的情形,受害人经济状况或社会地位不同,实际造成的损害大小也就不同。同样的侵犯财产行为,如违法征收房产,富裕的人可能有别的房屋可住,而贫困的人则需要临时租住房屋而导致损害扩大。第三,受害人智力或身体上的特质。例如,个人的智慧、能力、身体状况等。国家机关工作人员殴打行为造成的身体伤害程度大致相当,但是,对于不同身体状况的受害人而言,事实上的损害结果就有可能不同,患有心脏病的人很有可能连轻微的击打都无法承受而死亡。①

在我国的国家赔偿领域,多数情况下采取的是客观计算。例如,人身自由侵害造成的损害计算,根据羁押日期和固定的每日赔偿金,而不计受害人的实际误工减少的收入。身体伤害而误工减少的收入,也不按受害人实际损失计算,而是根据固定的每日赔偿金。再如,违法侵占财产的,以返还财产为首选,财产已经灭失的,则支付相应赔偿金。至于该财产以前的使用、收益状况,如被扣车辆是否用于出租经营、是否会因车辆被扣导致营运收入减少,一概不计。参见本章案例7-1"阿不都克尤木·阿不都热依木诉吐尔尕特海关扣押行政强制措施案"。

不过,在有些情况下,也会采取主观计算,考虑个人较为特别的因素。例如,精神损害赔偿的计算,基本是一种主观计算。② 又如,《国家赔偿法》第34条第1款第(三)项规定:"造成死亡的,应当支付死亡赔偿金、丧葬费,总额为国家上年度职工年平均工资的二十倍。对死者生前扶养的无劳动能力的人,还应当支付生活费。"其中,对死者生前扶养的无劳动能力的人支付生活费,是因人而异的主

---

① 关于三类特别因素,参见曾世雄:《损害赔偿法原理》,中国政法大学出版社2001年版,第162—164页。本书的举例立足于国家赔偿领域。

② 参见本书第五章第二节。

观计算。

2. 国家赔偿标准的类型

国家赔偿标准以客观计算为主，少数情形下采取主观计算，这与国家赔偿立法基本选择国家赔偿抚慰性标准是一致的。学理通说认为，国家赔偿标准的确定，大致上奉行三种不同的原则，即惩罚性原则、补偿性原则和抚慰性原则。据此三种原则形成的标准，也就对应地为惩罚性标准、补偿性标准和抚慰性标准。①

(1) 惩罚性标准。

又称惩罚性赔偿原则，是指超过受害人实际损害的范围使加害人对受害人予以额外的金钱赔偿，以示对加害人的惩罚。② 赔偿额等于实际损失额加上惩罚金额。在普通侵权法上，我国《民法典》仅规定了三种情形下的惩罚性赔偿③，而且，除此以外，只有法律才能规定惩罚性赔偿④。显然，惩罚性赔偿并未成为普通侵权法的主要原则，这也与损害救济的最高指导原则一致。该原则是使受损权益得到恢复，使受害人处于如同损害事故未曾发生状态一般，而不是让受害人通过损害赔偿获利。惩罚性赔偿一方面对于加害人是惩戒，而另一方面会使受害人得到比损害发生前更多的利益，因此，惩罚性赔偿的适用必需受到限制。

(2) 补偿性标准。

又称补偿性赔偿原则、完全赔偿原则或者全部赔偿原则，是指赔偿受害人的实际财产损失，加害人的赔偿责任以能够弥补受害人所遭受的实际损失为限。简言之，损失多少，赔偿多少。全部赔偿包括赔偿直接损失和间接损失，直接损失是受害人已有财产的减少，包括财产本身损害、修复财产的必需费用、人身损害的治疗费用等，直接损失应予赔偿自无疑问；间接损失只要是已经预见或者能够预见的利益，且是可以期待、必然得到的，也应当予以赔偿，才能实现对受害人权利的全面保护。⑤ 不过，补偿性标准适用于财产损害，而不宜适用于非财产损害。财产损害是可以量化的，可以通过确定的损害赔偿予以完全的填补，而非财

---

① 参见应松年主编：《国家赔偿法研究》，法律出版社1995年版，第228—229页；皮纯协、冯军主编：《国家赔偿法释论》(第三版)，中国法制出版社2010年版，第210—211页；房绍坤、丁乐超、苗生明：《国家赔偿法原理与实务》，北京大学出版社1998年版，第260—263页；马怀德主编：《完善国家赔偿立法基本问题研究》，北京大学出版社2008年版，第319—320页。

② 参见张新宝：《侵权责任法原理》，中国人民大学出版社2005年版，第469页。

③ 《民法典》第1185条："故意侵害他人知识产权，情节严重的，被侵权人有权请求相应的惩罚性赔偿。"第1207条："明知产品存在缺陷仍然生产、销售，或者没有依据前条规定采取有效补救措施，造成他人死亡或者健康严重损害的，被侵权人有权请求相应的惩罚性赔偿。"第1232条："侵权人违反法律规定故意污染环境、破坏生态造成严重后果的，被侵权人有权请求相应的惩罚性赔偿。"

④ 《民法典》第179条第2款："法律规定惩罚性赔偿的，依照其规定。"

⑤ 参见杨立新：《侵权行为法专论》，高等教育出版社2005年版，第324—326页。

产损害是生理或心理上的痛苦,无法量化,也就无法用确定的补偿性标准,使损害得到完全填补。因此,在普通侵权法上,精神损害多适用抚慰性补偿原则。

(3) 抚慰性标准。

又称慰抚性标准、抚慰性赔偿原则、合理赔偿原则,是指加害人对受害人的损失并不给予完全的弥补,而是以金钱赔偿的方式表示适当的抚慰。损害赔偿以抚慰受害人为目标,不是弥补受害人的全部损失。抚慰性标准也与损害救济最高指导原则不一致,故在普通侵权法上的适用是有限制的,通常仅仅适用于无法量化、无法确定是否能够完全弥补的非财产损害(精神损害)。

在《国家赔偿法》(1994)制定的过程中,对国家赔偿应采用哪一种原则或赔偿标准,有过不同的见解。第一种观点认为,应当依据惩罚性原则来确定国家赔偿标准,以支付高额赔偿金的方式来威慑国家机关及其工作人员,从而根治违法侵权问题。第二种观点认为,国家赔偿的目标是通过赔偿规范国家机关的行为,将其重新纳入正轨,而不是对受害人给予完全充分的赔偿;加上国家赔偿制度初创,经验不足,国家机关执法、司法水平整体还不够高,采用惩罚性赔偿原则确定赔偿标准,国家机关很可能难以承受,对其执行公务职能、逐步改善执法、司法水平也是不利的。因此,采取抚慰性赔偿原则是适当的。至于补偿性原则的适用,还存在关于侵权损害的确认、计算、统计上的具体问题,采此原则也不适宜。第三种观点则认为,国家赔偿应与民法上的损害赔偿原则一致,采取补偿性赔偿或完全赔偿原则,对受害人的财产损害和精神损害、直接损失和间接损失都应予以赔偿。[①]

我国的《国家赔偿法》最终采用了抚慰性标准。《国家赔偿法草案说明》指出:"国家赔偿的标准和方式,是根据以下原则确定的:第一,要使受害人所受到的损失能够得到适当弥补;第二,考虑国家的经济和财力能够负担的状况;第三,便于计算,简便易行。"其中,"适当弥补"而非"实际弥补"的措辞,是对抚慰性标准的反映。《国家赔偿法》(1994)除在少数情形下承认对间接损失的赔偿(如误工费)以外,财产损害按照直接损失予以赔偿。而即便如误工费,也不是按受害人自己的实际损失为赔偿原则,而是以固定的每日赔偿金为标准。这些也都是抚慰性标准在规则上的具体反映。

《国家赔偿法》(2010)尽管仍然保持了抚慰性赔偿原则的基本框架,而没有与普通侵权法上的补偿性赔偿或全部赔偿原则"接轨",但是,国家经济建设、政

[①] 参见皮纯协、冯军主编:《国家赔偿法释论》(第三版),中国法制出版社2010年版,第210—211页;房绍坤、丁乐超、苗生明:《国家赔偿法原理与实务》,北京大学出版社1998年版,第261—263页;马怀德主编:《完善国家赔偿立法基本问题研究》,北京大学出版社2008年版,第319—320页。

治文明、法律制度十几年的发展成果,还是在关于国家赔偿标准的规则上有了明显的体现。例如,精神损害赔偿进入到国家赔偿范围,护理费、残疾生活辅助具费、康复费等残疾治疗必要支出、继续治疗费用、利息等计算项目的确定,都表明了一种相当谨慎的稳步发展路径和趋势。

2022年,最高人民法院先后发布了《涉执行司法赔偿解释》以及《行政赔偿案件若干问题规定》(2022)。这两个司法解释都适度提高了侵犯财产权的国家赔偿标准,正在逐步对形式上、字面上的"直接损失"概念进行扩大解释,从而覆盖在理论上被视为"实际损失"的损害,从而在整体上让国家赔偿标准更进一步向完全赔偿或全部赔偿原则靠近,尽管还没有彻底实现。例如,《涉执行司法赔偿解释》第14条规定:"错误执行造成公民、法人和其他组织利息、租金等实际损失的,适用国家赔偿法第三十六条第八项的规定予以赔偿。"第16条第2款规定:"错误执行生产设备、用于营运的运输工具,致使受害人丧失唯一生活来源的,按照其实际损失予以赔偿。"《行政赔偿案件若干问题规定》(2022)第29条规定:"下列损失属于国家赔偿法第三十六条第八项规定的"直接损失":(一)存款利息、贷款利息、现金利息;(二)机动车停运期间的营运损失;(三)通过行政补偿程序依法应当获得的奖励、补贴等;(四)对财产造成的其他实际损失。"这些条款或者将理论上属于间接损失的损害(如利息、租金、机动车停运的营运损失等)解释为"直接损失",或者径直使用"实际损失"概念,或者把"实际损失"也纳入"直接损失"范畴,都试图在《国家赔偿法》框架下实现更多的进步。

二、 侵犯人身权的赔偿标准

侵犯人身权的赔偿标准,包括侵犯人身自由、生命权、健康权和精神权益的损害赔偿标准,由《国家赔偿法》第33条、第34条、第35条予以规定。

1. 限制人身自由的损害赔偿标准

《国家赔偿法》第33条规定:"侵犯公民人身自由的,每日赔偿金按照国家上年度职工日平均工资计算。"根据最高人民法院《关于人民法院执行〈中华人民共和国国家赔偿法〉几个问题的解释》(法发〔1996〕15号),本条款中的"上年度"是指赔偿义务机关、复议机关或者人民法院赔偿委员会作出赔偿决定时的上年度;复议机关或者人民法院赔偿委员会决定维持原赔偿决定的,按作出原赔偿决定时的上年度执行。而"国家上年度职工日平均工资",是以职工年平均工资除以全年法定工作日数的方法计算。年平均工资则以国家统计局公布的数字为准。①

---

① 亦参见案例5-4"朱红蔚申请无罪逮捕赔偿案"。

国家赔偿法如此规定的主要考虑是：第一，具有计算简单、易于执行的优点。如果采用根据受害人经济收入水平计算损失额度的方法，势必会因人而异、情况多样、计算复杂、延误赔偿时间。第二，受到经济发展因素制约，国家赔偿能力较低，而侵犯人身自由的违法行为又比较普遍，若赔偿金额度起始点太高，以后调整余地太小。① 第三，若不确立统一的赔偿标准，可能会造成同样的损害在不同的地区，得到不同数额的赔偿，有欠公平。②

不过，随着国家赔偿制度的实施，对于侵犯人身自由的损害赔偿标准，质疑之声不断，主要的焦点在于三个方面：(1) 该标准不考虑受害人的实际收入状况，不分地区、不分行业，所有人都简单适用统一的标准，实质上对有的受害人远远不能弥补其实际损失。(2) 全国职工日平均工资标准太低，与我国各地职工的实际收入不相符合。③ (3) 该标准意味着对于因人身自由被限制而导致的财产损失，不承认、不赔偿。④

因此，有的论者主张，就单纯的人身自由损害赔偿而言，在统一标准之上规定一个幅度，按照国家上年度日平均工资的 1 至 3 倍计算；就限制人身自由造成的财产损害而言，也应该考虑适用民事法律中已有的财产损害赔偿标准。⑤ 有的则建议按照赔偿义务机关所在省、自治区、直辖市上年度日平均工资计算，但不得低于国家上年度职工日平均工资。⑥ 有的则认为，在限制人身自由赔偿标准方面，应该改用补偿性标准，以受害人实际收入损失计算赔偿金。即便不能采用补偿性标准，也应该考虑放弃"全国职工日平均工资"标准，而代之以受害人所在地职工平均工资标准（但不低于全国职工平均工资），并在此基础上设定 1 至 5 倍的幅度，根据赔偿义务机关违法情形确定适用幅度。⑦

其实，正如杨小君教授所言，限制人身自由造成的损害，包括人身自由本身受到侵害，也包括限制人身自由造成的财产损害、精神损害。沿此思路，较为理想的制度是：第一，精神损害已经由新的国家赔偿法予以确认，限制人身自由造成严重的精神损害后果的，国家应予赔偿。第二，全国职工日平均工资的标准，可以理解为对人身自由本身的损害赔偿标准。人身自由本身价值具有浓厚的主

---

① 参见皮纯协、冯军主编：《国家赔偿法释论》（第三版），中国法制出版社 2010 年版，第 212—213 页。
② 参见房绍坤、丁乐超、苗生明：《国家赔偿法原理与实务》，北京大学出版社 1998 年版，第 230 页。
③ 参见马怀德主编：《完善国家赔偿立法基本问题研究》，北京大学出版社 2008 年版，第 321—322 页。
④ 参见杨小君：《国家赔偿法律问题研究》，北京大学出版社 2005 年版，第 147—148、155 页。杨小君教授还提出，这个标准没有考虑侵犯人身自由造成的精神损害问题。由于新的《国家赔偿法》已吸纳精神损害赔偿，故这一质疑点不复存在。
⑤ 参见杨小君：《国家赔偿法律问题研究》，北京大学出版社 2005 年版，第 147—148、186 页。
⑥ 参见张红：《司法赔偿研究》，北京大学出版社 2007 年版，第 237 页。
⑦ 参见马怀德主编：《完善国家赔偿立法基本问题研究》，北京大学出版社 2008 年版，第 322 页。

观色彩，没有可量化的、统一的计算标准，但是，立法上人为地确立一个固定标准，既可对人身自由价值有所体现，又能做到人身自由本身被侵犯赔偿上的公平、平等。无论贫富贵贱，人身自由对所有人都是同价的。第三，受害人因人身自由被限制而遭受的财产损害，可能包括误工的固定收入减少、误工的其他收入减少（例如，因被限制人身自由而无法履行一份有着可观盈利的合同）以及为寻求救济而支出的相关费用（如交通费、住宿费、资料印制费、律师代理费）等。这些损害实际上属于前文提及的损害之主观因素，人际差异甚大。完全依主观计算方式，采取补偿性标准或全部补偿原则，并不见得合适。但是，完全不赔、由受害人自己背负，也是不合理的。因此，这部分财产损害可考虑赔偿误工费。而误工费的确定，可参考《人身损害赔偿解释》第 7 条的规定："误工费根据受害人的误工时间和收入状况确定。……受害人有固定收入的，误工费按照实际减少的收入计算。受害人无固定收入的，按照其最近三年的平均收入计算；受害人不能举证证明其最近三年的平均收入状况的，可以参照受诉法院所在地相同或者相近行业上一年度职工的平均工资计算。"唯有如此，才可消除普遍存在的有关侵犯人身自由赔偿标准过低的责难。然而，新的《国家赔偿法》除吸纳精神损害赔偿外，依旧坚持唯一的全国职工日平均工资计算标准，依旧对侵犯人身自由造成的财产损害持不承认、不赔偿态度，这就得由未来的制度发展予以改进了。参见本章案例 7-2"孙夕庆申请山东省潍坊高新技术产业开发区人民法院重审无罪国家赔偿案"。

2. 侵犯生命权的损害赔偿标准

根据《国家赔偿法》第 34 条规定，侵犯公民生命权造成死亡的，应当支付死亡赔偿金、丧葬费，总额为国家上年度职工年平均工资的 20 倍。对死者生前扶养的无劳动能力的人，还应当支付生活费。生活费的发放标准参照当地民政部门有关生活救济的规定办理。被扶养的人是未成年人的，生活费给付至 18 周岁止；其他无劳动能力的人，生活费给付至死亡时止。

可见，造成公民死亡的国家赔偿金，固定不变、不会因人而异的是国家上年度职工年平均工资的 20 倍。该固定金额名义上由死亡赔偿金和丧葬费两部分构成，其实是不计丧葬费实际支出的。除此固定金额外，若有死者生前扶养的无劳动能力的人的，还需支付相应的生活费。计算公式是：死亡赔偿（国家赔偿）＝国家上年度年平均工资的 20 倍（包括死亡赔偿金、丧葬费）＋被扶养人生活费。

3. 侵犯健康权的损害赔偿标准

《国家赔偿法》第 34 条规定："侵犯公民生命健康权的，赔偿金按照下列规定计算：（一）造成身体伤害的，应当支付医疗费、护理费，以及赔偿因误工减少的收入。减少的收入每日的赔偿金按照国家上年度职工日平均工资计算,最高额为国家上年度职工年平均工资的五倍。(二)造成部分或者全部丧失劳动能力的,应当支付医疗费、护理费、残疾生活辅助具费、康复费等因残疾而增加的必要支出和继续治疗所必需的费用,以及残疾赔偿金。残疾赔偿金根据丧失劳动能力的程度,按照国家规定的伤残等级确定,最高不超过国家上年度职工年平均工资的二十倍。造成全部丧失劳动能力的,对其扶养的无劳动能力的人,还应当支付生活费。"

可见,国家侵权行为造成一般性身体伤害的,国家赔偿计算公式是:一般伤害赔偿＝医疗费＋护理费＋误工减少的收入。其中,护理费是新法增加的赔偿项目。而造成部分或者全部丧失劳动能力的(致残的),国家赔偿计算公式是:残疾赔偿＝医疗费＋护理费＋因残疾增加的必要支出(残疾生活辅助器费、康复费等)＋继续治疗费＋残疾赔偿金＋被扶养人的生活费。其中,护理费、因残疾增加的必要支出、继续治疗费是新法增加的赔偿项目。除了这些赔偿项目的变化以外,关于残疾赔偿金的额度,修订后的《国家赔偿法》不再区分部分丧失劳动能力和全部丧失劳动能力[①],而是统一规定以国家上年度职工年均工资的20倍为最高额度,在此额度内依据伤残定级确定残疾赔偿金。至于误工减少的收入,新法并未有所改变,每日赔偿金仍然固定为国家上年度职工日平均工资,且以年平均工资的5倍为"封顶上限"。国家赔偿法上的误工费明显是一种客观计算,而普通侵权法上的误工费是根据受害人收入状况确定的、因人而异的主观计算。

应该说,《国家赔偿法》(2010)已经吸收了普通侵权法上身体伤害赔偿的部分规则,增加了护理费、因残疾增加的必要支出、继续治疗费等项目,虽未就这些项目给出计算标准,但可以考虑借鉴普通侵权法上已有的做法。关于护理费:

《人身损害赔偿解释》

第8条　护理费根据护理人员的收入状况和护理人数、护理期限确定。

护理人员有收入的,参照误工费的规定计算;护理人员没有收入或者雇佣护工的,参照当地护工从事同等级别护理的劳务报酬标准计算。护理人员原则上为一人,但医疗机构或者鉴定机构有明确意见的,可以参照确定护理人员人数。

护理期限应计算至受害人恢复生活自理能力时止。受害人因残疾不能

---

① 《国家赔偿法》(1994)第27条第(二)项规定:"……残疾赔偿金根据丧失劳动能力的程度确定,部分丧失劳动能力的最高额为国家上年度职工年平均工资的十倍,全部丧失劳动能力的为国家上年度职工年平均工资的二十倍。"

恢复生活自理能力的,可以根据其年龄、健康状况等因素确定合理的护理期限,但最长不超过二十年。

受害人定残后的护理,应当根据其护理依赖程度并结合配制残疾辅助器具的情况确定护理级别。

关于残疾生活辅助器具费:

《人身损害赔偿解释》

第 13 条　残疾辅助器具费按照普通适用器具的合理费用标准计算。伤情有特殊需要的,可以参照辅助器具配制机构的意见确定相应的合理费用标准。

辅助器具的更换周期和赔偿期限参照配制机构的意见确定。

关于继续治疗费:

《人身损害赔偿解释》

第 6 条第 2 款　医疗费的赔偿数额,按照一审法庭辩论终结前实际发生的数额确定。器官功能恢复训练所必要的康复费、适当的整容费以及其他后续治疗费,赔偿权利人可以待实际发生后另行起诉。但根据医疗证明或者鉴定结论确定必然发生的费用,可以与已经发生的医疗费一并予以赔偿。

其实,有必要指出的是,《国家赔偿法》(2010)增加的一些赔偿项目,在原有的制度框架之下,已经有法院在司法实务中予以确认。甚至,现行法没有确立的一些赔偿项目(如就医的交通费、营养费、住院住宿费等),也有法院运用于国家赔偿领域。当然,由于法律没有明确规定,法院之间、法官之间的认识和意见不尽一致,不能做到法制的统一。① 参见第四章案例 4-2"王爱调再审改判无罪国家赔偿案"。

关于侵犯人身权且造成严重精神损害后果的精神损害赔偿标准,《国家赔偿法》未予明确,但《国家精神损害赔偿解释》基于酌定原则、限额原则等给出了具体的规定。②

三、侵犯财产权的赔偿标准

《国家赔偿法》第 36 条规定:"侵犯公民、法人和其他组织的财产权造成损害

---

① 参见杨小君:《国家赔偿法律问题研究》,北京大学出版社 2005 年版,第 158—161 页。
② 详见本书第五章第三节。

的,按照下列规定处理:(一)处罚款、罚金、追缴、没收财产或者违法征收、征用财产的,返还财产;(二)查封、扣押、冻结财产的,解除对财产的查封、扣押、冻结,造成财产损坏或者灭失的,依照本条第三项、第四项的规定赔偿;(三)应当返还的财产损坏的,能够恢复原状的恢复原状,不能恢复原状的,按照损害程度给付相应的赔偿金;(四)应当返还的财产灭失的,给付相应的赔偿金;(五)财产已经拍卖或者变卖的,给付拍卖或者变卖所得的价款;变卖的价款明显低于财产价值的,应当支付相应的赔偿金;(六)吊销许可证和执照、责令停产停业的,赔偿停产停业期间必要的经常性费用开支;(七)返还执行的罚款或者罚金、追缴或者没收的金钱,解除冻结的存款或者汇款的,应当支付银行同期存款利息;(八)对财产权造成其他损害的,按照直接损失给予赔偿。"其中,单纯返还财产、恢复原状的赔偿方式,如前所述,不存在计算标准问题;只有金钱赔偿方式,才需要确定计算标准。依据该条款,财产权被侵犯造成损害、需要支付赔偿金的,有下列若干情形及相应的赔偿标准:

1. 财产损坏或灭失的赔偿标准

应当返还的财产损坏无法恢复原状的,应当返还的财产灭失的,查封、扣押、冻结财产造成财产灭失或者造成财产损坏无法恢复原状的,都属于需要支付赔偿金的情形。而且,这些情形中,财产的损害都是直接损失。财产损坏,会导致财产价值的部分减少或者全部失去;财产灭失,直接导致财产价值的全部失去。财产价值减少的,减少的部分就是直接损失;财产价值全部失去的,财产本身的全部价值就是直接损失。照此理解,即便是在可以返还原物和恢复原状的情况下,若原物的价值已经发生减损的话,也存在财产的直接损失。《国家赔偿法》第36条虽未明确提及此类情形,但该条第(八)项"对财产权造成其他损害的,按照直接损失给予赔偿"的规定,可以作为此类情形下财产损失赔偿的依据,只要能够证明存在这样的直接损失。

财产直接损失的计算,原理上是原物价值减去残存价值,其公式是:财产直接损失=原物价值-残存价值=赔偿金额。① 若残存价值为零,也就是财产价值已经完全丧失,赔偿金额就是原物价值。可见,"原物价值"的确定是非常关键的。然而,"原物价值"的确定又非易事。一般认为,原物价值应当以市场价格来确定②,市场价格本身既可以反映财物本来的价值,也可以反映其折旧或升值。在国家赔偿实务中,财物损坏或灭失的情况下,通常由专业的、中立的财产评估机构对财物的市场价进行评估,以确定应予赔偿的金额。只是,财物的市场价格

---

① 参见杨立新:《侵权行为法专论》,高等教育出版社 2005 年版,第 360—361 页。
② 参见杨小君:《国家赔偿法律问题研究》,北京大学出版社 2005 年版,第 169 页。

有当初取得时的市场价,有被国家机关采取措施时的市场价,有财物损坏或灭失发生时的市场价,也有国家赔偿决定作出时的市场价。当不同时点上的价格不一致的时候,以哪个时点确定市场价,直接影响赔偿金额的大小。原则上,财物价格应该以国家机关对财物采取措施时的市场价为准①,无论此时市场价与原先取得时的市场价相比是下降还是上升,都反映出侵权行为发生时权利人的权利大小。参见本章案例 7-1"阿不都克尤木·阿不都热依木诉吐尔尕特海关扣押行政强制措施案"。

在一些特殊情形下,当国家赔偿决定作出时,财产的市场价比采取措施时的市场价有明显升值。例如,被扣押的珍贵珠宝灭失,从扣押到国家赔偿决定作出时,其市场价不降反升。如果仍然以扣押时的市场价为准,权利人的损失显然没有得到应有的弥补。然而,这样的损失在法理上属于可得利益损失。在国家赔偿法领域,除法律明定的应予赔偿的可得利益(如误工费)之外,其余财产损害皆以直接损失为赔偿标准。在目前制度框架之下,此类损失似乎无法得到赔偿。但是,在违法拆迁导致的国家赔偿情形中,最高人民法院已经明确,"拆迁人和相关行政机关违法实施拆迁,导致被拆迁人长期未依法得到补偿安置的,房价上涨时,拆迁人和相关行政机关有义务保证被拆迁人得到公平合理的补偿安置。被拆迁人选择实行房屋产权调换时,拆迁人和相关行政机关无适当房屋实行产权调换的,则应向被拆迁人支付生效判决作出时以同类房屋的房地产市场评估价格为标准的补偿款"。② 同理,最高人民法院在另外一个案件中表示,"在既未作出补偿决定又未通过补偿协议解决补偿问题的情况下,违法强制拆除被征收人房屋,应当赔偿被征收人房屋价值损失、屋内物品损失、安置补偿等损失。人民法院在确定赔偿数额时,应当坚持全面赔偿原则,合理确定房屋等的评估时点,并综合协调适用《国家赔偿法》规定的赔偿方式、赔偿项目、赔偿标准与《国有土地上房屋征收与补偿条例》规定的补偿方式、补偿项目、补偿标准,确保被征收

---

① 例如,《民事、行政司法赔偿若干解释》(2016)第 12 条第 2 款规定:"财产不能恢复原状或者灭失的,应当按照侵权行为发生时的市场价格计算损失;市场价格无法确定或者该价格不足以弥补受害人所受损失的,可以采用其他合理方式计算损失。"

但是,《行政赔偿案件若干问题规定》(2022)第 27 条的规定略有不同:"违法行政行为造成公民、法人或者其他组织财产损害,不能返还财产或者恢复原状的,按照损害发生时该财产的市场价格计算损失。市场价格无法确定,或者该价格不足以弥补公民、法人或者其他组织损失的,可以采用其他合理方式计算。"在实践中,"损害发生时"与"侵权行为发生时"可能是同一时点,即侵权行为发生之同时损害也即发生;然而,二者也有不一致时。例如,违法扣押汽车(侵权行为发生)数月或数年后,扣押场所遭遇山火造成汽车损毁(损害发生),两个时间点汽车的市场价就会有所不同。

② 参见"陈山河与洛阳市人民政府、洛阳中房地产有限责任公司行政赔偿案"[最高人民法院行政裁定书(2014)行监字第 148 号]。

人得到的赔偿不低于其依照征收补偿方案可以得到的征收补偿"。①《行政赔偿案件若干问题规定》（2022）第27条第2款规定："违法征收征用土地、房屋，人民法院判决给予被征收人的行政赔偿，不得少于被征收人依法应当获得的安置补偿权益。"其中也隐含着评估时点的合理确定。

对于侵权行为发生时的财产市场价格不足以弥补受害人损失或者价格无法确定情况下应该如何用其他方式进行合理计算的问题，《涉执行司法赔偿解释》给出了更为细致的规则。该解释第15条规定："侵害公民、法人和其他组织的财产权，按照错误执行行为发生时的市场价格不足以弥补受害人损失或者该价格无法确定的，可以根据具体情况采用下列方式计算损失：（一）按照错误执行行为发生时的市场价格计算财产损失并支付利息，利息计算期间从错误执行行为实施之日起至赔偿决定作出之日止；（二）错误执行行为发生时的市场价格无法确定，或者因时间跨度长、市场价值波动大等因素按照错误执行行为发生时的市场价格计算显示公平的，可以参照赔偿决定作出时同类财产市场价格计算；（三）其他合理方式。"

▶▶▶ 即时思考

有观点认为，应当按照有利于受害人的原则进行估价。以损坏当时的价格作为估价标准对受害人有利的，则应按财产损坏当时的价格进行估价；如果以判决或决定赔偿之日的估价对受害人有利的，则应按判决或决定赔偿之日进行估价。② 你是否同意这一观点？

2. 财产变卖或者拍卖的赔偿标准

财产已经国家机关变卖或者拍卖的，财产本身虽未损坏或灭失，但其所有权已经发生转移，为保护善意第三人，财产不宜返还给受害人。但财产变卖或者拍卖所得的价款，国家应"返还"给受害人。由于变卖或者拍卖所得的价款，一般情况下反映了财产在变卖或者拍卖时的市场价值，给付所得价款是较为合理的标准。然而，变卖也会存在所得价款明显低于财产价值的情形，在此情形下，国家赔偿法要求支付相应的赔偿金。参见本章案例7-3"简阳市金平石化机械配件有限责任公司诉简阳市安乐乡人民政府变卖财产行政强制措施附带行政赔偿案"。

还有一种财产变卖或者拍卖的特殊情形，《国家赔偿法》没有提及。即财产

---

① 参见案例3-2"许水云诉金华市婺城区人民政府房屋行政强制及行政赔偿案"。
② 参见房绍坤、丁乐超、苗生明：《国家赔偿法原理与实务》，北京大学出版社1998年版，第278—279页。

变卖或拍卖时所得价款与财产当时的市场价格基本一致;但是,财产变卖或拍卖的时间,可能与国家赔偿的决定时间有了较长的间隔,待决定国家赔偿时,该财产的市场价格也有可能不降反升,且升值幅度较大。此时,假设该财产未被变卖或拍卖,而是被原物返还,那么,赔偿请求人重新收回的财产之价值,明显高出当初若变卖或拍卖而得到的价款。在解释论上,可能存在一个问题,即这种情形是否属于"价款明显低于财产价值"? 若属于,赔偿请求人可依据新法得到额外的赔偿金;若不属于,赔偿请求人的这部分损失是否应予赔偿?

其实,自财产被变卖或拍卖之时至国家赔偿决定作出时财产市场价的提升,对于财产所有人而言属于可得利益,财产被变卖或拍卖也可理解为前文提及的财产被采取措施的范畴应有之义。只是,前文论说的是财产损坏或灭失情形,此处论说的是财产所有权发生转移情形。同理,在当前的制度框架之下,此类财产价值的提升是很难得到赔偿的。

▶▶▶▶ 即时思考

2002 年,吉林市公安局以非法经营罪为由查扣并变卖于润龙 46 公斤黄金。之后,因个人收购、买卖黄金不再被认为构成犯罪,于润龙最终被判无罪。于润龙多次讨要黄金,2015 年,吉林市公安局决定赔偿于润龙当年变卖黄金价款 384 万元,但于润龙认为现在这些黄金价值已经有 1300 万余元。后吉林省公安厅撤销该决定,由吉林市公安局返还黄金。你认为,于润龙应得的国家赔偿是返还黄金还是返还变卖所得价款?

3. 财产权受到限制的赔偿标准

财产既未损坏或灭失,也未经由变卖或拍卖转移所有权,但也会因为国家机关采取的限制性措施而不能实现财产应有的使用价值,使财产权利人蒙受经济损失。财产权受到限制的情形有许多,依国家赔偿法是否明定为标准,大致划分为"吊销许可证和执照、责令停产停业的情形"和"财产权受限的其他情形"。

(1) 吊销许可证和执照、责令停产停业的情形。

国家机关吊销许可证和执照、责令停产停业,使得证照持有人或者被命令人无法从事相关的活动,尤其是个人或企业的经营、营利活动,其使用、收益和处分财产的权利也因此受到限制,这自然会给权利人带来经济损失。根据《国家赔偿法》第 36 条第(六)项,国家仅负责"赔偿停产停业期间必要的经常性费用开支"。这是最低限度的直接损失赔偿标准,排除了受害人在停产停业期间的一切可得利益损失获取赔偿的可能性。

理解和适用该条款,需注意三个问题:

第一,"吊销许可证和执照,责令停产停业"的内涵与外延。《行政处罚法》于 2021 年修改后,让权利人停止生产经营活动的行政处罚已经不限于吊销许可证和执照、责令停产停业,还包括限制开展生产经营活动、责令关闭。① 不仅如此,实践中,国家机关让权利人停止生产经营活动的措施还有更多。撤回、撤销、注销行政许可,取缔和撤销审批等等,都可以导致财产权利人停产停业。因此,有学者认为,国家赔偿法规定的吊销许可证和执照、责令停产停业是指一类公权力行为,无论这类公权力行为的名义和形式为何,只要其实质是让权利人停产停业,就应属之。②

第二,"必要的经常性费用开支"的意义。在这个问题上,主要有两种认识。一种认识认为,必要的经常性费用开支是指维持已经停产停业的受害人生存的基本开支,如水电费、仓储保管费、职工的基本工资等。③ 另一种认识认为,必要的经常性费用开支应当是指停产停业以前的经常性开支中除去直接用于生产经营活动开支的其他经常性费用开支,不是也不应当只限于维持生存的费用开支。依据这种认识,有些停产停业前已经存在的经常性费用开支,如购买原材料的费用开支、生产经营用水用电开支,属于直接用于生产经营活动的,因停产停业,这部分开支自然也就停止了。但是,也有一部分停产停业前的经常性费用开支,如行政管理费用、设备维修维护费、广告宣传费等,可能在停产停业以后仍然需要开支。这部分费用就应计入赔偿范围。④ 本书倾向于后一种见解。

第三,与《国家赔偿法》第 36 条第(八)项的关系。有的时候,吊销许可证和执照、责令停产停业造成的直接损失,并不仅仅限于停产停业期间必要的经常性费用开支。例如,吊销驾驶证的决定被撤销后,权利人为重新办理驾驶证支出的逾期年审费、补办驾驶证费。这些费用并不属于"必要的经常性费用开支",不过,也属于直接损失。故在吊销许可证和执照、责令停产停业致害赔偿的情形中,若发生必要的经常性费用开支以外的损失,只要该损失是侵权行为造成的直接损失,就可依据第 36 条第(八)项的规定请求国家赔偿。

以上三个问题只是在解释论层面上的分析。其实,吊销许可证和执照、责令停产停业致害赔偿标准,最引人瞩目的不是如何理解和适用规则的问题,而是其

---

① 参见《行政处罚法》(2021)第 9 条第(4)项。
② 参见杨小君:《国家赔偿法律问题研究》,北京大学出版社 2005 年版,第 170—171 页。
③ 参见应松年主编:《国家赔偿法研究》,法律出版社 1995 年版,第 235 页;房绍坤、丁乐超、苗生明:《国家赔偿法原理与实务》,北京大学出版社 1998 年版,第 279 页;薛刚凌主编:《国家赔偿法教程》,中国政法大学出版社 1998 年版,第 122 页。
④ 参见杨小君:《国家赔偿法律问题研究》,北京大学出版社 2005 年版,第 171—172 页。

确立的只赔偿直接损失的规则本身是否正当的问题。自《国家赔偿法》(1994)颁布以来,绝大多数学者就一直对此标准表示质疑。对于被违法强行停产停业的权利人而言,更大的损失不是必要的经常性费用开支,而是因为停止生产经营活动而形成的可得利益的损失。仅仅赔付前者而不计后者,显然无法弥补权利人的真正损失,更得不到其对国家和国家赔偿制度的信赖。因此,赔偿停产停业期间的间接损失,尤其是可期望得到的利润损失,被普遍认为是国家赔偿法应当采取的立场。①

(2) 财产权受限的其他情形。

广义的吊销许可证和执照、责令停产停业,可以将所有以不同形式、名义作出的要求财产权利人停产停业的公务行为纳入进来。但是,有的时候,国家机关作出的行为,并非直接要求财产权利人停产停业,而是对权利人用于生产经营活动的财产采取查封、扣押、冻结甚至拆除等强制措施。这些措施同样会使权利人一时无法获取替代的生产经营工具、设备、资金和场所,而事实上处于停产停业状态。②"吊销许可证和执照、责令停产停业"即便取其最广义去解释,也不宜将此类情形纳入其中。《国家赔偿法》第36条第(二)项仅仅提及查封、扣押、冻结财产的,解除查封、扣押、冻结,造成财产损坏或灭失的,或者恢复原状或者支付相应的赔偿金,也未明确涉及上述情形。

不过,这种因生产经营必需的财产被采取强制措施而导致事实上停产停业的,可依据《国家赔偿法》第36条第(八)项规定,赔偿停产停业期间必要的经常性费用开支和其他直接损失。参见案例4-6"北京比特时代科技有限公司申请湖南省长沙市望城区公安局刑事违法扣押国家赔偿案";案例3-2"许水云诉金华市婺城区人民政府房屋行政强制及行政赔偿案"。同样遗憾的是,在当前制度框架之下,事实上停产停业期间的利润损失,也是难以得到国家赔偿。

《涉执行司法赔偿解释》颁布施行以后,因为违法保全、先予执行、错误执行等措施而造成停产停业的损失的赔偿问题,有了更加明确和直接的处理依据。③该解释第16条第1款明确规定:"错误执行造成受害人停产停业的,下列损失属于停产停业期间必要的经常性费用开支:(一)必要留守职工工资;(二)必须缴纳的税款、社会保险费;(三)应当缴纳的水电费、保管费、仓储费、承包费;(四)

---

① 参见应松年主编:《国家赔偿法研究》,法律出版社1995年版,第237—238页;皮纯协、冯军主编:《国家赔偿法释论》(第三版),中国法制出版社2010年版,第223页;杨小君《国家赔偿法律问题研究》,北京大学出版社2005年版,第173—176页。

② 参见杨小君:《国家赔偿法律问题研究》,北京大学出版社2005年版,第164—169页。

③ 该解释第19条规定:"审理违法采取妨害诉讼的强制措施、保全、先予执行赔偿案件,可以参照适用本解释。"因此,下文提及的针对错误执行造成停产停业情形的赔偿标准,也可适用于违法保全、违法先予执行等措施。

合理的房屋场地租金、设备租金、设备折旧费;(五)维系停产停业期间运营所需的其他基本开支。"而且,该解释还考虑到错误执行造成受害人丧失唯一生活来源的情况。为了避免前文提及的"直接损失"标准并不能使赔偿填平受害人丧失唯一生活来源后所遭受的各种"实际损失",第16条第2款还特别规定:"错误执行生产设备、用于营运的运输工具,致使受害人丧失唯一生活来源的,按照其实际损失予以赔偿。"《行政赔偿案件若干问题规定》(2022)也在第28条对"停产停业期间必要的经常性费用开支"给出了与《涉执行司法赔偿解释》第16条第1款完全一致的规定。

4. 金钱财产的利息赔偿及标准

《国家赔偿法》在赔偿间接损失方面的一个明显进步,就是对金钱财产利息的赔偿。《国家赔偿法》第36条第(七)项规定:"返还执行的罚款或者罚金、追缴或者没收的金钱,解除冻结的存款或者汇款的,应当支付银行同期存款利息。"据此,赔偿利息的情形主要有:(1)返还执行的罚款;(2)返还执行的罚金;(3)返还追缴的金钱;(4)返还没收的金钱;(5)解除冻结的存款;(6)解除冻结的汇款。前四种情形属于返还财产,后两种情形属于停止侵害。赔偿由此产生的利息,显然符合损害救济让受害人如同损害未发生一般的理想目标。

不过,《国家赔偿法》未明确赔偿利息按活期利息还是定期利息计算。对此有两种办法。一是统一按活期利息计算,这种方法简便易行,但可能忽视财产被占有之前的状态。二是以财产被占有之前的状态为依据来计算,未存入银行或以活期存入银行的,按活期利息计算;已定期存入银行的,按定期利息计算。本书倾向于后者。

现实生活中,还存在一种利息,即贷款利息。若权利人的金钱财产被采取措施,导致其贷款无法偿还,进而形成贷款利息损失的,国家也应赔偿权利人的贷款利息。参见本章案例7-4"先廷刚申请泸县公安局错误拘留赔偿案"。《行政赔偿案件若干问题规定》(2022)第29条第(一)项则将"存款利息、贷款利息、现金利息"一律作为《国家赔偿法》规定的"直接损失"对待。

四、案例讨论

案例7-2 "孙夕庆申请山东省潍坊高新技术产业开发区人民法院重审无罪国家赔偿案"(2019年最高人民法院发布10起人民法院国家赔偿和司法救助典型案例之五)

1. 孙夕庆作为民营企业家,被错误羁押后,企业的正常经营受到影响,以《国家赔偿法》规定的人身自由损害赔偿标准和精神损害抚慰标准,是否足以弥补其所受的损害?

2. 最高人民法院发布此案为典型案例,与"中央经济工作会议明确要求支持民营企业发展,营造良好的营商环境,保护民营企业家人身安全和财产安全"有关。从规范角度考察,该司法政策有没有违反平等对待的原则?

3. 根据《国家精神损害赔偿解释》,受害人因为被错误羁押而导致的其他实际损失,是否可以在考虑精神损害赔偿时作为一个重要的酌定因素?

案例7-3　简阳市金平石化机械配件有限责任公司诉简阳市安乐乡人民政府变卖财产行政强制措施附带行政赔偿案【(2001)简阳行政初字第36号】

本案是一起典型的滥用职权侵害财产权的案件,财产变卖价款 3.5 万元明显低于财产本身的价值。法院主要依据《国家赔偿法》(1994)哪个条款,保证权利人获得其应得的赔偿?《国家赔偿法》修订以后,更为直接的可适用条款是什么?

案例7-4　先廷刚申请泸县公安局错误拘留赔偿案①

本案判决直接适用《最高人民法院关于民事、行政诉讼中司法赔偿若干问题的解释》第 12 条第(三)项的规定是否合适?该条款是否可以参照适用于所有对受害人从金融机构获取的贷款采取强制措施导致的贷款利息损失?

相关案例(第七章)

---

① 参见"北大法宝/司法案例"相关检索。

主要参考文献

中文著作类

曹兢辉:《国家赔偿立法与案例研究》,三民书局1988年版。

陈春龙:《中国司法赔偿——实务操作与理论探讨》,法律出版社2002年版。

陈兴良:《口授刑法学》,中国人民大学出版社2007年版。

董保城、湛中乐:《国家责任法——兼论大陆地区行政补偿与行政赔偿》,元照出版公司2005年版。

房绍坤、毕可志编著:《国家赔偿法学》(第二版),北京大学出版社2011年版。

房绍坤、丁乐超、苗生明:《国家赔偿法原理与实务》,北京大学出版社1998年版。

甘文:《行政诉讼证据司法解释之评论》,中国法制出版社2003年版。

高家伟:《国家赔偿法》,商务印书馆2004年版。

高铭暄、马克昌主编:《刑法学》(第七版),北京大学出版社、高等教育出版社2016年版。

顾昂然:《新中国的诉讼、仲裁与国家赔偿制度》,法律出版社1996年版。

国家法官学院、中国人民大学法学院编:《中国审判案例要览》(2003年行政审判案例卷),中国人民大学出版社、人民法院出版社2004年版。

胡锦光、余凌云主编:《国家赔偿法》(第二版),中国人民大学出版社2011年版。

江必新:《国家赔偿法原理》,中国人民公安大学出版社1994年版。

江伟主编:《民事诉讼法》(第五版),中国人民大学出版社2011年版。

姜明安主编:《行政法与行政诉讼法》(第六版),高等教育出版社、北京大学出版社2015年版。

金立琪、彭万林、朱思东:《国家赔偿法原理》,中国广播电视出版社1990年版。

廖义男:《国家赔偿法》,三民书局1996年版。

刘春堂:《国家赔偿法》,三民书局1994年版。

刘凯湘:《民法总论》(第三版),北京大学出版社2011年版。

刘嗣元、石佑启、朱最新编著:《国家赔偿法要论》(第二版),北京大学出版社2010年版。

柳福华主编：《国家赔偿名案点评》，人民法院出版社1997年版。
马怀德：《国家赔偿法的理论与实务》，中国法制出版社1994年版。
马怀德主编：《国家赔偿法学》，中国政法大学出版社2001年版。
马怀德主编：《国家赔偿问题研究》，法律出版社2006年版。
马怀德主编：《完善国家赔偿立法基本问题研究》，北京大学出版社2008年版。
马生安：《行政行为研究》，山东人民出版社2008年版。
皮纯协、冯军主编：《国家赔偿法释论》(第三版)，中国法制出版社2010年版。
皮纯协、何寿生编著：《比较国家赔偿法》，中国法制出版社1998年版。
全国人大常委会法制工作委员会民法室编、王胜明主编：《中华人民共和国侵权责任法释义》，法律出版社2010年版。
施茂林：《公共设施与国家赔偿责任》，大伟书局1982年版。
王利明：《侵权行为法归责原则研究》，中国政法大学出版社2003年版。
王利明：《侵权行为法研究》(上卷)，中国人民大学出版社2004年版。
王利明主编：《中华人民共和国侵权责任法释义》，中国法制出版社2010年版。
王名扬：《法国行政法》，中国政法大学出版社1997年版。
王名扬：《美国行政法》，中国法制出版社1995年版。
王名扬：《英国行政法》，中国政法大学出版社1987年版。
王泽鉴：《民法总则(增订版)》，中国政法大学出版社2001年版。
王泽鉴：《侵权行为法》(第一册)，中国政法大学出版社2001年版。
王泽鉴：《债法原理》(第一册)，中国政法大学出版社2001年版。
翁岳生编：《行政法》(下册)，中国法制出版社2002年版。
瓮怡洁：《刑事赔偿制度研究》，中国人民公安大学出版社2008年版。
吴东镐：《中韩国家赔偿制度比较研究》，法律出版社2008年版。
吴庚：《行政法之理论与实用》，中国人民大学出版社2005年版。
肖峋：《中华人民共和国国家赔偿法的理论与实用指南》，中国民主法制出版社1994年版。
徐静村：《国家赔偿法实施程序研究》，法律出版社2000年版。
薛刚凌主编：《国家赔偿法教程》，中国政法大学出版社1997年版。
杨福忠：《立法不作为问题研究》，知识出版社2008年版。
杨立新：《侵权行为法专论》，高等教育出版社2005年版。
杨立新、张新宝、姚辉：《侵权法三人谈》，法律出版社2007年版。
杨立新主编：《侵权行为法》，复旦大学出版社2007年版。
杨小君：《国家赔偿法律问题研究》，北京大学出版社2005年版。
应松年主编：《国家赔偿法研究》，法律出版社1995年版。
曾隆兴：《详解损害赔偿法》，中国政法大学出版社2004年版。
曾世雄：《损害赔偿法原理》，中国政法大学出版社2001年版。
张红：《司法赔偿研究》，北京大学出版社2007年版。
张树义主编：《国家赔偿法实用手册》，法律出版社1994年版。
张新宝：《侵权责任法原理》，中国人民大学出版社2005年版。

张越编著:《英国行政法》,中国政法大学出版社 2004 年版。

周友军、麻锦亮:《国家赔偿法教程》,中国人民大学出版社 2008 年版。

最高人民法院中国应用法学研究所编:《人民法院案例选》(国家赔偿卷,1992—1999 年合订本),中国法制出版社 2000 年版。

中文译著类

〔英〕L. 赖维乐·布朗、约翰·S. 贝尔:《法国行政法》,高秦伟、王锴译,中国人民大学出版社 2006 年版。

〔美〕格瑞尔德·J. 波斯特马主编:《哲学与侵权行为法》,陈敏、云建芳译,北京大学出版社 2005 年版。

〔德〕马克西米利安·福克斯:《侵权行为法》,齐晓琨译,法律出版社 2006 年版。

〔德〕毛雷尔:《行政法学总论》,高家伟译,法律出版社 2000 年版。

〔日〕室井力主编:《日本现代行政法》,吴微译,中国政法大学出版社 1995 年版。

〔日〕盐野宏:《行政救济法》,杨建顺译,北京大学出版社 2008 年版。

论文类

陈放、王焰明:《对"判决不负刑事责任"的质疑》,载《人民检察》2000 年第 8 期。

程啸、张发靖:《现代侵权行为法中过错责任原则的发展》,载《当代法学》2006 年第 1 期。

杜万松:《公务员重大过错行政侵权赔偿责任探析》,载《行政与法》2003 年第 12 期。

樊崇义、夏红:《无罪推定与刑事判决》,载《杭州师范学院学报(社会科学版)》2007 年第 5 期。

葛云松:《法人与行政主体理论再探讨——以公法人概念为重点》,载《中国法学》2007 年第 3 期。

关蕾、双华军:《公务员行政侵权赔偿责任分析——由佘祥林案所想到的》,载《经济导刊》2005 年第 9 期。

黄文忠:《公有公共设施国家赔偿制度的立法探讨》,载《行政与法》2004 年第 4 期。

姬亚平:《论国家赔偿法的废止》,载《南华大学学报(社会科学版)》2004 年第 3 期。

江必新:《〈行政诉讼法〉与抽象行政行为》,载《行政法学研究》2009 年第 3 期。

解志勇、裴建饶:《浅析我国公有公共设施致害赔偿的法律性质与救济途径》,载《西南政法大学学报》2006 年第 4 期。

孔祥俊、杨丽:《侵权责任要件研究》(上、下),载《政法论坛》1993 年第 1 期、第 2 期。

雷伟红:《论我国赔偿义务机关确立制度的缺陷及完善》,载《甘肃政法成人教育学院学报》2005 年第 2 期。

李洪雷:《德国行政法学中行政主体概念的探讨》,载《行政法学研究》2000 年第 1 期。

刘嗣元:《论国家赔偿法中的国家追偿制度》,载《华中理工大学学报(社会科学版)》1999 年第 2 期。

罗豪才、袁曙宏:《论我国国家赔偿的原则》,载《中国法学》1991 年第 2 期。

罗杰:《国家赔偿中的追偿制度立法及完善》,载《行政法制》2000 年第 6 期。

罗祥远:《论刑事判决的种类》,载《广西政法管理干部学院学报》2002年第S1期。
马怀德:《国家赔偿责任的性质》,载《法学研究》1994年第2期。
马怀德、喻文光:《公有公共设施致害的国家赔偿》,载《法学研究》2000年第2期。
宁立成:《论公法上的无因管理引起的国家补偿》,载《江汉论坛》2003年第1期。
沈岿:《国家赔偿:代位责任还是自己责任》,载《中国法学》2008年第1期。
沈岿:《国家侵权损害概念的"双层结构"》,载《中国政法大学学报》2010年第3期。
沈岿:《受害人故意伪证的国家赔偿豁免》,载《法商研究》2007年第5期。
石佑启:《试析行政不作为的国家赔偿责任》,载《法商研究》1999年第1期。
苏煜:《刑事一审判决合理性探讨》,载《研究生法学》2001年第2期。
王利明:《共同侵权行为的概念和本质——兼评〈最高人民法院关于审理人身损害赔偿案件适用法律若干问题的解释〉第三条》,载"中国民商法律网",http://www.civillaw.com.cn/article/default.asp?id=23431。
王伟奇:《国家侵权赔偿制度的"公法化"模式质疑》,载《中南民族大学学报(人文社会科学版)》2007年第6期。
王元朋:《国家立法赔偿的逻辑》,载《行政法学研究》2008年第2期。
王周户:《行政行为界定的法律问题》,载《行政法学研究》1995年第3期。
吴偕林:《关于不作为行政行为与不作为案件范围的思考》,载《行政法学研究》1995年第1期。
肖建华:《论共同诉讼分类理论及其实践意义》,载陈光中、江伟主编:《诉讼法论丛》(第6卷),法律出版社2001年。
肖峋:《论国家赔偿立法的几个基本观点》,载《中国法学》1994年第4期。
闫越:《国家追偿权及其立法完善》,载《法制与社会发展》1998年第6期。
杨立新:《共同侵权行为及其责任的侵权责任法立法抉择》,载《河南省政法管理干部学院学报》2006年第5期。
杨立新、尹艳:《论国有公共设施设置或管理欠缺致害的行政赔偿责任》,载《中央政法管理干部学院学报》1994年第1期。
杨临萍:《国家赔偿范围探讨》,载《中国社会科学院研究生院学报》1994年第4期。
杨玲娜:《民事诉讼期间制度研究》,武汉大学2004年硕士学位论文。
姚天冲、逄竹林、赵维众:《从"公路百慕大"谈我国公有公共设施的赔偿责任》,载《社会科学战线》2006年第4期。
叶必丰:《行政不作为略论》,载《法制与社会发展》1996年第5期。
应松年:《国家赔偿法修改中的几个问题》,载《国家行政学院学报》2006年第4期。
应松年:《我国民主与法制的新进展——祝国家赔偿法颁布实施》,载《行政法学研究》1994年第2期。
曾珊:《松花江污染事件是否存在行政赔偿的法律空间》,载《法学》2006年第2期。
张明军:《对确立国家和个人为共同赔偿责任主体的探讨》,载《行政与法》2004年第1期。
张卫英、王梅霞:《确立我国公务员损害赔偿责任制度》,载《河北法学》2006年第5期。
张新宝:《国家赔偿的若干民法问题》,载《法商研究》1995年第5期。

张新宝:《我国侵权责任法中的补充责任》,载《法学杂志》2010年第6期。

张永红:《我国刑法第13条但书研究》,北京大学2003年博士学位论文。

章武生、段厚省:《必要共同诉讼的理论误区与制度重构》,载《法律科学》2007年第1期。

赵秉志、王新清:《简论刑事诉讼终止的立法与实践》,载《法学杂志》1987年第6期。

赵立新:《日本的"立法不作为"与违宪审查》,载曾宪义主编:《法律文化研究》(第三辑),中国人民大学出版社2007年。

郑春燕:《赔还是不赔——行政不作为赔偿案件中的哈姆雷特式问题》,载《山东警察学院学报》2005年第2期。

郑红:《布丹的主权理论与近现代西方绝对主义国家观》,载《浙江学刊》2005年第4期。

周汉华:《论国家赔偿的过错责任原则》,载《法学研究》1996年第3期。

周佑勇:《论行政不作为》,载罗豪才主编:《行政法论丛》(第2卷),法律出版社1999年。

周云帆:《也谈公有公共设施的损害赔偿——与马怀德、喻文光先生商榷》,载《西南民族学院学报(哲学社会科学版)》2002年第6期。

朱芒:《立法、行政的不作为与国家赔偿责任——日本麻风预防法违宪国家赔偿诉讼》,未刊文,作者赐稿。

朱新力:《行政不作为违法之国家赔偿责任》,载《浙江大学学报(人文社会科学版)》2001年第2期。

朱新力、余军:《国家赔偿归责原则的实证分析》,载《浙江大学学报(人文社会科学版)》2005年第2期。

邹润学:《国家赔偿"职务相关论"浅析》,载《行政法学研究》1997年第3期。